AF544441

Peters | Otto Dix

Olaf Peters

Otto Dix
Der unerschrockene Blick

Eine Biographie

Mit 19 Farb- und 57 Schwarzweißabbildungen

Reclam

Satz und Druck: Reclam, Ditzingen
Buchbinderische Verarbeitung: Kösel, Krugzell
Printed in Germany 2013
RECLAM ist eine eingetragene Marke
der Philipp Reclam jun. GmbH & Co. KG, Stuttgart
ISBN 978-3-15-010938-0

Auch als E-Book erhältlich

www.reclam.de

Inhalt

Anhang

Vorbemerkung

Wir leben in einer grausamen Welt und bilden uns oft ein, wir seien in der Lage, die Realität mit informiertem und schonungslosem Blick erfassen zu können. Die umfassenden Dokumentationsmöglichkeiten des Medienzeitalters zeichnen ein Bild unserer Gegenwart der Krisen und Kriege, das an Schrecken kaum überbietbar scheint. Doch wer wagt heute tatsächlich einen schonungslosen Blick auf die Realität, und wie wäre dieser Blick zu begründen: mit einem radikal aufklärerischen Impuls des kritischen Dokumentarismus oder gar mit der Vision einer Ästhetik des Bösen? Otto Dix hat eine solche Unerschrockenheit des Blicks besessen und das Menschliche, Allzumenschliche und Unmenschliche, das Schöne wie das Böse geschaut. Seine in den frühen 1920er Jahren entwickelte, radikale Ästhetik des Schreckens besitzt paradigmatischen Rang, an ihr hat sich jede heutige Form des Realismus zu messen.

Otto Dix (1891–1969) ist ein deutscher Jahrhundertkünstler: Aufgewachsen und ausgebildet im späten Wilhelminischen Kaiserreich, ist er der Maler und Dokumentarist des Ersten Weltkriegs (1914–1918) und wird in der Weimarer Republik zu einer künstlerischen Zentralfigur. Dabei bestätigt und dementiert er zugleich den so beliebten und immer wieder erzählten Mythos der sogenannten »Goldenen Zwanzigerjahre«. Ab 1933 ist er ein Visionär der inneren Emigration, ein Kritiker des Nationalsozialismus und doch auch ein an die Heimat gebundener Maler. Im geteilten Deutschland nach der doppelten Staatsgründung 1949 und im Kalten Krieg schließlich droht die Zeit über ihn hinwegzugehen: Die Abstraktion regiert die Kunst. Als Dix 1969 stirbt, ist er gerade erst wieder aus dem Schatten des Vergessens getreten. Postum etabliert er sich als einer der wichtigsten deutschen Künstler des 20. Jahrhunderts. Auch international setzt er sich schließlich trotz aller Widrigkeiten und trotz seiner so »deutschen« Kunst durch. Dabei ist immer wieder deutlich geworden, dass Dix als Künstler, der gravierende zeitgeschichtliche Brüche verarbeitet, und als facettenreicher Stilist ungebrochen aktuell ist. Otto Dix, über zwei Dekaden ein faszinierendes und teilweise verstörendes Phänomen im Zeitalter der Avantgarden, ist einer der großen Maler der Kunstgeschichte des 20. Jahrhunderts. Dieses Buch will dieser anhaltenden Faszination, die bei einigen auch auf Ablehnung beruhen mag, nachspüren.

1 Eltern und Kinder

Woher kommt Otto Dix, der wie kaum ein anderer Maler das Gesicht der Weimarer Epoche prägte und dessen Bilder uns als Ikonen einer gleichermaßen schillernden wie bedrückenden Zeit erscheinen? Wie lässt sich in das soziale Milieu und die persönliche Entwicklung eines Malers einführen, der vom Proletarierkind zu einem der angesehensten Porträtisten der Weimarer Republik avancierte und von da an in relativem Wohlstand lebte? Vielleicht kann gerade der Blick auf Porträts ihm nahestehender Menschen dabei helfen, der Person und ihrer Herkunft näher zu kommen. Dix hat in den frühen 1920er Jahren als junger, sich allmählich etablierender Maler seinen Eltern, zu denen er zeitlebens ein gutes Verhältnis unterhielt, mit zwei eindringlichen Doppelbildnissen ein künstlerisches Denkmal gesetzt. Sie zeigen das Paar mit abgearbeiteten Händen und gezeichneten Physiognomien auf einem biedermeierlichen Sofa sitzend. Die Gemälde sind von subtiler Einfühlung und beobachtender Distanz geprägt, unterscheiden sich aber deutlich in ihrer kompositionellen Anlage. Beide Werke vermitteln etwas von der bezeugten Hochachtung, die der Maler und Sohn den Eltern gegenüber angesichts ihrer Lebensleistung, ihres Fleißes und ihrer Tüchtigkeit empfand.

Die frühere, heute im Kunstmuseum Basel aufbewahrte Leinwand von 1921 (Löffler 1921/12) schiebt die Figuren auf engem Raum gegeneinander und verkeilt sie im Bildrahmen. Die Anlage des Werkes zehrt noch vom Expressionismus, obwohl die Figuren, in Anlehnung an das berühmte Elternbildnis des romantischen Malers Philipp Otto Runge, selbst äußerst realistisch erfasst sind – hier manifestiert sich ein künstlerischer Paradigmenwechsel vom Expressionismus über einen realistisch-veristischen Zwischenschritt zur Neuen Sachlichkeit. Die Bildkomposition erweist sich als labil, wenn man den abschüssigen Linien der Köpfe, der Schulterkontur und dem Band der schweren Hände folgt. Dem diagonalen Abgleiten nach rechts unten wird durch die blockhaft sperrige Figur des Vaters entgegengearbeitet, gleichwohl sie die diagonalen Richtungswerte der Ehefrau aufnimmt. Vor allem die bloßen, hell aufscheinenden Unterarme und die Neigung des Oberkörpers stabilisieren die Komposition.

Das spätere, heute im Sprengel Museum in Hannover zu sehende

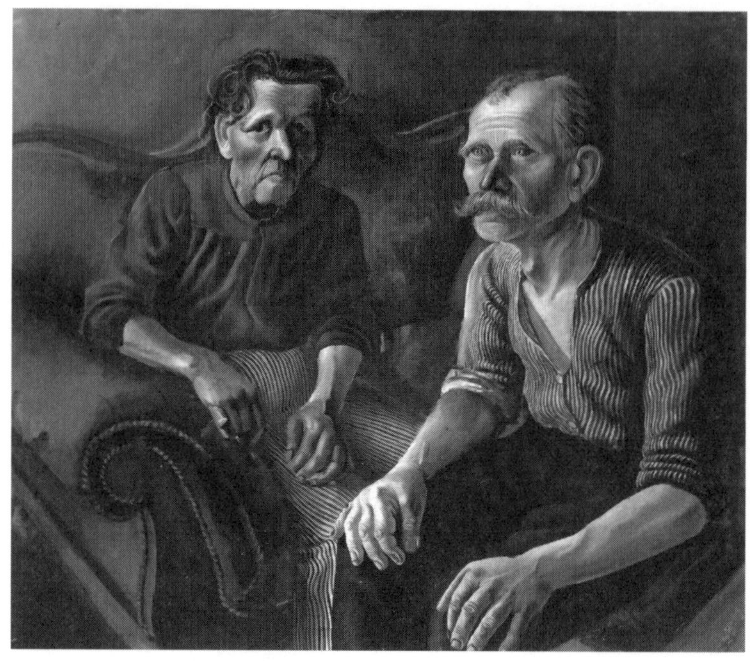

Bildnis der Eltern I, 1921, Öl auf Leinwand, 101 × 115 cm, Kunsthalle Basel

Bild von 1924 (Löffler 1924/4) zeigt dieselbe Szene und fällt doch ganz anders aus. Frontal schaut der Betrachter auf die streng nebeneinander Sitzenden, die als Dreiviertelbildnis auf das altertümlich anmutende Möbel »geheftet« zu sein scheinen. Erneut fällt die Beziehungslosigkeit der Figuren untereinander ins Auge. Sie steht im Kontrast zu der die Figuren einander annähernden physiognomischen Zeichnung, zu den korrespondierenden Farbwerten der Kleidung und den von Arbeit und Gicht gleichermaßen verformten groben Händen.

Auf beiden Bildern kreuzen sich die in divergierende Richtungen schauenden Augen, ohne sich zu treffen. Distanz und Empathie, expressiver Ausdruck und sachliche Objektivierung, realistisches Figurenstudium und konstruktives Bildgefüge gehen eine spannungsreiche Synthese ein. Diese Leistung konnte nur ein Maler erbringen, der

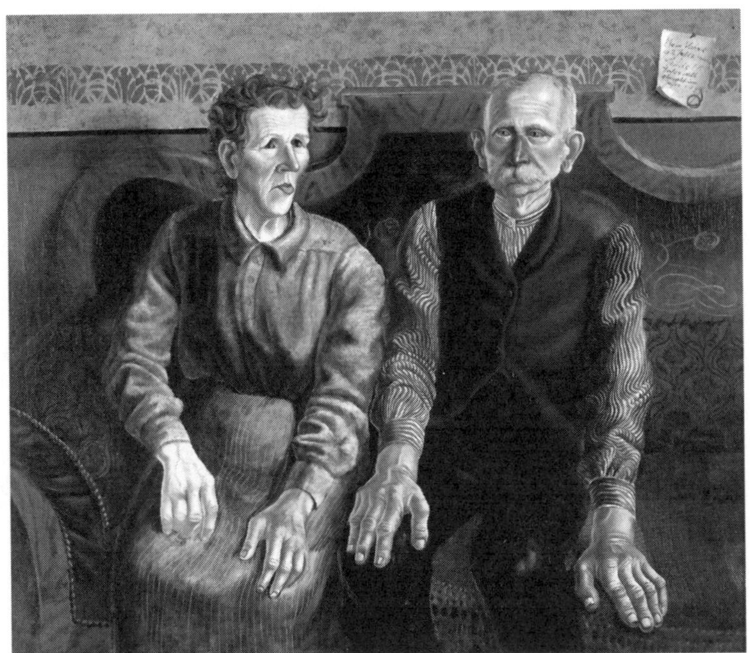

Bildnis der Eltern II, 1924, Öl auf Leinwand, 118 × 130,5 cm, Sprengel Museum Hannover

gleichermaßen ein sachliches Interesse am Bildthema Porträt (Doppelbildnis), eine akademische Ausbildung und genaue Kenntnisse der jüngsten Kunst besaß.

Vorbereitet hatte Dix die beiden Doppelbildnisse in für ihn typischer Weise durch große Zeichnungen, die er 1920 jeweils von seinem Vater, der damals 58 Jahre alt war, und seiner um ein Jahr jüngeren Mutter fertigte. Während der Vater den Betrachter über den Rand seiner Brille anschaut, sitzt die Mutter (auf dem anderen Blatt) mit nachdenklich-konzentriert aufgestütztem Kopf und liest. Der Wunsch, die Eltern in repräsentativen Gemälden innerhalb weniger Jahre gleich zweimal zu verewigen, entsprang Dix' Idee, seinen künstlerischen Wandel zu dokumentieren: Er malte 1921 expressiv-veristisch und 1924 objektivistisch-neusachlich und lotete in seinen Porträts immer wieder aus, inwieweit die Malerei der Fotografie bei der Deutung eines Menschen überlegen ist. Die Auseinandersetzung mit der zeitgleich auftretenden sachlichen Porträtfotografie, etwa eines August Sander oder eines Hugo Erfurth, bildet den künstlerischen Hintergrund; der aus Halle (Saale) stammende und in Dresden ansässige Erfurth war seit etwa 1920 mit Dix bekannt und fotografierte die Eltern 1925/26. Zum anderen aber ging es Dix bei seiner Motivwahl um die Nähe zu seinen Eltern. Beständig hielt er Kontakt zu ihnen, schrieb ihnen und schickte 1904 ein Foto von sich, um die Eltern so einmal persönlich zu besuchen, wie er schrieb. Er unterstützte sie finanziell, als ihm dies nach ersten künstlerischen Erfolgen möglich war, und schickte ihnen zu Weihnachten Wollkleidung, für die sich die Eltern bei ihm herzlich bedankten.

Otto Dix stammt aus proletarischen Verhältnissen und wurde am 2. Dezember 1891 in einem Ort namens Untermhaus geboren. Seit 1819 war die Familie Dix in Untermhaus ansässig, die väterliche Linie stammte aus dem Dorf Pohlen bei Wünschendorf, wo sie im 18. Jahrhundert als Bauern erfasst wurden. 1890 besaß der Fleck 3274 Einwohner, 1900 waren es 6256, und er war nach der Vereinigung mit dem kleineren Städtchen Kuba der zweitgrößte Ort des Fürstentums Reuß. Dix' Vater Ernst Franz Dix (1862–1942) arbeitete als Formgießer in dem nahe gelegenen Gera. Franz Dix hatte 1889 die Näherin Louise Pauline Amann (1863–1953) geheiratet. Das künstlerische Talent Ottos wird in der Literatur immer wieder auf die Mutter und die mütterliche, aus dem süddeutschen Raum (Esslingen-Tuttlingen) stammende Familie zurückgeführt. Die Mutter dichtete und trug vor, und in der Familie Amann gab es weitere künstlerische Talente. Vor allem der mehr als zehn Jahre ältere Cousin Fritz Amann soll dafür verantwortlich sein, dass Dix Künstler werden wollte. Ihm saß Dix als Junge Modell, war von der Atelieratmosphäre fasziniert und es wurde sogar spekuliert, ob er sich in dem eindrucksvollen ersten Bildnis eines Arbeiterjungen im Atelier (Löffler 1914/6) nicht selbst gemeint haben könnte. Nun mag es in der Tat zutreffen, dass der inzwischen 23jährige Maler sich bei der Arbeit an dem Gemälde an seine eigene Jugend erinnerte und daran, selbst einmal Modell gestanden zu haben. Aber Dix fühlte sich der Arbeiterschaft insgesamt verpflichtet oder nahe und wählte wohl daher – und nicht nur, um Kosten zu sparen – immer wieder Modelle für seine Werke aus diesem Milieu. Insbesondere die Darstellungen von Arbeiterfrauen mit ihren Säuglingen oder von Arbeiterkindern zählen zu den wichtigsten und berührenden Werken des Malers zu Beginn der 1920er Jahre. *Mädchen am Sonntag* (Löffler 1920/1) oder *Zwei Kinder* von 1921 (Löffler 1921/10; Farbtafel 1) kontrastieren die zerbrechlichen Figuren mit hart geschnittenen Kastenräumen, welche die Figuren bedrängen und einsperren – und damit auch die Bedingtheit des Individuums durch sein soziales Umfeld markieren. Hier besaß Dix trotz aller Härte ein sensibles Gespür für die Abhängigkeit der Existenz von äußeren Umständen, Limitierungen und Möglichkeiten.

Der Vater von Otto Dix wird im Kontrast zur musisch veranlagten Mutter von der Literatur mit knappen Strichen als politische Figur gezeichnet, die in sich gefestigt und zurückhaltend war, aber bestimmt auftrat. Er arbeitete u. a. für die Maschinenfabriken H. Güntsche und A. Harwieg sowie für die Geraer Maschinenfabrik & Eisengießerei A. G. und trat 1891 dem Deutschen Metallarbeiterverband bei. Er engagierte sich aktiv für die Sozialdemokratische Partei, die erst 1907 bei Wahlen die Mehrheit an die bürgerlichen Kandidaten verlor. 1903 erschien Franz Dix auf den sozialdemokratischen Mitgliederlisten, war der Partei aber wohl schon 1898 beigetreten und engagierte sich im Arbeiter-Bildungsverein und im Arbeiter-Gesangsverein. In den darauffolgenden Jahren erwarb der Vater, der aufgrund seiner Qualifikation eher zu den gut verdienenden Arbeitern gehörte, ein Stück Land an dem kleinen Fluss Elster, nahm einen Kredit auf und baute. Das Haus an der Uferstraße 4 konnte nach einigen voraufgegangenen Umzügen Anfang Juli 1908 von der Familie bezogen werden, auch wenn keine Bäder vorhanden waren. Die Restschuld der Hypothek in Höhe von 27 500 Mark beglich er erst Ende 1939, wohl auch mit Hilfe des Sohnes Otto, der inzwischen gut von seiner Kunst leben konnte.

Dix entstammt also dem relativ großen Teil einer qualifizierten, in der Eisen- und Metallindustrie und vorwiegend im großstädtischen Raum angesiedelten Arbeiterschaft, die verhältnismäßig gut gewerkschaftlich und parteipolitisch organisiert war. Er wuchs in einer Art sozialdemokratischer Subkultur (Josef Mooser) auf, die einerseits die bürgerliche Lebenswelt in Ansätzen nachahmte und sich anderseits selbst aggressiv abgrenzte. Im Kaiserreich wurde die Sozialdemokratie stark diskriminiert und musste um ihre Rechte kämpfen. Das künstlerische Selbstverständnis des Malers Dix und sein mitunter vehement antibürgerlicher Habitus sowie sein sozialer Geltungsdrang sind durch diese Herkunft entscheidend geprägt worden.

Die beiden Elternbildnisse zeigen aber nicht das Bild von politisch organisierten Arbeitern, die sich für ihre Rechte einsetzen. Hier sollte Heinrich Vogeler mit seinem *Hamburger Werftarbeiter* 1928 ein realistisches, und mit Blick auf die Kommunisten nicht parteikonformes Hauptwerk der politischen Weimarer Kunst schaffen. Der private, gleichzeitig emphatische und distanzierte Blick des Sohnes Otto auf die Eltern und damit auch auf die eigene Herkunft hält sich eher an der häuslichen Enge und der Bescheidenheit der Verhältnisse fest. Man hat die Arbeiterkultur im Deutschen Kaiserreich einerseits als eine Kultur der Armut und anderseits als eine um moralische Selbstbehauptung ringende Kultur gedeutet, die sich zugleich am Kleinbürgertum orientierte und sich von ihm abgrenzte. Diese Selbstbehauptung als Stolz auf eine Lebensleistung, auf moralische Integrität und auf die Fähigkeit, den Mangel zu verwalten, wird durch die beiden Bilder der Eltern eindrücklich vermittelt. Vor allem das zweite Gemälde bezeugt daneben eine fast schicksalhaft-symbiotische Verbindung der Eltern, die sehr nahe zusammensitzen. Es suggeriert gemeinsame Werthaltungen und Moralvorstellungen; das Bild selbst ist akkurat geordnet: die Kleidung der Eltern ist reinlich, und das Sofa fungiert als Symbol bescheidenen Wohlstands trotz beengter Verhältnisse. Inhalt und Form fallen zusammen.

Diese persönlichen sozialen Verhältnisse hatte Dix bereits zu Beginn der 1920er Jahre hinter sich gelassen, ohne sie zu negieren. Vielmehr hielt er in erstaunlichem Maße an der Familie als Bindeglied an die Herkunft fest. Als Student in Dresden konnte er freilich auch etwas überheblich werden. An seinen Freund Hans Bretschneider schrieb er wohl Mitte 1912: »Aus der Reise nach Gera wird selbstverständlich nichts, denn was soll ich dort, bah, mich von diesen Proleten ankohlen lassen? Auch habe ich keine Sehnsucht nach meinen Angehörigen.« Dass Dix dennoch einen ausgeprägten Familiensinn besaß, geht nicht zuletzt aus seiner Teilnahme an den regelmäßigen Familientreffen hervor, etwa an einem Ausflug nach Thieschitz bei Gera 1930 oder an einem größeren Familientreffen in Gera Ende Mai 1931, die beide fotografisch dokumentiert sind. Neben Dix sind auch die Geschwister des

Malers festgehalten: die Schwester Toni (geb. 1893), der Bruder Fritz (geb. 1895) und die jüngere (Lieblings-)Schwester Hedwig (geb. 1898). Ein viertes Geschwisterchen, Lisbeth, starb – wie Otto seinen Geschwistern unter Tränen mitteilte – bereits wenige Wochen nach der Geburt um den Jahreswechsel 1899/1900.

Dix war im Mai 1931 schon eine nationale Berühmtheit und gab bei solchem Anlass anhand von Reproduktionen seiner Gemälde bereitwillig Auskunft über sein künstlerisches Schaffen. Der Bruder Fritz dagegen setzte sich passioniert mit der Familiengeschichte auseinander und gab bei gleichem Anlass seine Nachforschungen zu einem Bauernführer Dix, der sich eventuell an einem Bauernaufstand im späten 18. Jahrhundert beteiligt hatte, zum Besten. Dix zahlte regelmäßig seinen Betrag von 5 RM und erhielt die Mitteilungen des Verbandes der Familie Dix auch dann noch, als sich nach der Machtübernahme durch die Nationalsozialisten der Tonfall dieser Mitteilungen änderte. Willy Dix meinte in der 16. Mitteilung des Familienverbandes, die am 11. April 1933 erschien, die Familienmitglieder ermahnen zu müssen: »Gedenke, dass Du ein Ahne bist!« und stellte sich in den Dienst des neuen Staates: »Jeder, der mit uns zäh festhält an unserem Ziel und lebendige Familiengeschichte treibt, hilft mit an der Gesundung unseres Volkes. Und das wollen doch alle Dixe.« Otto Dix dürfte das kurz nach seiner plötzlichen Entlassung durch die an die Macht gelangten Nationalsozialisten mit einigem Sarkasmus aufgenommen haben.

Das Foto vom Mai 1931 zeigt im Vordergrund eine etwas trotzig dreinblickende, die Arme verschränkende Nelly Dix, das erste Kind von Otto und Martha Dix, das 1923 geboren wurde. Immer wieder hat sich Dix malerisch mit Kindern beschäftigt, und seine Kinderdarstellungen gehören zu den eindrucksvollsten der deutschen Malerei; sie stellen sich zum Teil bewusst in die große Tradition romantischer Kinderbilder von Phillip Otto Runge und Karl Friedrich Schinkel. Auch an dieser Gruppe zeigt sich – neben anderen Beweggründen – ein sehr spezieller Familiensinn des Malers, der jetzt die eigene, 1923 gegründete Familie betraf. Die Faszination durch neues Leben kommt auch in der ungewöhnlichen Reihe von Darstellungen Neugeborener zum Ausdruck, etwa wenn Nelly 1923 schreiend mit gerade verbundenem Nabel gezeichnet wird, wenn isolierte Hände 1927 ein neugeborenes Kind (Ursus) mit zerknautschtem Gesicht in die Höhe heben (Löffler

1927/5) oder wenn im selben Jahr der Plan für ein großformatiges Geburtsbild (Löffler 1927/12) verfolgt, nicht aber zu Ende geführt wird. Auch ein weiteres Bild des neugeborenen Ursus (1927/6), noch bläulich angelaufen und etwas verschrumpelt auf einem strahlend weißen Tuch liegend, ist in dieser bemerkenswerten Reihe zu nennen sowie das heute verschollene Hauptwerk der Serie mit dem schreienden und strampelnden nackten Ursus neben einem üppigen roten Mohnstrauß. (Löffler 1927/8) Der Strauß greift tentakelhaft nach dem Kind aus und vereinigt die Motive von Geburt und Tod.

Mit diesen Werken verwirklichte Dix ein eigenes Programm, das das große Vorbild Runge sehr ernst nahm, ohne freilich bei einer Wiederholung der Romantik und ihrer Verherrlichung der Unschuld des Kindes stehen zu bleiben. Heinrich Lützeler – später Professor für Ästhetik in Bonn – stellte in der katholisch geprägten Zeitschrift *Hochland* 1931/32 dann auch fest: »Allerdings schlägt auch in einigen Kinderbildern das Grauen vorm Leben durch. So malt er zwei Bilder neugeborener Kinder – verzerrte Masken, vor denen man schaudert, malt die tiefste Hilflosigkeit dieser Geschöpfe und Fremdheit in der Welt. Es ist das erste Mal, daß die Kunst zu diesem krassen Thema greift.« Für Lützeler thematisierte Dix primär den Schock der Geburt, das Geworfensein des neuen Lebens in ein unbarmherziges Dasein.

Runge – der neben Caspar David Friedrich bedeutendste romantische Maler, auf den Dix teilweise zurückgeht und dem der frühe Dix-Förderer Paul Ferdinand Schmidt 1923 eine Monographie gewidmet hatte – war es zudem gewesen, der in seinem großformatigen, bekannten Elternbildnis von 1806 (Hamburger Kunsthalle) eben nicht nur die eigenen Eltern, sondern auch die eigenen Kinder, das heißt die Generation von Großeltern und Enkeln bildnerisch zusammengeführt hatte. Dix lotete diese Spannung der Generationen in beide Richtungen aus, wenn er einerseits die Eltern und anderseits die eigenen Kinder mitunter recht drastisch ins Bild brachte. Und spät, 1935, sollte er Runges Kombination der Generationen nochmals in faszinierender Weise aufgreifen, in dem Bild *Mutter und Eva* (*Louise Dix und Enkelin Eva Kolberg*; Löffler 1935/1), auf dem in altdeutscher Manier die ruhig dasitzende Großmutter mit dem sie hinterfangenden Baum zu verschmelzen scheint und in die Landschaft übergeht. Die faltige Gesichtshaut der inzwischen über 70jährigen wird von der schuppenartigen Rinde des Nadelbaums aufgenommen, während die ganz kindlich-neugierige, unbefangen-unschuldige Enkelin mit den blühenden Blumen als Symbolen des Lebens spielt. In diesem Gemälde treffen ein resignierter, müder und nach hinten gewandter Blick und ein offener, nach vorne gerichteter kontrastierend aufeinander. Hier will die Dynamik des Kindes die Statik der Großmutter überwinden, wie das Leben den Tod immer wieder überwindet und sich fortzeugt. Diese Polarität des Lebens zwischen Werden und Vergehen ist eine Schlüsselthematik im Werk des Künstlers.

Das Frankfurter Familienbild von 1927 zeigt dagegen die Eltern Martha und Otto Dix mit ihren beiden Kindern Nelly und dem gerade geborenen Ursus. (Löffler 1927/4; Farbtafel 3) Das Bild ist wegen seiner ungewöhnlichen, intensiven Farbigkeit bemerkenswert. Ferner spielt Dix gekonnt und ironisch mit den Bildtraditionen, schiebt er sich doch selbst von rechts wie die Karikatur eines das Heilige Kind anbetenden Hirten ins Bild, während die Gesamtkomposition an Maria mit dem neugeborenen Christus erinnert. Es greift die Tradition der christlichen Ikonographie zwar auf, aber karikiert oder invertiert sie gar, verkehrt sie in ihr Gegenteil. Statt der Anbetung des Kindes sehen wir die groteske Neugierde des Vaters Dix, der seinem kleinen, hässlich-böse gezeichneten Sohn – der sicher kein Erlöser der Menschheit sein wird – nahezukommen versucht, und den die Mutter etwas distanziert hält. Nelly taucht links hinter ihrer Mutter auf und hält eine rote Nelke in der Hand. Die Tochter ist in den Hintergrund geschoben und zeigt mit der Blume ikonographisch das blutrote Symbol der zukünftigen Passion Christi. Zugleich aber steht die rote Nelke für den 1. Mai und die sozialistische Bewegung und damit auch für die proletarische, freilich inzwischen verblassende und doch weiter prägende Herkunft des Malers Otto Dix. Mit anderen Worten: Die erhabene Bildformel der Heiligen Familie wird selbstironisch gebrochen und zum Ausweis der proletarischen Abstammung wie der kunsthistorischen Bildung eines seit kurzem gesellschaftlich etablierten Professors für Malerei – darin dem roten Hintergrund des Arbeiterbildnisses *Max John* (Löffler 1920/16) vergleichbar. Dix hatte seine Kindheit als Sohn eines Formgießers und einer Näherin nicht vergessen, ja er war in selbstironischer Weise stolz auf sie, als er sich bürgerlich etabliert hatte und seine Malerei sich selbstbewusst in die Tradition der Altdeutschen Meister und der Romantiker stellte. Es war gerade diese Tradition, die dem modernen Maler die Möglichkeit gab, sich selbst und seine Familie bildnerisch zu interpretieren.

Otto Dix versuchte sich noch spät in seinem Leben, 1966 in dem Manuskript *Erinnerungen aus meiner frühesten Jugend*, auf seine frühesten Kindheitserinnerungen zu besinnen: »Der erste Eindruck meines Lebens war folgender: Ich lag in einem dunklen Raum. Es war sehr kalt. Eine große, volle Lichterscheinung sah ich und hörte die dunklen, dröhnenden Klänge einer Orgel.« Dix' Geburtshaus steht noch heute neben der Kirche, und wenn man den Ort in Gera aufsucht, verwundert der später geschilderte nachhaltige Eindruck aufgrund der Nähe der beiden Gebäude nicht. Über die eigenen Kinder äußerte sich der Künstler freilich weit weniger dramatisch. Am Tag der Geburt seiner Tochter Nelly in Düsseldorf, am 14. Juni 1923, schrieb Otto Dix eine Postkarte an den befreundeten Maler Arthur Kaufmann, die er mit einer kleinen Zeichnung des neugeborenen Kindes versah: »Lieber Kaufmann & und liebe Frau Kaufmann. Wir haben heut früh ein wunderschönes Fräulein bekommen Können daher leider Eurer Fete am Sonnabend nicht beiwohnen Wir wünschen Euch allen viel Pläsier. Besuche sind vorläufig nicht erwünscht Herzlich grüßt Dix nebst Frau und Tochter.«

Dix hatte mehrere Geschwister, mehrere Kinder und Enkelkinder, auf die er offensichtlich sehr stolz war und mit denen er sich auch noch im hohen Alter in eindringlichen Bildern, wie den Selbstbildnissen mit Bettina und Marcella, selbst darstellte. (vgl. Löffler 1951/1 und 1969/1) Für einige von ihnen gestaltete der Maler Kinderalben, so für seine drei eigenen Kinder Nelly, Ursus und Jan sowie für die Enkelin Bettina. Sie machen auf einen wichtigen Sachverhalt aufmerksam, der für das Werk von Dix von übergeordneter Bedeutung ist: Der Künstler sparte, auch als es um die Illustrationen ging, die in einem Kinderbuch erscheinen sollten, in keiner Weise den Schrecken und die Grausamkeit aus. So wie er bei der Geburt eines Kindes bildnerisch den Schmerz und den Schock des Auf-die-Welt-gekommen-Seins einfing, so wie er bei den Darstellungen von blassen Proletarierkindern um 1920 keineswegs die erbärmlichen Lebensumstände der Arbeiterklasse kaschierte, so wenig bemühte er sich darum, die Schrecken und Grausamkeiten bestimmter Erzählungen abzumildern. Allerdings sticht der gestalteri-

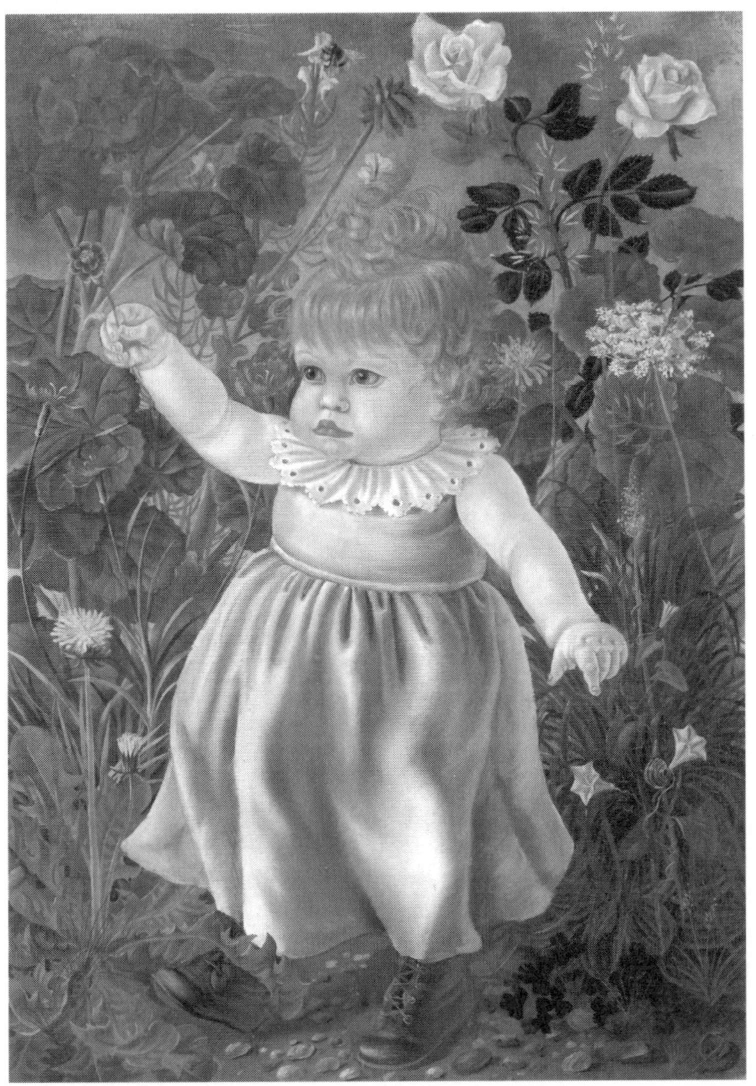

Nelly in Blumen, 1924, Öl auf Leinwand, 81 × 55,5 cm, Privatbesitz

sche Unterschied ins Auge, je nachdem, ob Dix ein Buch für ein Mädchen oder einen Jungen zeichnete und aquarellierte.

Ein erstes Kinderbuch verschenkte Otto Dix Ostern 1922 an das Kind aus erster Ehe seiner zukünftigen Frau Martha. Der junge Maler war gerade ins Rheinland gekommen und hatte dort die Familie des Arztes, Sammlers und Kunsthändlers Hans Koch kennengelernt, der bereits zwei Kinder hatte. Schon kurze Zeit später sollte Dix die Frau des Sammlers heiraten und mit Martha einen eigenen Hausstand gründen. Die freundschaftliche Beziehung zum Sammler und Schwager blieb bestehen, zumal dieser mit Marthas Schwester liiert war und sie bald nach der Scheidung von Martha heiraten sollte. 1922 entstand in Dresden das Porträt der beiden Kinder aus der Ehe von Hans und Martha Koch. Es zeigt Hana und Martin Wenzel Koch, die nach der Scheidung der Eltern beim Vater blieben. Das Gemälde – erst Mitte der 1990er Jahre wieder entdeckt – verdeutlicht schon zu diesem frühen Zeitpunkt und lange vor den oben erwähnten Bildern, die ab 1924 Dix' eigene Kinder zeigen, dass sich der Maler im eigenen Familienkontext häufig für ein an Runge orientiertes, romantisches Stilidiom entschied. Bereits hier finden wird einen für Dix entscheidenden Aspekt, dass das Motiv letztlich über die Art und Weise seiner Repräsentation entscheidet, das Was das Wie präjudiziert. Eltern und Kinder werden vom Maler schon früh im Rückgriff auf die deutsche Romantik geschildert und diese persönlich wichtigen Bilder in der Tradition der deutschen Malerei verortet – parallel entstehen freilich die frühen veristischen Kinderbildnisse um 1920/21, die sich ganz bewusst eines sozialkritisch-veristischen Stils bedienen und Dix' Stilpluralismus im Rahmen einer Bildaufgabe verdeutlichen.

Zurück zum Kinderbilderbuch: Es entführt den fünfjährigen Jungen Martin Wenzel Koch, genannt Muggeli, in die farbenstarke Welt der Indianer und Cowboys, der Walfisch- und Krokodiljagd, in die Hochhausschluchten New Yorks und zu den Pyramiden, in den Zirkus, den deutschen Wald und zu den Dinosauriern und Mammuts der Vorzeit. Das Spektakel endet mit dem nächtlichen Ritt hässlicher Hexen zum Blocksberg, bei dem selbst der kleine Halbmond erschaudernd zurückweicht. Einige Blätter stehen den zeitgleichen Aquarellen des Malers nahe und zeigen, dass er sich mit seinen Kunstthemen als Kinderbuchillustrator versuchte.

Das Kinderbuch für die eigene Tochter Nelly, um 1926 gezeichnet und gemalt, ist dagegen wirklich ein Kinderbuch, illustriert Rotkäppchen, zeigt aber vor allem Nelly, etwa im Zoo oder bei dem Missgeschick, in den Goldfischteich zu stürzen. Selbst vor gerechter Strafe scheut Dix nicht zurück, wenn die Tochter nach grausamen Spielen mit der Katze verdientermaßen zerkratzt wird. Stilistisch ist dieses Buch nah an zeitgenössischen Kinderbüchern mit ihren etwas steifen Figuren angelehnt und das Zeugnis eines wohl eher teilnehmend-beobachtenden, denn mitfühlenden Vaters, der für seine Tochter ein kleines Bilder-Tagebuch zusammenstellte.

Die beiden Bücher für Ursus und Jan, zwischen 1930 und 1933 gestaltet, führen dagegen wieder in eine vermeintliche, Dix näherstehende Jungen-Welt. Immer wieder fließt Blut, zeigen sich Ungeheuer, sieht man groteske Szenen, wird gehauen und gestochen. Dix ist in beiden Büchern zur losen Aquarelltechnik zurückgekehrt, und er lässt beide mit einer identischen Szene beginnen, mit einer Fastnacht, die er 1933 zu einem seiner beeindruckendsten Bilder gegen die Nationalsozialisten ausarbeiten sollte: *Die sieben Todsünden* (Löffler 1933/1; Farbtafel 12); d. h. ein Hauptwerk der deutschen Kunst des 20. Jahrhunderts – im Rückgriff aus Kinderbuchillustrationen entwickelt. Und auch nach 1945 sollte Dix das Thema der Fastnacht wieder aufgreifen, um eine von ihm als grotesk wahrgenommene Nachkriegssituation zu verbildlichen.

Otto Dix' künstlerisches Talent wird in der Literatur zum Maler auf die mütterliche Familie zurückgeführt. Dix wurde von seinem Onkel, dem Leipziger Porträtfotografen Heinrich Heller, künstlerisch ermutigt und gefördert und bekam von ihm erste Skizzenbücher zugesteckt – jedenfalls ist aus dieser Zeit (um 1903) das erste Skizzenbuch von Dix überliefert. In diese Bücher zeichnete er Verwandte, das Haus der Nachbarn oder die Reiseeindrücke seiner Bahnfahrten – als Junge von sechs Jahren wurde Dix mit einem Schild um den Hals in den Zug gesetzt, um seine Tante in Leipzig zu besuchen und bestand die Herausforderung ohne Schwierigkeiten – Bäuerinnen mit Wagen, Bäume und Sträucher, Windmühlen und Telegraphenmasten. Uns begegnen hier ganz früh, als naheliegendes Motiv, die Eltern wieder, im Profil gezeichnet, lesend und auch schon als in sich und gegeneinander verschränktes Doppelbildnis, wie der Sohn es dann wieder 1921 und 1924 realisieren sollte. Ein frühes gezeichnetes Stillleben zeigt ferner die elterlichen Utensilien des Alltags: Zeitung (*Leipziger Neueste Nachrichten*), Lesebrille, Kaffeetassen und Rauchmittel; andernorts finden sich Zigarren für Feinschmecker neben einem geschrumpften Stück Butter.

1897 eingeschult, besuchte Dix, der überwiegend als kluger und fleißiger Junge geschildert wird, die Volksschule in Untermhaus. Er traf dort auf den Lehrer Ernst Schunke, der sich in München bei Hermann Obrist und Wilhelm von Debschitz künstlerisch weitergebildet hatte. Schunke erteilte als Elementarlehrer ab 1903 Zeichenunterricht an der Bürgerschule Untermhaus, aber er ging mit seinen Schülern auch auf Ausflüge, die etwa an einem Sonntag die Umgebung Geras erkundeten und eine Hinwendung zur Landschaft ermöglichen sollten. Offensichtlich hat Dix auch immer wieder Hinweise und Ermahnungen erhalten, die vor allem dem Primat der Zeichnung galten: »Lieber Zeichnen als Malen! Muß alles viel genauer gezeichnet werden!« So erhielt Dix frühe Prägungen, die er in dankbarer Erinnerung behielt. Bei einem Kurzbesuch in Gera traf er 1931 seinen inzwischen fast 70 Jahre alten Lehrer wieder und zeichnete ihn als eine wegweisende Autorität mit klarem Blick. Schließlich war es Dix' Lehrer Schunke, der bei einer Audienz bei Erbprinz Heinrich XXVII. Reuß j. L. 1906 eine fürstliche Förderung des 15jährigen Schülers in Höhe von jährlich 500 Mark erwirken sollte, allerdings verbunden mit der soliden Ausbildung zum Dekorationsmaler.

Diese Ausbildung – eine bittere Erfahrung – absolvierte Dix nach der Unterzeichnung eines Lehrvertrags am 17. Dezember 1905 beim Malermeister Carl Senff in Gera vier Jahre lang. Mit Kunst hatte das freilich wenig zu tun, denn Dix hatte nach eigenem Bekunden entweder Hühnerställe auszumisten oder Wände und Decken von Farbe zu säubern. Im Lehrvertrag war zudem unter Paragraph 7 festgehalten, dass der Lehrling »der väterlichen Zucht des Lehrherrn unterworfen« sei, und davon machte Senff auch Gebrauch, wenn sein Lehrling sich die nur teilweise freien Sonntage herbeisehnte, um in der Natur zu zeichnen und zu malen, statt seinen ihm übertragenen Aufgaben nachzugehen. Dix, der zu Beginn drei Mark und am Ende sechs Mark pro Woche als Lohn erhielt, war auch verpflichtet, die »Fortbildungs-, Fach- und Sonntagszeich[n]enschule zu besuchen« (§ 8). Was heute als

Jugendwerk des Malers bekannt ist, entstand entweder hier oder während der herbeigesehnten sonntäglichen Ausflüge in die Natur.

Die frühe Freundin Marga Kummer hat in kleinen Karikaturen das zwiegespaltene Leben des jungen Dix geschildert. Sowohl sie als auch der ein Jahr ältere Lehrling Alfred Ahner haben Dix als Maler und Zeichner dargestellt, etwa wie Dix unter der Untermhäuser Brücke am 17. Juli 1907 mit Schemel und Hut, von neugierigen Kindern umringt, nach der Natur arbeitet. In diesem Jahr entstehen sehr unterschiedliche Bilder und Blätter, was der Lehrtätigkeit einerseits und dem Wunsch nach kleinen Freiräumen anderseits geschuldet ist. Genaue florale Dekorationsstudien, die – wie Ulrike Lorenz plausibel macht – an der Stilornamentik des Jugendstils wie an Ernst Haeckels *Kunstformen der Natur* (1899–1904) orientiert sind, stehen neben spätimpressionistischen oder frühexpressionistischen Ölskizzen. Dazwischen tauchen Blätter auf, die sich am Symbolismus Klingers oder Böcklins orientieren, so die Skizze *Pilger und Tod*, auf der der Knochenmann mit Stundenglas in der Hand eine Steinlawine auslöst, die den Pilger in enger Schlucht zu Tode bringen wird. Dix setzte das Motiv auch in Öl um. Bemerkenswert an alldem ist, dass Dix sehr offen versuchte, seine künstlerischen Interessen zu befriedigen. Dabei war er ohne Zweifel auch jugendlich orientierungslos und durch die sauer schmeckende Lehre in einen unbequemen Spagat von solider, später sich bewährender Ausbildung und freier Gestaltung gezwungen. Möglicherweise ist aber der oft irritierende Stilpluralismus von Dix schon hier verwurzelt und als Resultat des Konflikts zwischen angewandter und freier Arbeit bei dem jungen Auszubildenden zu denken; jedenfalls konnte Dix sich von Anfang an und gezwungenermaßen in verschiedenen Modi ausdrücken.

Dix war als Schüler und Lehrling durchaus fleißig und führte sich gut – dafür wurde er auch am 23. Juni 1908 von Rektor und Lehrkörper der Fortbildungsschule für eine Auszeichnung vorgeschlagen. Allerdings wurde er ein Jahr später für Unfug auf der Fasaneninsel (u. a. Beschädigung einer Schlittschuhbahn) umgehend bestraft. Doch bald war diese Zeit ohne größeren Schaden beendet, und nachdem Dix im April 1910 dem Prüfungsausschuss der Gerarer Maler- und Lackierinnung Probearbeiten vorgelegt und eine Gebühr von fünf Mark entrichtet hatte, wurde er als Geselle ›freigesprochen‹ und konnte ein halbes praktisches Jahr in Pößneck (Thüringen) absolvieren. Und obwohl der Malermeister Senff für Dix' schnell und deutlich sichtbare Ambition Maler zu werden zuvor nur Spott und Verachtung übrig gehabt hatte – Senff traute dem Jungen nur ein Dasein als ›Schmierer‹ zu –, ließ sich der junge Dix nicht kleinmachen oder gar entmutigen und ging in die Kunstmetropole Dresden. Im Herbst des Jahres 1910 begann er dort sein Studium an der Königlichen Kunstgewerbeschule. Dix trat damit in den Bannkreis der Kunst ein, zunächst als dekorativer Entwurfskünstler, der parallel dazu die künstlerische Avantgarde für sich entdeckte und ihr ehrgeizig nacheiferte.

2 Frühwerk, Nietzsche und Krieg

Die Residenzstadt und Kunstmetropole Dresden war in den 1910er Jahren eine wichtige Drehscheibe für die moderne Kunst. Allerdings handelte es sich auch um ein hartes Pflaster, wie der endgültige Weggang der Brücke-Künstler nach Berlin 1911 belegt. Dresden war seit Gründung der Künstlergemeinschaft *Brücke* 1905 ein frühes Zentrum des Expressionismus, der sich allerdings erst nach 1910 allmählich durchsetzen sollte. Diese Entwicklung verdankte die Stadt unter anderem ihrer Kunstakademie – einer der bedeutendsten überhaupt –, ihren exquisiten Kunstsammlungen und ihrem Status als Zentrum der Romantik in der ersten Hälfte des 19. Jahrhunderts sowie einigen wichtigen Ausstellungen zur Moderne um 1900. So war die *Internationale Kunstausstellung* von 1897 ein nationales Ereignis, das nicht zuletzt die zwischenzeitlich verlorengegangene künstlerische Bedeutung der Barockstadt Dresden restituieren sollte. Zu sehen waren in der Malerei Werke von Degas, Ensor, Hodler, Monet, Pissarro, Segantini und Sisley, flankiert von Böcklin, Klinger, Leibl, Liebermann, Menzel und anderen. In der Bildhauerei waren Meunier und Rodin vertreten – Rodins *Männlicher Torso* war von dem Mäzen Woldemar von Seidlitz für die Kunstsammlungen erworben worden – und auch das ansonsten in solchen Ausstellungen eher vernachlässigte Kunstgewerbe war mit Gallé, Tiffany oder van de Velde hervorragend präsentiert. Ergänzend zu der Ausstellung war ein Vortragsprogramm konzipiert worden, das sich darum bemühte, das Publikum mit den neuesten künstlerischen Strömungen, und das hieß vor allem mit der französischen Entwicklung, vertraut zu machen. Bedeutende Kunsthistoriker wie Alfred Lichtwark und Cornelius Gurlitt referierten über die Farbe und das Sehen, andere über die neue Landschaftsmalerei oder französische Meister der zweiten Hälfte des 19. Jahrhunderts, namentlich Courbet und Manet.

1906 fand in Dresden die 3. *Deutsche Kunstgewerbeausstellung* statt, ein herausragendes kulturelles Ereignis, das am 12. Mai vom sächsischen König Friedrich August III. feierlich eröffnet wurde. Hier zeigten sich die Reformansätze des deutschen Kunstgewerbes, das um Anschluss an die internationalen Entwicklungen bemüht war und zum Beispiel mit den 1898 in München gegründeten *Vereinigten Werkstät-*

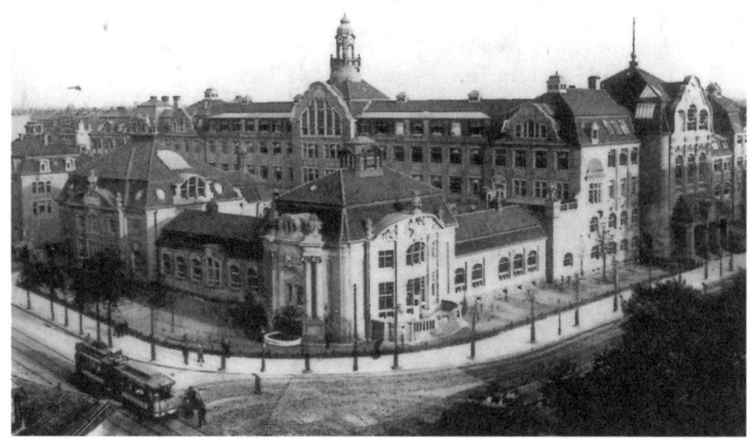

Die Königliche Kunstgewerbeschule in Dresden, Fotopostkarte, um 1910

ten für Kunst im Handwerk und später mit dem *Deutschen Werkbund* (ebendort 1907 gegründet) in der Tat bald auch eine führende Position einnehmen konnte. Wichtig war auch die Errichtung der nahe bei Dresden gelegenen Gartenstadt Hellerau. Der Möbelfabrikant Karl Camillo Schmidt, den Otto Dix sehr viel später (Löffler 1942/10) porträtieren sollte, stand als treibende Kraft hinter dem Unternehmen. Er hatte hier insgesamt 140 Hektar Land erworben, und der Münchner Architekt und Designer Richard Riemerschmid fertigte ab 1906 einen Gesamtentwurf für den Komplex, der neben einer Möbelfabrik der *Deutschen Werkstätten* auch öffentliche Gebäude sowie Kleinhäuser und Villen vorsah.

Vor allem aber das klassisch-karge Festspielhaus von Heinrich Tessenow, der später als Architekt an der Dresdner Akademie lehrte, sollte ästhetisch eine enorme Strahlkraft entwickeln, die noch in den neusachlichen 1920er Jahren des Bauhauses zu spüren war. Émile Jaques-Dalcroze und Adolphe Appia reformierten hier ab 1910 Tanz und Theater. In den wenigen Jahren bis zum Ersten Weltkrieg sollten Künstlerpersönlichkeiten wie Kafka, Rilke, Werfel oder Kokoschka und Nolde sowie Lasker-Schüler, Hauptmann und Reinhardt nach Dresden-Hellerau kommen, um den Festspielen beizuwohnen.

Und doch war die auf Repräsentation bedachte Kunstmetropole Dresden insgesamt eher konservativ orientiert. Die wirklich innovativen kulturellen Impulse des Wilhelminischen Kaiserreichs gingen neben der aufstrebenden Reichshauptstadt Berlin von mittelgroßen, ehemaligen Residenz- oder neuen Industriestädten wie Darmstadt, Hagen oder Weimar und von herausragenden Einzelpersönlichkeiten wie Karl Ernst Osthaus oder Harry Graf Kessler aus. Zwar strebte man auch an der Elbe nach Reformen, besaß phasenweise eine herausragende Theater- und Musikkultur, die in der expressionistischen Epoche Maßstäbe setzte, sodass die *Vossische Zeitung* gar die Erfindung der Eisenbahn im Nachhinein damit gerechtfertigt sah, das Berliner Publikum »rechtzeitig in die Dresdner Premieren zu befördern«; die Höhepunkte blieben aber punktuell, und die Künstler der Stadt beschwerten sich in der Folgezeit über die allgemeine Situation. Das Brücke-Mitglied Karl Schmidt-Rottluff schrieb 1908 in einem Brief an Cuno Amiet, ihm sei es unbegreiflich, dass Dresden überregional überhaupt den Ruf einer Kunstmetropole genießen könne. Er behauptete, dort herrsche Feindseligkeit gegenüber der Moderne und der Avantgarde vor. Dieser Vorwurf kann nur teilweise bestätigt werden. In Dresden waren es insbesondere die Galeristen Ernst Arnold und Emil Richter, die andere Impulse vermitteln und neue Maßstäbe in der bildenden Kunst setzen konnten. Emil Richter hatte die Brücke 1908 das erste Mal im Kontext des kommerziellen Kunstbetriebs in Dresden präsentiert, nachdem die Ausstellung in der Lampenfabrik Karl-Max Seifert in Dresden-Löbtau 1906 als kuriose Ausstellungsidee, wenn überhaupt wahrgenommen, eher belächelt worden war. In der Rückschau wurden diese Veranstaltungen von Ernst Ludwig Kirchner denn auch als Fehlschläge bewertet.

1910 sollte sich das Bild grundlegend ändern. Die von Ludwig Gutbier geführte Galerie Arnold zeigte den ganzen September in der Schlossstraße 34 in von Henry van de Velde und Wilhelm Kreis gestalteten Räumen eine Ausstellung der Künstlergemeinschaft Brücke, die fast 100 Werke umfasste – darunter so ikonische Arbeiten wie Karl Schmidt-Rottluffs *Deichdurchbruch*, Heckels *Schlafender Mann (Pechstein)* oder Ernst Ludwig Kirchners *Marzella*, das sich heute in Stockholm befindet. Es erschien ein für damalige Verhältnisse recht umfangreicher, von den Künstlern selbst gestalteter, 38 Seiten starker Katalog mit 87 Katalognummern und 20 Originalholzschnitten. Für die Brücke bedeutete dies einen fulminanten Auftritt. Wichtige Werke der Künstlervereinigung waren auch in ihrer ersten Ausstellung im Sächsischen Kunstverein bis November 1910 auf der Brühlschen Terrasse zu sehen. Hier wurden auch die spätimpressionistischen Werke des jungen Max Beckmann sowie der älteren Protagonisten der Berliner Sezession, Lovis Corinth und Max Liebermann, gezeigt. Spuren ihrer Malereiauffassung finden sich im pastosen spätimpressionistischen Duktus des frühen Dix wieder.

In der Galerie Arnold folgte 1912 eine von Paul Cassirer übernommene, als sensationell empfundene Van-Gogh-Ausstellung, die mit 41 Gemälden reich bestückt war. Zentrales Kunstereignis des Jahres war die berühmte Sonderbund-Ausstellung in Köln, die internationale Strahlkraft entfaltete. Im Oktober 1913 präsentierte der Kunstsalon Richter eine aus Berlin von Herwarth Walden übernommene Ausstellung der italienischen Futuristen, die Hauptwerke wie Umberto Boccionis *Die Straße dringt ins Haus* (1911) umfasste. Zu Beginn des Jahres 1914 zeigte die Galerie Arnold dann einen repräsentativen Überblick über die jüngsten Entwicklungen der zeitgenössischen Avantgarden unter dem Titel *Expressionistische Ausstellung: Die neue Malerei*, der ebenfalls auf die Tätigkeit Waldens in der Berliner Sturm-Galerie zurückging und große Teile des *Ersten Deutschen Herbstsalons* von 1913 umfasste.

Der mit Dix befreundete Maler Otto Griebel hielt dazu in seinen Lebenserinnerungen *Ich war ein Mann der Straße* fest:

> »Die Galerie Arnold bescherte den Dresdner Künstlern im Januar mit der umfassenden expressionistischen Ausstellung ›Die neue Malerei‹ eine besondere Sensation. Zum allerersten Mal sah ich hier die Bilder der Münchner Gruppe ›Der Blaue Reiter‹ sowie anderer gleichgerichteter Maler in reicher Fülle. Während das breite Publikum das Ganze für einen hoffnungslosen Blödsinn hielt, entstand in der Künstlerschaft ein heftiges Für und Wider, wobei sich viele von uns für das erstere entschieden. Fast jeden Tag besuchten wir die Ausstellung und fochten Kämpfe vor den Bildern aus. Aber nicht genug damit, wir begannen selbst expressionistisch zu malen.«

Diese bahnbrechenden Ausstellungen bewegten und prägten die jungen Künstler in der Metropole. Dix war seit dem Herbst 1910 in der Dresdner Kunstgewerbeschule eingeschrieben und dort mit angehenden Künstlern wie Otto Baumgärtel, Otto Griebel und Kurt Lohse befreundet. Pastos gemalte Landschaften und religiöse Bilder, detaillierte Pflanzenstudien in Gouache, dramatische und Gewalt darstellende Tuschpinselzeichnungen sowie erste Porträts bilden sein Frühwerk. Diese Arbeiten zeigen, wie der junge Maler an der Kunstgewerbeschule auf der Suche nach einer eigenen Kunstsprache war und sich dabei vielen unterschiedlichen Einflüssen ausgesetzt fand. Das Frühwerk besticht weniger durch seine Qualität, auch wenn es manches bislang übersehene sehr gute Werk enthält. Dix ist verhalten – er lehnt das Subjektive ab, will die Natur sehen und nicht immer »das ›Ich‹ mit hinein bringen« wie er an Hans Bretschneider, wohl 1911, schrieb – und bewegt sich im Rahmen noch limitierter Möglichkeiten, in Abhängigkeit von zeitgenössischen Entwicklungen. Wenig später zeigt sich vor allem der Wille zur Kunst und eine Spur von Dünkel, als er an den Freund Bretschneider zu Beginn des Jahres 1912 schreibt: »Ich weiß auch nicht, ob ich einst ein Maler werde. Aber ich ›hoffe u arbeite‹ und sage mir, Du musst etwas Großes werden. Verstehst Du, ich muß und wenn ich dabei alles verlieren sollte. Ich habe jetzt alle meine Kollegen in der Abteilung unter meinem Zepter, d. h. ich stehe geistig höher als sie.«

Aber anders als der etwas ältere Max Beckmann, der in seinen Bildern vor dem Ersten Weltkrieg mitunter das übergroße Format zur dramatischen Schilderung des Tagesgeschehens (so die Katastrophen des Erdbebens von Messina oder des Untergangs der Titanic) wählte und sich dabei mit Meistern wie Géricault oder Delacroix maß, zeigt Dix zunächst programmatische Momente im Selbstbildnis: forschende, kritische Introspektion (vgl. das nicht von Löffler erfasste Selbstbildnis von 1912 im Stadtmuseum Dresden und Löffler 1913/1) und später gewollte dämonische Selbststilisierung. In dem wohl auf 1914 zu datierenden, dramatischen Gemälde *Köpfe* (Löffler 1913/3) – Dix hat viele Frühwerke erst sehr viel später (und dann mitunter vor-)datiert –, das den Maler mehrfach zeigt, wird dieses Wollen durch die Signatur verdeutlicht. »DIX« steht in leuchtend roten Lettern im Bildmittelpunkt, um den sich mehrere gemalte Köpfe des Malers staffeln. Gerade die expressionistisch übersteigerten Werke ab 1913 belegen, dass Dix nun zur Avantgarde gehören will und sich zum jungen, avantgardistischen Künstler stilisiert.

Um 1911, unter dem Eindruck des späten Symbolismus und der Kunst des Fin de Siècle, hatte er noch über Motive wie eine Salome-Darstellung, einen Königsmörder oder einen gefangenen Ritter nachgedacht. Die farblich ausgewogenen landschaftlichen Darstellungen seiner Heimat und der Elblandschaft bei Dresden (vgl. *Straße bei Milbitz*; Löffler 1910/6, oder *Gießerei*; Löffler 1910/3; beide wohl eher 1912 zu datieren) geben sich kurze Zeit später in der Nachfolge des Spätimpressionismus und thematisieren dabei mitunter die rapide verlaufende Industrialisierung. Auch die Stillleben um 1912/13 sprechen die Sprache eines modernen Akademismus, den Dix an der Kunstgewerbeschule durch Lehrer wie den gleichwohl moderne-skeptischen Dekorationsmaler Richard Guhr vermittelt bekam, bei dem er ab 1912/13 studierte. Von Guhr distanzierte sich Dix zwar, doch hat Birgit Schwarz überzeugend darauf hingewiesen, dass seine künstlerischen Grundlagen eindeutig der Gewerbeschule entstammen und nachfolgend von ihm kritisch reflektiert benutzt wurden.

Die Selbstbildnisse und Männerporträts von 1913/14 – unter anderen die beiden Porträts des Malers Kurt Lohse –, das rot glimmende *Nächtliche Haus* (Löffler 1914/17 und Löffler 1914/18) oder der kristalline, vielleicht von Robert Delaunay inspirierte *Traum* (Löffler 1914/2) sprechen dagegen die Sprache der zeitgenössischen Kunst und verraten ein inneres Ringen, das in einer Gruppe rot-blauer Tuschezeichnungen von 1913/14 schließlich konvulsivisch ausbricht und eine ungeheure künstlerische Intensität enthüllt. Zahlreiche ästhetische Einflüsse lassen sich hier diskutieren, etwa die von van Gogh und Hodler oder die von Klinger, Kokoschka und Oppenheimer, die Dix an seine eigene und von der Kunstgewerbeschule oder auch der Kunstakademie (Richard Guhr, Otto Gussmann und Robert Sterl) geprägte Auffassung anschloss. Zentral ist aber die Beobachtung, dass Dix in der Tat zunächst nicht bedingungslos auf die Seite der jüngsten Moderne wechselte, sondern Tradition und Avantgarde miteinander verschmolz oder antithetisch aufeinanderprallen ließ, wie altmeisterliche Stiladaptionen belegen.

Spätestens 1913/14 jedoch erfolgte ein Grenzübertritt des Malers, für den die Kenntnis der jüngsten Kunst und der Einfluss der Philosophie Friedrich Nietzsches zwei sich wechselseitig steigernde notwendige Bedingungen darstellen. Otto Dix hat in seinem Leben eine einzige Plastik geschaffen: eine Büste des 1900 im Wahnsinn verstorbenen »Modephilosophen« der Epoche, die er wohl 1914 in Gips ausführte. (Löffler 1912/18) Angeregt wurde diese Arbeit, so wurde oft vermutet, von Richard Guhr, Professor an der Kunstgewerbeschule, der Dekorationsmalerei unterrichte, selbst aber auch Bildhauer war und den *Goldenen Mann* des Dresdner Rathauses geschaffen hat. Unabhängig von dieser Begründung war das plastische Arbeiten aber schon durch den Lehrplan vorgegeben: Dix hatte im Verlauf seiner Studien – die auch das Zeichnen nach Gipsmodellen beinhalteten – Modellierkurse zu belegen, die von Adolf Sonnenschein angeboten wurden. Dies erklärt freilich nicht, dass seine Wahl auf Nietzsche fiel und macht schon gar nicht die Intensität der Darstellung verständlich. Deren Hintergrund ist die breite Nietzsche-Rezeption in Deutschland, die um 1914 bereits in eine neue Phase getreten war. Bedeutende Künstler wie Edvard Munch oder Max Klinger hatten sich mit Nietzsche auseinandergesetzt. In Weimar war mit dem Nietzsche-Archiv ein nahes Zentrum des Nietzsche-Kults entstanden. Und auch Dix hatte sich ab 1911 intensiv mit dem Philosophen beschäftigt und sich zu einem nietzscheanischen Künstler gewandelt.

Aus einem Brief an den Jugendfreund Hans Bretschneider, der ebenfalls aus einem linken Milieu stammte, dessen Vater Gewerkschaftsfunktionär in Gera war und der 1925 sogar SPD-Landtagsabgeordneter werden sollte, geht diese frühe Begeisterung für Nietzsche hervor. Wohl 1911 schrieb Dix seinem Freund davon, wie sehr er auf seinen Körper achte, dass er kein Fleisch esse, keinen Alkohol trinke und sich auch das Rauchen abgewöhnen wolle. In einem ›gesunden Körper‹ vermute er die Voraussetzung für ein ›gesundes Wissen‹. Dix lobte die Spartaner und hielt die gegenwärtige Kunst im Vergleich mit der griechischen für »krankhaft geistreich«. Er zitierte Nietzsche und hielt fest: »[I]ch suche mir jetzt überall weh zu tun und suche gerade die unangenehmen Wahrheiten.« Es sind neben dem direkten Nietzsche-Zitat diese fehlende Scheu vor unangenehmen Wahrheiten, das Lob der griechischen Kunst und die Sorge um den Leib, die den Einfluss Nietzsches auf den jungen Dix belegen, der beileibe kein Intellektueller war und in dessen Kopf es nach eigener Aussage ungeordnet, »furchtbar wüst« war.

Die Sexualität – altersgemäß, aber auch stilisiert vor dem Hintergrund von Nietzsches Leibesästhetik, die die Wilhelminischen Konventionen radikal in Frage stelle – spielt für Dix um 1911/12 eine zentrale Rolle. Überdies ist er verliebt: in die ein Jahr jüngere Kommilitonin Marga Clementine Kummer, die in der Modeklasse der Kunstgewerbeschule eingeschrieben und deren Vater Schriftsteller und Redakteur des *Dresdner Anzeigers* ist. Marga Kummer war neben Helene Jakob – mit der Dix sehr gut befreundet, wohl aber nicht liiert war –, die zweite für den Maler wichtige junge Frau zu Beginn der 1910er Jahre. Wohl spätestens 1913 kam er mit ihr zusammen. Zuvor hat er fast programmatisch einen sehr ungebundenen Lebenswandel gepflegt; er berichtet etwa Hans Bretschneider – vermutlich im Herbst 1911 – in einem undatierten Brief von einer »tolle[n] Liebesnacht. Ich hatte ein kleines Mädchen mit auf der Bude. Ich habe ziemliche Angst, daß die Sache Folgen haben kann.« Überhaupt sucht er das Leben und will sich ausleben, von einer frühen Bindung an das »Weib« hält Dix nicht viel, wie er seinem Freund auch bei Gelegenheit deutlich macht: »Ich war jetzt 3 Tage lang zum Schwoof [...] und habe ein sehr niedliches Mädelchen. Aber ich bin eigentlich nur in ihren Körper und in ihre Brüstlein verliebt. Schade. Wenn ich sie genossen habe, ist meine ›Liebe‹ auch allemal wieder futsch. [...] denn ›das Weib was nicht ge – – liebet wird hat seinen Zweck verfehlt‹«. Diese und ähnliche Äußerungen verraten misogyne Einstellungen beim Maler, der eine Frau nicht nur als reines Sexualobjekt sondern auch als »zu gescheit« wahrnehmen konnte.

Mitte 1912 wandelt sich Dix, er verzichtet auf sein zuvor bewusst bohèmehaftes Äußeres und kleidet sich betont modisch – ein Zug, der in den frühen 1920er Jahren nochmals programmatischen Charakter annehmen sollte, Dix aber zeit seines Lebens auszeichnen wird. An seinen Freund schreibt er: »Ich spiele nicht mehr Bohème, sondern gehe in modernen Halbschuhen mit Schleifen bunten Strümpfen und hochmodernem Sporthut umher. Ich bin Gott sei Dank längst über den Punkt hinaus, sein Individuelles äußerlich zu zeigen, das machen nur Holzköpfe, plumpe Menschen. Lange Haare, Dallesmantel und Künstlerkrawatte kenne ich auch nicht mehr. Es ekelt mich jetzt an, mich anstaunen zu lassen, kurz und gut, äußerlich bin ich <u>Alltagsmensch</u> geworden, aber innerlich bin ich noch derselbe Hartköpfige, der Gott sei Dank noch gesunden Geist hat. Auch meine Ansicht über die Weiber habe ich geändert. Die laufen mir jetzt nach, daß es mir jetzt selbst lästig wird. [...] Über Deine Idealliebe lächle ich. So etwas kommt hier gar nicht vor. Wild stürme ich hinan ins brausende Leben und lasse meinen Menschen sein Recht. Heute die, morgen jene. Künstler sein heißt Mensch sein und Mensch sein heißt, gute und schlechte Seiten haben.«

Ab 1913 war Otto Dix mit Marga Kummer, die sein Interesse an Nietzsche teilte, liiert, und der Lebenswandel passte sich den neuen Gegebenheiten an. Im Sommer 1914 war die Nietzsche-Büste fertig, und Dix bat seinen Freund Otto Baumgärtel Anfang Juli, Fotos der Plastik aufzunehmen. Marga Kummer hatte im selben Jahr Dix beim Modellieren der Plastik gezeichnet. Dix selbst spielte 1915 mit dem Gedanken, seine Geliebte als Plastik zu porträtieren; diese zweite Plastik kam aber nie zustande, und im Verlauf des Krieges kühlte die Beziehung zwischen Dix und Marga Kummer ab. Ob die Distanznahme von Dix ausging und sogar auf den Einfluss der Philosophie Nietzsches zurückzuführen ist, wie Rainer Beck nahelegt, muss spekulativ bleiben. Wichtig ist aber, dass sich mit Marga Kummer, Otto Dix, Kurt Lohse und Otto Baumgärtel vor dem Ersten Weltkrieg in Dresden ein künstlerisch-intellektueller Kreis zusammenfand, der sich brennend für Nietzsche und die verwandte Mazdaznan-Lehre interessierte, welche die Philosophie Zarathustras, die moderne Lebensreform und Körperhygienebewegung sowie andere geistig-weltanschauliche Strömungen der Zeit miteinander vermengte.

Die bemerkenswerte Nietzsche-Gipsbüste (Löffler 1912/8) reihte sich in eine prominente Gruppe von Porträtbüsten ein, formulierte einigen Anspruch und besaß Signalwirkung. Bereits 1895 und 1898 hatten Siegfried Schellbach und Max Kruse Nietzsche als Gips- beziehungsweise Marmorbüsten gefertigt. Hans Oldes berühmte Radierung des wahnsinnigen, ans Bett gefesselten Nietzsche, die 1899 das eindrucksvolle Haupt des Philosophen mit einem seltsam entrückten Blick und buschigen Augenbrauen sowie dem wildwüchsigen Oberlippenbart ikonisch isolierte, und Max Klingers Bronzeherme von 1902 entfalteten eine kaum zu überschätzende Breitenwirkung in der Popularisierung der Züge des Meisterdenkers. Dix kannte Klingers Bildnis und auch den Weimarer Nietzsche-Kult, der schon vor 1900 und dann ab 1903 im von Henry van de Velde gestalteten Weimarer Nietzsche-Archiv von der Schwester des inzwischen verstorbenen Philosophen

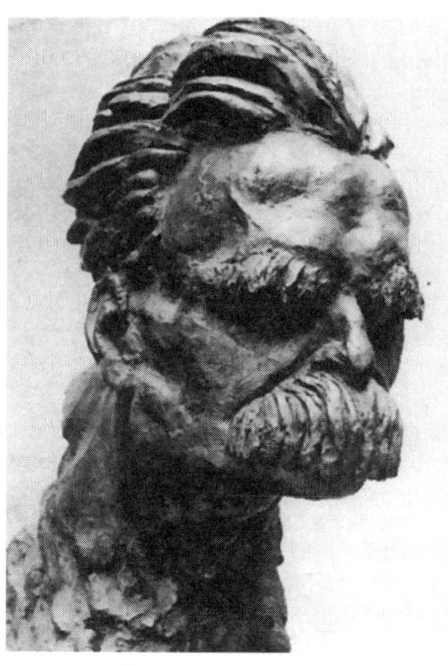

Friedrich Nietzsche, Gipsbüste, ca. 1914, ehemals Kunstmuseum Dresden, verschollen

betrieben wurde, nur zu gut und griff darauf zurück. Aber Dix überstiegerte die bereits vorgenommenen Stilisierungen nochmals, denn seine Büste ließ Nietzsches Haupt jäh nach vorne ragen, die Stilisierung des in groben Strähnen fallenden Haares und die Bewegtheit des Kopfes erzeugten zudem eine expressive Energetik.

Die künstlerische Pointe des grünen Anstrichs der Gipsbüste machte den unkonventionellen Denker zu einem expressiven Farbblitz. Das ungewöhnliche Inkarnat lässt sich aus Nietzsches Schriften ableiten und verdeutlicht, dass der Künstler Dix den Denker Nietzsche mit einem besonderen, auf ästhetisch verwertbare Passagen achtenden Blick las. Nietzsche spricht im vierten Buch der Dix bekannten *Fröhlichen Wissenschaft* von Wille und Welle. Schon der Anfang des Abschnitts erinnert an die Nietzsche-Büste, die ja nicht nur Gesicht, sondern auch furchiger Felsen ist: »Wie gierig kommt diese Welle heran, als ob es etwas zu erreichen gälte! Wie kriecht sie mit furchterregender Hast in die innersten Winkel des felsigen Geklüftes hinein! Es scheint, sie will jemandem zuvorkommen; es scheint, dass dort Etwas versteckt ist, das Werth, das hohen Werth hat.« Das Bild verschränkt Dauer und Bewegung, so wie die Plastik felsartige Starre und dynamischen Drang in eins fasste.

Und indem Nietzsche die immer gierigeren und wilderen Wellen mit den Wollenden und so mit sich selbst identifiziert, kommt er zu einer farblichen Charakterisierung dieser gierig Wollenden:

> »Ihr zürnt auf mich, ihr schönen Unthiere? Fürchtet ihr, dass ich euer Geheimnis ganz verrathe? Nun! Zürnt mir nur, hebt eure grünen gefährlichen Leiber so hoch ihr könnt, macht eine Mauer zwischen mir und der Sonne – so wie jetzt! Wahrlich, schon ist Nichts mehr von der Welt übrig, als grüne Dämmerung und grüne Blitze. Treibt es wie ihr wollt, ihr Uebermüthigen, brüllt vor Lust und Bosheit – oder taucht wieder hinunter, schüttet eure Smaragden hinab in die tiefsten Tiefen [...]«.

Unschwer ist zu erkennen, dass Dix sich auf diese ungewöhnliche Schilderung von grünen Leibern bezogen haben dürfte, als er sich zur Aufgabe machte, Nietzsche zu porträtieren. Es handelt sich bei seiner Farbgebung also weniger um eine expressionistische Extravaganz, sondern vielmehr um eine ikonologische Bedeutungszuschreibung. Der Maler bereicherte die ohnehin schon vielgestaltige Skulptur des Expressionismus um ein kurioses Einzelstück, er steigerte die bisherige Darstellungskonvention und amalgamierte dies mit der – freilich von Nietzsche abgeleiteten – Farbradikalität des Expressionismus. Der frühe Dix-Förderer Paul Ferdinand Schmidt erwarb dieses Unikat und Dokument der intensiven Nietzsche-Rezeption beim jungen Dix durch Schenkung des Künstlers nach dem Ersten Weltkrieg früh für die Kunstsammlungen in Dresden, wo es später von den Nationalsozialisten beschlagnahmt werden sollte. Vergeblich versuchten die neuen Machthaber das Kunstwerk 1939 in der Schweiz zu verkaufen, was vielleicht auch an der dem »Dritten Reich« zugeschriebenen Vorliebe für Nietzsche gescheitert sein könnte. Heute ist die Plastik verschollen.

1914 ist der ganze Dix schon in Ansätzen vorhanden: der veristisch-neusachliche Dix der 1920er Jahre, der altmeisterliche Dix und der späte neoexpressionistische Dix. Es sind Zeichnungen wie *Ruhe auf der Flucht*, *Hure* oder *Kreuzabnahme*, die das breite Spektrum andeuten und die nach der, das weitere Leben entscheidend prägenden Erfahrung des Krieges in zum Teil großem zeitlichen Abstand ausgearbeitet werden sollten. Zuvor aber fand das lange 19. Jahrhundert sein apokalyptisches Ende, und das kurze 20. Jahrhundert (Eric Hobsbawm) begann mit der viel beschriebenen »Urkatastrophe« des Ersten Weltkriegs:

> »Unter den Linden und vor dem Königlichen Schloß sammelten sich bald nach der Bekanntgabe der Mobilmachung viele Hunderttausende von Menschen. Jeder Wagenverkehr hörte auf. Der Lustgarten und der freie Platz vor dem Schloß waren dicht angefüllt von den Menschenmassen, die patriotische Lieder sangen und wie auf ein Kommando gleichmäßig immer wieder den Ruf erneuerten: ›Wir wollen den Kaiser sehen!‹ Gegen halb 7 Uhr erschien der Kaiser am mittleren Fenster der ersten Etage, von einem unbeschreiblich starken Jubel und von Hurrarufen begrüßt. Nach einiger Zeit trat in der Menge Ruhe ein. Die Kaiserin trat an die Seite des Kaisers, der den Massen zuwinkte, daß er sprechen wolle. Unter tiefem Schweigen sprach der Kaiser dann ungefähr mit weithin vernehmbarer, langsam stärker werdender Stimme: ›Wenn es zum Kriege kommen soll, hört jede Partei auf, wir sind nur noch deutsche Brüder. In Friedenszeiten hat mich die eine oder andere Partei angegriffen, das verzeihe ich ihr aber jetzt von ganzem Herzen. Wenn uns unsere Feinde den Frieden nicht gönnen, dann hoffen und wünschen wir, daß unser gutes deutsches Schwert siegreich aus dem Kampf hervorgehen wird.‹ An diese Worte des Kaisers schloß sich ein Jubel, wie er wohl noch niemals in Berlin erklungen ist.«

So schildert eine Meldung, die als Privattelegramm in der *Frankfurter Zeitung* vom 2. August 1914 abgedruckt wurde, die Stimmung in Berlin anlässlich des Kriegsbeginns.

Dass Otto Dix selbst bei diesem Anlass gejubelt hat, kann bezweifelt werden, aber er hat in den nächsten Jahren intensiv am Krieg teil-

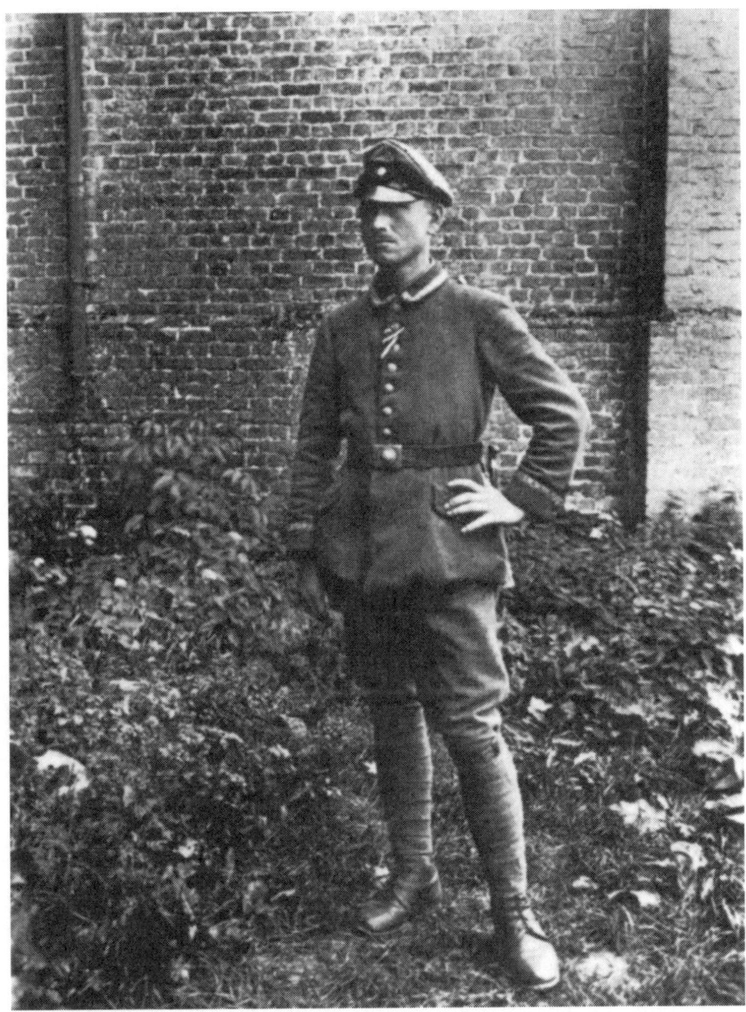

Otto Dix als Soldat, Fotopostkarte, um 1917

genommen. Intensiver als seine Künstlerkollegen hat er den Krieg durchlebt, und intensiver als sie hat er den Krieg künstlerisch verarbeitet. Für seine Kriegsdienste bekam er unter anderem am 24. Juni 1917 die Friedrich-August-Medaille in Silber mit dem Bande verliehen. Am 8. Oktober 1918 wurde Dix zum planmäßigen Vizefeldwebel befördert und seine Führung im Militärausweis zunächst mit »gut« und später mit »sehr gut« bewertet. Dem Pass lässt sich entnehmen, dass Dix seit dem 22. August 1914 als Ersatzreservist beim 1. Rekr. Dep. F. A. Reg. 48 eingezogen war und seine Kriegsausbildung am M. G. 08, der Pistole 08 und dem Gewehr 98 erhielt. Geimpft wurde er am 9. September 1914, nachdem er vier Tage zuvor vereidigt worden war.

Dietrich Schubert hat in grundlegenden Arbeiten die Kampfeinsätze von Dix im Ersten Weltkrieg nachgezeichnet und die in diesem Zusammenhang geschaffene Kunst analysiert. Nach Schuberts detaillierten Recherchen wurde Dix in Dresden und Bautzen ausgebildet und nahm ab dem 21. September 1915 an den Stellungskämpfen vor Reims, südlich des Aisne-Bogens in der Champagne, teil. Thugny, Pont Faverger, Bétheniville, Aubérive, Saint-Souplet, Dontrien, Saint-Hilaire, Souain und Tahure sind einige der Orte, die damals zu den Schauplätzen heftiger Kämpfe wurden. Dix hielt sie während der Kämpfe in Zeichnungen und Gouachen sowie nach dem Krieg in Radierungen fest. Er machte, wie erwähnt, eine gewisse Militärkarriere, führte sich gut und hatte offensichtlich keine Angst, sich in Gefahr zu begeben. Bereits im November 1915 wurde er zum Unteroffizier befördert und erhielt das Eiserne Kreuz 2. Klasse. Daraufhin schrieb er nach Dresden an Helene Jakob, die Tochter des Hausverwalters der Kunstgewerbeschule, die er 1910 kennengelernt hatte. Beide unterhielten sich in der von reaktionären Kreisen als »internationalistisch« verpönten Kunstsprache des Esperanto. Ein Liebesverhältnis hat zwischen beiden wohl nicht bestanden, wie der zwar vertraute, aber auch höflich-distanzierte Tonfall der Karten belegt. Aber die Freundin versorgte Dix in Friedenszeiten mit kleineren Aufträgen und im Krieg mit Nahrung, Genussmitteln und Zeichenutensilien. Im Brief vom 13. November 1915 reduzierte er die Beförderung auf den Aspekt der daran geknüpften höheren Besoldung:

»[...] Die Hauptsache beim Unteroffizier ist die Geldsache. 40 Mark im Monat ist sehr angenehm. [...] Seit 4 Tagen liege ich in der Regimentsreserve zwischen St.-Martin, Aubérive und St.-Souplet. Die

Reg. Res. hat die unterirdischen Räume in einem niedrigen Kiefernwäldchen. In unserer Höhle wohnen 24 Mann.« Am 1. Januar 1916 bedankte er sich bei Helene Jakob für ein Weihnachtspaket, dem sie unter anderem einen Christstollen beigelegt hatte: »Am meisten hat mich natürlich der herrliche Graphitstift bestochen, der ist herrlich! [...] Mit dem neuen Stift werde ich viel zeichnen [...] Wenn Sie es gern möchten, schicke ich Ihnen öfter mal eine gezeichnete Karte für Ihr Album [...]« Am 7. Januar bedauerte Dix allerdings schon wieder, dass er wenig zeichnen könne, wenn er »in der Stellung« sei.

Tatsächlich sind die Karten und Fotografien an Helene Jakob – es handelt sich um etwa 300 Karten, von denen allein fast 50 in der Kunstsammlung Gera aufbewahrt werden – eine erstrangige Quelle, um sich über das Kriegsschicksal von Dix zu informieren. So berichtet er unter anderem vom aktuellen Kriegsgeschehen, etwa von massierten Angriffen der französischen Armee: »Gestern Nachmittag hat uns die feindliche Artillerie mit einem drei volle Stunden dauernden Feuerüberfall unterhalten, das Feuer war stellenweise bis zum Trommelfeuer gesteigert. Wir hockten in unsern Unterständen drin. *Größte Bereitschaft* – es wird ein Angriff erwartet [...] Die Franzmänner griffen aber nicht an. Der Erfolg war einige Verwundete, Verschüttete [und] zerschossene Gräben. – Direkt neben unserm Unterstand liegt ein überbauter Artillerie-Beobachtungsstand, der durch eine 30 cm starke Eisenbetonplatte und durch Eisenbahnschienen geschützt ist. Durch Volltreffer wurde die Eisenbahnschiene durchhauen [...] der Luftdruck fetzte uns natürlich bald hin. Der Graben war nachher von Eisensplittern buchstäblich besäät.«

Im Sommer 1916 kämpfte Dix an der Somme und nahm an einer der schrecklichsten und verlustreichsten Schlachten des Ersten Weltkriegs teil. Von ihr erfahren wir durch einen eindrucksvollen Brief vom 15. August 1916 an Helene Jakob:

> »Cara samideanino – ich erhielt Ihre Briefe und die Kirschen und Zigaretten und danke Ihnen sehr herzlich. Gott sei Dank sind die furchtbaren Tage an der Somme vorüber. Wir sind am 12. durch die Bayern dort abgelöst worden. Unsere Stellung war rechts des vielgenannten Gehöfts Monacu. Unsere Kompanie war drei Wochen dort eingesetzt und wir lösten uns alle 2 Tage ab. Die ersten beiden Tage

an welchem Reg. 102 dort lag verliefen verhältnismäßig ruhig. Wir hatten dort noch 2 Gräben hintereinander. Verbindung durch Laufgräben gibt es natürlich nicht. Ich lag mit noch 5 anderen M. G. in der Stellung ›Braune Erde‹ [Auf] die zweite Stellung die Reg. 102 nach altem brauch nachts die Gräben vertieft hatte, fing der Franzmann, der auf der Höhe liegt und alles herrlich beobachten kann, am 3. Tage an mit 28ern zu trommeln, dazwischen 15er und kleinere Kaliber. Es war furchtbar!

Die b Stellung wurde so umgeackert, daß man keinen Graben mehr sah. Ich saß mit meinem Gewehr und meinen Leuten in einem minierten Stollen. Bei jedem Schuß drohte unsere Bude zusammen zu fallen. Als es schlimmer wurde, rückten 3 meiner Leute ab. Da saß ich nur noch mit einem. Ich war entschlossen zu bleiben. Plötzlich haut uns eine 28er so viel Dreck ins Loch, dass wir bis an die Brust drinsteckten. Das Gewehr war verschüttet, ausgraben in der Eile unmöglich. Ich rücke also und zwar in den nächsten Stollen weiter links (von rechts fing die Schießerei an). Jetzt gings auch von links los. Bald war das Gewehr des zweiten Stollens zerschossen und dem Gewehrführer, der am Eingang stand, schlug es beide Trommelfelle durch. Ausreißen! Ich rücke etwas weiter links, die anderen rennen in wilder Flucht nach hinten. In einem kleinen Erdloch 1 mtr hoch 2 mtr lang lag ich noch alleine mit einem Infanteristen stundenlang im Trommelfeuer. Am Abend wurde es ruhiger und ich ging zurück. Die folgenden Tage waren fast noch furchtbarer. Im ganzen sind von uns 12 Maschinengewehre verloren gegangen, 2 davon haben die Franzer. Am 10. lag ich mit einem Gewehr (wir hatten die braune Stellung verlassen müssen und uns 30 mtr weiter hinten an einem Steilhang eingegraben). Dort zwischen Gren. Reg. 100 Trommelfeuer von früh 1/2 11 bis abends neun mit 28gern. Diesmal nach dem Steilhang – die Verluste dieses Rgts sind furchtbar. Wegen des Nebels schoß [m]eine Batterie zu kurz und schoß in unseren Steilhang. Furchtbare Bestürzung schreckliche Verluste. Die Leichen lagen herum, Arme und Beine flogen. Von der 6. Komp. dieses Rgt blieben 9 Mann übrig. Es war jedes Mal ein befreiendes Gefühl, wenn die roten Leuchtkugeln aufstiegen (heißt ›Feind greift an‹), und wir konnten mit unserem Gewehr vorrücken und feuern. Was aber nutzen Ihnen all die Einzelheiten? Vorstellen wie so etwas ist können Sie sicher nicht. Jetzt sind wir weit hinter dieser Hölle in dem Ort Mauvois. Vielleicht erhalte ich nun bald mal Urlaub. Es sind viele gute Kameraden draußen geblieben, schade um die Kerle. Recht viele Grüße

Via samideano Dix«

Die Karten und Briefe vermitteln einen ausgesprochen lebendigen Eindruck von den schwierigen, bedrohlichen Lebensumständen im Feld. Schubert hat rekonstruiert, dass Dix bis Juli 1916 bei Aubérive östlich von Reims kämpfte, um dann an den äußerst verlustreichen Schlachten an der Somme (bei Péronne, Cléry und Templeux-la-Fosse) teilzunehmen. Hier kämpfte er mit dem Feld-Maschinengewehr-Zug 390 im Res. Inf. Regiment 102, sah und erlebte er das massenhafte Sterben seiner Kameraden; anderen brachte er selbst – verschanzt hinter seinem MG und damit vergleichsweise sicher – den Tod. Dix nahm ferner an den Stellungskämpfen um Arras, an der Loretto-Höhe, bei Angres und in Südflandern bei Langemark teil. Anfang des Jahres 1917 erkrankte er und kam im Lazarett in Hénin etwas zur Ruhe. Nach seiner Genesung war er im März 1917 im Artois bei Arras und Lens (Angres) und ab Mai an der Yser stationiert.

Von der Westfront wurde Dix in den Osten versetzt, wo er ab November 1917 in Belorussland bei Wilna im Feld stand. Über den Friedensschluss an der Ostfront schrieb er am 12. Dezember, wenige Tage nach seinem Geburtstag: »Kara samideanino! Jetzt ist nun endgültig Waffenstillstand. Gestern machte unsere Regimentskapelle auf dem Grabenrand [...] Konzert. Die Russen kamen in Scharen durch unseren Drahtverhau und schüttelten sich mit unseren Landsern die Hände, also: ein historischer Moment [...] Ich denke daß ich bald zu den Fliegern versetzt werde, am 17. muß ich nach Wilna zur endgültigen Untersuchung [...].«

Im Februar 1918 ist Dix nochmals beurlaubt, erkrankt aber erneut und muss sich bis März im Reservelazarett Gera aufhalten. Anschließend wird der Künstler wieder in Nordfrankreich und in Flandern (bei Ypern) eingesetzt. Am 8. August wird er am Hals durch Splitter verwundet, allerdings sind diese Verletzungen nicht lebensgefährlich. Anlässlich seiner Beförderung zum Vize-Feldwebel schreibt er an Helene Jakob:

»Ich kann Ihnen heute ein freudiges Ereignis mitteilen. Ich wurde mit dem heutigen Tage zum Vize-Feldwebel befördert. Wir gehen ausschließlich zurück. Alle Anzeichen deuten darauf hin, daß bald Schluß wird (vorausgesetzt daß der Tommy mitmacht). Ich denke aber trotzdem, daß ich in den nächsten Wochen noch mal auf Urlaub kommen kann. – Die Post wird wahrscheinlich zurückgehalten, ich habe sehr lange von keiner Seite Post erhalten. Trotzdem es hier äußerst langweilig ist, komme ich nicht zum Arbeiten – aus Langweil[e] Außerdem sitzen wir ja auch dauernd auf dem Sprung. Alles Beste Ihnen und Ihren Angehörigen Herzliche Grüße Ihr Dix«.

Hier teilten sich erneut – bereits am 22. Juni 1916 sehnte sich Dix nach Frieden – Kriegsmüdigkeit und Hoffnung auf ein baldiges Ende des Krieges mit, das dann im November 1918 auch endlich eintrat.

Die Stationen des Schreckens, die der in vorderster Linie kämpfende Dix kennenlernen musste, unterscheiden sein Erleben des Krieges von den meisten Künstlerkollegen der Zeit. Maler wie Max Beckmann, George Grosz, Ernst Ludwig Kirchner, August Macke und Franz Marc – um nur die prominentesten zu nennen – erlebten zwar ebenfalls den Krieg, entweder aber starben sie früh wie Macke 1914 und Marc 1916 oder sie fanden Wege, sich dem Grauen rechtzeitig zu entziehen. Dix aber gehört zu den wenigen Künstlern, die den Krieg von Anfang bis Ende durchlebten, und diese traumatisierende Erfahrung erklärt sein eindringliches, den Krieg reflektierendes Werk. Noch vor dem Einsatz, dann während der Kämpfe und auch viele Jahre nach dem Ende des Schlachtens hat Dix den Krieg künstlerisch verarbeitet. Allein mit diesen Werken hat er sich in die Geschichte der Kunst eingeschrieben.

Betrachten wir aber Dix' Auseinandersetzung nochmals: Er wurde im Sommer 1914 in Dresden als Soldat eingezogen, und bereits im Herbst des Jahres 1914 malt er sich selbst mit rasiertem Schädel. (Löffler 1914/4) Dix lässt den Betrachter die psychische Transformation des Selbst bis zur Aufgabe der Individualität im Zuge einer militärischen Ausbildung spüren – so wie sie Stanley Kubrick sehr viel später mit seinem eindringlichen Film *Full Metal Jacket* (1987) vor dem Hintergrund des amerikanischen Krieges in Vietnam thematisieren sollte. Wie Kubrick besaß Dix ein enorm geschärftes Bewusstsein für die psychische Veränderung des Individuums durch die Ausbildung zum Krieg und

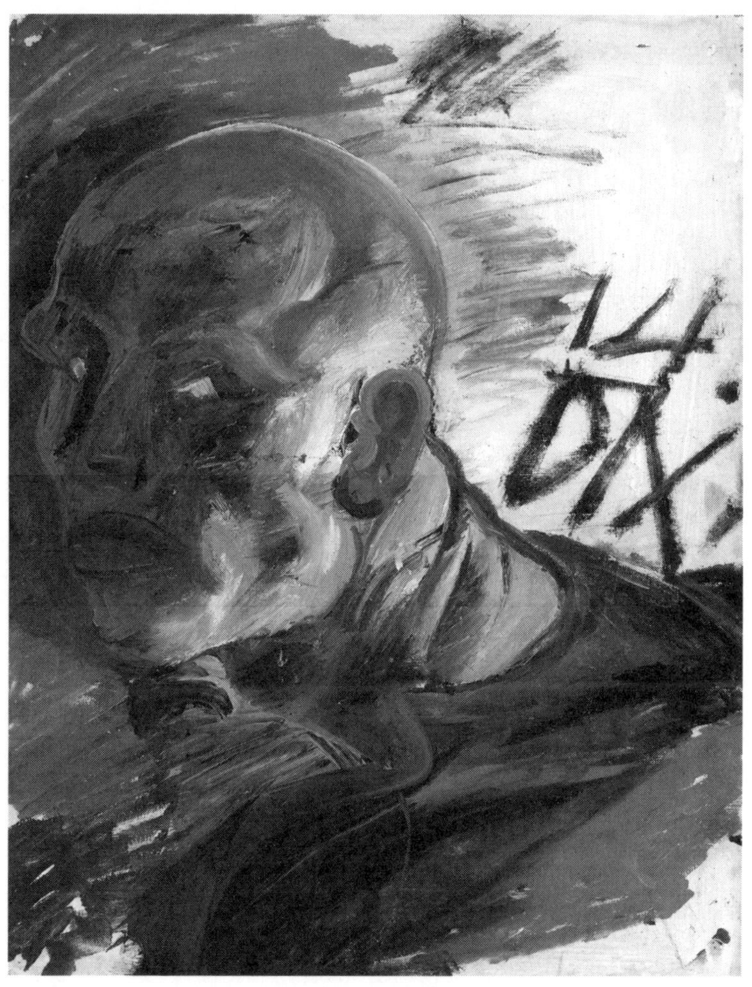

Selbstbildnis als Soldat, 1914, Öl auf Papier, 68 × 53,5 cm, Kunstmuseum Stuttgart

durch die Erfahrung des Krieges selbst. In einer Reihe sehr unterschiedlicher Selbstbildnisse hat er diesen bewusstseinsverändernden Prozess reflektiert und teilweise überraschend gestaltet. So zeigte er sich selbst in Paradeuniform (Löffler 1914/5) oder als Zielscheibe (Löffler 1915/2) und stilisierte sich gar zum Kriegsgott Mars. (Löffler 1915/1)

Sein schockierendes Selbstbildnis mit rasiertem Schädel, der den Betrachter anzuspringen scheint, nimmt mit seinem vorragenden Schädel und dem lang gereckten Hals bewusst Bezug auf Dix' Nietzsche-Büste, deutet die eigene Teilhabe am Krieg nietzscheanisch. Vor allem dürfte der Maler sich als angehender Soldat mit Nietzsches Wendungen von den »grünen gefährlichen Leiber[n]« und dem Brüllen »vor Lust und Bosheit« identifiziert haben, die genau in jener Passage auftauchen, die für die Erklärung der ungewöhnliche Farbigkeit der Büste in Frage kommt. Dix zitiert in seinem Selbstbildnis die Pose der Nietzsche-Figur, weil er selbst einen gefährlichen Leib besitzt, der angespannt von Lust und Bosheit in der Schlacht brüllen will.

Der Erste Weltkrieg war von den jungen Künstlern und Schriftstellern teilweise regelrecht herbeigesehnt worden – eine heute kaum mehr nachvollziehbare Tatsache. Einige der bekanntesten und irritierendsten Äußerungen im Vorfeld stammen vom Dichter Georg Heym, der in seinen Tagebüchern zwischen 1909 und 1911 die Inhaltslosigkeit seiner Zeit beklagte: »Es ist immer das gleiche, so langweilig, langweilig, langweilig. Es geschieht nichts, nichts, nichts. Wenn doch einmal etwas geschehen wollte, was nicht diesen faden Geschmack von Alltäglichkeit hinterlässt.« Diese verhasste Alltäglichkeit, die sich im trüben Glanz von Frieden und materiellem Wohlergehen sonnte, ließ bei einigen einen Tatendrang entstehen, der sich entladen wollte, egal wie: »Würden einmal wieder Barrikaden gebaut. Ich wäre der erste, der sich darauf stellte, ich wollte noch mit der Kugel im Herzen den Rausch der Begeisterung spüren. Oder sei es auch nur, dass man einen Krieg begänne, er kann ungerecht sein. Dieser Frieden ist so faul ölig und schmierig wie eine Leimpolitur auf alten Möbeln.«

Der Krieg war schon ganz zu Beginn des zweiten Jahrzehnts des 20. Jahrhunderts expressionistisch beschworen und bedichtet worden, und erneut war es Georg Heym, der 1911 in dem Gedicht *Der Krieg* eindringlich formulierte:

»Aufgestanden ist er, welcher lange schlief,
Aufgestanden unten aus Gewölben tief.
In der Dämmerung steht er, groß und unbekannt,
Und den Mond zerdrückt er in der schwarzen Hand.«

Da der Krieg seit der Reichsgründung nach der Niederlage Frankreichs 1871 eine halbvergessene Erscheinung war, konnte er aus Unkenntnis leicht zum Vehikel, die Langeweile und das Joch der Väter zu überwinden, stilisiert werden, wie es schon seit den 1880er Jahren immer wieder von rechts stehenden Autoren wie Paul de Lagarde unternommen worden war. Hinzu kam der abstrakt beschworene Kampf der Kulturen, wenn Deutschlands Mission, sein Recht auf Kolonien und sein angeblich ganz anderer geistiger Hintergrund im Kontrast von Kultur versus Zivilisation, Held versus Händler in den sogenannten »Ideen von 1914« beschworen wurde. Die anfängliche Kriegsbegeisterung wich schnell einer Ernüchterung; spätestens 1915 war die Wahrnehmung von den verlustreichen Materialschlachten, dem sich festfressenden Stellungskrieg und der enttäuschten Hoffnung auf einen schnellen Sieg geprägt. 1914 sah das noch grundsätzlich anders aus, und auch Dix war wohl zeitweilig von einem gewissen Kriegsfuror angesteckt, zumindest lassen das einige Selbstbilder erahnen.

Wenn Dix sich in seinem Selbstbildnis mit rasiertem Schädel unversehens Nietzsche anverwandelte, dann fragt sich, was der 1900 nach langem Wahnsinn verstorbene Denker über den Krieg zu sagen gehabt hatte, das Dix in seinem Rollenspiel für sich aufgreifen zu können meinte. Nietzsche hatte sich verschiedentlich über den Krieg ausgelassen, so auch im ersten Teil des *Zarathustra* (1883). Im Abschnitt *Vom Krieg und Kriegsvolke* spricht er zum Beispiel davon, dass man den kurzen mehr als den langen Frieden lieben solle, und: »Ihr sollt den Frieden lieben als Mittel zu neuen Kriegen.« Auch entkoppelte Nietzsche den Krieg von seinem Inhalt und Ziel und verherrlichte den Krieg als solchen, wenn er – den kriegerischen Impetus der sogenannten Konservativen Revolution der 1920er Jahre vorwegnehmend – schrieb: »Ihr sagt, die gute Sache sei es, die sogar den Kriege heilige? Ich sage euch: der gute Krieg ist es, der jede Sache heiligt. Der Krieg und der Muth haben mehr grosse Dinge gethan, als die Nächstenliebe. Nicht euer Mitleiden, sondern eure Tapferkeit rettete bisher die Verunglück-

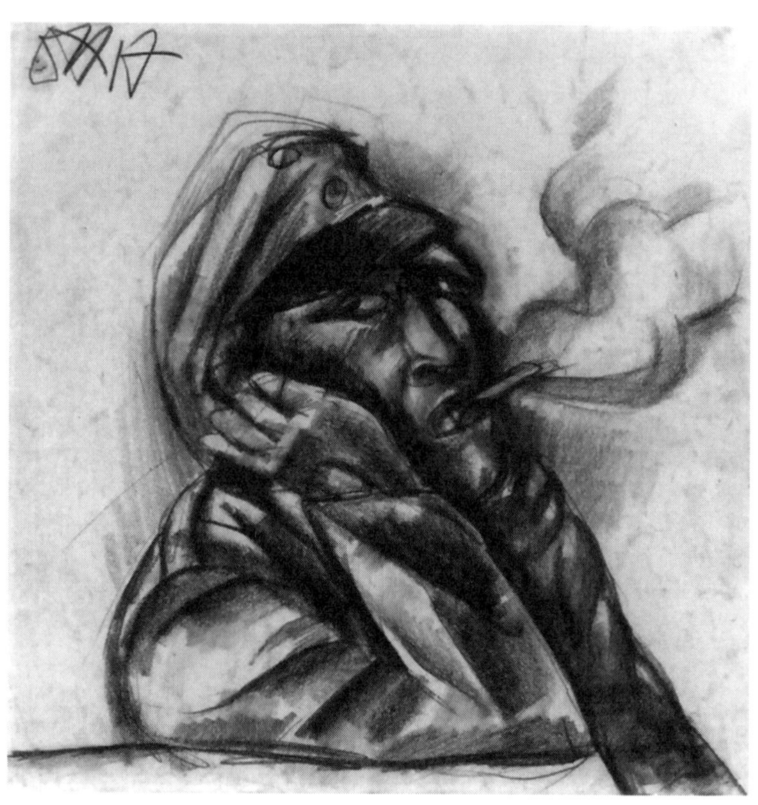

Selbstbildnis als Soldat, 1917, Schwarze Kreide, 40 × 39 cm, Staatliche Museen zu Berlin, Kupferstichkabinett

ten. Was ist gut? fragt ihr. Tapfer sein ist gut.« Herzlosigkeit, fehlende Scheu vor Hässlichkeit und die Erhabenheit der Bosheit wurden von Nietzsche im selben Atemzug als tugendhafte Charakteristika des Kriegers angepriesen. Der Habitus des Soldaten Dix nahm diese Züge durchaus auf.

Zu den Hauptwerken aus jener Zeit gehören drei, wohl 1917 gezeichnete Selbstbildnisse, die das veranschaulichen. Einmal sehen wir einen scharfkantig profilierten Dix mit geschlossenen Augen und sinnlichen

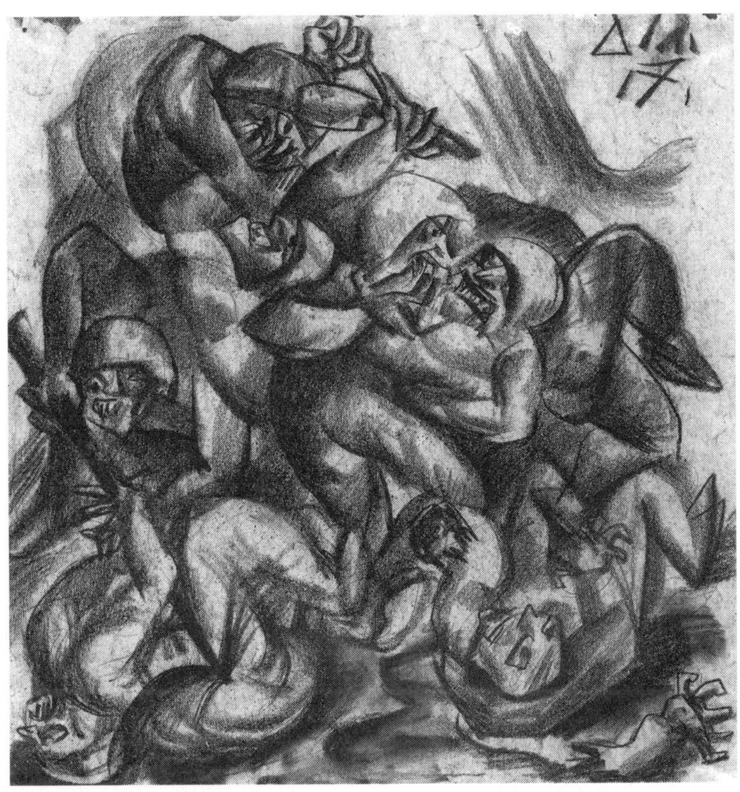

Handgemenge, 1917, Schwarze Kreide, 41,3 × 39,8 cm, Zeppelin-Museum, Friedrichshafen

Lippen, der sich konzentriert sammelt. Die Kappe verschattet die Augen zudem, sodass er sich dem Betrachter entzieht, Ruhe und Angespanntsein in der Schwebe lässt. Das Blatt im Berliner Kupferstichkabinett zeigt einen brutal-abgeklärten, rauchenden Dix, der alles gesehen hat und mit dem nicht zu spaßen ist. Mürrisch ist der Mund verzogen; der schwere Kopf ist auf die Hand gestützt, ohne aber Melancholie zu vermitteln, und die klaren Augen fixieren den Betrachter aggressiv, so als sei Dix in seiner Ruhe gestört worden. Auch auf dem dritten Blatt stützt Dix sein Haupt, aber die traditionelle Geste der Melancholie ist zu einer der aggressiven Entschlossenheit verwandelt worden. (vgl. Abb. S. 79) Bosheit grient hier den Betrachter an, wenn Dix' harte Augen aufblitzen und der zum Grinsen verzogene Mund spitze, vampirartige Eckzähne freigibt. Das Selbstporträt ist etwas weniger ausgearbeitet und bildmäßig angelegt als die beiden anderen, dafür aber von größerer Intensität und mit dem Gestus der Selbsterkenntnis, wenn nicht der Selbstentlarvung vorgetragen. Es gibt in der deutschen Kunst dieser Zeit kein Vergleichsbeispiel, das das Lustvoll-Brutale des Tötens als Soldat so direkt vor Augen führt. Wo einem Max Beckmann zeitgleich die existenzielle Gefährdung und Zerrüttung bis in die nervöse Notation der Feder hinein anzusehen ist, setzt Dix der Gefahr des Krieges einen abgeklärt-zynisch erscheinenden oder lustvoll-bösen Überlebenswillen entgegen.

Dix hatte während der Kämpfe eine ungeheure Produktivität entwickelt. Sein Kollege von der Dresdner Kunstgewerbeschule, Otto Griebel, den Dix im Feld wieder traf, war angesichts der schieren Quantität erstaunt: »Mir erschien es kaum begreiflich, dass man so vieles im Graben fertig bringen konnte.« Viele Hundert Blätter entstanden während der Gefechtspausen. Allerdings klagte Dix manchmal auch über Zeiten, in denen an künstlerisches Arbeiten nicht zu denken war, so zu Beginn des Jahres 1916:

> »[...] Das Wetter war garstig, Schnee und Wind. Außerdem mußte ich wegen Magen-Darm-Kartharr 2 Tage im Unterstand liegen und mich von ›Großer Form‹ d. i. Feldzwieback und Wasser ernähren. Außerdem funkte der Franzmann in den letzten Tagen recht arg in das Dorf, daß einem die K u n s t verging. Man bekommt grausige Sachen zu sehen. Auch wir (unser Zug) haben einen Verwundeten (Kopfschuss). Das wird hoffentlich in den nächsten Tagen alles besser [...] In verschiedenen Abschnitten ist hier Trommelfeuer auf die französischen Linien. Ich glaube, es ist eine Sache großen Stils im Gange, Na meinetwegen! Herzlichst grüßt Sie und Ihre lieben Eltern Ihr Dix.«

Im Kontrast zu diesen Spuren des Mitleidens finden sich bei Dix auch immer wieder Passagen, die einer Ästhetik der Gewalt und des Krieges huldigen. Sie zeigen, wie er aus den Schrecken des Krieges Funken für seine Kunst zu schlagen versuchte und die Zerstörung der Landschaft aufgrund des pausenlosen Bombardements mit künstlerischem Blick wahrnahm:

> »Voll elementarer Wucht sind Granattrichter innerhalb Dörfern. Alles in der Umgebung scheint der Dynamik dieser gewaltigen symmetrischen Trichter zu unterliegen. Es sind die Augenhöhlen der Erde, was darum herum kreiselt, sind irre schmerzlich phantastische Linien. Häuser sind das nicht mehr, niemand glaubt das im Ernst. Es sind Lebewesen von besonderer Art mit eigenen Gesetzen und Lebensbedingungen. Es sind lauter Löcher mit Steinen herum, oder lauter Skelette. Es ist eine eigenartige, seltene Schönheit, die hier redet.«

Entscheidend ist hier, dass Dix der zerstörten Landschaft eine spezifische Schönheit abgewinnen kann.

Im Verlauf des Krieges sollte Dix diese Schönheiten des Grauens mit einem zunehmend abstrakter werdenden Formenrepertoire zu gestalten wissen: Die Erdwälle schaukeln wie Wellen eines unruhigen Meeres, bergige Hänge und kubisch-kantige Krieger kristallisieren zur ununterscheidbaren Masse, Krieg, Schlachtfeld und Soldatenmassen werden »naturalisiert«, zum »Naturereignis« transformiert. Sozialkritische Ursachenforschung war nicht Dix' Anliegen, eher phänomenologische Wesensschau und formale Strukturanalyse. Erst im Rückblick hat er über seine Erfahrung des Krieges geäußert:

> »Der Krieg ist eben etwas so Viehmäßiges: Hunger, Läuse, Schlamm, diese wahnsinnigen Geräusche. Ist eben alles ganz anders. Sehen Sie, ich habe vor den früheren Bildern das Gefühl gehabt, eine Seite der Wirklichkeit sei noch gar nicht dargestellt: das Hässliche. Der Krieg war eine scheußliche Sache, aber trotzdem etwas Gewaltiges. Das durfte ich auf keinen Fall versäumen! Man muß den Menschen in diesem entfesselten Zustand gesehen haben, um etwas über den Menschen zu wissen.«

Die Selbstbezüglichkeit der Aussage springt ins Auge. Die Schrecken des Krieges mussten von Dix unerschrocken selbst durchlebt werden, um Wesentliches über die menschliche Natur zu erfahren. Wie verstörend diese Erlebnisse für den sich immer so hart gebenden Dix gewesen sein müssen, zeigen seine Kriegsbilder aus den ersten 1920er Jahren, die Hinweise auf ein Kriegstrauma verdichten. Zunächst versuchte er nach dem Krieg mit einem künstlerischen Intermezzo an die Vorkriegsepoche anzuknüpfen, doch dieser Versuch endete bald, und er gab seinen Erlebnissen Raum. Die Erfahrung und Verarbeitung des Krieges führte Dix zu einem schonungslosen Verismus, der ihn zu einem der bedeutendsten Künstler seiner Epoche machen sollte.

3 Avantgarde in Dresden und Düsseldorf

Trotz seines Kriegseinsatzes hat sich Otto Dix während des Ersten Weltkriegs um Ausstellungsmöglichkeiten bemüht. Von Ende September bis Ende Oktober 1916 ist er in der zweiten Ausstellung *Dresdner Künstler, die im Heeresdienste stehen* von der Galerie Ernst Arnold vertreten. Dix kann insgesamt elf Zeichnungen zeigen, von denen eine sogar im Katalog abgebildet wird, wie er seinen Eltern stolz in einem Brief berichtet. Seine Teilnahme an der Ausstellung macht deutlich, dass er Anschluss an die Sprache der Avantgarde gefunden hat und mit ihm als jungem Künstler zu rechnen ist. Expressionismus, Fauvismus, Kubismus und Futurismus sind die Kunstsprachen der Zeit, entwickelt und differenziert im vergangen Jahrzehnt ab etwa 1905. Dix beherrscht sie inzwischen und lässt zwischendurch immer wieder auch Einflüsse des Realismus in seinen Blättern erkennen.

Im Januar 1917 versucht Dix mit der Hilfe seines Freundes Baumgärtel, eine Ausstellung bei Gerstenberger in Chemnitz zu initiieren. Später in diesem Jahr ist er bei der Künstlervereinigung Dresden in der *Herbst-Ausstellung 1917* vertreten, allerdings nur mit einer Arbeit: *Geißelung*. Er bittet Helene Jakob Mitte August um ein aufmerksames Studium der Kritiken und eine Zusendung der erschienenen Artikel. Am 12. Dezember 1917 kann Dix seiner Freundin von einer Einladung des Nassauischen Kunstvereins berichten, die seine Beteiligung an einer Gruppenschau in Wiesbaden bedeutet. Er schreibt seinem Galeristen Arnold, sich dieser für ihn äußerst wichtigen Angelegenheit anzunehmen – fünf Bilder werden daraufhin nach Wiesbaden geschickt – und freut sich, dass sich Ansätze einer überregionalen Bekanntheit zeigen. An den Stadtrat Geras richtet er Anfang Januar 1918 die Anfrage, ob er zwischen 10 und 15 Kriegsbilder und Zeichnungen ausstellen könne. Dabei weist er auf seine solide Ausbildung ebenso hin wie auf positive Erwähnungen vorhergehender Ausstellungen in der Presse. Dann charakterisiert er sich selbst: »Meine Arbeiten sind expressionistischer Art und diese jüngste Richtung ist vielleicht für die Geraer Kunstkennerschaft neu und interessant.« All dies verdeutlicht, wie ernsthaft Dix auch unter den erschwerten Bedingungen seines Kriegseinsatzes bemüht war, seine künstlerische Karriere voranzutreiben. Er ist nicht nur äußerst produktiv, sondern auch durchaus karrierebewusst, und das sollte so bleiben.

Mit dem Ende des Krieges und der deutschen Niederlage kommt Dix nach einem kurzen Zwischenaufenthalt bei den Eltern in Gera nach Dresden zurück. Hier hatte in den letzten beiden Kriegsjahren eine künstlerische Radikalisierung um sich gegriffen, die zunächst die Literatur und das Theater betraf. Am 8. Oktober 1916 wurde im Albert-Theater Walter Hasenclevers expressionistisches Drama *Der Sohn* nur kurz nach der Uraufführung in Prag gegeben. Ernst Deutsch verkörperte die Hauptrolle hinter geschlossenen Türen vor geladenen Gästen und »schritt in Trance durch die Akte, Abbild des Ekstatikers, tiefäugig, glühend«.

Im November 1916 betraten die Berliner Pazifisten im Hotel Bristol die Dresdner Bühne und veranstalteten eine Lesung, die das intellektuell-künstlerische Umfeld der Zeitschrift *Neue Jugend* repräsentierte: Johannes R. Becher, Theodor Däubler – der 1916 auch sein Buch *Der neue Standpunkt* in Dresden-Hellerau verlegen ließ, 1920 einen Artikel über Dix verfasste und 1927 eindrucksvoll von Dix porträtiert wurde (Löffler 1927/9) –, Albert Ehrenstein, George Grosz und Wieland Herzfelde. Der bekannte Wiener Expressionist Oskar Kokoschka, der nach seinem Kriegseinsatz als Rekonvaleszent in einem Dresdner Sanatorium weilte und später als erster Expressionist als Lehrer an die Dresdner Akademie berufen werden sollte, konnte im Juni 1917 sein Drama *Mörder, Hoffnung der Frauen* ebenfalls im Albert-Theater aufführen und seine Stücke *Hiob* und *Der brennende Dornbusch* folgen lassen. Im Februar 1918 gelang es, gegen den Widerstand des Militärs Reinhard Goerings *Seeschlacht* zu inszenieren. Der Verleger Samuel Fischer hatte sich des Stücks angenommen und dem Autor einen Generalvertrag angeboten, nachdem Goering es ihm unaufgefordert zugeschickt hatte, versehen mit der resignativ-erleichterten Bitte: »Lieber Herr, fragen Sie mich nie mehr. Ich bin von vornherein mit allem einverstanden was Sie tun.« Die erste Ausgabe der Zeitschrift *Menschen* erschien in dem von Felix Stierner gegründeten gleichnamigen Verlag und avancierte schnell, neben den bekannteren Berliner Blättern *Die Aktion* und *Der Sturm* zu einer führenden expressionistischen Zeitschrift.

Bereits im Oktober 1917 hatte der junge Maler Conrad Felixmüller

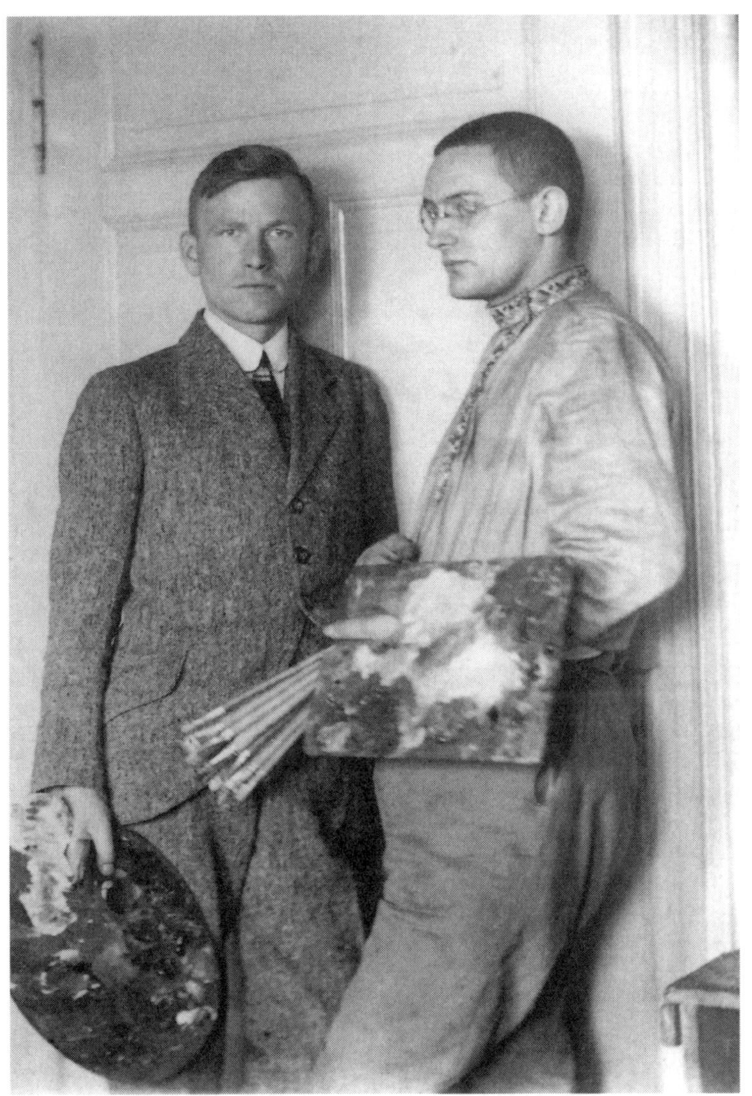

Otto Dix und Conrad Felixmüller, um 1921, s/w-Fotografie von Dore Bartoley

im Umkreis der Buchhandlung Bender eine *Expressionistische Arbeitsgemeinschaft Dresden* gegründet. Nach der Niederlage Deutschlands bildeten sich in Dresden ein *Provisorischer Revolutionärer Künstlerrat* und ein *Künstlerrat*, dem etablierte Akademieprofessoren wie Otto Gussmann oder Robert Sterl und junge Expressionisten wie Oskar Kokoschka und Conrad Felixmüller angehörten. Felixmüller war schnell erfolgreich, der Galerist Emil Richter schloss 1918 mit ihm einen Vertrag über das graphische Werk ab, und der Privatsammler Heinrich Kirchhoff sicherte ihm ein jährliches Einkommen von 3000 Mark zu, wobei Kirchhoff der erste Zugriff auf das malerische Werk garantiert war.

Auf eine solcherart geprägte Literatur- und Kunstszene traf Otto Dix bei seiner Rückkehr aus dem Feld. Dix, einige Jahre älter als Felixmüller, aber weniger etabliert, schloss sich mit ihm – der 1919 das Bühnenbild für das expressionistische Stück *Das bist Du* anfertigen sollte –, sowie Lasar Segall, Hugo Zehder u. a. zur *Dresdner Sezession Gruppe 1919* zusammen. Sie gaben sich ein kurzes, aus vier Punkten bestehendes Statut, das auf den 29. Januar 1919 datiert ist. Darin ist festgehalten, dass man nur als Gruppe ausstellen wolle, und als Hauptgrundsätze sind formuliert: »Wahrheit – Brüderlichkeit – Kunst. Der Elan der Zeit hat die Gruppe hervorgebracht, und der kommende kann sie vernichten: Wir werden dazu beitragen, indem wir dem kommenden den Weg bereiten, der wir eben schon sind.« Die revolutionären Umwälzungen in Deutschland, die in Dresden weniger radikal waren und eindeutige Mehrheitsverhältnisse zugunsten der SPD schufen, finden sich im Statut der Gruppe 1919 nur angedeutet. Man verstand sich eher als Zweckgemeinschaft denn als revolutionäre künstlerische Speerspitze mit politischen Absichten. Von Politik war gar nicht die Rede.

Dix war in diesem Rahmen erneut sehr produktiv und besaß nun die Gelegenheit, lang gehegte oder neue, bisher nur skizzenhaft formulierte Bildideen zu realisieren. Jahre später hielt er im Gespräch fest: »Ich habe nach 1918 entdeckt: das kann ich ja alles. Ich brauche es doch nur rauszuschmeißen.« Die Gruppe 1919 wird schnell zum künstlerischen Zentrum der Avantgarde, von ihr gewogenen Kritikern wie Will Grohmann wird ihr ein expressionistischer Geist bescheinigt. Conrad Felixmüller verlässt die Vereinigung bald, da er sich politisch immer weiter nach links bewegt, seine Genossen jedoch von einem Beitritt

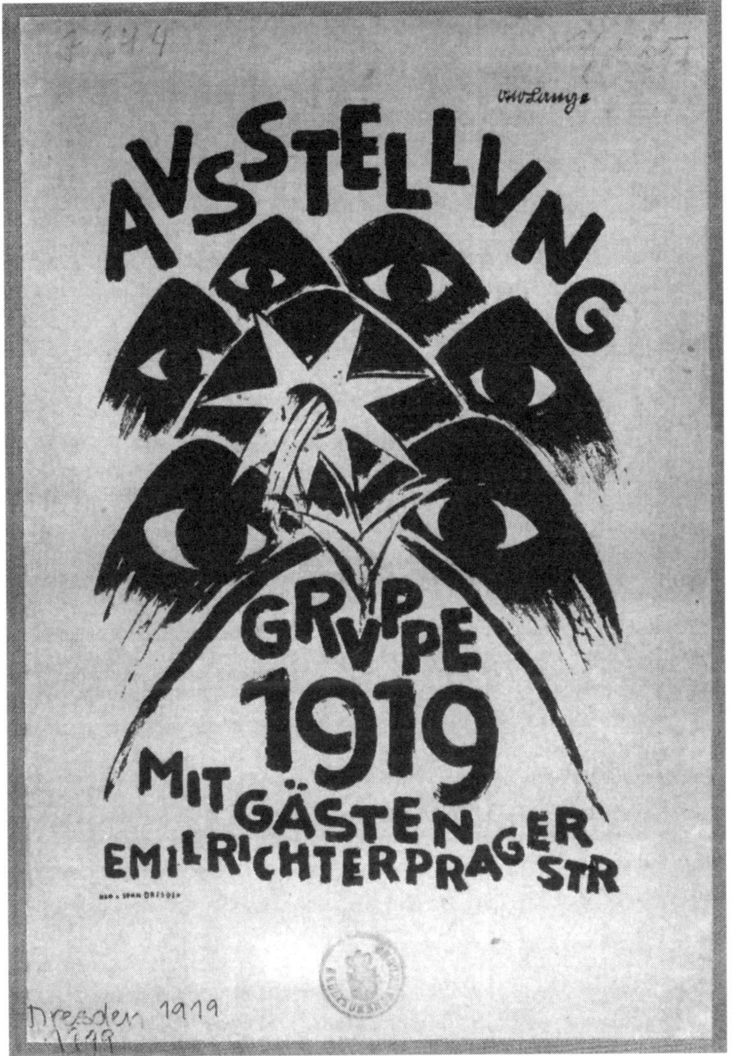

Plakat zur Ausstellung der *Sezession Gruppe 1919*, gestaltet von Otto Lange, Dresden 1919

zur KPD nicht überzeugen kann. Die Gruppe existiert noch einige Jahre weiter und kann sich sogar durch bedeutende Neuzugänge erweitern: 1920 treten Christoph Voll und 1922 Otto Griebel bei. Auch der Kritiker Paul Ferdinand Schmidt, der im Juli 1919 als Direktor des Dresdner Stadtmuseums berufen wird und ein entscheidender früher Förderer von Otto Dix werden sollte, bewegt sich im Umfeld der Gruppe.

1919 und 1920 kann Dix in dieser Gruppe einen fulminanten Auftakt seiner Karriere erreichen. Die erste Ausstellung der Vereinigung wird in der Galerie Emil Richter am 5. April 1919 eröffnet und von der Presse insgesamt positiv besprochen. Dix zeigt dort insgesamt sechs Gemälde, unter anderem sein unverkäufliches Porträt der *Familie Felixmüller* (Löffler 1919/10), das Felixmüllers eigenes, heute verlorenes Familienbild (1918, ehemals Gemäldegalerie, Dresden) paraphrasierte und steigerte. Letzteres ist zu diesem frühen Zeitpunkt von zentraler Bedeutung für Dix' Karriere: Immer wieder zeigt sich bei ihm ein Gestus der Überbietung. Man kann von einer Strategie der Übersteigerung sprechen, die mit sicherem Gespür für die eigene Karriere forciert wird.

Die zweite Ausstellung der *Sezession Gruppe 1919* fand wieder in der Galerie Richter statt, enttäuschte die Kritiker aber, trotz der Teilnahme einiger prominenter Künstler wie Lyonel Feininger oder Karl Schmidt-Rottluff. Dix wird in den *Dresdner Nachrichten* vom 26. Juli 1919 vehement angegriffen, verfiele er doch »plötzlich darauf, statt bunter Splitter zur Abwechslung wirklich Blasen zu malen, sphärische Gallerte gedunsener Leiber, die rot und blau glühen und von Sternen umtanzt werden. Das ist ein ganz willkürlicher, im einzelnen kindisch spielend durchgeführter Malerscherz, der niemanden von seiner inneren Notwendigkeit überzeugen kann. Solche Atelierwitze schädigen den Ruf der neuen Kunst.« Und durch einen Vergleich mit dem Hannoveraner Dadaisten Kurt Schwitters und seiner Merz-Kunst sollte deutlich werden, dass Dix gar keine Malerei mehr betreibe. Und in der Tat: 1919 sieht sich Dix selbst als Dadaist und unterschreibt einen Brief, in dem er sich als Erfinder des »Illuminismus« und seine Freundin Viola Schulhoff als seine Braut bezeichnet, mit Dixtaturdadadix. Er nahm sich die Kritik offenbar zu Herzen und wird in der Folge das gemalte Bild tatsächlich an eine Extremposition zu führen versuchen, wo es beinahe aufhört, Malerei zu sein, und vielmehr in den Kitsch, in die vergröberte Fotografie oder die bloße Provokation umzukippen droht.

Dix ist weiterhin unsicher in seiner künstlerischen Ausrichtung und kann seine Position noch nicht ohne weiteres finden; die auf ihn einströmenden Einflüsse sind – nach der zwangsweisen Abstinenz vom Kunstgeschehen 1914–18 – vielgestaltig, werden doch die Werke von Feininger, Grosz, Jawlensky, Klee oder Schwitters in der Sezession gezeigt und befinden sich in der Sammlung der Mäzenatin Ida Bienert doch bedeutende Arbeiten von Cézanne, Chagall, Gauguin und Picasso sowie Werke von Felixmüller, Grosz, Kandinsky und Klee. Bienert hatte ihre Villa in Dresden-Plauen, die Besucher gleich in der Eingangshalle mit Kandinskys *Träumerischer Improvisation* von 1913 empfing, für die junge revolutionäre Künstlerszene zugänglich gemacht. Gerade von Chagall und Klee lässt Dix sich in dieser Zeit beeinflussen, was zeigt, dass er noch auf der Suche nach einer eigenen Position ist. Aber die oben zitierte Kritik hat Dix auch davon überzeugen können, dass der gemalte Skandal besser als Ignoranz sein konnte.

Dennoch entstanden in den zwei Jahren 1919 und 1920 in rascher Folge bedeutende, von der zeitgenössischen Kunstkritik weitgehend ungnädig aufgenommene Bilder, die in zweierlei Hinsicht bemerkenswert sind: Zum einen relativieren sie den häufig angenommenen Bruch zwischen Vorkriegs- und Nachkriegswerk bei Dix, denn trotz beobachtbarer Veränderungen handelt es sich oft auch um ein Wiederaufgreifen der Vorkriegsansätze. Die Kriegserfahrung unterbrach einen kontinuierlichen Werkprozess, retrospektiv erscheint sie wie eingebettet oder dazwischengeschoben und wird als Thema erst wieder ab 1920 aufgegriffen. Die Werkentwicklung ist also zwischen 1913 und 1920 doppelt unterbrochen.

Dix widmet sich nach dem Krieg intensiv der Graphik und veröffentlicht als erstes Holzschnittwerk die Mappe *Werden* (1919/20, Karsch 339–345). Die beiden ersten Blätter erscheinen bereits im Juli 1919 als Auflagendrucke in der Zeitschrift *Neue Blätter für Kunst und Dichtung*, zwei weitere in der Zeitschrift *Menschen*. Die Mappe *Werden* wird von Rudolf Kaemmerer verlegt und mit einem ganz von Nietzsche geprägten, der Mappe beigelegten Vorwort versehen:

»Im Geschlechtsverkehr liegt die höchste Steigerung des Weltbewußtseins, ebenso ist alle Kunst Ekstase, Koitus, also das Produkt der höchstgespannten Sinne und Muskeln. Jede Kunst für sich spricht zu allen Sinnen und Kräften. Der Künstler ist Mann und Weib zugleich, beide Naturen sind in ihm stark, schroff und gegensätzlich gebunden. Auch viel Kind ist im Künstler, und lachendes Jasagen zu seinen eigenen Dingen, zu den furchtbarsten wie zu den lächerlichsten. Kunst ist die Überwindung des Geistes der Schwere. Kunst ist amoralisch, antichristlich, alogisch, antipazifistisch, antiethisch. Pessimistische Kunst und solche mit der Sehnsucht nach Richtung ist Herdentrieb. Allzu starke Gehirnlichkeit ist unkünstlerisch, letzten Endes ist doch jeder echte Künstler Medium! Wessen? Seiner selbst!«

Der Gruppe der sogenannten »kosmischen Bilder«, mit denen sich Rainer Beck intensiv beschäftigt hat, geht auf diese Gedanken zurück und muss ein bedeutender Stellenwert in der Malerei von Dix zugesprochen werden, auch wenn die Bilder der Jahre 1919/20 nicht heutigen Klischeevorstellungen des neusachlichen Künstlers entsprechen. Dix versuchte hier erstmals, Bilanz aus seiner künstlerischen Entwicklung zu ziehen und sich als wichtiger Avantgarde-Maler zu etablieren, was nur teilweise gelang. Die Bilder amalgamieren Expressionismus, Kubismus und Futurismus, knüpfen also stilistisch an die Vorkriegszeit an. Schwärmerisches Pathos und simultane Bildkonstruktionen, Porträt und Selbstporträt sowie Allegorie und Mythos werden in eine moderne Bildsprache gezwungen, die Ambitionen erkennen lässt, im Resultat aber nicht immer überzeugt. Gleichwohl kann Dix bereits 1919 das Gemälde *Schwangeres Weib* (Löffler 1919/6) an den Berliner Sammler Prof. Schnabel verkaufen.

Von den erhaltenen Bildern ist das *Mondweib* von 1919 (Löffler 1919/5; Farbtafel 2) das bedeutendste Werk. Der große, schwangere Leib des blass-bläulichen Weibes schwebt durch den prismatisch gebrochenen Bildraum, den Dix in starker Anlehnung an die Werke Paul Klees mit fast naiver Detailschilderung als Sicht auf eine nächtliche Stadt gestaltet hat. Das Haupt wird von einem Sternennimbus umrahmt, und die Figur erstreckt sich gliederpuppenartig im gesamten Bild. Sie vereinigt männliche und weibliche Anteile, insbesondere in dem runden, ballonartigen Kopf, der weibliches en face und männliches Profil vereinigt. Auch die Figur des schwangeren kosmischen Weibes und die als Seitenwunde lesbare »Markierung« bringen Frau und Mann (Christus) zusammen. Kosmische Vision, residuale christliche Ikonographie, expressive Sinnlichkeit und gesteigertes prometheisches Selbstgefühl verschmelzen in einem Alles-zugleich-und-Zuviel. Dix' Weltbild wird von Autoren wie Friedrich Nietzsche, Salomon Friedländer – dessen *Schöpferische Indifferenz* von 1918 las Dix freilich nur teilweise, wie das partiell noch ungeöffnete Exemplar im Nachlass belegt – oder Friedrich Albert Lange bestimmt. In dessen schon 1866 erschienener *Geschichte des Materialismus und Kritik seiner Bedeutung in der Gegenwart* heißt es unter anderem auf Seite 102: »der Natur sind üppige Zeugung und schmerzvoller Untergang nur zwei entgegengesetzt wirkende Kräfte, die ihr Gleichgewicht suchen.« Dix' Beschäftigung – er nahm in dem Band Anstreichungen vor – mit den Themenkomplexen Geburt und Tod, Werden und Vergehen fand hier Bestätigung.

Wie erwähnt, war Dix bereits mit der zweiten Ausstellung der Dresdner *Sezession Gruppe 1919* einem scharfen Wind seitens der Kritik ausgesetzt. Dies sollte anhalten. Zugleich aber wurde seine Malerei schon 1919 als Gegenentwurf zur Kunst des Expressionismus gedeutet, die zunehmend als überkommen wahrgenommen wurde. Der Architekt Hugo Zehder schrieb im September in den von Emil Richter herausgegebenen *Neuen Blättern für Kunst und Dichtung*:

> »Wie male ich expressionistisch? Diese Frage der Unzulänglichen und Zuspätgekommenen, welchen heute das zweifelhafte Glück zuteil wird, aus der Verbürgerlichung einer radikalen Kunstbewegung Kapital zu schlagen, hat sich Otto Dix niemals gestellt. [...] Natürlich fiel es Dix nicht ein, den Ruf der Freiheit als einen neuen Befehl zum Marsch in Reih' und Glied aufzufassen, als Erlaubnis, mit dem großen Tross der Umlerner die Revolution ordnungsgemäß zu vollziehen. Sein prachtvolles Temperament lässt sich nicht zu einem Spaziergängerschritt einladen, der allerlei Familienfreunde, Stammtischbedenken und die berühmten ›ewigen Ideale‹ und ›heiligsten Güter‹ als guten Ballast im Rucksack mit sich führt. Er ist ein Indianer, ein Sioux-Häuptling. Immer auf dem Kriegspfad. Wie eine Axt schwingt er den Pinsel und jeder Hieb ist ein Farbenschrei.«

Zwar wurde hier noch die expressionistische Metapher des Farbenschreis bemüht, doch Dix – der sich selbst zu Beginn des Jahres 1918 noch als Expressionist bezeichnet hatte und dem der Rezensent jetzt eine antiexpressionistische Qualität bescheinigte – gehörte inzwischen neben der *Gruppe 1919* auch einem losen Dadaistenkreis in der Kunstakademie an. Er steuerte bewusst auf eine Verabschiedung expressionistischer Überbleibsel in seiner Kunst zu und machte sich das Lachen der Dadaisten (Hanne Bergius) zu eigen: Seine Bilder trugen um 1919/20 Züge der dadaistischen Karikatur in der Bildsprache des Expressionismus.

Schließlich nahm Dix 1920 an einer der bedeutendsten Ausstellungen des 20. Jahrhunderts teil, der *Ersten Internationalen Dada-Messe* in Berlin. Der brillante Zeichner George Grosz, der zu den zentralen Organisatoren dieser Ausstellung zählte, hatte vor dem Ersten Weltkrieg an der Kunstakademie in Dresden unter anderem bei Richard Müller studiert. Am 7. November 1917 war er von Berlin nach Dresden gekommen, um mit weiteren Vertretern der *Neuen Jugend* Texte vorzutragen und eine pazifistische Stimme zu erheben. Ob er Dix zu diesem Zeitpunkt bereits persönlich kannte, kann nicht belegt werden. 1920 fand dann in Berlin, in der Kunsthandlung Dr. Otto Burchard die Erste Internationale Dada-Messe statt, die George Grosz, Raoul Hausmann und John Heartfield veranstalteten. Neben ihnen nahmen an der Ausstellung Hans Arp, Johannes Baader, Johannes Theodor Baargeld, Wieland Herzfelde, Hannah Höch, Francis Picabia, Rudolf Schlichter und Georg Scholz teil. Im ersten Raum der Ausstellung hing an der Decke eine von Heartfield und Schlichter montierte Puppe in Uniform mit einem Schweinsgesicht, die den Titel *Preußischer Erzengel* trug. Daneben dominierten zwei großformatige Gemälde den Raum, die beide heute verschollen sind: *Deutschland, ein Wintermärchen* von George Grosz, 1917 gemalt, maß 215 × 132 cm. *Die Kriegskrüppel* oder *45% erwerbsfähig* von Otto Dix aus dem Jahre 1920 war mit etwa 165 × 245 cm (Löffler 1920/8; dort die Maße rund 150 × 200 cm) das größte Bild der Ausstellung.

Die Berliner Dadaisten wandten sich gegen den Expressionismus und den etablierten Kunstbegriff, sie verstanden sich als Anti-Künstler, als Monteure und nicht als genialische Maler. Sie klebten ihre Bilder zusammen aus Fotos, Plakaten und Illustrierten, brachten triviale All-

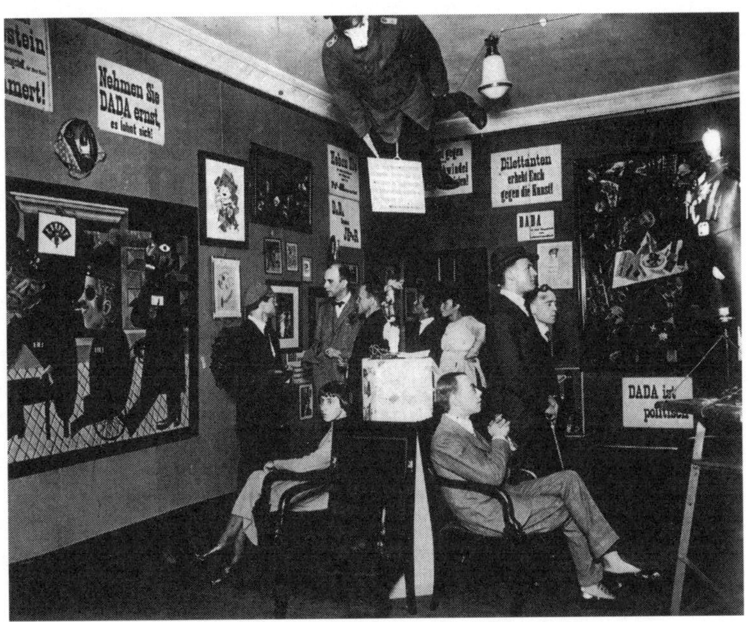

Erste Internationale Dada-Messe, Berlin 1920 (links das Dix-Gemälde *Die Kriegskrüppel*)

tagsgegenstände in die Bilder, korrigierten ironisch Meisterwerke der Kunstgeschichte und agitierten mit marktschreierischer Gebärde. Otto Dix, den die Kritiker ja bereits 1919 als »unkünstlerisch« gebrandmarkt und in die Nähe von Kurt Schwitters gerückt hatten, befand sich also in illustrer Gesellschaft. Und doch hielt Dix immer etwas Distanz und setzte sich in Konkurrenz zu den Dadaisten, vor allem zu George Grosz, der trotz einiger Collagen als dezidierter Maler und satirischer Zeichner einen Sonderstatus innehatte. An Grosz, einem letztlich traditionellen Künstler, dessen Ausbildung seiner eigenen vergleichbar war, konnte sich Dix reiben und abarbeiten. Dessen Mappen, Aquarellen und Ölbildern setzte er 1920 seine eigenen großformatigen Ölbilder und auch Graphikmappen entgegen – Dix entwickelte schnell einen agonalen Instinkt. Auf der Frühjahrs-Ausstellung der *Berliner Sezession* 1921 trumpfte Dix mit einer triptychonartigen Wandinstallation auf, die das heute verlorene *Barrikadenkampf*-Bild (Löffler 1920/13) mit den kleineren, aber kapitalen *Skatspielern* (Löffler 1920/10) und der *Prager Straße* (Löffler 1920/7) rahmte. Man erkannte in den drei Werken gemalte Manifeste jenseits einer normativen Ästhetik. Eine anonyme Rezension beschreibt die Wirkung des zentralen Bildes mit den Worten »[...] aus diesem Barrikadenkampf [...] spricht, schreit, höhnt und blutet ein Maß an Empörung, Schmerz, Haß und Verzweiflung eines dichterischen, in der Tat dichterischen Gemüts, daß sich uns das Herz zusammenkrampft«.

Die Kritik hat Otto Dix schon immer polarisiert. Man begegnete ihm oft genug auf fundamental ambivalente Weise, lobte oder kritisierte sein technisches Können und begrüßte oder verabscheute die inhaltliche Radikalität. »Der sehr begabte und sogar mit Können ausgestattete Otto Dix gehört zu denen, die besonders auf sich zu achten haben. Er neigt zu abscheulichen Geschmacklosigkeiten und wird mit seiner Stoffkleberei bald genug beim krassen Naturalismus wieder gelandet sein.« Der Kritiker Franz Servaes musste in der Zeitung *Die Woche* 1920 eine gewisse Ratlosigkeit eingestehen, als er dem zur zentralen Persönlichkeit der Dresdner Kunstszene avancierenden Dix beizukommen versuchte. Die Magdeburger *Volksstimme* schlug 1922 drei Kreuze angesichts der skandalträchtigen Bilder des Malers, der in Gruppenausstellungen dennoch immer wieder als herausragend anerkannt werden musste.

Eine der bemerkenswerten Episoden in diesem Zusammenhang ist die des Münchner Kunsthändlers und Verlegers Hans Goltz, der Dix im Dezember 1921 eine Gesamtausstellung seiner graphischen Werke zusammen mit der Arbeit des Belgischen Symbolisten James Ensors vorschlug und ihm in seinem Brief mitteilte: »Ich sehe in Ihrer Kunst Möglichkeiten, die so stark sind, dass ich einmal den Versuch wagen will mit dem ganzen Ansehen meiner Firma für Sie einzutreten.« Goltz hatte sich ein Bild von der künstlerischen Potenz des jungen Dix gemacht und in Gedanken bereits ein Geschäft gesehen; umso schockierter war er, als er sich mit dem gesamten Dix konfrontiert fand: »Ich habe jetzt das gesamte Material von Ihnen beisammen und muss Ihnen ein ganz offenes Geständnis machen. Ich bin von den meisten Dingen absolut enttäuscht.« Goltz war von den vielen Bordellszenen unangenehm überrascht, hielt das Ganze für reinen »Naturalismus[,] für den die ganze Kunstrevolution seit 1910 überhaupt nicht da war«. Zwar habe sich Goltz seit 15 Jahren für die Avantgarde eingesetzt, aber er habe nun »das Bordell, die Hure, den erschossenen Kommunisten und den Straßenschmutz satt bis zum Halse«. Neben der falschen Vorstellung vom Stellenwert der genannten Motive im Werk des Malers dürften ferner die Radikalität der Kunst sowie die künstlerische wie politische Situation in München für Goltz' plötzliches Bewusstsein, dass mit Dix in der bayrischen Hauptstadt kein Geschäft zu machen sei, ausschlaggebend gewesen sein. Dix antwortete harsch, und Goltz brach den »brieflichen und sonstigen Verkehr« mit dem Künstler im März 1922 abrupt ab, nachdem er die Kosten für die Rücksendung der Kunstwerke übernommen hatte.

Andere dagegen, so der Karlsruher Künstler Georg Scholz, der mit Dix an der *Ersten Internationalen Dada-Messe* in Berlin teilgenommen hatte, schätzten den jungen Maler außerordentlich. Scholz bat am 6. Dezember 1922 gar um den Tausch von graphischen Arbeiten und erhielt das Blatt einer schwangeren Arbeiterfrau, das Dix ihm dedizierte und das sich noch heute im Nachlass von Scholz befindet. Museumsdirektoren hatten beim Erwerb von Dix-Bildern nicht zuletzt bereits die skandalträchtige und damit auch das Museum bekannt machende Rezeption im Blick: »Lieber Herr Dix! Es ist nicht ohne Hängen und Würgen gelungen Ihr Kriegsbild dem Museum Wallraf-Richartz einzuverleiben. Ich möchte Sie, mehr noch aber mich selbst beglückwünschen. Den Kaufpreis gaben Sie mit 10000 Goldmark an [...]. Die Wiedereröffnung unserer Galerie ist wahrscheinlich am 1. Dezember. Ihr Bild wird dann wohl die größte Sensation sein.« So schrieb der Direktor des Kölner Museums, Hans F. Secker, am 31. Oktober 1923 an Dix. Zu diesem Zeitpunkt war der Künstler im Rheinland bereits eine feste Größe.

Mitte 1920 war Otto Dix mit der vitalen Kunstszene des Rheinlandes in Kontakt gekommen. Johanna Ey, die in Düsseldorf auf der damaligen Hindenburgallee eine Kunsthandlung namens *Neue Kunst Frau Ey* betrieb, hatte den jungen, weithin unbekannten Künstler angeschrieben und um die Überlassung von Graphiken gebeten. Dix antwortete ihr am 14. Juli und teilte mit, dass er ihr zehn Arbeiten zugesandt habe und vier weitere von der Kunsthandlung von Bergh in Düsseldorf bereitgestellt werden könnten. Den Preis der Arbeiten diktierte Dix: 75 Mark netto pro Blatt. Johanna Ey, die Dix wenig später eindrucksvoll porträtieren sollte (Löffler 1924/8), war damals 56 Jahre alt und die Schutzpatronin der künstlerischen Avantgarde der Rheinmetropole. Gert Heinrich Wollheim, zu dem Dix eine engere Beziehung aufbauen sollte, und Otto Pankok gehörten zu diesem Kreis des *Jungen Rheinlands*, das 1919 von Arthur Kaufmann, Herbert Eulenberg und Adolf Uzarski – alle drei malte Dix später – gegründet worden war. Ey stellte aber auch den »Dadamax« Max Ernst oder Karl Schwesig und Adalbert Trillhase aus. Vor ihrem Schaufenster versammelten sich Menschentrauben, die in Gelächter ausbrachen oder sich in Schimpfkanonaden ergingen. Das provoziert bei »Mutter Ey«, wie die Frau, die tatsächlich 12 Kinder zur Welt gebracht hatte, liebevoll von ihren Künstlern genannt wurde, ein trotziges ›Dennoch‹ und ›Jetzt erst recht‹.

Das Graphische Kabinett von Bergh & Co., wo Ey die letzten vier Graphiken erhalten sollte, wurde von Dr. Hans Koch und seiner Frau Martha, die Dix später heiraten sollte, geleitet. Sie hatten 1917 in der Blumenstraße 11 in Düsseldorf eröffnet und zeigten August Macke, Adolf Seehaus und Georg Schrimpf. Mit dem relativ bekannten und entsprechend teuren Emil Nolde stellte sich der kommerzielle Erfolg ein und zudem hatten sie im Vorfeld einen Freund überredet, jeden Monat 250 Mark in Kunst zu investieren. Ab 1918 vertrat Koch auch den mit Dix bekannten Conrad Felixmüller, und nach einem Besuch bei Felixmüller in Dresden hatte Koch besagte vier Blätter von Dix im Gepäck. Vermutlich war es Koch, der die Johanna Ey auf Dix aufmerksam gemacht hatte.

Als Dix in Dresden von dem mit Johanna Ey verbundenen Ehepaar Hulda und Otto Pankok besucht wurde, trafen diese auf einen Zettel an der Ateliertür, auf dem stand: »Ihr Besuch interessiert mich nicht«. Selbst die Künstlerkollegen waren von der Radikalität der Bildexperimente der Zeit überrascht – Hulda Pankok sprach von »Anklagen an die verwirrte Gesellschaft« und unheimlichen »Bildversuche[n] von Menschen aus Stoff, Glitzerzeug« – Dix experimentierte damals gar mit beweglichen Bildern. Der einzige Trost war ein unvergessliches, »wunderschönes Kinderbild«, das gerade beendet worden war, während die beiden Modelle noch bei Süßigkeiten und Obst im Atelier saßen. Vermutlich handelt es sich um *Zwei Kinder* (Löffler 1921/10; Farbtafel 1), das sich heute in Brüssel befindet und aufgrund seiner extrem konstruierten Bildkomposition, der hart geglätteten Malweise und der intensiven, reinen Farbigkeit in der Tat eines der bestechendsten Dix-Werke dieser Zeit ist.

Johanna Ey selbst erinnerte, dass die Künstler Otto Pankok und Gert H. Wollheim sie auf Dix hingewiesen hätten: »Von einer Reise nach München zurückkehrend, sagten Pankok und Wollheim, wir haben herrliche Zeichnungen und Bilder von einem Künstler in Dresden gesehen. Pankok war ganz entzückt von seinen geklebten und toll gemalten Bildern – Wollheim von seinen fabelhaften Akten. Beide schrieben an Dix um Zusendung einiger Zeichnungen. Wie nun ein Pappkarton ankam [,] ich oben Zeitungen sah, die verstaubt und beschmutzt oben auflagen und meine Ansicht äußerte, wurde Wollheim wütend und schrie mich an, du dumme Alte, hat das was zu sagen, wenn die Zeichnungen gut sind; es kamen herrliche Akte zum Vorschein ich stellte gleich aus und verkaufte auch. Dix freute sich sehr, ich bat Dix er möchte mir sein Foto schicken und da er mir auch gefiel, ein offenes, freches Gesicht hatte er, lud ich ihn ein zu uns 14 Tage zu besuchen und unser Gast zu sein.«

Im August 1920 konnte Dix weitere Arbeiten nach Düsseldorf senden, und Ey erhielt insgesamt zwölf Handzeichnungen, bei deren Verkauf Dix zwischen 100 und 200 Mark zustanden, sowie fünf Holzschnitte, bei denen er pro Exemplar 40 Mark erwartete. Für Dix wurde diese Verbindung schnell zu einer erfolgreichen Geschäftsbeziehung, denn Johanna Ey konnte seine Kunst tatsächlich absetzen. Schon im Oktober 1920 freute er sich über eine erste Geldsendung. Gleichzeitig machte er die Galeristin darauf aufmerksam, dass er sich selbst eher als Maler verstünde und sie doch bei Gelegenheit eher ein Bild als eine Graphik reproduzieren möge. Zudem empfahl er für den Fall, dass sie einen Text benötige, einen bislang unpublizierten Aufsatz von Felixmüller. Tatsächlich sollte der kurze Text im Heft Nr. 3 von *Das Ey* abgedruckt werden. Dix übersandte der Galerie auch den Holzstock von dem Blatt *Liebespaar* (Karsch 27), von dem das Original gedruckt und ebenfalls in der dritten Ausgabe von *Das Ey* publiziert wurde. Seine Bemühungen um den Verkauf von Gemälden blieben jedoch erfolglos, da deren Transport von Dresden nach Düsseldorf angesichts der zum Teil immens großen Formate zu kostspielig erschien.

Im Frühjahr 1921 bemühte man sich, in Düsseldorf für Dix ein Atelier zu finden. Im Oktober kommt er, nach einem Kurzbesuch in

Hamburg, wo einige Matrosenbilder entstehen, auf Einladung von Johanna Ey und Hans Koch erstmals nach Düsseldorf. Gerth Schreiner hat 1925 in der Avantgarde-Zeitschrift *Der Stromer* festgehalten, wie Dix in Düsseldorf ankam:

> »Eines Tages kam er aus Dresden zugereist, von allen mit größter Spannung erwartet. In Berlin hatte er im Kronprinzenpalais bei der ›Novembergruppe‹ ›Kleberismus‹ und in der großen Darmstädter Expressionistenschau ein großes Kriegskrüppelbild ausgestellt. [...]
>
> Otto Dix kam. Ein kleiner, beinahe schmächtiger Mensch. Sein Gesicht, zerrissen von tiefen Linien, die um die Mundpartie zu Furchen wurden. Das Gesicht starr wie die Maske eines Artisten bei der Arbeit. Sein Gang und seine Bewegungen wie die eines Cowboys, der durch die Bars und Drincs-houses in New-York schlendert, sehnig die gespannten Muskeln. Er sprach wenig. Es saß in einem Korbsessel und nahm an den Kunstdebatten keinen Anteil. Als sie ihm zu lange dauerten sagte er in seinem gutmütigen sächsischen Dialekt: ›Des is ja doch alles en Mist!‹.«

Hans Koch – der selbst eigentlich beim renommierten Galeristen Alfred Flechtheim französische Kunst kaufte – war von Dix so begeistert, dass er spontan die heftig umstrittenen Gemälde *Salon I* und *Salon II* (Löffler 1921/17 bzw. Löffler 1921/18) kaufte und ihm den Auftrag zu einem Porträt erteilte. (Löffler 1921/13) Letztes gefiel dem Auftraggeber aufgrund seiner Drastik nicht und er gab es bereits 1923 an den Kölner Sammler Dr. Josef Haubrich weiter. Genauso wichtig wie diese frühen finanziellen Erfolge war für Dix die Begegnung mit der unglücklich verheirateten Martha Koch. Die beiden verliebten sich schnell, nachdem die passionierte Tänzerin Martha sofort festgestellt hatte, dass auch Dix ein ausgezeichneter Tänzer war. Ein Grammophon wurde gekauft, Dix und Martha tanzten, während Hans Koch sich über das Paar lästernd betrank. Später nahm Dix mit Martha sogar an Tanzwettbewerben teil und porträtierte sich und seine frisch Angetraute als elegantes *Tanzpaar* in Lebensgröße. Das von der Moritzburg in Halle erworbene Gemälde (Löffler 1923/1) wurde schnell bekannt, da der Kritiker und frühe Dix-Monograph Willi Wolfradt das Doppelbildnis bereits im Entstehungsjahr im *Jahrbuch der jungen Kunst* besprach;

nach seiner Beschlagnahmung durch die Nationalsozialisten ist es heute verschollen. Seine Begeisterung für Jazz und speziell für den Modetanz Shimmy trug dem Maler den Spitznamen »Jimmy« bzw. »Jim« ein. Ein weiterer Spitzname lautete »Toy«, den Dix in dieser Zeit mitunter auf seinen Selbstbildnissen anbrachte.

Anfangs war Martha – eine geborene Lindner und aus begütertem Hause stammend – was die neue Beziehung zu Dix betraf abwartend und vorsichtig, ihr hätte es wohl genügt, wenn Dix ab und an auf Besuch gekommen wäre. Hans Koch aber, der bereits mit der älteren Schwester Marthas eine Verbindung eingegangen war und sie später auch heiratete, drängte schließlich auf die Scheidung. Auch Dix forcierte die Verbindung und legte nach nur fünf Wochen Bekanntschaft bereits zahlreiche Liebesschwüre ab. Allerdings kommen in diesen frühen Briefen an Martha auch seine Unsicherheit und Zerrissenheit zum Ausdruck, wenn er sich als ›plumper Kerl‹ tituliert, seinen Erlebnishunger schildert oder seine fehlende Souveränität in finanziellen Fragen auf seine proletarische Herkunft zurückführt. Auch seine existenzielle Not sprach er an und erhoffte sich von der Verbindung, dass er bei seiner neuen Frau vergessen könne, dass er »ein einsames Tier auf dunkler Straße« sei.

Auch Johanna Ey, in deren kleiner Galerie Dix während seines Aufenthaltes in Düsseldorf aus Kostengründen übernachtete, war von dem ungewöhnlich auftretenden Künstler fasziniert. Er gab ihr zur Begrüßung einen auf einer Briefskizze festgehaltenen Handkuss und legte gesteigerten Wert auf sein Äußeres, denn er trug Lackschuhe und elegante Anzüge, benutzte Parfüm und bürstete sein amerikanisch geschnittenes Haar mit Pomade streng nach hinten. Die sich anbahnende Verbindung zwischen Martha Koch und Otto Dix – spätestens im November 1921 stand der Entschluss zur Heirat fest und plante man eine Übersiedlung Marthas nach Dresden – betrachtete sie ausgesprochen skeptisch, Dix' Bilder aber unterstützte sie jederzeit. Sie erwarb sein Ende 1921 gemaltes erstes *Eltern*-Bildnis (vgl. Abb. S. 10) und stellte es im Schaufenster ihrer Galerie aus: »Die Leute lachten darüber und machten die Bemerkung: Na, das sind ja nette Eltern.« 1922 trafen erste Gemälde ein, bevor Dix im Herbst 1922 endgültig nach Düsseldorf übersiedelte. Dort fand er ein zugiges Atelier in Oberkassel vor, das er zum Glück bald wieder abstoßen konnte. Nach einer kurzen Ateliergemeinschaft mit Gert

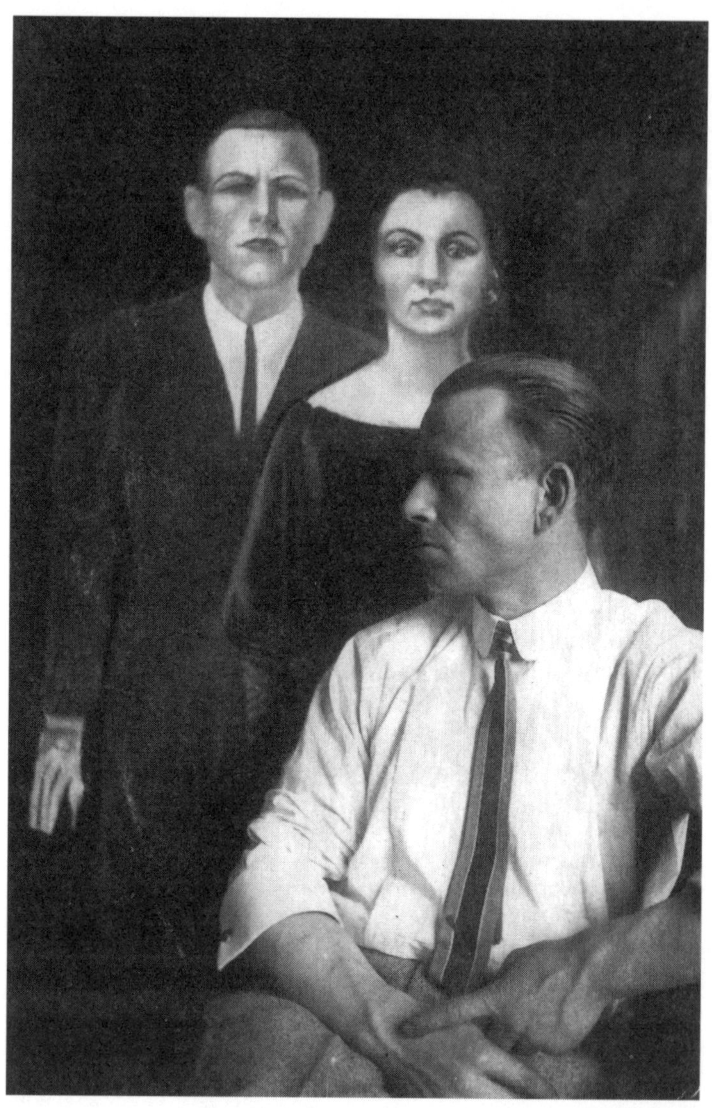

Otto Dix vor dem Gemälde *Tanzpaar (Selbstbildnis mit Martha)*, 1923, s/w-Foto

Wollheim wurde er an der renommierten Kunstakademie Düsseldorf Meisterschüler des gemäßigten Expressionisten Heinrich Nauen. Im Umfeld des *Jungen Rheinlands* sahen einige das fast schon als Verrat an der jüngsten Kunst an, während Dix sich immer auch von praktischen Erwägungen leiten ließ und wenig dogmatisch war.

»Mutter Ey« hatte in der Zwischenzeit eine Wohnung besorgt, die sich allerdings als verwanzt herausstellte. Ab Oktober bewohnten Martha und Otto Dix eine Wohnung im Hindenburgwall 3. Die künstlerische Szene in Düsseldorf war geprägt von einem gefestigten *Jungen Rheinland*, das sich im März 1922 mit der *Dresdner Sezession* und der Berliner *Novembergruppe* zu einem *Kartell fortschrittlicher Künstlergruppen in Deutschland* verbunden hatte. Arthur Kaufmann und Gert Wollheim organisierten die *1. Internationale Kunstausstellung Düsseldorf 1922* im Kaufhaus Tietz, und Otto Dix war mit zwei Gemälden vertreten: dem grotesken, dadaistischen *Fleischerladen* von 1920 (Löffler 1920/6) und den brillanten *Zwei Kindern* von 1921. (Löffler 1921/10; Farbtafel 1) Beide zeigten deutlich eine künstlerische Entwicklung: weg vom Dadaismus, hier in Nähe zu Georg Scholz, und hin zu einer formstrengen Neuen Sachlichkeit in ihrem veristischen Frühstadium. Diese war zwar teilweise eminent vom Dadaismus abhängig, widersetzte sich aber dessen Anti-Kunst-Propaganda und erneuerte die Malerei. Die Neue Sachlichkeit wurde zur Avantgarde und Massenkunst in einem.

Das öffentliche Bild von Dix kristallisierte sich zu diesem Zeitpunkt immer wieder um den Skandal und die Provokation herum, die seine Kunst auszulösen vermochte. Dix wurde deshalb immer wieder um typische Arbeiten angegangen, etwa vom links stehenden Malik-Verlag. John Heartfield – George Grosz unterschrieb den Brief ebenfalls – ersuchte Dix um ein Blatt zur Reproduktion und schrieb: »Als Thema kannst Du uns ein satyrisches Blatt, der Spiesser in der heutigen Zeit, der Spiesser und die Revolution, oder noch besser Niederkartätschung von streikenden Arbeitern durch Reichswehr und Facsisten oder Hungerkravalle und, im Gegensatz, fressende Bürger, uns zeichnen. Das wird von uns gebraucht.« Aber Heartfield, der hier eher die Inhalte der Arbeiten von Grosz paraphrasiert, wäre auch mit einer von Dix aquarellierten oder gezeichneten Prostituiertendarstellung zufrieden gewesen. (Vgl. Farbtafeln 4a/b und 6a/b) Der Verleger wollte auch mit Dix' messerscharfer und verletzender Kunst provozieren.

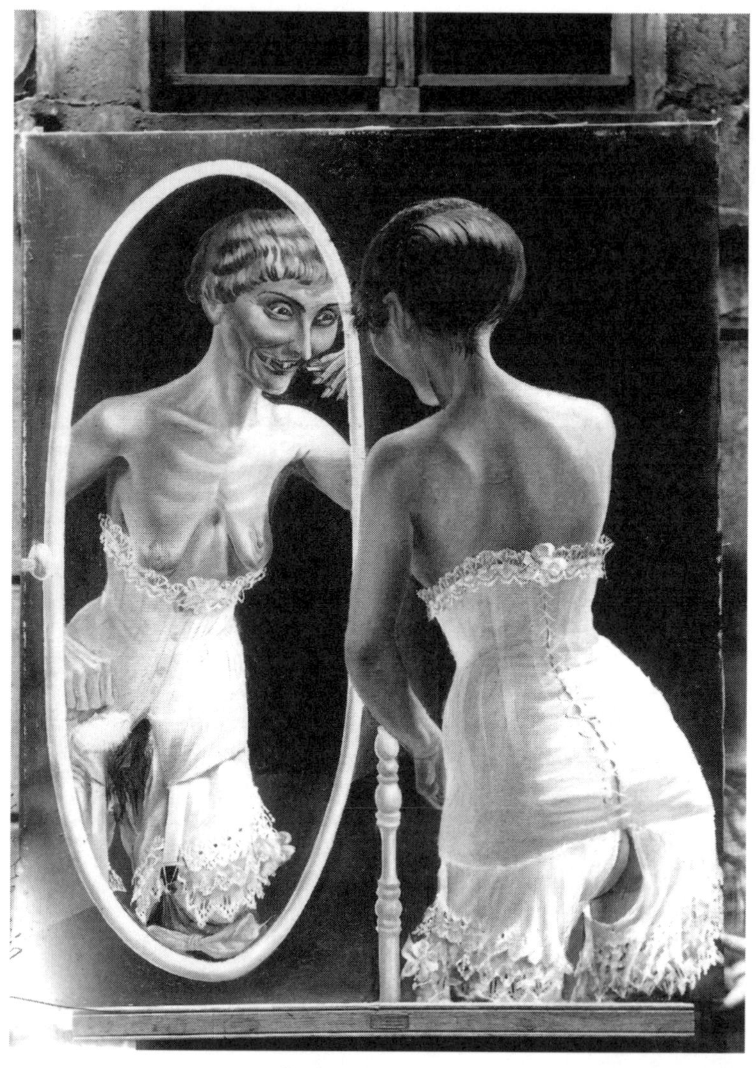

Mädchen vor dem Spiegel, 1921, Öl auf Leinwand, Maße unbekannt, verschollen

Die Hurendarstellungen brachten Dix in erhebliche Schwierigkeiten und verwickelten ihn in Gerichtsverfahren. Die 8. Strafkammer des Berliner Landgerichts I eröffnete gegen Dix im April 1923 ein Strafverfahren wegen Verbreitung unzüchtiger Schriften (§ 184). Gegenstand des Prozesses war das Gemälde *Mädchen im Spiegel* (Löffler 1921/8), das auf der juryfreien Kunstschau im Staatlichen Landesausstellungsgebäude in Berlin beschlagnahmt worden war. Nun war Dix nicht der einzige betroffene Künstler – es traf z. B. auch den heute unbekannten Georg Kobbe –, aber inzwischen recht bekannt, und seine Kunst schockierte. Das *Berliner Tageblatt* vom 18. April 1923 äußerte über ein solches Bild von Dix, das während der Verhandlung auf einer Staffelei präsentiert wurde, es müsse »jeden Betrachter anekeln«.

Parallel zum Berliner Fall war das Gemälde *Salon I* (Löffler 1921/17) aus der Darmstädter Ausstellung *Deutsche Kunst 1923* beschlagnahmt worden. Im Juni bzw. Oktober 1923 wurden beide Verfahren jedoch eingestellt, und Dix, der sich von namhaften Kritikern, Galeristen und Künstlern – u. a. Carl Einstein, George Grosz, Karl Hofer und Max Osborn – Gutachten fertigen ließ, freigesprochen. Weil man ihm – fälschlicherweise, wie man heute sagen darf – eine »moralisierende Tendenz« attestierte, kam der Maler um eine empfindliche Geldbuße herum. Vor allem entgingen die Gemälde der Gefahr der »Unbrauchbarmachung«, der Zerstörung, die das *Berliner Tageblatt* als Konsequenz eines für Dix ungünstigen Prozessverlaufs ausdrücklich hervorgehoben hatte.

Dix etablierte sich in der Folgezeit weiter in den Kunstkreisen der Weimarer Republik: Lovis Corinth konnte ihm am 6. Dezember 1924 mitteilen, dass er »auf der letzten Generalversammlung zum Mitglied der Berliner Secession gewählt« worden war. Bereits im Juni 1923 hatte Max Liebermann Dix um Leihgaben (*Arbeiterbild*, *Bildnis Dr. P. F. Schmidt* und *Bildnis Dr. Glaser*) für die Frühjahrsausstellung der Akademie der Künste in Berlin am Pariser Platz ersucht. Dix war es, den Paul Westheim, der mit dem *Kunstblatt* die wichtigste Kunstzeitschrift der Weimarer Republik herausgab, am 11. Juli 1924 nach seiner Einschätzung der bisherigen Entwicklung des Kronprinzenpalais befragte, der modernen Abteilung der Nationalgalerie in Berlin. All dies waren Zeichen einer enormen künstlerischen Wertschätzung noch in der ersten Hälfte der 1920er Jahre, in der sich Dix einem gnadenlosen Verismus zuwandte. (Farbtafel 5)

4 Schockästhetik: Lustmord

Eine der für den heutigen Beobachter schmerzhaftesten Auseinandersetzungen mit dem Thema der Gewalt in den 1920er Jahren ist die Beschreibung oder Verbildlichung sexuell motivierter Gewalt am Beispiel des Lustmords. Hans Bellmer, Heinrich Maria Davringhausen, George Grosz, Karl Hubbuch, Rudolf Schlichter, Kurt Schwitters oder Erich Wegner haben sich in Malerei und Graphik damit auseinandergesetzt, Alfred Döblin (*Berlin Alexanderplatz*; 1929 erschienen und bereits 1930 verfilmt) und Robert Musil (*Der Mann ohne Eigenschaften*; Bd. 1 erschien 1930, Bd. 2 1932) haben Lustmörder in der Literatur beschrieben. Doch zwei frühe Lustmorddarstellungen von Otto Dix sind, trotz der Verbreitung des Themas um 1920, in der deutschen Malerei der Zeit Ausnahmewerke: *Der Lustmörder* von 1920 und *Lustmord* von 1922.

Die großformatigen Bilder, von denen ersteres als verloren gilt und das zweite entweder verschollen ist oder in einer Privatsammlung verborgen, sind nicht nur frühe Hauptwerke des Künstlers, sondern können und müssen geradezu als künstlerische Manifeste aufgefasst werden. Ästhetisch argumentieren sie auf sehr unterschiedliche Weise. Der veränderte Modus reflektiert den gewandelten Status und ein neues Selbstverständnis des Künstlers. Die ästhetische Differenz der Werke ist nur über deren jeweilige Funktion für Dix zu verstehen. Sie besitzen keineswegs einen gemeinsamen Inhalt, auch wenn sie dasselbe Thema behandeln. Damit entziehen sie sich tendenziell dem heutigen Diskurs zum Lustmord in der Weimarer Republik, der ihre programmatische Intentionalität bislang unterschätzt hat und sie immer in einem Atemzug genannt hat, ohne ihren Stilpluralismus angemessen zu bedenken. Pointiert lässt sich sagen, dass das Bild von 1920 primär als grausam-ironische Überbietung dadaistischer Konkurrenten wie George Grosz intendiert war. Hingegen stellte das zweite Bild ein Manifest des Verismus als Aneignung der Wirklichkeit dar, das in enger Verbindung zur zeitgleichen Arbeit am großformatigen Kriegsbild *Schützengraben* steht. Die künstlerische Entwicklung zwischen beiden Werken wird im folgenden nachvollzogen.

Dix malte sein heute verlorenes, lebensgroßes Bild *Der Lustmörder* 1920. (Löffler 1920/12) Es zeigt den Künstler selbst im Blutrausch, im

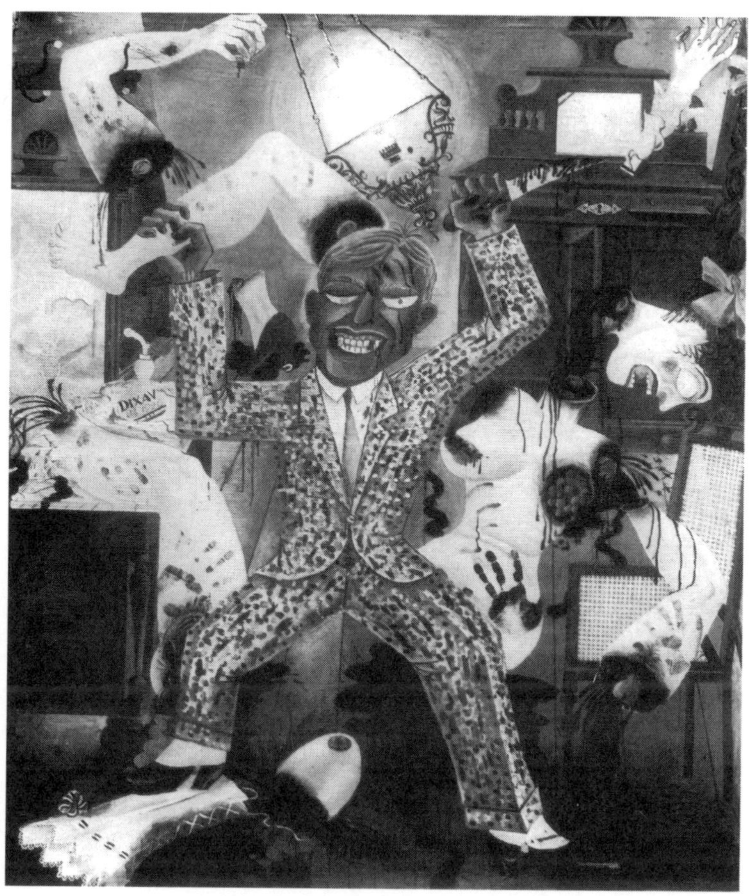

Der Lustmörder (Selbstbildnis), Öl auf Leinwand, 170 × 120 cm, verschollen

modischen Anzug, mit Vampirzähnen und blutigem Messer in der Hand die zerstückelten Leichenteile einer ermordeten Prostituierten durch ein Zimmer seines kleinbürgerlichen Wohnateliers schleudernd; an seine zukünftige Frau Martha schrieb er Ende 1921: »Ich wohne wieder in der Lustmordbude das Gas brennt und es ist kalt.« Er amalgamiert in seinem Gemälde Expressionismus, Dadaismus und frühen Verismus und scheut sich nicht vor plakativem Kitsch. Das Bild ist ausgesprochen flach, zweidimensional konzipiert und verstärkt dadurch die bedrängende Direktheit der Darstellung. Durch die schonungslose, unentrinnbare Frontalität lässt Dix den Betrachter zugleich in eine Art »Spiegel« schauen. Es muss schwergefallen sein, sich nicht selbst als Täter zu begreifen, auch wenn das Groteske der Darstellung einen Moment der Distanzierung gegenüber dem schaurigen Inhalt bedeutete.

Gegen Ende des Ersten Weltkriegs war es vor allem der Berliner Dadaist George Grosz, der als Leser von Kolportageromanen und Groschenheftchen das Thema des Lustmords in mehreren Arbeiten dargestellt hatte. 1917 war sein erstes Gemälde entstanden, gefolgt 1918 von *John der Frauenmörder* und dem *Kleinen Frauenmörder*. Das Sujet war keineswegs neu, Expressionisten wie Oskar Kokoschka oder Ernst Ludwig Kirchner hatten bereits Lustmorde verbildlicht. Auch Grosz hatte es schon 1912/13 in Zeichnungen aufgegriffen. In der Endphase des Kriegs erhielt der grausame Bildinhalt jedoch einen neuen Sinn: Grosz schuf keine am literarischen Stoff orientierten Illustrationen mehr. Im Kontext des radikalisierten Berliner Dadaismus entstanden jetzt vielmehr antikünstlerische Manifeste.

Neben allen weiteren hier zu berücksichtigenden Aspekten, wie etwa Grosz' eigene Sexualität, seinen angeblichen Frauenhass oder seine Vorliebe für Trivialliteratur, ist festzuhalten, dass das Thema des Lustmords geeignet war, an den idealen weiblichen Körper gebundene Kunstvorstellungen und sinnbildlich die Kunst selbst zu destruieren. So wurde die Zerstückelung des nackten, in der Kunstgeschichte seit Giorgione auf unzähligen Aktdarstellungen repräsentierten Frauenkörpers auch zu Recht als eine Form des Kunsthasses interpretiert. Dabei ließ sich an tradierte Vorstellungen anknüpfen: etwa die Theorie des Erhabenen, die Vorstellung einer Ästhetik des Verbrechens oder die Gleichsetzung des Malprozesses mit der Mordtat, wie Katrin Hoffmann-Curtius am Beispiel von Grosz ausgeführt hat.

Neben diesem internen Kunstdiskurs findet sich in den Erinnerungen von Grosz ein weiterer Hinweis auf das unkonventionelle Gebaren der dadaistischen Nachtschwärmer, der womöglich für Dix wichtig wurde:

»Ein Bekannter von mir hatte einen riesigen frischen, noch etwas blutigen und sehnigen Kalbsknochen mitgebracht, den er sich von einem Schlächter hatte reservieren lassen. Ein unappetitliches Ding – aber er verteidigte es hartnäckig die ganze Nacht gegen andere Kannibalen; sogar beim Tanzen hielt er den Knochen fest unter den Arm geklemmt wie einen Fetisch. Gegen vier Uhr morgens wollten ein paar neidische Kumpane ihn selber schlachten und braten. Es kam zu einem fürchterlichen Tumult, der erst aufhörte, als jemand auf den Gedanken kam, die blutrünstige Schar vom Hofe aus mit Schneebällen zu bombardieren. Im trüben Morgenlicht sah der Festsaal wirklich wie ein Kannibalentanzplatz aus. Ein paar der Zelte waren eingestürzt, und stellenweise sah man menschliche Gliedmaßen unter der herunterhängenden Zeltdecke. Der Pappkessel war im Laufe des Festes zertreten worden und lag nun in einer rötlichen Lache aus Wein und Leimfarbe, die einen ganz unheimlich kannibalischen Eindruck machte.«

Im dadaistischen Werk von Grosz wird mit der Frau zugleich die weibliche Allegorie der Kunst attackiert; der *Kleine Frauenmörder* ist auch der kleinbürgerliche, vom perversen Trieb gesteuerte Mörder der als bürgerlich verachteten Kunst. Insofern ließe sich das gleichermaßen brutale wie komische Bild auch als ein ironischer Selbstkommentar zum bürgerlichen, sich bemüht antibürgerlich gerierenden Dadaismus verstehen. Die Zerstückelung des weiblichen Körpers erscheint aus heutiger Sicht als ein dem dadaistischen Verfahren der Collage und Montage verwandter Angriff auf das intakte Bild der Kunst wie der Wirklichkeit. Bei Hannah Höch, die als kreative Frau den misogynen Vorurteilen ihrer männlichen Künstlerkollegen ausgesetzt war, sehen wir zeitgleich den kaum weniger aggressiven Schnitt mit dem Küchenmesser in den männlichen Bierbauch der gerade angebrochenen Weimarer Epoche. Aber auch der weibliche Körper wird bei ihr zerschnitten und innerhalb der männlichen Silhouette des *Da-Dandy* als Wahrnehmungssequenz komprimiert.

Otto Dix nahm diese öffentlichkeitswirksamen Kunst-Attacken der Berliner Dadaisten um Grosz, Heartfield, Höch und Hülsenbeck eifersüchtig wahr. In Dresden, nach dem Weltkrieg als Schüler an die Akademie zurückgekehrt, war er spätestens 1919 mit dem Dadaismus in

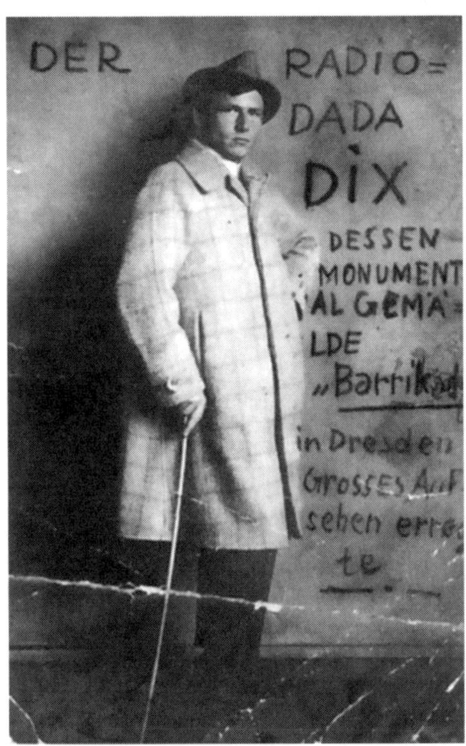

Otto Dix als Dadaist, Fotopostkarte, um 1920

Kontakt gekommen. 1920 nahm er mit seinen berühmten Kriegskrüppeln an der *Ersten Internationalen Dada-Messe* teil. Er sah in den Berliner Kollegen Konkurrenten, denen er künstlerisch den Rang ablaufen wollte. Seinem Freund Otto Griebel gegenüber bemerkte Dix unverblümt: »Wir müssen die Berliner schlagen!« Diese Absicht steht in engem Zusammenhang mit der tiefen persönlichen und künstlerischen Krise des Malers. Dix war um 1920 vereinsamt, erfolglos und wurde von seinen Kriegserlebnissen heimgesucht. Künstlerkollegen wie Conrad Felixmüller provozierte und schockierte er mit der detaillierten Schilderung des lustvollen Gefühls, einen Feind mit dem Bajonett zu töten – vielleicht kolportierte Felixmüller das später aber auch nur böswillig. Auf der Gründungsversammlung der *Dresdner Sezession* lehnte Dix ein Engagement für die Kommunisten mit dem Hinweis ab: »[L]assen Sie mich mit Ihrer dämlichen Politik in Ruhe – ich gehe lieber in den Puff.« Und seinen künstlerischen Misserfolg kommentierte er mit den Worten: »Ich kumm uff keinen grienen Zweich; meine Malereien sind unverkäuflich! Entweder ich werde berühmt oder berüchtigt.«

Der bekannte Ausspruch – immer wieder aus seinem Kontext gerissen – ist also weniger als aggressives ästhetisches Programm denn als Ausdruck verzweifelter Resignation angesichts seiner Krise zu verstehen. Der Maler Felixmüller ging 1920 gar so weit, Dix als »zusammengebrochene[n] Mensch, der sein eigener Beleidiger wurde«, zu bezeichnen, der »im Glauben am Garnicht« versinke. Dix richtete seine Wut mitunter gegen sich selbst und bezeichnete sich als ›einsames Tier‹. Es ist der brutale, offen zur Schau gestellte Nihilismus, der Dix von den Berliner Dadaisten unterschied, die sich in einer zynischen, antibürgerlichen und pseudorevolutionären Haltung gefielen. Er dagegen hatte den mörderischen Krieg von Anfang bis Ende mitgemacht und besaß mit seinem in den Schützengräben geformten Menschenbild, seiner proletarischen Herkunft und seinem Hang zu den Philosophemen Schopenhauers und Nietzsches kritische Distanz zu kommunistischen Heilsversprechen, wie sie im nachrevolutionären Berlin kursierten.

Das Selbstbildnis von Otto Dix als *Lustmörder* ist von daher zunächst als ästhetischer Überbietungsversuch gegenüber den Berliner Dadaisten zu verstehen. Es war mehr als doppelt so groß wie die vergleichbaren Werke von Grosz, »schlägt die Berliner« also schon durch sein Format. Zudem identifizierte es den Mörder eindeutig mit dem Künstler selbst – ein Sachverhalt, der für Grosz immer wieder behauptet, kaum aber an den Werken selbst verifiziert wird. Dies sollte Dix' größere Radikalität und den gesteigerten künstlerischen Anspruch schlagend verdeutlichen. Das Bild behauptete zudem – und auch das trennte Dix von den Berliner Dadaisten, die sich als Monteure und Ingenieure in der Nachfolge der Maschinenkunst Tatlins stilisierten und mit der Collage experimentierten – ostentativ das Primat der Malerei als Medium der Wirklichkeitserfassung. Obwohl es den dadaistischen Modus annahm – und Dix sich selbst als Dadaist gerierte –, übersetzte es ihn in Malerei, war somit in viel geringerem Maße ein Anti-Bild. Soweit man das heute noch feststellen kann, verzichtete Dix in diesem Fall auf alle eingeklebten Collage-Elemente. Das ausgesprochen flächig angelegte Werk erschien zwar wie die malerische Zusammenstellung zersprengter blutiger Körperfragmente, aber es war keine Collage im technischen Sinne. Die Malerei oszillierte dabei zwischen einer neuen sachlichen, hier aber fast monumentalen Gegenständlichkeit und groteskem Kitsch. Das blutrünstige Thema wurde durch die naive Malerei ästhetisch gebrochen, und Dix erfüllte so paradigmatisch das Postulat einer Ästhetik des Grotesken, stieß zu einer bildnerischen Vereinigung des Unvereinbaren vor. Die lebensgroße Darstellung eines gerade tötenden Lustmörders im Stil des Schaubudenkitsches produzierte einen bizarren Verfremdungseffekt, der ein unfreies Lachen erschallen ließ, hinter dem das Nichts lauerte. Vermeintliche Authentizität – überdeutlich hatte Dix als Künstler mit seinen Handabdrücken den zerstückelten Körper signiert und als Täter stolz seine Spuren hinterlassen – und traumhaft gesteigerter Wahn lagen im Widerstreit.

Dass dem Bild immer wieder eine »realistische Gestaltung« nachgesagt wurde, erscheint deshalb als Missverständnis und leugnet die spezifische naiv-groteske Anlage der Malerei sowie den ironischen, karikierenden Bildwitz zugunsten der vorschnellen Identifikation des Kunstwerks mit der Realität. Wohl geschah in der Nähe von Dix' Dresdner Atelier tatsächlich ein Prostituiertenmord, bezeichnete er seine Wohnung als ›Lustmordbude‹; auch behauptete der Künstler auf Anfrage, er hätte wohl selbst einen solchen Mord verüben müssen, hätte er ihn nicht malen können. Doch auch bei dieser Aussage dürfte die Provokation im Vordergrund gestanden haben. Vielmehr verschränkten sich im *Lustmörder* albtraumartige Schreckensvision, künstlerischer Dandyismus im Sinne kriminellen Außenseitertums und Zeitdiagnose auf höchst komplexe Weise, und darin verbirgt sich eine weitere Bedeutungsdimension des Gemäldes.

Der lebensgroße dadaistische Lustmörder im biedermeierlichen Ambiente, den man durch Ziehen an der abgeschnittenen weiblichen Brust zwischen seinen Beinen scheinbar wie einen Hampelmann in Bewegung setzen kann, war das groteske kleinbürgerliche Zerrbild eines blutrünstigen Vampirs. Als solcher hatte sich Dix erstmals als Soldat im Weltkrieg gezeichnet. Dass von hier der Blutrausch des Lust-

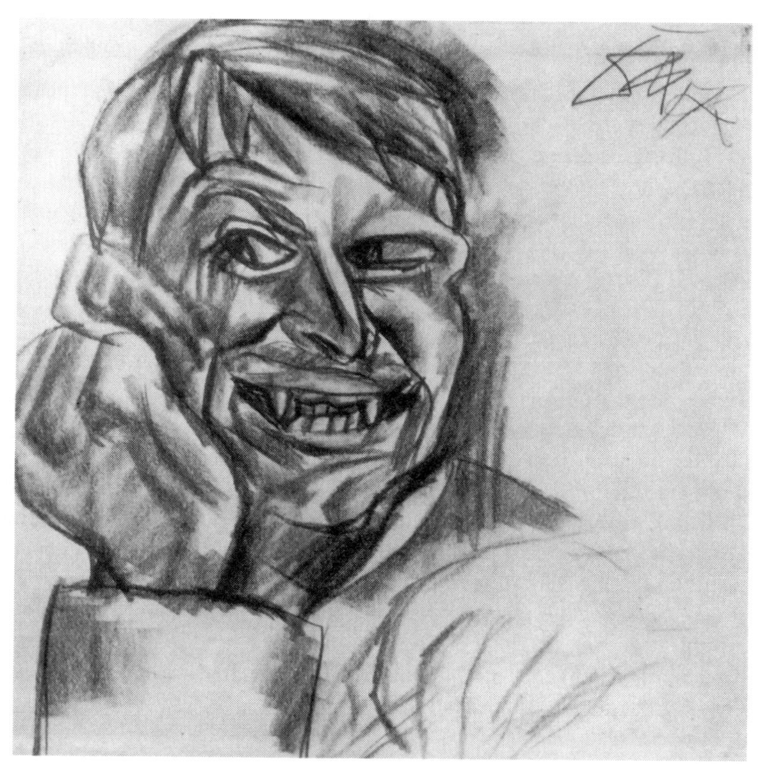

Selbst, grinsend, den Kopf aufgestützt, 1917, Schwarze Kreide, 40,3 × 39,2 cm, Privatbesitz New York

mörders mit dem des Frontsoldaten vergleichbar wird, ist ein zentraler Aspekt des Bildes. Den paradoxal konstruierten, das Leben über das Töten spürbar machenden Trieb hatte Dix tatsächlich in sich gespürt, ja über Jahre vielleicht förmlich gesucht. Er hatte seiner ersten Lustmorddarstellung, die nicht von ungefähr ein fast lebensgroßes Selbstbildnis war, das eigene Kriegserlebnis eingeschrieben. Damit interpretierte er das Thema, das von den Expressionisten und Dadaisten eher literarisch begriffen worden war, existentiell autobiographisch um, wie das vor ihm in vergleichbarer Weise nur der in Liebesbeziehungen und damit gänzlich anders traumatisierte Oskar Kokoschka unternommen hatte.

1921/22 entstanden mehrere Arbeiten, die die Lustmord-Thematik in verschiedene Richtungen ausloteten und die künstlerische Selbststilisierung als Bürgerschreck komplettierten. Das aquarellierte *Selbstporträt unter Dirnen* aus dem Jahr 1921 (Pfäffle A 1921/4) zeigt erneut den Maler, diesmal aber im typisch sachlichen Habitus mit Anzug und Hemd sowie amerikanisch nach hinten gekämmten Haaren. Die leider kaum fassbare Zeitzeugin Ilse Fischer hielt in einem bemerkenswerten frühen Text über Dix in diesem Zusammenhang fest: »Er ist 30 Jahre alt. Sein scharf geschnittenes germanisches Gesicht ist verwüstet, grau. Er hat den Mund des rücksichtslosen Triebmenschen mit der brutal vorgeschobenen Unterlippe und tiefgegrabenen Linien um die Winkel, die grauen Augen des nüchternen Analytikers, die feingeschnittene Nase des klaren Gefühlsmenschen, die über den Augen gewulstete, breite Stirn des verzweifelten Denkers, das glattgebürstete Haar des Amerikaners.« Umgeben ist Dix von Bildern aus sexuellen Phantasien, die wie ein phantasmagorischer Nebel um seinen Schädel wabern und den Bildraum vollständig ausfüllen. Unterschiedliche Prostituiertenphysiognomien, große Brüste, eine Vulva, syphilitische Geschwüre auf der Haut einer abgelebten Dirne sowie der gemetzelte Körper einer Hure, der das Blut aus dem Mund und die Eingeweide aus dem Bauch quellen, sind dabei zu erkennen.

Die getötete Prostituierte wird auf dem eindrucksvollen Aquarell *Scene II (Mord)* von 1922 (Pfäffle A 1922/54) zum beherrschenden Bildthema. In einem kahlen Zimmer mit einem einfachen, an die Wand gerückten Bett herrscht ein zerstörerisches Durcheinander. Der geschändete Körper des Opfers verschwimmt mit dem weißen Oberbett, der zertretenen Pflanze und den großen Blutlachen zum spekulativen Schauerstück mit stilllebenhaften Qualitäten. Das absolute Zentrum des Bildes, gleichsam der archimedische Punkt der bildnerischen Komposition wie der mörderischen Tat, bildet der zerfetzte Schoß der Unglücklichen. Um ihn beginnen die Bildgegenstände wie in einer Zentrifuge zu kreisen, wenn man dem angewinkelten Bein mit dem schwarzen Stiefel folgt. Es lenkt über die Decke hinunter zu den aggressiven, spitzen Pflanzenblättern, von dort über die große rote Lache zur durchschnittenen Kehle und weiter zur leblosen Hand, die ein weißes Tuch oder einen Fächer verloren hat, und von dort zum Knie, das als Spitze der pyramidalen Komposition den Ausgangspunkt bildet. Die gewaltsame Verdrehung des Körpers zersprengt die kreisende Bewegung jedoch und stellt den Blick wieder fest, der zwischen Bewegungsimpuls und Bannung des Schreckens oszilliert. Wichtig erscheint der Hinweis auf die sehr spontan angelegte Aquarelltechnik, die Dix über der vorbereitenden, weiter sichtbaren Bleistiftzeichnung entfaltete. Die getupfte und teilweise verspritzte Farbe evoziert die orgiastische Tat; die verlaufenden roten Flecken mit den sich abzeichnenden Aquarellrändern rufen gleichermaßen die Ejakulation des Täters wie die Qual des Opfers vor Augen – eine Qualität, die Rudolf Schlichters Aquarell *Lustmord* von 1924 als zeichnerisch penible Sicht auf den Tatort fehlt.

Eine verwandte Gruppe von Arbeiten zeigt sadomasochistische Szenen, etwa das Blatt *Sadisten gewidmet* oder *Traum der Sadistin I* und *II* (alle 1922; s. Pfäffle A 1922/8, A 1922/87 und A 1922/106; vgl. Farbtafel 6a). Sie führen den Betrachter in die Welt der sexuellen Perversion, zeigen in Schreckenskammern gequälte und sogar getötete Opfer und Täterinnen, die teilweise als exotisch und teilweise nur als gewöhnlich gekennzeichnet sind. Diese Blätter sind auch deshalb hier zu erwähnen, weil sie die Verarbeitung von Erich Wulffens Standardwerk zum Sexualverbrecher von 1910 als Vorlage belegen. So zeigte der Kriminologe in seiner Studie sechs Abbildungen von Inquisitionsszenen, wie sie Sadisten und Masochisten »ersinnen und nicht nur im Bilde nachstellen, sondern auch in der Wirklichkeit in den masochistischen Instituten unter Benutzung von Kreuzen, Werkzeugen und Kostümen nachahmen«. Dix lehnte sich an solche Szenen ausdrücklich an, etwa durch die Verwendung des großen Holzkreuzes, das den Darstellungen etwas Satanisches verleiht.

Man kann darüber spekulieren, ob Dix diese Blätter nicht auch deshalb schuf, weil damit ein bestimmtes Marktsegment von Liebhabern der Kunst, aber auch der Thematik bedient werden konnte. Es waren jedenfalls vor allem Aquarelle, die Dix' Kunsthändler Karl Nierendorf um 1922 absetzen konnte, während der Kunstmarkt der Weimarer Republik angesichts der Hyperinflation kollabierte. Ölbilder fanden zu dieser Zeit kaum Käufer, und so leistete man sich neben der Zeichnung beziehungsweise dem Aquarell vor allem Druckgraphik. Der Künstlerfreund Conrad Felixmüller hatte Dix 1921 den Ratschlag gegeben, sich in diesem Medium zu versuchen und ihn in die Radiertechnik eingeführt. Die beiden wichtigen Mappen *Zirkus* und *Tod und Auferstehung* waren im folgenden Jahr entstanden. Beide beinhalten Graphiken, die mit den Lustmordbildern zusammenhängen; in *Tod und Auferstehung* – eine Mappe (Karsch 43–48), in der Dix einen Selbstmörder, eine Barrikade, eine Schwangere und eine Begräbnisszene darstellte – findet sich sogar ein Blatt, das den Titel *Lustmord* trägt. (Karsch 44) Auch diese Arbeit scheint direkt auf Wulffens Band zurückzugehen, wenn sie den aufgerissenen Schoß und Bauch einer abgehärmten Prostituierten verbildlicht, die ermordet auf ihrem Bett liegt. Sie bestürzt nicht nur durch ihren Inhalt, sondern auch durch ihre Form, da die Radierung im Unterschied zum Aquarell weitaus dramatischere Bilder hervorzubringen imstande war. Die Mappe *Der Krieg* von 1924 (Karsch 70–119) belegt ebenfalls, dass die Druckgraphik neben der Malerei Dix' stärkstes Ausdruckmittel war.

Die Schwärze des Blutes und der Haare im Kontrast zum Weiß des Bettlakens und des Körpers sowie die gekratzten Schraffuren verleihen der Graphik *Lustmord* eine Schärfe, die den brutalen Auslöschungsakt formal einzufangen versucht. Dix konterkariert die brutale Momentaufnahme des Opfers mit zwei kopulierenden Hunden, wobei das Weibchen den Betrachter aus Knopfaugen anschaut, während der Rüde mit heraushängender Zunge das schaurige Umfeld hinter sich lässt und nur seinen Trieb auslebt. Diese bizarre Kombination von Schock und obszöner Anekdote verrät viel über die sarkastischen, auf manche Betrachter geschmacklos wirkenden Bildstrategien des Künstlers Dix.

Im großformatigen Gemälde *Lustmord* von 1922 (Löffler 1922/2) sah sich der Betrachter dem zerfetzten Unterleib einer Prostituierten gegenüber, die mit zerschnittener Kehle auf dem Bett liegt. Die erneut fast lebensgroße und so ihren Anspruch auf öffentliche Wahrnehmung deutlich machende Leinwand entsetzte durch ihren schonungslosen, grauenvollen Realismus. Dabei hatte sich Dix wieder an Wulffens Polizeifotografien orientiert; überdies soll sich – wie bereits erwähnt – nach Auskunft des Malerfreundes Kurt Günther auch in der Nähe von Dix' Dresdner Wohnung 1921 ein Sexualmord ereignet haben. Die kriminologisch dokumentierten Verbrechen griff der Künstler unmittelbar auf, bearbeitete und steigerte sie mit seinen malerischen Mitteln.

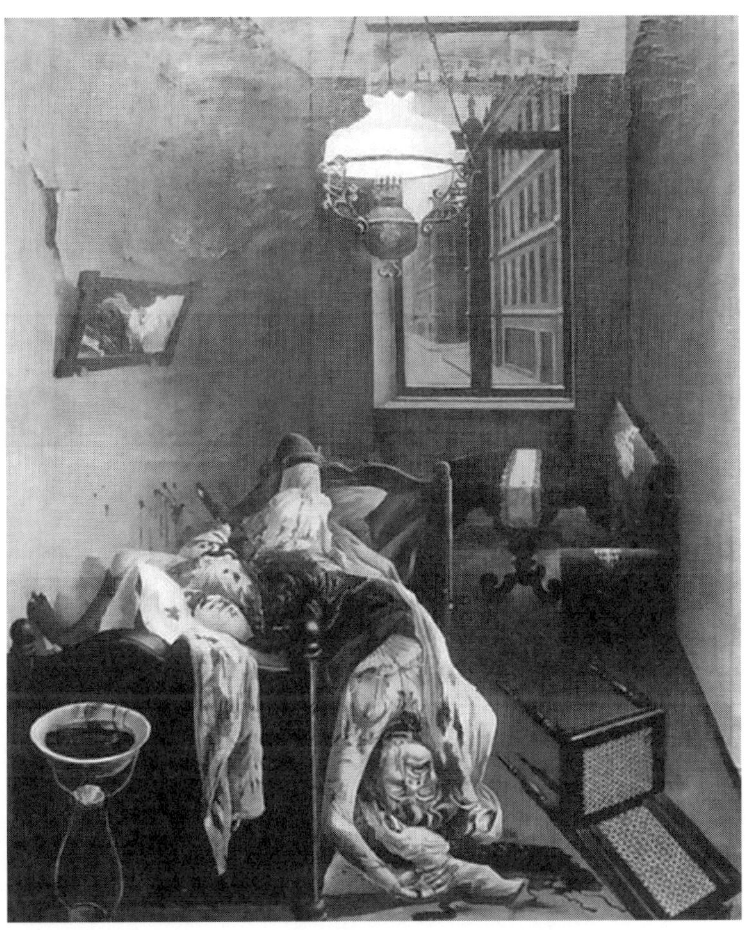

Lustmord, 1922, Öl auf Leinwand, 165 × 135 cm, verschollen

Dabei ging es ihm jedoch nicht vorrangig um sexuelle Abnormitäten, sondern in erster Linie um ein von Lust und Gewalt geprägtes künstlerisches Selbstverständnis. In ihrem Kreisen um die Pole Eros und Tod waren seine Themen und sein Selbstverständnis erneut von Nietzsches Philosophie geprägt. Zugleich spiegelten sich in diesen Werken die allgemeine psychische Verrohung durch den Krieg und die chaotische, vom Verlust der Werte gezeichnete Nachkriegszeit. Deshalb ist es auch kein Zufall, dass Elemente der Lustmorddarstellungen später von Dix mit den historischen Themen Krieg und Bürgerkrieg verschränkt wurden, wie dies 1927 besonders eindrucksvoll in dem Erschießungsbild *Straßenkampf* (Löffler 1927/1; vgl. Abb. S. 158) zum Ausdruck kommen sollte.

Der *Lustmord* von 1922 schildert Tatort und Opfer akribisch. Dabei ist zentral, dass Dix denselben Raum wie 1920 zeigte: sein eigenes Zimmer, wie man an Stuhl und Lampe deutlich erkennen konnte. Der Schauplatz des Verbrechens und die bestialisch Ermordete treten dem Betrachter mit einer Schonungslosigkeit vor Augen, die den *Lustmord* vom *Lustmörder* kategorisch unterscheidet und nicht nur in zeitlicher Hinsicht ein Vorher/Nachher artikuliert. Dadaismus und neusachlicher Verismus stehen sich in den beiden Bildern scharf gegenüber und zeigen, welche künstlerische Wandlung Otto Dix in wenigen Jahren vollzogen hatte. In dem betont einfach gehaltenen Kastenraum, der durch ein Fenster den Blick auf eine menschenleere Straße ermöglicht, inszeniert der Maler die weibliche Leiche. Besonderes Augenmerk verschafft er dabei den Wunden: der durchgeschnittenen Kehle, aber vor allem dem aufgeschlitzten Unterleib. Dieser wird nochmals in dem schmalen Spiegel über dem Bett wiederholt, der wie ein Bild im Bilde allein die Wunde sichtbar macht.

Wenn man die Abbildungen in Wulffens Monumentalstudie von 1910 als evidente Vorlagen für Dix annimmt, dann war die Inszenierung der Tat in Dix' eigenem Zimmer nicht ohne Hintersinn. Der Kriminologe führte anhand dieser Bilder eines »echten Lustmordes« an einer Prostituierten aus: »Ich glaube sicher, dass die ›Sexualsphäre‹, welche eine Prostituierte umgibt, in disponierten Menschen, Wüstlingen, Zuhältern usw., den Sadismus, der zum Tötungsverbrechen führt, sehr leicht auszulösen vermag. Es wird sich fast immer um sexuell gefärbte Verbrechen handeln.« Der Künstler Dix wurde in dem erotisch-sexuell aufgeladenen Ort des Wohnateliers zum Wüstling und Sexualmörder, und sei es nur im übertragenen Sinne, dass er als Maler dieser Szenen den realen Mord erneut verübte und sich mit der Rolle des Mörders identifizierte. Zugleich aber stellten Zeitgenossen mit Recht einen tieferen Zusammenhang zwischen dieser Thematik und dem künstlerischen Erkenntnisinteresse her. Ilse Fischer urteilte bereits 1922 angesichts seiner jüngsten Produktion über Dix:

> »Und er greift alles an, freilich ohne jede Systematik. Mit hartnäckigem Grübeln trachtet er, alle Dinge nach ihrem wahren Grunde zu durchforschen, die der Zufall an seinen unruhig tastenden Verstand herandrängt. Heftig und impulsiv stürzt er sich auf das Objekt – gleichgültig, ob Sache oder Mensch – entfernt brutal alles schmückende Beiwerk, wühlt grausam kritisch in den bloßgelegten Fäden, zersetzt, zerstückt, zerschneidet mit der Wollust des Lustmörders alles, was er findet. Aber so wie letzterer nach der Tat grässlich ernüchtert, leer davongeht, steht auch er zum Schluß vor Dingen und Menschen, vor sich selbst, ernüchtert, hoffnungslos. Versteht ihr jetzt die grauenvolle Wahrhaftigkeit seiner Lustmordbilder, Ihr, die Ihr ein wenig verächtlich von der Wahl eines solchen Motives denkt, das Euch unehrlich – nicht naturnotwendig erscheint, weil Ihr sehr genau wisst, daß dieser gutmütige Geselle nie ein Weib morden wird?«

Der Verismus als Stilprinzip wurde mit der Thematik des Lustmords, die gleichsam chirurgische Analyse der Dinge mit dem Zergliedern des Opfers identifiziert. Dadaistische Collage und Fotografie mussten dem philosophisch geleiteten Agnostizismus von Dix als unangemessene Mittel der Wirklichkeitsdurchdringung erscheinen: zunächst gemalter grotesker Kitsch und dann versengende marternde Vivisektion waren seine Optionen. Die Rolle der Fotografie im Verhältnis zur Malerei wäre mit Blick auf Dix ein umfassendes Thema – wichtig ist hier, festzustellen, dass Dix keinen Zweifel daran lassen wollte, dass das gemalte Bild das adäquate Mittel zur Darstellung der Realität und der Fotografie überlegen sei. Es war die bildmäßige Verwirklichung der interpretierten Realität, die für Dix dem Gemälde einen im Vergleich zur Fotografie höheren Reflexions- und damit auch Realitätsgrad sicherte.

Der pointierte Kontrast zwischen dem kahlen, mathematisch konstruierten Schlafraum und dem schillernden, weichen Frauenkadaver schuf so einen schmerzhaften, bildgelenkten Fokus auf die Wunde, den die Polizeifotografie entbehrt. Durch die ästhetische Formulierung stellte sich eine schockhafte physische Schmerzempfindung ein und wurde potenziert, die auf der Fotografie durch einen indexikalischen Realitätsbezug sichergestellt war. Dabei wird die Wunde von dem Kriminologen in dokumentarischer Absicht einfach ins Zentrum gerückt, nicht aber reflexiv zweifach inszeniert.

Das zeitgleich konzipierte und direkt im Anschluss gemalte Leichengebirge des *Schützengrabens* von 1922/23 (vgl. Abb. S. 89) – im übrigen das mit Abstand berühmteste und kontrovers diskutierteste Dix-Werk der Weimarer Republik, während die Lustmorde eher übergangen oder kaum wahrgenommen wurden, auch wenn *Lustmord* wohl 1924 in Düsseldorf ausgestellt wurde, wie eine Kritik von Hildebrand Gurlitt in der *Vossischen Zeitung* vom 11. Juni 1924 nahelegt – kehrte das Verhältnis zur Wunde um, denn die Landschaft insgesamt wird als aufgerissene Wunde präsentiert. Jetzt fungieren scharfe Metallträger oder Gewehrläufe als seltene, markante Anhaltspunkte für den Blick, der in einem amorphen Menschenbrei unterzugehen droht. Der kalt sezierende und doch zugleich expressiv überhitzte Blick des Künstlers, der die Toten der Schützengräben als Augenzeuge gesehen und selbst getötet hatte, bediente sich gewissermaßen des Lustmords, der Kriminalfotografie und der Studien in der Pathologie, um ein authentisches Bild vom Schlachthaus des Weltkriegs zu malen.

Man muss davon ausgehen, dass Dix, nachdem er die Absicht gefasst hatte, *Schützengraben* zu malen, sein Interesse notwendigerweise vom grotesk-antikünstlerischen Dadaismus in Richtung Verismus verschob. Die Rekonstruktion von Authentizität führte ihn zu heterogenen, aktuellen wie zeitlich zurückliegenden Bildquellen. Das wahrhafte Bild des Krieges – wenn es denn so etwas überhaupt gibt – lag für Dix im Artifiziellen und Komplexen: in der transhistorischen, weil Romantik und Gegenwart verschmelzenden, und transmedialen, weil Malerei und Fotografie verschränkenden Synthese.

Der Krieg wird von Anfang an als eine zentrale Komponente der Lustmordthematik bei Dix identifizierbar. Zielte sie 1920 im *Lustmörder* auf die vergleichbare mentale Befindlichkeit des zeitweise wahnhaft agierenden Täters – sei er nun aufgeputschter Soldat oder pathologischer Triebtäter –, so zielte sie im *Lustmord* von 1922 vorrangig auf einen sich in die Materie des Fleisches hineinbohrenden Wahrnehmungs- und Darstellungsakt. Von der psychologischen Komponente einer rauschhaft gesteigerten Wirklichkeitserfahrung verschob sich das Interesse auf die phänomenologische Seite einer kalt sezierenden Wirklichkeitsfeststellung. Malerei wird »Mittel kühler Hinrichtung«. Carl Einstein deutet Dix' Verismus betont antibürgerlich, wenn er 1923 schreibt: »Die bürgerliche Wirklichkeit – geleierte Vorstellung, flinker Nepp und würgende Biederkeit – lächeln Anachronism; diese Gesellschaft ein Betrieb Übel-Verwester. [...] Diese Maler führen Bürgerkrieg; man ist gegen die verkotzten Inhalte, ob man als Gegenstandsloser oder Beobachter ablehnt oder zernichtet. Beides ist jetzt zweckmäßig. Parole Angriff gegen die in sich lächerliche Zeit.« Kaum ein Begriff trifft die Lustmordbilder von Dix prägnanter als der von der »Zernichtung« der Wirklichkeit. Demgegenüber betont Ilse Fischers sensible Beschreibung des chaotischen, von seinen Trieben beherrschten Dix von 1922 dessen Stellung zwischen den Klassen, hält aber mit Blick auf das Bürgertum ebenfalls fest:

> »[D]enn er ist Proletarier von Geburt, aus Instinkt, aus Rebellion. Er haßt die Bürgerlichen, in deren intellektuelle kunstliebende, kunstzahlende Kreise ihn sein Beruf und sein heftiger Drang nach geklärtem Wissen getrieben haben. Er haßt ihre Konventionen und gesellschaftlichen Formen als Verlogenheiten – haßt das bürgerliche Bedürfnis als Stillstand – und das Streben nach ruhendem Besitz als Egoismus. Er traut dem Bürger nie, wittert in allen seinen Äußerungen Anzeichen arroganter Ichsucht und empfindet ihn stets als ihm feindlich gesinnt. [...] Ausfällig und hetzlustig äußert er sich unter Gleichgesinnten über den Bürger. ›Kotz – Kitsch – Klamauk – Scheiße‹ ist alles, was dieser liebt.«

5 Krieg und Kunsthandel

»Das deutsche Volk hat auf der ganzen Linie gesiegt. Das alte Morsche ist zusammengebrochen; der Militarismus ist erledigt. Die Hohenzollern haben abgedankt! Es lebe die deutsche Republik! Der Abgeordnete Ebert ist zum Reichskanzler ausgerufen worden.« Mit diesen Worten rief der SPD-Politiker Philipp Scheidemann am 9. November 1918 die Republik aus. Am selben Tag verkündete Karl Liebknecht die sozialistische Republik mit den Worten: »Parteigenossen, der Tag der Freiheit ist ausgebrochen«, und ließ am Mast der Kaiserstandarte die rote Fahne hissen. Otto Dix wurde im Dezember 1918 aus dem Krieg in seine Heimatstadt Gera entlassen. Zurück aus dem Feld, setzte er sein Studium an der Dresdner Kunstakademie fort. Von 1919 bis 1922 studierte er bei Max Feldbauer und bei Otto Gussmann, dessen Meisterschüler er schließlich wurde. Zugleich etablierte er sich als Gründungsmitglied der *Dresdner Sezession Gruppe 1919* als heftig umstrittene Zentralfigur der lokalen Avantgarde. Die herausragende Begabung und fast erschreckende Intensität des jungen Künstlers wurde schnell erkannt und Willi Wolfradt bemerkte 1924: »Otto Dix ist ein künstlerisches Elementarereignis: ein unwiderstehliches Hervorbrechen ursprünglicher, ausgehungerter Wirklichkeitsinstinkte, – ein autodidaktisches Sichhinwegsetzen barbarischer, grimmig-lustiger Energien über die normale Idealität der Zivilisation und der Ateliers, – ein rapides Erobern der Situation vermöge der Schlagkraft primitiver, ungenierter Genialität.« Und zwei Jahre später hielt man daran anknüpfend fest: »Dix kommt daher wie ein Elementarereignis, ungeheuerlich, unerklärlich verheerend, gleich einem Vulkanausbruch. Nie weiß man, wessen man sich von diesem wilden Burschen zu versehen hat. Wieder und wieder wirft er das Steuer herum zu neuen Gestaden, verwandelt sein Können, selbst ein Proteus, wechselt die Gegenstände, die Standpunkte, die Techniken.« So formulierte der Dresdner Museumsdirektor und engagierte Dix-Förderer Paul Ferdinand Schmidt 1926 anlässlich der Berliner Gesamtausstellung des Künstlers in der Galerie Neumann-Nierendorf seine Einschätzung. Dies traf vor allem auf den Dix der frühen 1920er Jahre zu. Sein bisweilen fast orientierungslos wirkender Hang dazu, sich unterschiedliche stilistische Traditionen anzuverwandeln, irritierte bereits die Zeitgenossen, und in der Tat

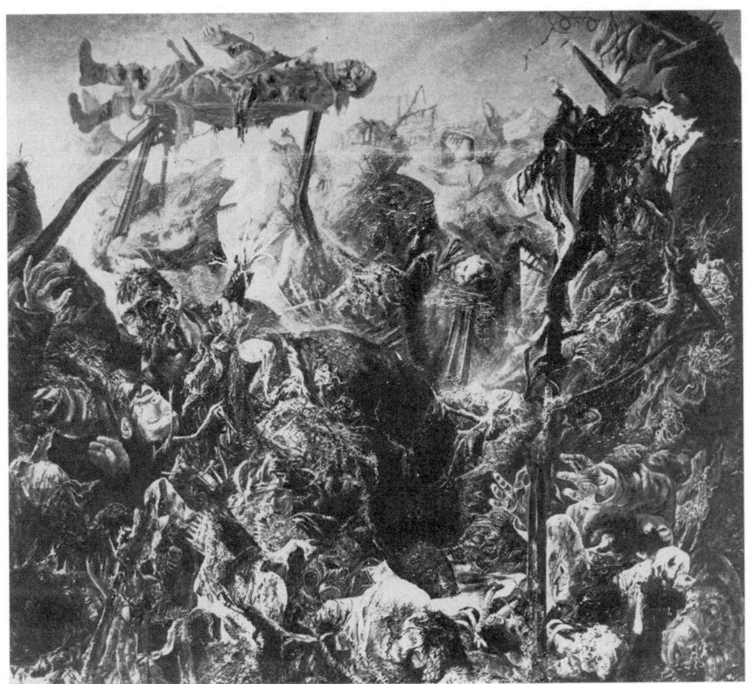

Schützengraben, 1923, Öl auf Leinwand, 227 × 250, verschollen

stellt sich nachdrücklich die Frage nach der Funktion und Erklärung dieses Pluralismus im Werk des Künstlers.

Ab 1920 ließ Otto Dix seine expressionistischen und kubo-futuristischen Anfänge hinter sich, die noch seine Kriegszeichnungen und -gouachen und auch die sog. »Kosmischen Bilder« bestimmten. Er wandte sich nun immer stärker einem harten Verismus zu, den er aus der radikalen dadaistischen Wirklichkeitszuwendung entwickelte. Der Dadaismus empfand sich als adäquater künstlerischer Ausdruck der Zeit und behauptete: »Dada hat die Mechanisierung, die Sterilität, die Erstarrung und das Tempo dieser Zeit in seinen großen Schoß aufgenommen, es ist am Ende nichts anderes und unterscheidet sich in nichts hiervon.« Vor allem aber behaupteten die Dadaisten in Abgrenzung vom Expressionismus von sich, »der Grausamkeit der Epoche [...] ins Gesicht zu sehen«. Niemand tat das unbarmherziger als Otto Dix.

Parallel zu den Hurenporträts und dem *Lustmord* von 1922 entstand *Schützengraben* (Löffler 1923/2) als Schlüsselbild dieser veristischen Phase. Dabei ließ sich für die Kunstkritik kaum unterscheiden, was in seinen Bildern existentieller Betroffenheit und der Aufarbeitung des Traumas und was zynischer Kalkulation auf eine sensationsgierige Öffentlichkeit entsprang. Der Kritiker Curt Glaser vermutete hinter dieser Schockästhetik zwar bloße Spekulation »auf die niedersten Grausamkeitsinstinkte eines sensationslüsternen Publikums«, doch ging bei Dix beides Hand in Hand. Seine künstlerische Position verdankte sich nicht nur – aber auch – der Provokation um der Provokation willen und strategischer Karriereplanung, sondern war ästhetisch reflektierter Ausdruck innerer Bedrängnis und in höchstem Maße Kunst.

Das heute verschollene Gemälde *Schützengraben* – intensiv vorbereitet, aber erst 1923 in Düsseldorf gemalt, wie aus einem Brief an Martha hervorgeht – überfiel den Betrachter mit einer peniblen, wahrhaftig sezierenden Beschreibung der Grauen des Krieges. Willi Wolfradt sprach 1924 in seiner Maßstäbe setzenden Dix-Monographie von einem »Beispiel malerischer Gewalt« und meinte damit auch eine formale Gestaltung, die ihrem Inhalt entspricht, eine Gestaltung, die selbst Gewalt ausübt. Über der von Granaten aufgewühlten Schlachtenlandschaft, die die zeitgenössische Kritik in ihrer Farbigkeit an ein ›Salzwasseraquarium‹ erinnerte, »schwärend in chaotischen Farben und sumpfiger Verstrickung«, und die aufgrund ihrer Komposition als ›Verwesungsgebirge‹ bezeichnet wurde, hatte der Maler ein grausiges Symbol errichtet: eine auf Stahlträger aufgespießte Leiche eines deutschen Soldaten. Dabei spielte der Künstler selbst mit der ästhetischen Ambivalenz seiner Darstellung und betonte um 1924 in einem Lebenslauf seine bewusst indifferente Haltung: »Heute bin ich in Düsseldorf bin verheiratet & habe eine Tochter die Nelly heißt. Ich füge nur noch hinzu daß ich weder politisch noch tendenziös noch paczifistisch oder moralisch oder sonstwie bin. Auch nicht symbolisch auch nicht französelnd malend – nicht für & nicht gegen bin.« Damit insistierte Dix auf seiner künstlerischen und politischen Unabhängigkeit und wollte sich vor allem nicht als politischer ›Tendenzkünstler‹ abgestempelt sehen, was angesichts der Kriegsthematik nahelag.

In der Tat gehört zu den vielen Paradoxien um Dix, dass seine eindrucksvollen, später vor allem von den Nationalsozialisten als ›Anti-Kriegsbilder‹ wahrgenommenen Gemälde und Graphiken wohl weder als solche intendiert waren, noch immer als solche rezipiert wurden. Zwar instrumentalisierten pazifistische Kreise – etwa der Publizist Franz Leschnitzer 1927 in der *Weltbühne* – Dix' *Schützengraben* und vor allem die von seinem Galeristen Karl Nierendorf mit publizistischem Aufwand lancierte und früh international rezipierte graphische Folge *Der Krieg* aus dem Jahre 1924 in ihrem Sinne. Aber zugleich erblickten rechte Zirkel – etwa in der Zeitschrift *Germania* – in seinen Werken eine realistische Schilderung des Grauens, den sie am eigenen Leib erlebt hatten. Wie lässt sich diese gleichermaßen positive oder doch zumindest anerkennende Wertschätzung durch die unterschiedlichen, extremen politischen Lager erklären? Einen Ansatz liefert ein brillanter zeitgenössischer Aufsatz.

Der Kunstkritiker Ernst Kállai hat 1927 in einem sprachgewaltigen und heute noch aufschlussreichen *Kunstblatt*-Beitrag unter dem Titel *Dämonie der Satire* die fundamentale Ambivalenz von Dix' Kriegsdarstellungen klar benannt: »Die Abwehr des Abscheulichen (des Krieges) wird mit einem pathetischen Zeremoniell der Heraufbeschwörung eben dieses Abscheulichen ausgeübt, das schließlich die Frage ganz und gar offen läßt, ob es sich hier um eine Ablehnung oder um einen Kult handelt.« Der Kritiker drückte so den für den Betrachter mitunter schwer auszuhaltenden möglichen Zwiespalt zwischen Faszination einerseits und Ablehnung anderseits aus. Dix hatte diesen Zwiespalt durch die völlig neue und schockierende Darstellung eines mit Leichen gefüllten Schützengrabens geschaffen, welche die Reportage in das Format des Historienbildes übertrug, Authentizität und Kunstanspruch in eins fallen ließ. Kállai lieferte überdies den wichtigen, gleichwohl irritierenden Hinweis, dass sich in *Schützengraben* Züge der romantischen Landschaftsmalerei um 1800 bemerken ließen:

> »Stellt man das Schützengrabenbild neben eine Hochgebirgslandschaft von Caspar David Friedrich oder Blechen, so ist die geistige Verwandtschaft der stofflich so verschiedenen Visionen geradezu

frappierend. Was Dix aus dem Schützengrabenvorwurf herausgeholt hat, ist ein Gebirge, ein Leichen- und Verwesungsgebirge, bei aller krassen Stofflichkeit in genau so phantastisch-unnahbare Bezirke des Gefühls entrückt, genauso abgrundtief-durchschauert und großartig-düster gesehen, wie die ewigen Eisregionen bei den Romantikern.«

Die Darstellung war bereits zu diesem frühen Zeitpunkt auf die Verarbeitung einer bildnerischen Tradition angewiesen, um die Schrecken des Krieges überhaupt anschaulich und kritisch artikulieren zu können. Kállai erkannte dabei, dass Dix sich fast zwangsläufig dem Bild des Erhabenen näherte, wenn er den aufgespießten Leichnam zur schaurigen Konturlinie eines Gebirgszugs stilisierte. Den Krieg jedoch im ästhetischen Modus des Erhabenen zu erfassen, provozierte genau den von ihm beobachteten Zwiespalt zwischen Schrecken und Schönheit, Grausamkeit und Faszination.

Dix' eigene Intentionen lagen vermutlich in der realistischen Schilderung des von ihm nietzscheanisch als ›Naturereignis‹ interpretierten Krieges, im Zwang der Verarbeitung traumatischer Erfahrung und im Wunsch nach einem ästhetischen Skandal, den *Schützengraben* in der Folge auch provozierte. 1924 – zehn Jahre nach dem Ausbruch des Krieges – wurde das Bild in Berlin ausgestellt. Der bekannte Kritiker und Förderer des Impressionismus Julius Meier-Graefe ließ sich angesichts des Werkes zu folgenden Sätzen hinreißen: »Gehirn, Blut, Gedärm können so gemalt werden, daß einem das Wasser im Munde zusammenläuft. Das hat der junge Max Liebermann bewiesen. Die zweite Anatomie Rembrandts mit dem offenen Bauch ist zum Küssen. Dieser Dix ist – verzeihen Sie das harte Wort – zum Kotzen. Gehirn, Blut, Gedärm werden so ausstaffiert, nicht etwa gemalt, daß alle animalische Reaktion zur Hochspannung getrieben wird.« Das Zitat belegt die kunstideologische Voreingenommenheit des bedeutenden, sich aber vorrangig für die französische Kunst engagierenden Kritikers. Dix' Bild verweigerte jedes genießende Einsehen in die Faktur des Bildes, das keine virtuose Pinselführung zur Schau stellen wollte.

Mit Dix' Hauptwerk der frühen 1920er Jahre lag eine gleichermaßen programmatische wie provozierende Bilderfindung vor, bei der sich ein Kritiker wie Kállai an die Landschaftsmalerei der deutschen Romantiker erinnert fühlte und eine fundamentale Ambivalenz diagnostizierte, während ein anderer Kritiker – Meier-Graefe – angesichts der Malerei selbst, angesichts der Faktur des Bildes die Beherrschung verlor. Der Maler verschränkte den adelnden Traditionsbezug seines Gemäldes mit dem bewussten Affront gegenüber einer malerischen Kultur französischer Provenienz – er malte gerade nicht modisch »französelnd«, wie er selbst 1924 mitteilte –, was in ein doppeltes Schockerlebnis für den Betrachter mündete: inhaltlich insofern, als der vermeintlich romantischen, erhabenen Bild-(Landschafts-)Komposition das Grauen der Materialschlacht mit beängstigender, nur von Fotografien vertrauter Nähe und mit detailversessener, versengender Schärfe eingeschrieben wurde. Formal insofern, als jeder geschmäcklerischen Malkultur mit irisierender Farbigkeit und einer zum Teil pastosen, groben Faktur, das heißt mit einer betont hässlichen Malerei, ein »brutaler Tiefschlag« (Carl Einstein) versetzt wurde.

Dennoch, oder vielleicht gerade deshalb, wurde das Bild frühzeitig vom Kölner Walraff-Richartz-Museum erworben, dessen Direktor wohl mit der Präsentation, wie bereits geschildert, bewusst auf eine Sensation spekulierte und gleichwohl eine mutige Entscheidung traf. Der mit Dix' Händler Nierendorf befreundete und gerade von Danzig nach Köln berufene Hans F. Secker erwarb das Bild kurz nach seiner Fertigstellung für die Neue Gemäldesammlung des Museums für 10000 Mark. Dix erfuhr vom Ankauf in Berlin, wo er gerade George Grosz besuchte, und bezeichnete den Erfolg in einem Brief an seine Frau Martha als ›großen Schlag‹. Allerdings war das Museum aufgrund der angespannten politisch-wirtschaftlichen Lage im Rheinland nicht zahlungsfähig, und Nierendorf erhielt im Tausch ein Werk aus seiner Sammlung, um dieses für die veranschlagte Kaufsumme zu veräußern. Dix' *Schützengraben* sorgte sofort für Aufmerksamkeit. Der *Kölner Stadt-Anzeiger* schrieb am 2. Dezember 1923: »Die jüngste Erwerbung ist im Kreuzgang zu sehen; dort hängt wie ein Stück aus der Folterkammer hinter einem Vorhang ein Werk des in letzter Zeit bekannt gewordenen Otto Dix, Protest gegen den Krieg, Manifest gegen jede Verletzung des Gebotes ›Du sollst nicht töten‹.« Die pazifistische Rezeption des Gemäldes nahm hier ihren Anfang und war durch den spezifischen Aufstellungsort mit veranlasst.

Es war die bereits zitierte Polemik Julius Meier-Graefes, die das Bild skandalisierte. Meier-Graefe meinte mit der Arroganz des etablierten Kritikers, dem gerade berufenen Secker von Berlin aus Ratschläge geben zu müssen. Er warf ihm Unreife und Unwissenheit sowie die bloß gesinnungsethische »freie Gebärde« einer vermeintlichen »Gewissenstat« vor. Zugleich griff Meier-Graefe den Akademiepräsidenten Max Liebermann an, der *Schützengraben* für die Akademie-Ausstellung in Berlin entliehen hatte – diese Auswahl wurde anschließend vom Albrecht-Dürer-Bund in Nürnberg gezeigt. Ihm warf er wiederum bloße Sensationsmache vor und titulierte ihn verächtlich als »greisen Meister«. Der Spätimpressionist Liebermann, der gegenüber der künstlerischen Avantgarde durchaus reserviert eingestellt war, bezeichnete *Schützengraben* hingegen in einem Brief an Secker als »eines der bedeutendsten Werke der Nachkriegszeit«. Er hatte zudem die psychische Entlastungsfunktion des Bildes erkannt, stellte er doch fest, dass Dix sich damit das »Grauenhafte und Fürchterliche« der Fronterfahrung »von der Seele zu wälzen« versuche.

Der gesamte Vorgang der Skandalisierung kulminierte – trotz für Dix positiver Parteinahmen so prominenter Figuren wie Lovis Corinth oder Paul Westheim – in der Rücknahme des Bildes. Secker war Anfang 1925 dazu gedrängt worden und trat noch im selben Jahr von seinem Posten zurück. Bereits jetzt prallten die Ideologien immer härter aufeinander, die Kämpfe um die Deutungshoheit des Weltkriegs verschärften sich zunehmend. Nierendorf, der aufgrund seines kunsthändlerischen Engagements für den Künstler in der Zwischenzeit den Spitznamen »Nieren-Dix« erhalten hatte, war wieder im Besitz des *Schützengraben*, eines jetzt nahezu unverkäuflichen Gemäldes, dem nach Ansicht Liebermanns aufgrund seiner künstlerischen wie historischen Bedeutung vielmehr ein Platz in der Berliner Nationalgalerie gebührt hätte. Der Händler versuchte das Bild weiter bekannt zu machen, publizierte es 1925 in der Zeitschrift *Nie wieder Krieg* und ließ es in der zweiten Jahreshälfte in Zürich auf der *Internationalen Kunstausstellung* zeigen. Schließlich dominierte *Schützengraben* die erste Gesamtausstellung von Dix in der Galerie Neumann-Nierendorf in der Berliner Lützowstraße 32 und ging von dort nach München in die Galerie Thannhauser. Doch niemand mehr wagte, sein Interesse für dieses kontroverse Bild zu bekunden. Erst nach Dix' Berufung als Professor für Malerei nach Dresden wurde das Bild von der dortigen Gemäldesammlung auf Drängen des Malers erworben, jedoch bis 1933 nicht mehr ausgestellt. *Schützengraben* wanderte ins Depot und war vom provozierenden Besuchermagneten zum angefeindeten Zeitdokument herabgesunken, das man dem Publikum wohlweislich vorenthielt – auch wenn der künstlerische Rang des Bildes weithin anerkannt war.

Noch wesentlich umfangreicher und differenzierter als auf einem Gemälde konnte Dix den Krieg in seiner berühmten gleichnamigen Graphikmappe von 1924 darstellen. Sie darf bis heute als Inbegriff einer umfassenden Auseinandersetzung mit dem Phänomen des Krieges gelten. Später hat Dix fasziniert darauf hingewiesen, »wie sich [darin] die Materie Mensch auf dämonische Weise verändert. Man muß den Menschen in diesem entfesselten Zustand gesehen haben, um etwas über den Menschen zu wissen. [...] Der Krieg ist eben etwas so Viehmäßiges: Hunger, Läuse, Schlamm, diese wahnsinnigen Geräusche. Ist eben alles anders.«

All diese Aspekte sind auf den insgesamt 50 Blättern wiedergegeben, die Karl Nierendorf 1924 in seinem Berliner Verlag in einer Auflage von 70 Exemplaren drucken ließ. *Der Krieg* ist in fünf separate Mappen à zehn Blätter unterteilt, die für 300 Mark erstanden werden konnten; komplett kostete die Mappe 1000 Mark. Parallel dazu lancierte Nierendorf in einer Auflage von 3000 Stück eine günstige Buchhandelsausgabe, bestehend aus 24 Offsetdrucken mit einem beigelegten Vorwort des französischen Antikriegsschriftstellers Henri Barbusse; Barbusse war mit dem 1916 veröffentlichten Roman *Le Feu* (Das Feuer) berühmt geworden, der 1917 im Züricher Rasch-Verlag auch auf deutsch erschien und von Dix wahrgenommen wurde. Von ihr wurden allein 1500 Exemplare für den Antikriegstag der Gewerkschaften am 21. September 1924 bestellt, wie Nierendorf Dix in einem Brief mitteilte. Schnell erreichte der Künstler sein Publikum, und seine Kunst wurde zum Inbegriff einer ungeschminkt kritischen, ja schonungslosen Auseinandersetzung mit dem Krieg. In der Tat gibt es kaum ein Kunstwerk, das die Erfahrung des Krieges genauer einfängt als diese Radierfolge. Der Künstler selbst hatte vier Jahre an der Front, in den Schützengräben und in den Unterständen zugebracht und das furchtbare Geschehen aus nächster Nähe miterlebt. Vor dem Hintergrund seiner Beschäftigung mit den Meistern der graphischen Kunst –

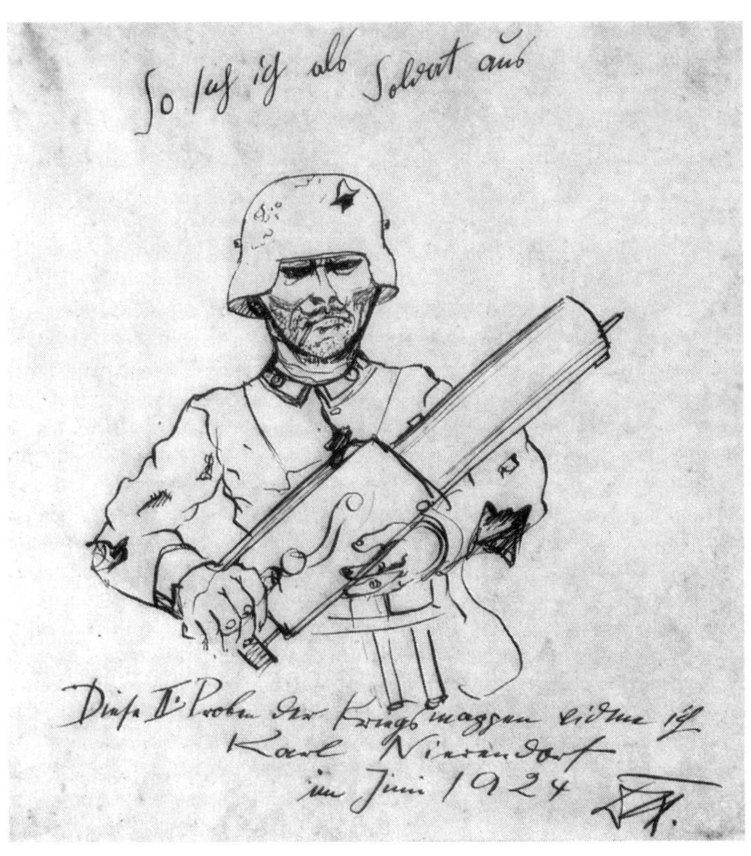

So sah ich als Soldat aus (Karl Nierendorf gewidmet), 1924, Tusche, 80 × 60 cm, Sammlung Karsch, Berlin

von Urs Graf, Jaques Callot und Francisco de Goya hatte sich Dix anlässlich eines Aufenthalts in Basel Originale zeigen lassen – kondensierte er seine Erfahrungen in einer ästhetisch reichen Folge. Diese changiert virtuos und ausdrucksstark zwischen unterschiedlichen Stilen und Techniken (Aquatinta, Ätzung, Kaltnadel) sowie verschiedenen inhaltlichen Ebenen. Dix hatte die Reihenfolge der Blätter selbst

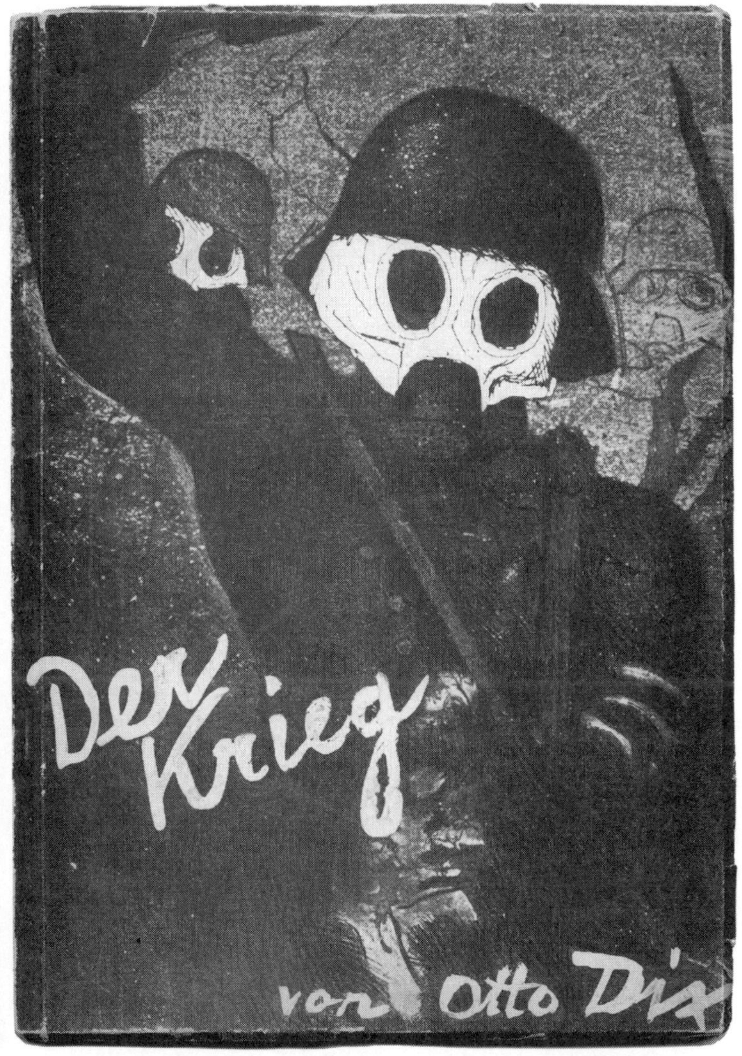

Umschlag der Offset-Mappe *Der Krieg*, hrsg. von Karl Nierendorf, Berlin 1924

festgelegt, allerdings gehorcht sie keiner erkennbaren Logik. Die Radierungen zeigen vielmehr inhaltlich und formal kontrastierend alle Aspekte des Stellungskrieges und des soldatischen Frontalltags: zerstörte, von Granaten zerwühlte Landschaften und zerschossene, aufgerissene Soldatenkörper begegnen dem Betrachter dabei ebenso wie Sturmangriffe, Bombardements, Bordellbesuche oder Saufgelage. Der alltägliche Irrsinn des enthumanisierenden Krieges, der den menschlichen Leichnam einem Tierkadaver oder einer geschändeten Landschaft anverwandelt, leuchtet in diesen Blättern lumineszierend oder in einem überhellen, blendenden Licht. So strahlt das Geschehen vor den Augen des Betrachters in schmerzender Deutlichkeit, mitunter versinkt es aber auch in tiefer Schwärze.

Zustande gebracht werden diese Effekte durch die virtuose Handhabung unterschiedlicher graphischer Verfahren und Techniken, die Dix in spannungsvollem Kontrast nebeneinanderstellte. Tief in die Platte dringende Ätzungen produzierten eine körnige Schwärze, während nervöse Ritzungen mit der Kaltnadel ein dürres Gespinst von Fäden auf die Platte bannten. Man kann von einem gezielten Pluralismus der graphischen Ausdrucksmittel sprechen, der jedem einzelnen Blatt seine Besonderheit verleiht. Das Formale akzentuiert immer das Inhaltliche, arbeitet es scharf heraus. Was an der Folge überdies auffällt, ist neben dem akribisch geschilderten Horror der sardonische Humor des Künstlers: Dix deutete den Krieg ohne moralischen Zeigefinger als grotesk-brutales Schauspiel. Bei Goyas Kriegsdarstellungen des frühen 19. Jahrhunderts lässt sich eine Art aufgeklärter, agnostischer Fatalismus wahrnehmen, der sich in den rein konstatierenden Bildunterschriften niederschlug. Bei Dix wird man mit einem sarkastischen, lebensphilosophischen Verismus konfrontiert: Skelette grinsen einen höhnisch an, während unheimliche Würmer sich durch leere Augenhöhlen und Nasenöffnungen winden: die ironische Interpretation von Nietzsches Diktum »Stirb und werde!«.

Die Blätter stehen mitunter in scharfem Kontrast zur Verherrlichung des »stählenden Fronterlebnisses«, die in der Weimarer Zeit häufig vorkam. Ernst Jünger etwa feierte die Geburtsstunde eines neuen, kriegerischen Nationalismus, wenn ihm »der erste deutsche Soldat, den ich im Stahlhelm sah [...], sogleich als der Bewohner einer fremden und härteren Welt« erschien. In den 1920 veröffentlichten

Kriegstagebüchern *In Stahlgewittern* heißt es an späterer Stelle: »In diesen Männern war ein Element lebendig, das die Wüstheit des Krieges unterstrich und doch vergeistigte, die sachliche Freude an der Gefahr, der ritterliche Drang zum Bestehen eines Kampfes. Im Laufe von vier Jahren schmolz das Feuer ein immer reineres, ein immer kühneres Kriegertum heraus.« Dix negiert demgegenüber den Typus des heroischen Frontkämpfers und dementiert ein verherrlichendes und propagandistisches Bild des Krieges, der nicht nur zu keiner Zeit ohne Leid und Tod zu denken ist, sondern überdies oft genug jede Form von Heroismus und Humanität vermissen ließ. Entfesselung, wie Dix sie ja bei sich und seinen Kameraden erlebt hatte – Jünger sprach affirmativ von einer »mit Leidenschaft erlebte[n] Wirklichkeit« –, bedeutete auch Entfesselung atavistischer Triebe und ungehemmter Brutalität.

Weil sie dies schonungslos zeigen, und aufgrund ihrer formalen Intensität, besitzen Francisco de Goyas *Desastres de la Guerra* und Otto Dix' *Der Krieg* eine ungebrochene Aktualität. Das belegt ihre Rezeption durch Gegenwartskünstler wie Jeff Wall (*Dead Troops Talk*, 1992) oder Jake und Dinos Chapman (*Great deeds against the Dead*, 1994) eindringlich. Als authentische, wenngleich ästhetisch transformierte Berichte vom Grauen des Krieges besitzen sie neben ihrer technischen Meisterschaft eine kritische Aussagekraft, die der Affirmation dort begegnet, wo schonungslose Kritik angemessen und ethisch gefordert ist: »Der Künstler will arbeiten, damit die anderen sehen, wie so etwas gewesen ist. Ich habe vor allem die grausamen Folgen des Krieges dargestellt. Ich glaube, kein anderer hat wie ich die Realität dieses Krieges so gesehen, die Entbehrungen, die Wunden, das Leid. Ich habe die wahrhaftige Reportage des Krieges gewählt, ich wollte die zerstörte Erde, die Leichen, die Wunden zeigen.«

Wie aber kam es zu dieser von Dix als »wahrhaftige Reportage« bezeichneten Folge – die in Wirklichkeit neben der Ereignisschilderung des tatsächlichen Geschehens eine subtile, höchst artifizielle Gestaltung ist, wie Kállai bereits am vorausgehenden *Schützengraben* erkannte. Bislang wurde immer der Galerist Karl Nierendorf als treibende Kraft hinter dem Projekt vermutet, aber das ist zu differenzieren. Am 30. Juli 1923 wandte sich der bekannte Kunsthistoriker Wilhelm Waetzoldt, der für das Kultusministerium in Berlin tätig war, mit der Bitte an Dix, doch propagandistisch intendierte Werke gegen die französische Besatzung des Ruhrgebietes zu fertigen. Der sozialkritische Verismus sollte sich in den Dienst des Staates stellen: »Es besteht die Absicht, in künstlerischer Form die Leiden der deutschen Bevölkerung und die Übergriffe der fremden Besatzung im Ruhrgebiet zur Darstellung bringen zu lassen, um durch diese Zeichnungen packender, als das gedruckte Wort vermag, auf die Heimat und das Ausland einzuwirken.« Da Waetzoldt ausdrücklich an Goyas erschütternde *Desastres de la Guerra* erinnerte, könnte hier eine erste Anregung für den 1924 herausgegebenen, umfassenden Zyklus der Kriegsradierungen liegen. »Bei dem geplanten Vorhaben würde es sich darum handeln, vorwiegend Wert auf wirksame Darstellung der Leiden der Bevölkerung an der Ruhr im täglichen Leben, besonders der Frauen und Kinder zu legen.« Waetzoldt wollte die Ikonographie sehr genau bestimmen, nicht nur dadurch, dass nicht die Männer, sondern »unschuldige« Frauen und Kinder zu verbildlichen seien. »Immer wieder wären Übergriffe und der blutdurstige Taumel einer über sich selbst hinausgeratenden Soldateska zu illustrieren. Die Motive müßten einfach sein. Allegorische Darstellungen wie: Vampyre, oder die Gestalt des Michels, der LA France etc. wären zu vermeiden.« Damit wollte Waetzoldt bewusst die oft über das Ziel hinausschießenden Bilder der Weltkriegspropaganda vermeiden und setzte stattdessen auf den neuen Realismus. Die Dramatik des Krisenjahrs 1923 zwang die Politik zur bemerkenswerten Allianz mit der radikalen künstlerischen Avantgarde.

Dix lieferte jedoch kein künstlerisches Propagandamaterial nach Berlin, er nahm den Impuls aber auf und widmete sich wenig später den eigenen Erfahrungen des Krieges und betrachtete dabei den Frontsoldaten als zentrale Figur aus allen Perspektiven.

Ohne Karl Nierendorfs Engagement wäre die *Krieg*-Mappe in der bekannten Form nicht zustande gekommen und auch nicht so breit rezipiert worden. Nierendorf ist eine Schlüsselfigur für die Karriere von Dix; er trat in die Fußstapfen von Hans Koch und »Mutter Ey« in Düsseldorf und avancierte zum entscheidenden Kunsthändler. Dix war von Nierendorf angetan, hält ihn für einen talentvollen Kunsthändler, der seine Sache gut macht. Anja Walter-Ris hat die Geschichte der Galerie Nierendorf, die zunächst in Köln und dann auch in Berlin Niederlassungen hatte, umfassend dargestellt und dabei auch die nicht immer einfache Beziehung zwischen Dix und Nierendorf skizziert. Vermutlich hatte der im Rheinland tätige Nierendorf Otto Dix über Hans Koch kennengelernt. Koch war damals, wie bereits erwähnt, in eine komplexe Liebesgeschichte, eine Ménage-à-trois mit den beiden Lindner-Schwestern Maria und Martha verwickelt. Mit Martha war er verheiratet, Maria sollte er heiraten, nachdem Martha und Otto Dix zusammengekommen waren. Überdies war Karl Nierendorf in Maria Lindner verliebt, mit der Hans Koch aber bereits liiert war.

Schon ab 1920 fanden sich Werke von Dix im Angebot der gerade in Köln eröffneten *Galerie Nierendorf – Neue Kunst*, die Karl zusammen mit seinem Bruder Josef betrieb. Er hatte sich zuvor in Köln kulturell engagiert, hatte 1919 die *Gesellschaft der Künste in Köln* initiiert, die unter anderem im März des Jahres 1919 mit Otto Klemperer eine bemerkenswerte Mahler-Matinee veranstaltete. In diesem Zusammenhang hatte Nierendorf wichtige Kontakte knüpfen können, etwa zu dem bedeutenden Sammler Dr. Josef Haubrich, der bereits 1923 Dix' zwei Jahre zuvor gemaltes, wenig schmeichelhaftes und vom Modell auch nicht geschätztes Porträt von Hans Koch erwarb. (Löffler 1921/13) Vom Kunsthändler Nierendorf gingen in der Tat auch Anregungen und Vorschläge aus; so versuchte er Dix etwa zu graphischen Zyklen zu überreden und regte offenbar die Mappe *Zirkus* an. Ferner ermöglichte er 1922 die erste eigenständige Publikation über Dix, in der ein kurzer Text des Dresdner Kunsthistorikers Paul Ferdinand Schmidt erschien.

Der Text ist deshalb bemerkenswert, weil er zeigt, dass Dix' Position zu diesem Zeitpunkt noch ungesichert war, während ein Künstler wie George Grosz nach Ansicht Schmidts bereits etabliert war. Neben der geistigen Nähe zu den Dadaisten und Veristen betonte Schmidt »die ganz unerhörte (und darum vielen ungehörig erscheinende) Form«, mit der Dix seine Kunst gestalte. Dem Autor musste daran gelegen haben, Dix als ernsthaften Künstler – als der dieser offensichtlich noch nicht gesehen wurde – vorzustellen. »Aus dem Haß sind seine Gestalten geboren; aber nicht aus einem unfruchtbaren Haß des Verneiners, sondern aus der zeugenden Liebe des Zukünftigen, Zerbrecher alter Tafeln zu sein.« Dix wurde im Rückgriff auf die Diktion Friedrich Nietzsches ein zukunftsstiftendes Potenzial zugeschrieben.

Mit den Bildern *An die Schönheit* (Löffler 1922/6) – das Dix herrisch-aggressiv selbst inmitten einer vielsagenden, pompejanisch eingefärbten Jazzbar zeigt –, *Zwei Kinder* (Löffler 1921/10; Farbtafel 1) und den

Glaser- und Koch-Porträts von 1921 waren in der Broschüre wichtige Gemälde reproduziert sowie ergänzend Graphiken abgebildet. Die Reproduktionen etablierten Dix als bestechenden Porträtisten. Wie diese erste kleine Monographie zum Künstler zeigt, bemühte sich Nierendorf ab 1922 immer stärker um Dix und pries sein Werk Kunden und Museumsdirektoren an. So im Mai 1922, als Nierendorf Willy F. Storck (Karlsruhe), Herbert von Garvens-Garvensburg (Hannover), Peter Zingler (Frankfurt a. M.) und Richart Reiche (Wuppertal-Barmen) traf. Auf Reisen trug er die Werke von Dix – vor allem Aquarelle (vgl. Farbtafeln 4a/b und 6a/b) – mit sich, um sie überall im Land zu zeigen. Eine Fahrt führte ihn über Frankfurt und Mannheim nach Karlsruhe und weiter nach Augsburg und München. Schließlich wollte Nierendorf, der anfänglich bestrebt war, die Verkaufspreise relativ niedrig zu halten, um so Dix-Werke durch »kurz entschlossene Käufe« in gute Sammlungen zu vermitteln, sein Engagement auch in Form eines Vertrages festgeschrieben sehen. Ihm war daran gelegen, die Geschicke des allmählich Aufmerksamkeit erregenden jungen Künstlers maßgeblich mitzugestalten. Deshalb bot Nierendorf Dix am 14. April 1922 in einem Brief einen Meistbegünstigungsvertrag an. In ihm schlug er vor, die alleinige Vertretung der Graphiken, Aquarelle und kleineren Gemälde mit den entsprechenden Pflichten und Aufgaben (Transport, Werbung, Publikationen) zu übernehmen, wenn Dix sich im Gegenzug bereit erkläre, Nierendorf das Recht der erstmaligen öffentlichen Präsentation zuzubilligen. Dem Maler wurde dabei in Aussicht gestellt, dass der Kunsthändler ihn von allen lästigen Geschäftskontakten entbinden werde, so dass er sich einzig und allein der Arbeit widmen könne. Dix willigte schließlich ein, zumal Nierendorf auch über Verkaufserlöse hinausgehende Zuwendungen signalisierte.

Der Vertrag wurde am 4. September 1922 geschlossen und war bis zum 1. April 1924 unkündbar, wurde allerdings Anfang April 1923 modifiziert und besaß dann eine Laufzeit von drei Jahren. Nierendorf – der sich zudem für so völlig von Dix verschiedene Künstler wie Paul Klee und Wassily Kandinsky einsetzte – musste schon früh feststellen, dass sich Geschäfte mit dem alsbald skandalisierten Dix nicht immer leicht realisieren ließen. Aber die Verkäufe liefen so gut an, dass Nierendorf Dix monatliche Zahlungen in Höhe von 10000 Mark in Aussicht stellen konnte. Die Aquarelle von Dix verkaufte er für 300–600

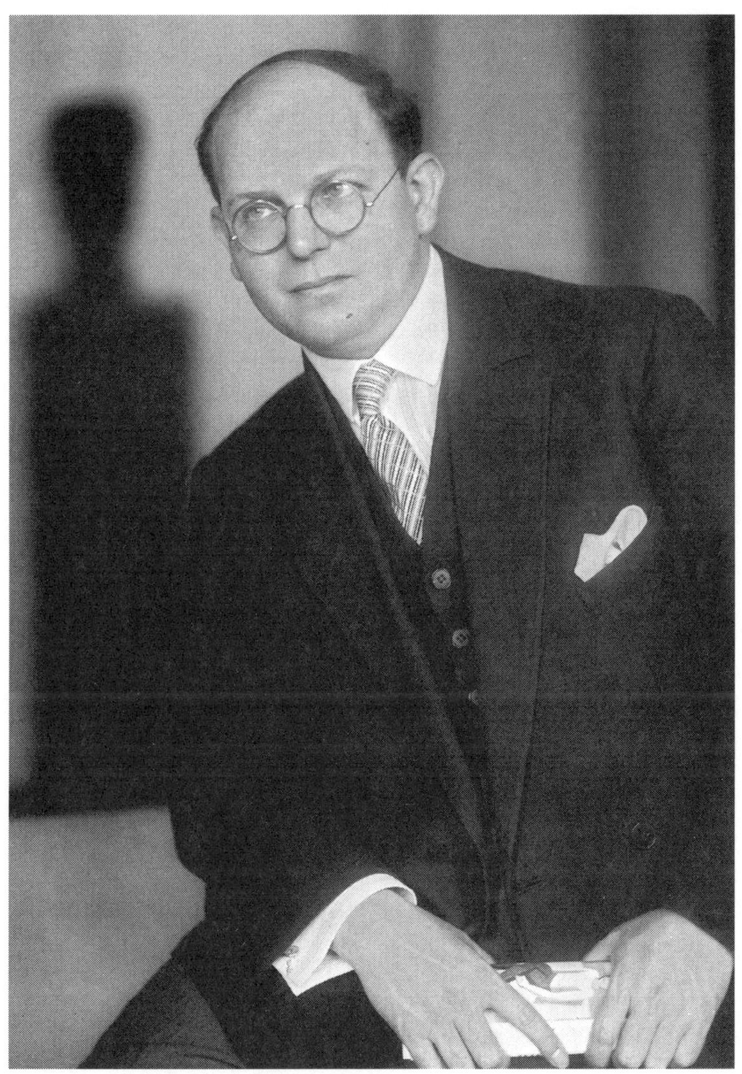

Karl Nierendorf, um 1923, s/w-Fotografie

Mark, Radierungen gab es für 200 Mark, Probedrucke für 300 Mark. Überdies garantierte der Vertrag Dix nach der Modifikation von 1923 angesichts der galoppierenden Inflation einen monatlichen Festbetrag in Höhe von 25 US-Dollar. Hinter alldem stand die wirkliche Überzeugung Nierendorfs von der großen Kunst seines Malers. Aus der erhaltenen Korrespondenz klingt dies deutlich heraus: »Ich bin überzeugt, daß die Leute schon dahinter kommen, was an künstlerischer Kraft darin steckt und welch geistige Leistung es bedeutet, den Menschen in einer solch *wahrhaftigen* Art zu erfassen, rücksichtslos, kühn, frisch, innerlich allem überlegen, was sich als ›Kunst‹ aufplustert und auf Umwegen um die Hochachtung des Bürgers wirbt.« Nierendorf sollte die nächsten 10 Jahre darum bemüht sein, Dix dem Publikum zu vermitteln, bis die Nationalsozialisten jede Möglichkeit dazu zerstörten.

Wahrhaftigkeit ist in der Tat ein geeignetes Charakteristikum für die Malerei von Otto Dix, wenn man damit nicht eine naive mimetische Schilderung der Wirklichkeit verbindet. Das zeigt sich insbesondere auch in der Gattung Porträt; immer wieder hat Dix die ihm nahestehenden Personen gemalt und in diesen wahrhaftigen Bildern sowohl seinen Blick auf die Charaktere der Dargestellten als auch deren Selbstwahrnehmung verraten. Dies gilt auch im Fall seines Händlers Karl Nierendorf, den Dix 1923 zweimal, zunächst als Einzelfigur auf einem heute verlorenen Gemälde und schließlich auf einem Gruppenporträt, darstellte. In dem frühen Einzelporträt sitzt Nierendorf als Halbfigur in einem gepolsterten Sessel (Löffler 1923/10), so dass man nur den Galeristen inmitten seiner Kunst wahrnimmt. Die Raumdimensionen bleiben indes weitgehend unklar, sitzt Nierendorf doch unnatürlich geneigt vor einem weiten, wohl gemalten Fensterausblick, der eine belebte Straßenszene mit Wohnhäusern, Geschäften und einer Eisenbrücke zeigt.

Der Kunsthändler ist von geometrisch-konstruktiven Kunstwerken umgeben, die sich kaum identifizieren lassen, aber auf die konstruktivistischen Bilder der Bauhaus-Meister Lyonel Feininger und vor allem Wassily Kandinsky und Paul Klee anspielen, mit denen der Galerist neben Dix sein Geld verdiente. Sie sind es, die sowohl die ungewöhnliche Position des Händlers als auch die gesamte Bildanlage erklären. Der Maler verwandelte sich die Konstruktionsprinzipien der von ihm zitierten Werke an und wandte sie süffisant kommentierend gegen

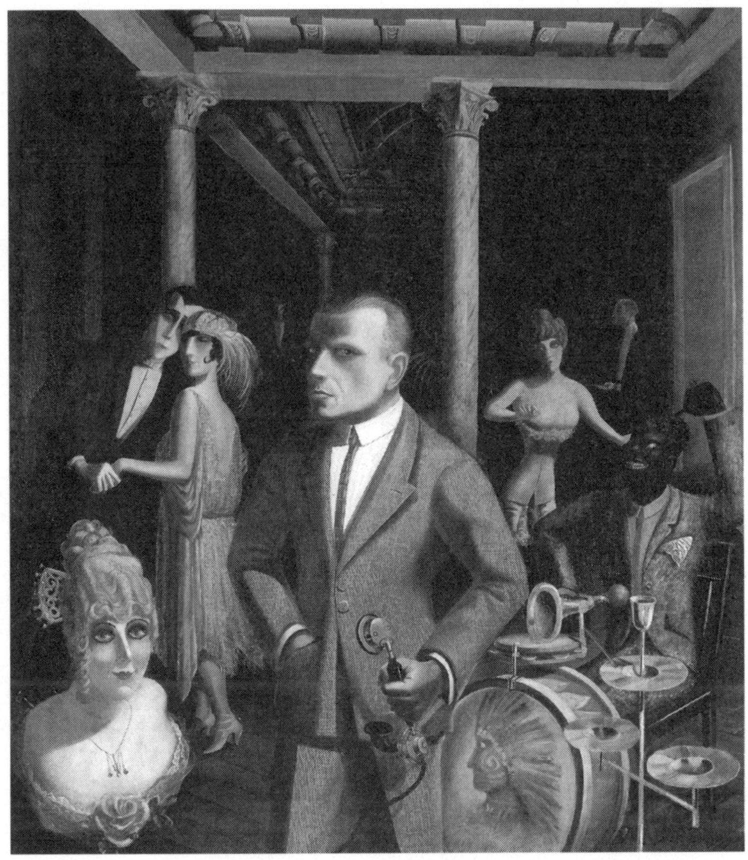

An die Schönheit, 1922, Öl auf Leinwand, 140 × 122 cm, Von der Heydt-Museum Wuppertal

seinen Galeristen, der neben Dix' neuer Sachlichkeit mit der gegenstandslos-konstruktiven Avantgarde auch eine Stilrichtung vertrat, mit der Dix wenig bis gar nichts anfangen konnte. Dabei wird der Galerist als formales Element der Gesamtkomposition aufgefasst, das die Ausrichtung des daneben abgestellten Gemäldes aufgreift. Der »Fensterausblick«, der durch die Rahmung und die Signatur des Künstlers selbst wiederum Bildcharakter besitzt und an einige naiv-ironische Bilder von Dix wie den *Sonntagsspaziergang* (Löffler 1922/5) erinnert, war erneut den konstruktiven Prinzipien der Gemälde in der Galerie angepasst: Die rechte Häuserfront spielt auf Feininger an, und die Hell-Dunkel-Verteilung sowie die Formen des Fensters paraphrasieren in der Realität die Formen Kandinskys, wobei Dix den Kopf Nierendorfs an die Stelle der Rundform des Kunstwerks setzt und so selbst zum formalen Element macht.

Anders gesagt: das Porträt des mit konstruktivistischer Kunst handelnden Galeristen gehorcht formal selbst konstruktivistischen Prinzipien, die Dix sich schnell aneignete und wie einen Bausatz vorführte – dass das Bild gerade deswegen kaum überzeugen konnte, wurde von Dix in Kauf genommen, denunzierte er hier doch die gegenstandslose Avantgarde, der es ja gerade nicht mehr um die Deutung des Menschen und die Aufgabe des Porträts ging. Im Scheiternlassen des eigenen Bildes – Scheitern im Sinne eines gelungenen repräsentativen Porträts aus Sicht des Dargestellten – wurde vielmehr deren ästhetisches Scheitern im Menschenbild zur Schau gestellt.

Ein weiteres, zeitgleiches Hauptwerk dieser kommentierenden, veristisch-neusachlichen Porträtkunst ist das *Gruppenbildnis (Günther Franke, Paul Ferdinand Schmidt und Karl Nierendorf)*, das sich heute in der Berliner Nationalgalerie befindet. (Löffler 1923/7) Das Bild kam offenbar zufällig zustande, da sich für Dix im Oktober 1923 ein Porträtauftrag in Berlin zerschlug. Stattdessen malte er nun Nierendorf und dessen Mitarbeiter Franke und da am selben Tag auch noch Paul Ferdinand Schmidt in der Galerie vorbeischaute, setzte der Maler ihn dazu. Auf einer fein strukturierten Leinwand gemalt, zeigt es die karikaturhaft zugespitzten Physiognomien der drei Kunsthistoriker (zwei Kunsthändler und ein Museumsdirektor). Aber Dix belässt es nicht bei den übertriebenen Zügen, sondern pointiert den bizarr-exotischen Charakter der Köpfe durch deren Kombination mit außereuropäischen Masken im Hintergrund. Dix adaptiert damit die exotischen Stillleben, die Emil Nolde nicht zuletzt vor dem Hintergrund seiner Südseereise 1913/14 geschaffen hatte und in den 1920er Jahren weiterhin produzierte. Diese bemerkenswerte Werkgruppe war bekannt, früh waren einzelne Werke von Museen erworben und publiziert worden. Dix nutzte sie einerseits, um ein ironisches Gruppenporträt zu liefern, und

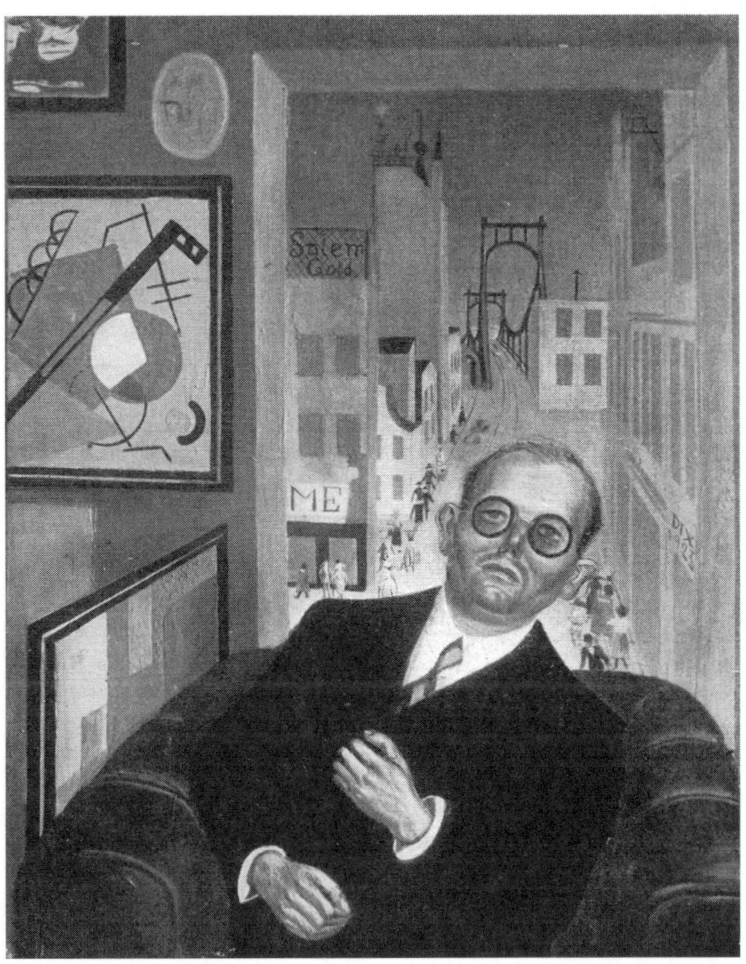

Bildnis des Kunsthändlers Karl Nierendorf, 1923, Öl auf Leinwand, Maße unbekannt, verschollen

anderseits, um seine Fähigkeiten als Maler zu demonstrieren. Denn erneut ging es auch darum, zu zeigen, dass er als Maler schon lange konnte, was andere als Besonderheit oder Neuerung vorführten. Nolde könnte darüber hinaus aber auch konkret mit dem Gemälde *Sechs Herren* von 1921 als Vorbild fungiert haben, auf dem der Maler sich mit sechs feindlich gesinnten Kritikern auseinandergesetzt hatte. Dix hätte dann die parataktische Anordnung der Köpfe übernommen, diese Komposition mit Noldes exotischen Stillleben kombiniert und überdies das Kritikerbild in ein Freundschaftsbild umgewandelt.

An diese Vorgehensweise ist aber ein entscheidender Punkt geknüpft: das fundamentale Desinteresse von Dix an den vermeintlichen formalen Errungenschaften der zeitgenössischen Avantgarden, seien es Expressionismus, Kubismus oder Konstruktivismus. Dix kannte, konnte und nutzte sie, aber eigentlich wollte er sich mitten in die Tradition der Kunst stellen. Das sollten die späten 1920er Jahre deutlich zeigen, als Dix auch die zeitgenössische Fotografie als Konkurrenz begreift, wie ein weiteres Kunsthändlerporträt belegt. Es gehört zu Dix' bekanntesten Bildern und kann als Gegenstück zum Nierendorf-Porträt gesehen werden.

Der jüdische Kunsthändler Alfred Flechtheim, der auf dem Bild zu sehen ist und dem Dix schon in den frühen 1920er Jahren im Rheinland persönlich begegnete, agierte mit Machtinstinkt und Geschick. Dix scheute sich nicht, die hässlichen Aspekte des erfolgreichen Galeristen, der vor allem mit französischer Kunst sein Geld verdiente, zu pointieren, seine Physiognomie und seine Hände in entlarvender und wohl auch denunzierender Absicht als die eines gierigen Mannes darzustellen. (Löffler 1926/10) Und gleichzeitig legte Dix im Gemälde enormen Wert auf die stoffliche Wiedergabe der Kleidung des Händlers, arbeitete die Wollstruktur des Anzugs fein heraus, und kontrastierte das malerische Bravourstück mit der Paraphrase kubistischer Stillleben und neoklassizistischer Aktzeichnungen in der Manier eines Juan Gris oder Pablo Picasso; zudem setzte er eine altmeisterlich imitierte Signatur darauf – all dies natürlich, um die präferierte französische Kunst des Händlers mit ironischer Geste beiseitezuwischen. Im Unterschied zum Nierendorf-Porträt werden hier nicht die Stilprinzipien des Kubismus auf das Bild des Kubismus-Händlers übertragen, wohl aber wird neusachliche Fein- und Lasurmalerei gegen die Zer-

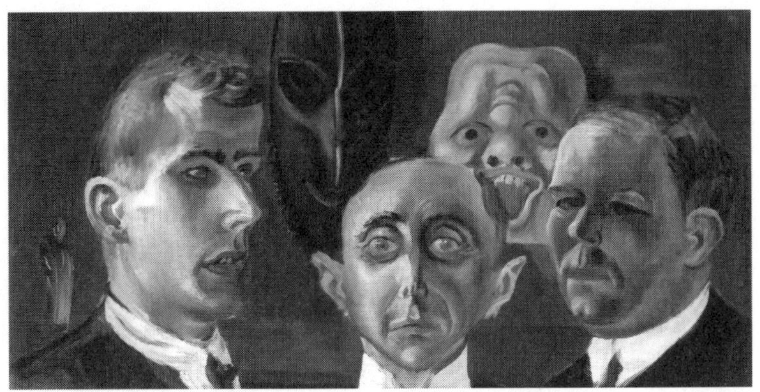

Gruppenbildnis (Günther Franke, Paul Ferdinand Schmidt und Karl Nierendorf), 1923, Öl auf Leinwand, 40 × 74 cm, Nationalgalerie Berlin

gliederung des Menschen in ein abstraktes Formgerüst (Kubismus) und gegen die bloß naturalistische Schilderung des Menschen (Fotografie) verwendet. Das Porträt Alfred Flechtheims besitzt somit eine ästhetische und eine polemische Wirkung und sollte wie viele Porträts von Dix die Überlegenheit seiner Malerei gegenüber Abstraktion und Fotografie bei der Charakterisierung des Menschen belegen. Gerade mit seinen Porträts wurde Dix zum führenden Maler der Weimarer Republik und stand im Zentrum der Neuen Sachlichkeit.

6 Porträt und Neue Sachlichkeit

Betrachtet man das Œuvre von Otto Dix um 1920/21, sieht man sich einer verwirrenden Vielfalt künstlerischer Äußerungen gegenüber. Kubofuturismus, Expressionismus, naive Sonntagsmalerei, Dadaismus und Verismus prallen unvermittelt aufeinander und fügen sich zu einem einzigartigen Stilpluralismus. Seit den frühen 1920er Jahren wandte Dix sich jedoch entschieden einem neusachlichen Verismus zu, der häufig Anleihen bei der altmeisterlichen und romantischen Ikonographie und Maltechnik vornahm. Die in Dix' Werken ablesbaren Stiladaptionen sind aber – wie gesehen – nicht einfach Ausdruck einer bloßen, fast naiven Leidenschaft für das Wirkliche, sondern sie gehorchen differenzierten Kriterien und scheinen immer funktional begründet. Dix wählte einen bestimmten Stilmodus, um eine konkrete Person oder einen spezifischen Sachverhalt zu charakterisieren und zu interpretieren.

Sein ästhetisches Vorgehen, das ihn von der Mehrheit der neusachlichen Maler deutlich trennt, formuliert er programmatisch in einem kurzen Text, der am 3. Dezember 1927 unter dem Titel *Das Objekt ist das Primäre* in der *Berliner Nachtausgabe* erscheint. In dieser knappen, für den Künstler seltenen Stellungnahme, die hier vollständig zitiert wird, heißt es:

> »Ein Schlagwort hat die letzten Jahre hindurch die schaffende Künstlergeneration bewegt. ›Schafft neue Ausdrucksformen!‹ lautete die Parole. Ob das aber überhaupt möglich ist, erscheint mir durchaus zweifelhaft. Wenn man sich vor den Bildern alter Meister aufhält oder sich in das Studium dieser Schöpfungen vertieft, wird mir der eine oder andere gewiß recht geben.
>
> Jedenfalls liegt für mich das Neue in der Malerei in der Verbreiterung des Stoffgebietes, in einer Steigerung der eben bei den alten Meistern bereits im Kern vorhandenen Ausdrucksformen. Für mich bleibt jedenfalls das Objekt das Primäre, und die Form wird erst durch das Objekt gestaltet. Daher ist mir stets die Frage von größter Bedeutung gewesen, ob ich dem Ding, das ich sehe, möglichst nahekomme, denn wichtiger als das Wie ist mir das Was! Erst aus dem Was entwickelt sich das Wie!«

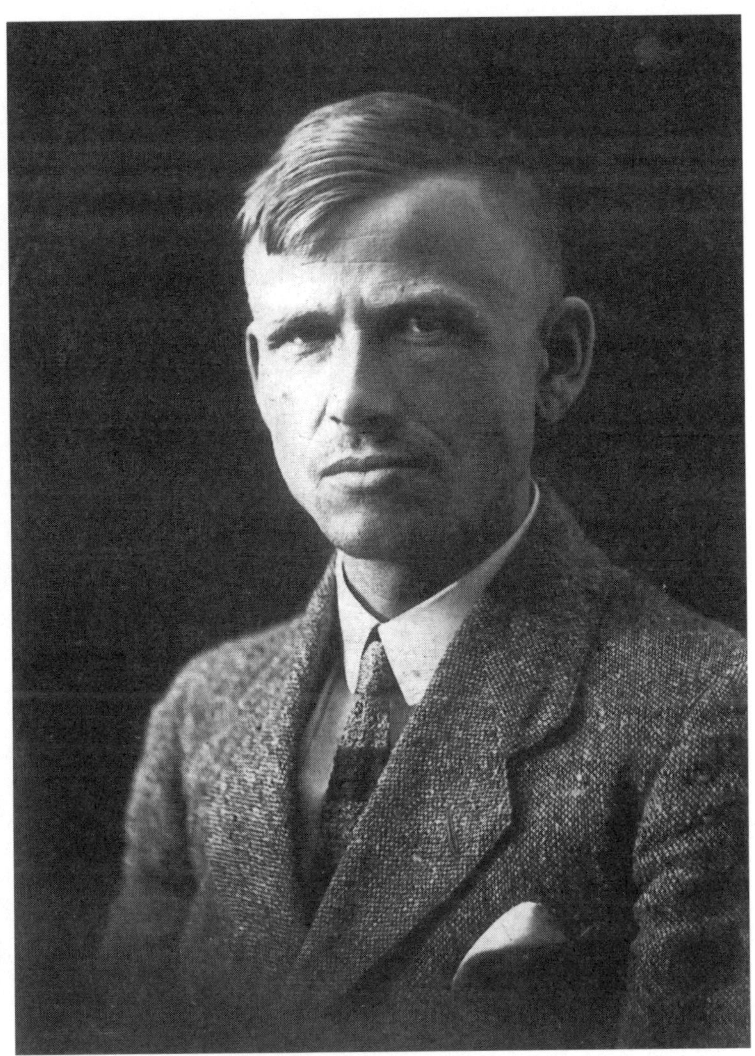

Otto Dix, um 1920, s/w-Fotografie

Das Zitat verdeutlicht, dass Dix sich zu Beginn der zweiten Hälfte der Weimarer Republik von der Avantgarde distanzierte und sich auf die Tradition besann. Das mag mit dem Leerlaufen einer nur auf Innovation oder gar Provokation zielenden künstlerischen Radikalisierung (die Ismen und vor allem der Dadaismus), mit der politischen und wirtschaftlichen Stabilisierung der Republik seit 1924 und mit der 1926 erfolgten Berufung als Professor nach Dresden zu tun gehabt haben. Auf der Höhe seines Ruhms befand sich Dix in einer Krise: 1926 war er »chronisch mutlos« und wähnte seine »Kraft am Ende«, ferner beklagte er die Unterdrückung seiner Emotionen zugunsten des neusachlichen, bei der Ausführung höchste Disziplin abverlangenden Stils. Diese Krise versuchte Dix zu überwinden, indem er sich paradoxerweise stärker der Tradition und damit dem Zwang unterwarf.

Aber zugleich ist der Text ein knapp gefasstes ästhetisches Programm und als solches ernst zu nehmen. Eine wesentliche Aussage des Zitats ist, dass die immer wieder im Zusammenhang mit Dix thematisierte Rezeption alter Meister keineswegs auf den Versuch einer Traditionsweiterführung beschränkt oder gar auf eine konservative Wende reduziert werden kann. Dix stellte sich der malerischen Tradition, aber auch der künstlerischen Gegenwart, die er beide in vielfacher Weise reflektierte. Die Auseinandersetzung mit der jahrhundertealten Geschichte und mit den tradierten Techniken der Malerei, die Adaption des kitschigen »arrivierten Öldrucks« (Paul Westheim) oder die aggressive Verwendung des avantgardistischen Montageprinzips sind bei Dix inhaltlich motiviert und funktional gebunden. Das Stilidiom, das ›Wie‹, rechtfertigt sich durch den Inhalt, das ›Was‹. Damit hatte im Zeitalter der Avantgarden eine signifikante Verschiebung im Konzept des malerischen Realismus stattgefunden. Wilhelm Leibl hatte in der Mitte der zweiten Hälfte des 19. Jahrhunderts festgehalten: »Meinem Prinzip gemäß kommt es nicht auf das ›Was‹, sondern aufs ›Wie‹, zum Leidwesen der Kritiker, Zeitungsschreiber und des großen Haufens, denen das Was die Hauptsache ist, weil die einen hierin ja ihr Objekt finden, über das sie sich nach Belieben verbreiten können und die anderen daran auch etwas haben, worüber sie schwätzen können, das Wie aber auch kaum beschrieben werden kann, wenn es auch nicht nötig hat, denn es ist ja gemalt und jeder soll's sich ansehen, und wenn einer der Rechte ist, so wird er finden, was er sucht.«

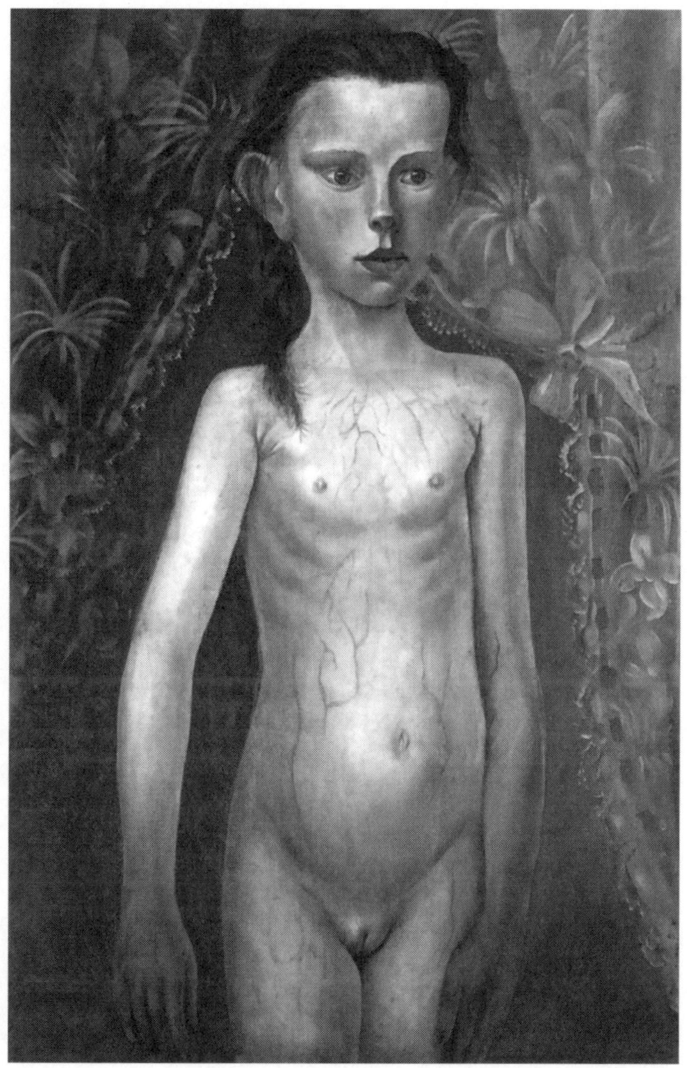

Kleines Mädchen vor Gardine (Akt eines Kindes), 1922, Öl auf Leinwand, 80,6 × 50,6 cm, The Minneapolis Institute of Arts

Leibl konnte das so vor dem Hintergrund der Entwicklung der französischen Malerei formulieren und zielte auf eine Rechtfertigung der Technik auf Kosten des Sujets. Dix hingegen sah sich ein halbes Jahrhundert später mit zahlreichen, parallel existierenden und verfügbaren Stilen konfrontiert. Er insistierte deshalb erneut auf den Inhalt, erkannte den ständigen Zwang zur formalen Innovation als Sackgasse der Moderne, ohne dabei die Darstellungsweise aus dem Blick zu verlieren. Diese wurde von ihm vielmehr konsequent mit dem Inhalt verknüpft.

Als reflektierte ästhetische Verfahren fügen sich Stiladaption und Stilpluralismus in ein Gesamtbild von Dix' Malerei der 1910er bis 1930er Jahre, ohne die ihnen eigene ästhetische Sprengkraft zu verlieren. Der mitunter anachronistisch ›altmeisterlich‹ und zugleich äußerst zeitgenössisch scheinende Dix – dies gilt insbesondere für seine Porträtkunst – wirkt heute noch aktuell. So erscheint das Bild eines halbwüchsigen Mädchens, *Kleines Mädchen vor Gardine,* als schmerzhaft schön, unschuldig und tabubrechend zugleich, als die anschauliche Verschränkung von Ornamentik und Pathologie. (Löffler 1922/11) Der steife nackte Körper ist in dem schmalen Hochformat auf die Mittelachse geheftet. Der schlanke Leib ist knapp oberhalb der Knie abgeschnitten und vom kühl sezierenden Blick entblößt, dies jedoch ohne jede Anzüglichkeit und nicht bloßstellend. Scham, leicht vorgewölbter Bauch, schmale Brust und die wurzelartig wuchernde Äderung unter der Haut werden deutlich herausgearbeitet. Der leicht stiere Blick des Mädchens aus seltsam grünen Augen geht ins Leere, übergroße Ohren werden von dünnen Haarsträhnen kaum verdeckt. Der rechte Arm ist leicht vom Körper abgehoben, so als präsentiere sich das Kind einem Arzt.

Diese Haltung steht im Gegensatz zur vergleichbaren, lässig sitzenden jungen Prostituierten, die Dix 1922 aquarellierte und deren lebhaftes Gesicht mit dem ausgelaugten Körper kontrastiert. (Pfäffle A 1922/66) Dennoch steht das Blatt in unmittelbarem Zusammenhang mit dem Gemälde. Eine signalhaft wirkende rote Schleife bekrönt das Haupt des Mädchens und akzentuiert mit flammendem Farbwert die insgesamt kühle Palette. Ein vor allem grünliches Bild, mit Weiß, etwas Braun und dünnen blauen Linien, dazu eine zarte rosa Schleife, die die Gardinen zurückbindet: Fast meint man auf ein Aquarium mit einem großen seltenen Fisch zu starren, der bewegungslos im Wasser verharrt. Das Kind wird unversehens zum Dekor, erscheint säulenhaft wie eine Marmorstatue – umspielt von gemusterten Vorhängen und Tapeten. Das tote Ornament wird lebendig und beginnt zu »wuchern«, während der lebendige Körper »vertotet«. Nur die leicht geröteten Wangen zeigen die Frische jugendlichen Lebens; ob durch die blauen, den Körper marmorierenden Adern Blut fließt, lässt sich kaum entscheiden.

Kleines Mädchen vor Gardine ist ein programmatisches Gemälde, insofern es sich betont als Bild des »Nach-Expressionismus« (Franz Roh) zeigt. Der Maler Otto Dix war in der Kunstmetropole Dresden ästhetisch sozialisiert worden, der Gründungsstätte des deutschen Expressionismus, seit sich hier die Künstlergruppe *Brücke* 1905 formiert hatte. Unmittelbar nach dem Ersten Weltkrieg war die Rezeption des Expressionismus jedoch zwiespältig. Einerseits wurde die Richtung durch Ankäufe musealisiert und anderseits eine Krise der Bewegung beschworen, ja sie wurde für tot erklärt und von den Dadaisten heftig attackiert. In der wichtigen Zeitschrift *Das Kunstblatt* diskutierte man 1922, im Jahr der Bildentstehung, das Phänomen eines neuen Naturalismus. Gustav Friedrich Hartlaub, der das Phänomen 1925 mit dem Schlagwort von der Neuen Sachlichkeit in einer gleichnamigen Wanderausstellung weithin sichtbar machte, meinte 1922 in der Umfrage: »So musste die Reaktion zwangsläufig eintreten, genau wie auf dem politischen Gebiet heute Reaktion herrscht und Resignation nach all den mächtigen Utopien von 1918. In welcher Richtung dieser Rückschlag erfolgen musste, lag von vornherein klar. Man sagt nicht das Tiefste im Sinne reinen Kunstdenkens, wohl aber das Greifbarste über die neue Strömung, wenn man sie unter dem Stichwort ›Zurück zur Natur‹ stellt.«

Allerdings meinte die Neue Sachlichkeit eine andere Natur als der Expressionismus. Das halbwüchsige Kind war ein Schlüsselmotiv der Dresdner Brücke, die nach einer unverstellten Kreativität und Natürlichkeit strebte und diese bei den sogenannten Primitiven, den Geisteskranken oder auch den Kindern, wiederzufinden hoffte. Bei Kirchner und Heckel war das Thema erotisch aufgeladen, mitunter von einer unmittelbaren Sexualität geprägt, die heute durchaus verstören und auch abstoßen kann. Dix stellte der Sexualisierung des Kindes im Expressionismus die Objektivierung eines Entwicklungsstandes des Kindes in der Neuen Sachlichkeit entgegen. Die anscheinend unverfälschte Natürlichkeit des Kindes wird dabei als Projektion der Erwachsenen und als ästhetisches Phantasma entlarvt. Die proklamierte Natürlichkeit der Kindheit wird als ästhetische und historische Konstruktion transparent, und Kindheit wird bei Dix als das Resultat konkreter gesellschaftlicher Bedingungen, die den Entwicklungsgang des Kindes fördern oder hemmen können, gedeutet. Der Maler hat dabei – etwa in den Bildern von Arbeiterkindern (vgl. Löffler 1914/6 und Löffler 1920/19) – auch seine eigene Herkunft in den Blick genommen; man sieht an den Rand gedrängte Arbeiterjungen oder einen kränkelnden Säugling (Löffler 1921/9 oder Löffler 1923/4), dem der grüne Rotz in der Nase sitzt. Es sind diese Bilder des äußerlich betont kaltschnäuzigen Wirklichkeitsmenschen, aus denen überraschend eine gehörige Portion Empathie spricht.

Empathie und schonungslose Entlarvung gingen immer wieder eine Synthese ein, wenn Dix seine Porträts ausführte. Das *Bildnis des Dresdner Rechtsanwaltes Dr. Fritz Glaser* (Löffler 1921/15), ein früher Höhepunkt von Dix' Porträtkunst, wurde mit einer eindrucksvollen Porträtzeichnung vorbereitet. Es gehört zu den bestürzendsten Bildnissen, die Dix jemals gemalt hat, zeigt es den Dargestellten doch mit einer schmerzenden Eindringlichkeit als Ausgelieferten, die den Betrachter von heute erschreckt. Auf einem einfachen Stuhl, der eher wie ein Küchenhocker wirkt, sitzt der erfolgreiche Jurist und Kunstförderer leicht zusammengesunken, untersetzt, in feiner Kleidung mit Anstecknadel am blau-grünen Schlips. Die Augen, von tief hängenden Lidern zur Hälfte verdeckt, sind auf den Betrachter gerichtet – das rechte glimmt rubinrot auf. Sie sehen schläfrig aus, was täuscht, denn die Person ist hellwach, ihr Blick wirkt listig, wenn nicht gar verschlagen. Das mag ein Grund dafür gewesen sein, dass der Auftraggeber das Bild nicht mochte und nie einen Platz dafür in seiner Wohnung fand. Dennoch beauftragte Glaser, der Dix bei seiner Wohnungssuche in Dresden unterstützte, eine exquisite Kunstsammlung mit Werken von Dix, Christoph Voll und Paul Klee besaß und mit Martha Dix von Zeit zu Zeit musizierte, den Künstler ein zweites Mal. Er erhielt ein eher anämisches Familienporträt, das zwar ebenfalls ungeschönt war, nicht aber den sozialen Status des Dargestellten radikal in Frage stellte. (vgl. Löffler 1925/5)

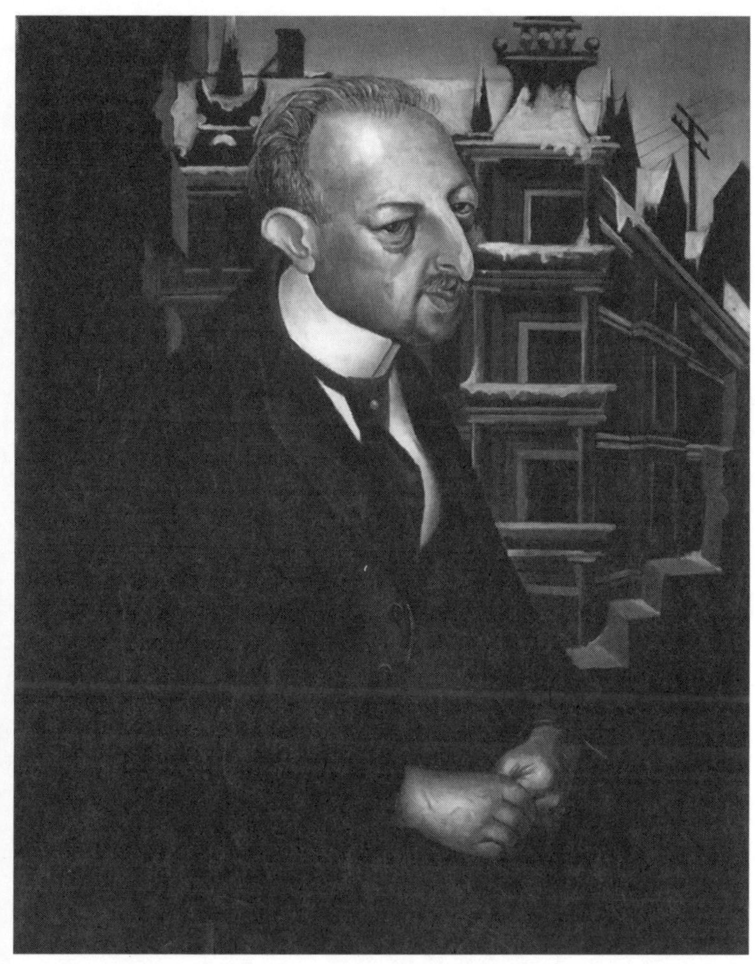

Bildnis Rechtsanwalt Dr. Fritz Glaser, 1921, Öl auf Leinwand, 105 × 80,5 cm, Privatbesitz New York

Typisch für Dix' Auffassung des Porträts ist der Bildausschnitt, der die Figur oft in Dreiviertelansicht bis zum Knie zeigt. Es ist nicht die ganze Figur, die uns präsentiert wird, sondern nur ein Teil, und dieser wirkt häufig durch das gewählte Bildformat wie durch den gezeigten Bildraum beengt. Aber auch in ganzfigurigen Bildern wie dem herausragenden *Bildnis des Dichters Ivar von Lücken* (Löffler 1926/8) wird die Figur durch die räumliche Situierung interpretiert. Beim ersten Porträt von Fritz Glaser wirkt die Figur wie in das Format hineingepresst. Die Haltung des Porträtierten wirkt so gezwungen, der Dargestellte scheint an Ort und Stelle sitzen zu müssen. Er agiert nicht im Raum, und anscheinend kann er dies auch nicht. Im Unterschied zum fast zu selbstbewusst, ja überheblich dargestellten Dix-Förderer Paul Ferdinand Schmidt (Löffler 1921/14), der die Arme vor der Brust verschränkt und mit sprühenden Augen auf den Betrachter hinabschaut, oder im Gegensatz zum agilen Düsseldorfer Maler Adolf Uzarski (Löffler 1923/12), der vor einer auf ihm lastenden neubarocken Fassade zu dozieren scheint, irritiert die Darstellung Glasers durch die passive Haltung der Figur. Sie kommt neben dem leicht gebeugten Rumpf vor allem durch die Hände zum Ausdruck, die im Fall Uzarskis – wie häufig bei Dix – als raubtierartige Klauen dargestellt werden und den Charakter der Person expressiv deuten. Glasers Hände verlängern behaarte Unterarme, zeigen dicklich geschwollene Adern und sind zu machtlosen Fäusten geballt, die einem Kind gehören könnten. Ihre Kleinheit und Weichheit kontrastiert deutlich mit dem großen, schweren Kopf. Dargestellt ist kein Tat-, sondern ein Geistesmensch.

War bisher von der Figur selbst die Rede, so verstört ihre räumliche Situierung den Betrachter erst recht. Glaser sitzt zwar in einem Zimmer, aber die Wand ist eingerissen oder nicht fertig geworden. Statt eines Fensters klafft eine Lücke, die den Blick auf eine verspielte historistische Fassade mit Säulen, spitzen Giebelchen und neobarocken Dachdekorationen freigibt. Leichter Schnee hat sich auf sie gelegt, und der wolkenlose blaue Himmel suggeriert schneidende Kälte. Auf einem zugigen Dachboden, in einer unbewohnbaren Absteige scheint Glaser Zuflucht gefunden zu haben, nichts aber deutet darauf hin, dass wir hier einen erfolgreichen Rechtsanwalt mit Gattin und zwei Kindern vor uns haben. 1921 zeichnet Dix das Bild eines Depravierten. Warum?

Der Künstler hat mit diesem einzigartigen Bildnis des Rechtsanwalts Dr. Fritz Glaser einen Juden in Deutschland porträtiert und damit eine prekäre Existenz künstlerisch dokumentiert – unvermittelt denkt man als Betrachter an die eindrucksvollen Fotografien August Sanders, die in den späten 1930er Jahren von den Nationalsozialisten Verfolgte festhielten. Dix lieferte sein Bildnis zwölf Jahre vor der Machtübernahme, als an diese zeitgeschichtliche Entwicklung noch nicht zu denken war; heute drängt sie sich unmittelbar auf. Auch die Bildstruktur des Glaser-Porträts belegt Dix' bildliche Reflexion jüdischer Identität: die fragmentierte Architektur, die Metapher der Kälte (Schnee) sowie die Blickführung von oben auf eine schwache, ausgelieferte Person. Bereits in dem bekannten dadaistischen Bild *Prager Straße* von 1920 (Löffler 1920/7) hatte Dix die prekäre Situation der Juden mit der eingeklebten Schlagzeile *Juden raus!* kommentiert, über die er einen kriegsversehrten Reaktionär rollen lässt. Das war kein Zufall.

Wie verbreitet der Antisemitismus nach dem Ersten Weltkrieg war, verdeutlichen die eminenten »Spektatorbriefe« (1918–22) des kritischen Kulturhistorikers und Religionsphilosophen Ernst Troeltsch, etwa der vom 20. Oktober 1919:

> »Konservative und Nationale machen den Gegensatz gegen das Judentum zu einem Hauptmittel ihres Kampfes, um ihm populäre Instinkte und Leidenschaften zuzuführen. Der Antisemitismus aller Schattierungen wird in den Kampf grundsätzlich eingespannt und die Schuld an Revolution und Niederlage dem Judentum und der Sozialdemokratie aufgebürdet. Damit wird man alles Nachdenken über eigene Fehler ledig und kann das ganze Schicksal wie etwas von außen Hereingetragenes betrachten, an dem man sich durch den Sturz der ›jüdischen Regierungen‹ rächen kann. Was man hier im Privatgespräch hören kann, grenzt an das Unglaubliche.«

Dieser frühe Reflex auf den deutschen Antisemitismus nach dem verlorenen Weltkrieg macht es wahrscheinlich, dass Dix bei diesem frühen repräsentativen Porträt nicht nur den Auftraggeber darstellen, sondern ihn auch ehrgeizig gesellschaftlich interpretieren wollte. Dabei führte der Künstler dem assimilierten Juden die fundamentale Ungesichertheit seiner Existenz vor Augen. Dass Dix der jüdische Hintergrund Glasers, dessen markante Physiognomie ihm den Scherznamen »Tapir« eingetragen hatte und der das »Dritte Reich« nur knapp überleben sollte, durchaus bewusst war, zeigt eine bemerkenswerte Skizze aus dem Jahre 1925, auf der Dix dem Hobbymusiker einen (Juden-) Stern auf die Schläfe zeichnete. Wenig später wurde der Stern zu einem lebensgefährlichen Stigma.

Das Gemälde *Hugo Simons* (Löffler 1925/11), das sich heute in Montreal befindet, gehört ebenfalls zur Gruppe der bedeutenden Bildnisse, die Otto Dix im Anschluss an seine veristische Zeit (bis etwa 1924) und unmittelbar vor der Berufung an die Dresdner Kunstakademie (1926) schuf. Auch Simons war als Rechtsanwalt tätig und Dix ließ sich von ihm in Rechtsfragen beraten, etwa als der Auftraggeber Grünthal mit dem Porträt seiner Tochter unzufrieden war und eine Änderung verlangte. Simons unterstützte Dix zudem finanziell und vermittelte ihm weitere Porträtaufträge.

1925 gemalt, zeigt es den Rechtsanwalt auf einem einfachen Holzstuhl leicht nach links gedreht in unmittelbarem Kontakt mit dem Betrachter. Die großen Augen blicken ihn anscheinend direkt an, oder – höchstens, in Gedanken gefangen – scharf an ihm vorbei; der Mund ist leicht geöffnet, und die Hände sind expressiv gespreizt, als erläutere der Dargestellte einen komplexen juristischen Sachverhalt. Im Kontrast zum repräsentativen Gestus seiner Rede, der von dem zugeknöpften Anzug und der fein gemusterten Krawatte unterstützt wird, fällt die Einfachheit des Interieurs auf. Wir befinden uns nicht etwa in einer mondän eingerichteten Anwaltskanzlei, sondern in einem einfachen roten Zimmer mit einem spartanischen Stuhl, dessen Holzmaserung Dix bis ins Detail wiedergibt. Es ist erneut der Kontrast von gesellschaftlicher Position und räumlicher Situierung, der Spannung aufbaut.

Irritierend ist die Farbigkeit des Bildes, das in einer Palette von Rot- und Brauntönen angelegt ist: eine rote Wand, ein brauner Stuhl und ein brauner Anzug. Auch das Inkarnat des Gesichts und der Hände changiert ins Gelblich-Bräunliche. Dabei werden Kopf und Hände kunstvoll vom Weiß des feinen Hemdes isoliert; der volle schwarze Haarschopf schließt die Figur markant ab. Die markante Physiognomie und die beredten Hände sind anscheinend das vorrangige Ziel der

Bildanlage – weitere Zusätze fehlen. Das ist ein wichtiger Unterschied zu attribuierenden Bildnissen von Dix, etwa zu dem des Kunsthändlers Alfred Flechtheim.

Beim Porträt Hugo Simons wirken das in die Länge gezogene Gesicht, die hohe Stirn mit einzelnen Falten, die lange gebogene Nase und der hängende Mund mit dem ausgeprägten Kinn nicht gerade vorteilhaft auf den Betrachter. Erst im Zusammenspiel mit den Händen vermittelt der Kopf das Bild eines Intellektuellen, der sich allerdings vom Betrachter isoliert. Das leichte Zurückkippen des Oberkörpers und die Barriere des parallel zum Bildrand verlaufenden Oberschenkels schaffen Distanz, während der Stuhl den Sitzenden nach vorne schiebt. Die Körpermotorik arbeitet diesem Eindruck entgegen, und es kommt zu einer überraschenden Verflachung der Bildräumlichkeit. Diese wird auch beim Spiel der Hände deutlich. Die hintere linke und die vordere rechte Hand liegen auf einer Ebene, berühren sich anscheinend an einer Stelle direkt, entwickeln aber kein Relief, sondern wirken wie eine festgestellte, graphische Ausdrucksgebärde.

Dix' Bildnis besitzt ohne Zweifel etwas Manieriertes und Theatralisches. Die Exaltiertheit der Person könnte sogar abstoßen; der Porträtierte agiert anscheinend nur für uns und nimmt dabei eine übertrieben expressive Pose ein: Die Figur Hugo Simons agiert nicht aus freien Stücken, sie wirkt fast marionettenhaft, wie von Fäden bewegt, und einer fremden Macht gehorchend. Die Intellektualität kippt an dieser Stelle anscheinend in den Wahnsinn und wird unheimlich. Die Macht des Rechtsanwalts, von dessen Agieren das Schicksal anderer Menschen abhängt – nicht von ungefähr denkt man an den Lebensfaden, den die Parzen spinnen, aber auch todbringend abschneiden –, wird gebrochen, und er selbst ist Spielball des Schicksals. Wie kein zweiter in der Weimarer Epoche verkörperte Max Schreck als untoter Nosferatu in Wilhelm Murnaus gleichnamigem Stummfilm von 1922 eine sowohl Schrecken erregende wie Mitleid heischende Figur, gebrochen zwischen Grauen und Melancholie. Es ist diese Ambivalenz zwischen Macht und Ohnmacht, die auch das eindringliche Porträt des Dr. Hugo Simons auszeichnet. Es sind bei Dix oftmals die expressiv übersteigerten Physiognomien und exaltierten Gebärden, die an eine Schulung durch die Filmkunst der Zeit denken lassen.

Dix hat sich mit seinen in der Mitte der Weimarer Republik geschaffenen Porträts ins Gedächtnis des Publikums eingeschrieben; schon die zeitgenössische Kritik erkannte seine »besondere Disposition für das Porträt«. Das Anita Berber darstellende Gemälde ist ohne Zweifel die Ikone der Weimarer Epoche. (Farbtafel 8) Wie in keinem zweiten Werk – nicht einmal das *Bildnis der Journalistin Sylvia von Harden* (Löffler 1926/9) kann hier konkurrieren – kondensiert sich in ihm die Zwiespältigkeit einer ganzen Epoche, wird mit dem Menschen die Zeit selbst wie in einem Brennglas fokussiert. Dix erkannte, wie bedeutend sein Gemälde war, denn nach dessen Beschlagnahmung im »Dritten Reich« und einem Irrweg durch diverse Galerien konnte er das Bild unter großen Mühen 1963 für 18000 Mark von einem Münchner Kunsthändler erwerben und damit wieder in eigenen Besitz bringen. Im Haus des Malers in Hemmenhofen erhielt es einen Ehrenplatz. Darin spiegelt sich nicht zuletzt das persönliche Verhältnis zwischen Dix, seiner Frau Martha und der berühmten, skandalumwitterten Tänzerin, die zum Symbol ihrer Zeit geworden war. Das Ehepaar Dix, das sich zeitweilig mit dem Gedanken trug, auf Turnieren zu tanzen, hatte Anita Berber 1925 in Düsseldorf im Kabarett *Jungmühle* das erste Mal auftreten sehen und fuhr ihr nach Wiesbaden nach, um sie nochmals zu studieren und zu bewundern. Später hielt die kurze Freundschaft an: Anita Berber bat Dix sogar um Geld, da sie trotz ihrer Berühmtheit zeitweilig mittellos und von Verehrern abhängig war. Das Ehepaar Dix wiederum besuchte Anita Berber auf dem Sterbebett im Berliner Bethanienkrankenhaus, in dem sie am 10. November 1928, im Alter von nicht einmal 30 Jahren an Lungentuberkulose verstarb. Zum Begräbnis der Tänzerin erschienen berühmte Künstler wie George Grosz und bekannte Filmregisseure, aber auch die Huren der Friedrichstraße sowie die bekanntesten Transvestiten Berlins. Mit der irrlichternden Berber versank eine ganze Epoche. Der tabubrechende, männer- wie frauenverschlingende Vamp, der mit seinen Eskapaden den Sinn- und Werteverlust nach dem verlorenen Ersten Weltkrieg aggressiv zu überspielen versuchte, wurde ab den späten 1920er Jahren vom Typus des sportlich-gesunden deutschen Jungmädels abgelöst; die Weltwirtschaftskrise und der Aufstieg des Nationalsozialismus zerstörten wenig später die erste deutsche Demokratie.

»Anita Berbers Tänze sind erlebte Inbrunst, dennoch kalt, unnahbar, Aufreizung für plumpe Begehrlichkeit, die gleich mit ihren

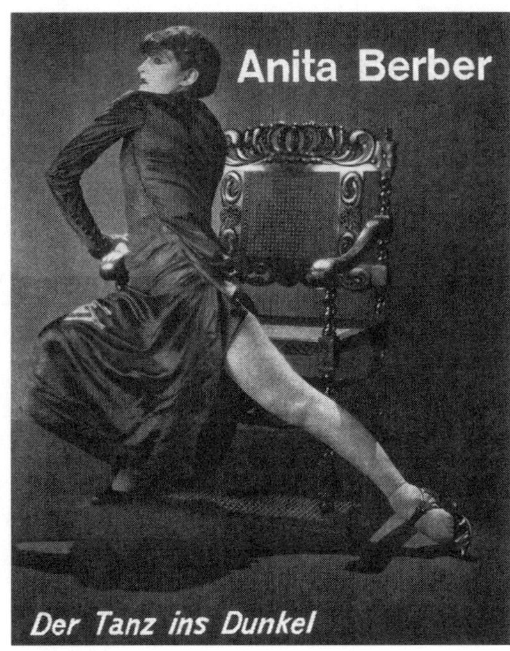

Anita Berber: Der Tanz ins Dunkel, Plakat, Mitte der 1920er Jahre

schmutzigen Pfoten mitten hinein tappen möchte und von der unheimlichen Selbstherrlichkeit dieser Tänzerin einen elektrischen Schlag als Denkzettel bekommt«, hielt der Schriftsteller Max Herrmann-Neiße fest. Mit 16 Jahren entschloss sich Anita Berber, 1899 geboren und aus einem musischen Haus in Leipzig stammend, Tänzerin und Schauspielerin zu werden. Noch während des Ersten Weltkriegs erfolgten erste Auftritte. Mit ihrem Partner Sebastian Droste tanzte sie im Nacktballett von Celly de Rheidt (auch Rheydt) und verfiel schnell den Drogen, vor allem dem Kokain, das sie selbst zum Thema eines gleichnamigen Tanzes machte. Kunst und Leben trennte Anita Berber nicht, was selbstzerstörerisch war. Sie provozierte zahlreiche Skandale, wurde vertragsbrüchig und ließ sich mitunter zur Kriminalität verleiten. Aus Österreich, wo sie ab 1920 auftrat, wurde sie 1923 ausgewiesen; ihre Auftritte waren polizeilich observiert worden. Berber hatte auf Zurufe des Publikums reagiert und damit Schlägereien ausgelöst. Als ihr Anfang 1925 bei einem Künstlerfest Alfred Flechtheims vom Hausherrn der Zutritt verwehrt wurde, ohrfeigte sie ihn – und zum Entsetzen der Zuschauer ringsum schlug Flechtheim zurück. Berber drehte auch Filme mit Richard Oswald und Fritz Lang, in dessen *Dr. Mabuse. Der Spieler* sie als Tänzerin zu sehen ist. Künstler wie Dix verehrten Berber, die bis zuletzt polarisierte. Während einer Tournee im Nahen Orient brach sie auf der Bühne zusammen; ihre Karriere war damit beendet.

Dix' Gemälde ist ein flammender Akkord in gefährlichem Signalrot. Der Maler hielt mit Blick auf die Porträtmalerei 1955 fest:

> »Nun ist nicht nur die Form, sondern auch die Farbe von größter Wichtigkeit und ein Mittel, das Individuelle auszudrücken. Jeder Mensch hat eine ganz spezielle Farbe, die sich auf das ganze Bild auswirkt. Farbphotographie hat keinen seelischen Ausdruck, sondern ist nur materielle Bestandsaufnahme, und diese ist nicht einmal gut. Jedem guten Bildnis liegt eine *Schau* zugrunde. – Das Wesen jedes Menschen drückt sich in seinem *Außen* aus; das *Außen* ist der Ausdruck des *Inneren*, d. h. Äußeres und Inneres sind identisch. Das geht so weit, daß auch die Gewandfalten, die Haltung des Menschen, seine Hände, seine Ohren dem Maler sofort Aufschluß über das Seelische eines Modells geben; letztere oft mehr als Augen und Mund.«

Einzig das weiß gepuderte Gesicht und die hellen, mit spitzen Fingernägeln bewehrten Hände leuchten aus dem roten Gemälde heraus. Ostentativ wirkt die Sinnlichkeit, die den Betrachter gefangen nimmt: das hochgeschlossene rote Kleid, das wie eine zweite Haut über den schlanken Körper gezogen ist und dessen Konturen deutlich wiedergibt; die herrische Distanz scheint jede Annäherung und tiefere Bindung auszuschließen. Der rot-orange Hintergrund, das rote Kleid, der vipernhafte rote Kussmund, der einem schmallippigen Mund aufgemalt ist, die vom Kokain rot entzündeten Nasenflügel und das rote Haar lassen Anita Berber zur Personifikation der Sünde werden. Die grünen Augen wirken giftig, der linke Arm schmiegt sich schlangenhaft und scheinbar knochenlos weich um den ebenfalls weich geschwungenen Körper – die Sünde muss hier nicht mehr nackt und mit der Schlange als Attribut auftreten, wie bei zahlreichen Bildvariationen Franz von Stucks. Der Körper selbst ist bis ins Detail zur Ausdrucksgeste des Lasters geworden. Dix hat gesehen, dass der Körper in der tänzerischen Darstellung von Sünde und Ekstase nicht nur ein Medium, sondern vor jeder Performance selbst bereits Sünde und Ekstase ist – das Porträt wird zum Charakterbild. Es wundert nicht, dass das Gemälde 1926 für die »Vierländerausstellung« im Berliner Kronprinzenpalais der Nationalgalerie als zu anstößig abgelehnt wurde. Zu diesem Zeitpunkt verglühte der Stern der Anita Berber bereits, deren selbstzerstörerische Radikalität Klaus Mann 1930 in *Die Bühne* rückblickend festgehalten hat: »Sie stand, von ihrer Legende umwoben, inmitten einer grauenhaften Einsamkeit. Um sie war eiskalte Luft. Um nicht zu erstarren, trieb sie es immer radikaler. Alles wurde zum Skandal um sie herum.«

Die liegende Frau auf dem Bett ist ein zentrales Thema der Kunstgeschichte seit der Renaissance: Kurtisanen und Göttinnen präsentieren sich seit Giorgione und Tizian so dem Betrachter. Francisco de Goya und Edouard Manet haben das Bildthema in der Moderne mit Schlüsselbildern wie den beiden *Mayas* und der *Olympia* in der Auseinandersetzung mit der Bildtradition transformiert. Dix stellte sich selbstbewusst in diese Tradition – vor allem mit Goya hat er sich auseinandergesetzt –, wusste aber auch um die Grenzen der Aneignung. Das Gemälde *Liegende auf Leopardenfell* (Löffler 1927/2) zeigt ausschnitthaft die Schauspielerin und Tänzerin Vera Simailowa in Unterwäsche. Der grün leuchtende Unterrock wird von einem schmalen Träger gehalten, und ein rotes Strumpfband wird sichtbar, während die Liegende den Betrachter mit herausfordernd aufgestütztem Kopf aus schräg gestellten Katzenaugen frontal anblickt. Das Lager ist durch ein rotes Bettlaken, eine Leopardenfelldecke und einen großen schwarz-braunen Vorhang definiert, wobei letzterer das Bett vor fremden Blicken verdecken könnte und jetzt etwas zur Seite geschlagen ist. Oberhalb eines hyänenartigen grau-schwarzen Hundes, der lüstern die Zunge heraushängen lässt, ist ein einfacher Dielenboden zu erkennen. Einen Teppich oder Mobiliar sieht man nicht, sodass der üppige Akt und die grelle Farbigkeit des Vordergrunds mit der fast schäbigen Einfachheit des Hintergrunds kontrastiert.

Der animalische Charakter der Szene fällt unmittelbar ins Auge; auch die Dargestellte selbst, die eine modische Kurzhaarfrisur trägt und damit den Typus der Neuen Frau der 1920er Jahre repräsentiert, strahlt eine ungebrochene, fast gefährliche Triebhaftigkeit aus, wenn sich die rechte Hand ins Raubtierfell krallt. Ihre überlegene Selbstgewissheit kontrastiert mit der bloßen triebgesteuerten Reflexhaftigkeit des räudigen Hundes: In-sich-Ruhen trifft auf Gehetztsein. Das Sinnliche des Bildes wird von den weichen Formen des Vordergrunds – weich fließende Stoffe und weibliche Rundungen – und von der fast überhitzt wirkenden Farbigkeit hervorgerufen. Und hier drängt sich der Vergleich mit Goya auf, zumal Dix sich 1927, im Jahr der Entstehung des Werks, erneut mit Goya auseinandersetzte, und zwar in seinem heute verlorenen Hauptwerk *Straßenkampf* (Löffler 1927/1; vgl. Abb. S. 158). Mit dem Bildpaar der nackten und bekleideten Maya hat Goya den ersten profanen Akt der Kunstgeschichte gemalt, Nähe und Distanz, Erotik und Kühle thematisiert. Aber Dix will mit seiner Liegenden nicht die nackte Maya überbieten – die Akte der frühen 1920er Jahre hatten bereits genug Skandalstoff geliefert und Dix hatte 1926 mit einer Goya gewidmeten, heute in Ottawa aufbewahrten Aktzeichnung ein drastisches Gegenbild entworfen, mit dem er sich selbst zitierte. Dix versucht stattdessen mit der fast stärkeren Sinnlichkeit der bekleideten Maya zu konkurrieren, die Goya vergleichsweise näher an den Betrachter herangerückt hatte als die nackte und deren sinnliche Präsenz größer wirkt als ihr distanziertes und farblich unterkühltes Pendant.

Mit Blick auf die Alten Meister, zu denen Dix auch Goya zählte, hatte Dix ja 1927 festgehalten:

> »Ein Schlagwort hat die letzten Jahre hindurch die schaffende Künstlergeneration bewegt. ›Schafft neue Ausdrucksformen!‹ lautete die Parole. Ob das überhaupt möglich ist, erscheint mir durchaus zweifelhaft. Wenn man sich vor den Bildern alter Meister aufhält oder sich in das Studium ihrer Schöpfungen vertieft, wird mir der eine oder andere gewiß recht geben. Jedenfalls liegt für mich das Neue in der Malerei in der Verbreiterung des Stoffgebietes, in einer Steigerung der eben bei den alten Meistern bereits im Kern vorhandenen Ausdrucksformen.«

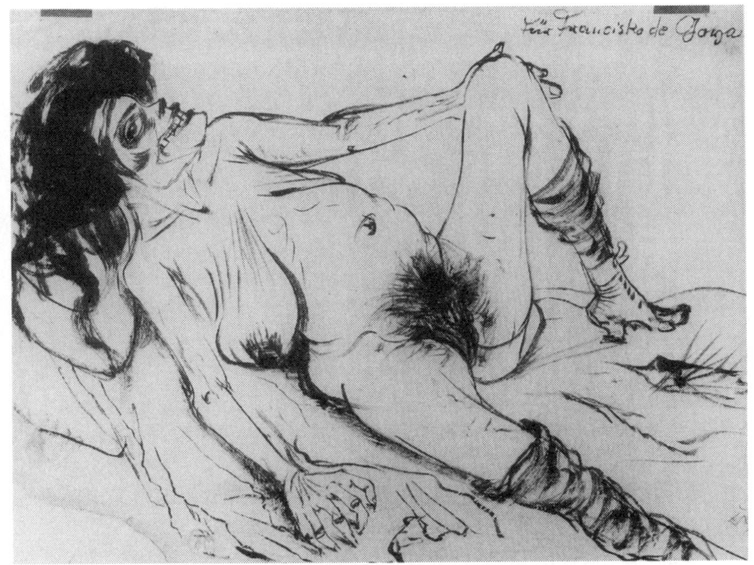

Akt (für Francisco Goya), 1926, Tusche und Pinsel, 35,4 × 49,6 cm, National Gallery of Kanada, Ottawa

Hier setzt Dix an, wenn er das herausfordernde, moderne Selbstbewusstsein der sich anbietenden Frau, die zu fragen scheint, ob man ihr nicht nur sexuell, sondern auch intellektuell gewachsen sei, mit der expressiven, aber fast karikierenden, eisdielenartigen Farbigkeit und der geschmeidigen, amorphen Sinnlichkeit des Körpers kombiniert. Das Leopardenfell als gleichermaßen exotisches wie billiges Requisit – im Kontrast zur malerischen Sensation von Goyas exquisiten Stoffen – und der Hund als Symbol animalischer Triebhaftigkeit – der in der *Lustmord*-Radierung von 1922 neben dem schaurigen Leichnam einen weißen Pudel bespringt – situieren Sexualität in den Bereich des billigen Vergnügens und der primitiven Triebabfuhr; ihr stehen die Individualität und die Persönlichkeit der Frau entgegen.

Ein weiteres Bild sei erwähnt, das zu den eindrucksvollsten Porträts von Dix überhaupt zählt, um das Spektrum anzudeuten. (Löffler

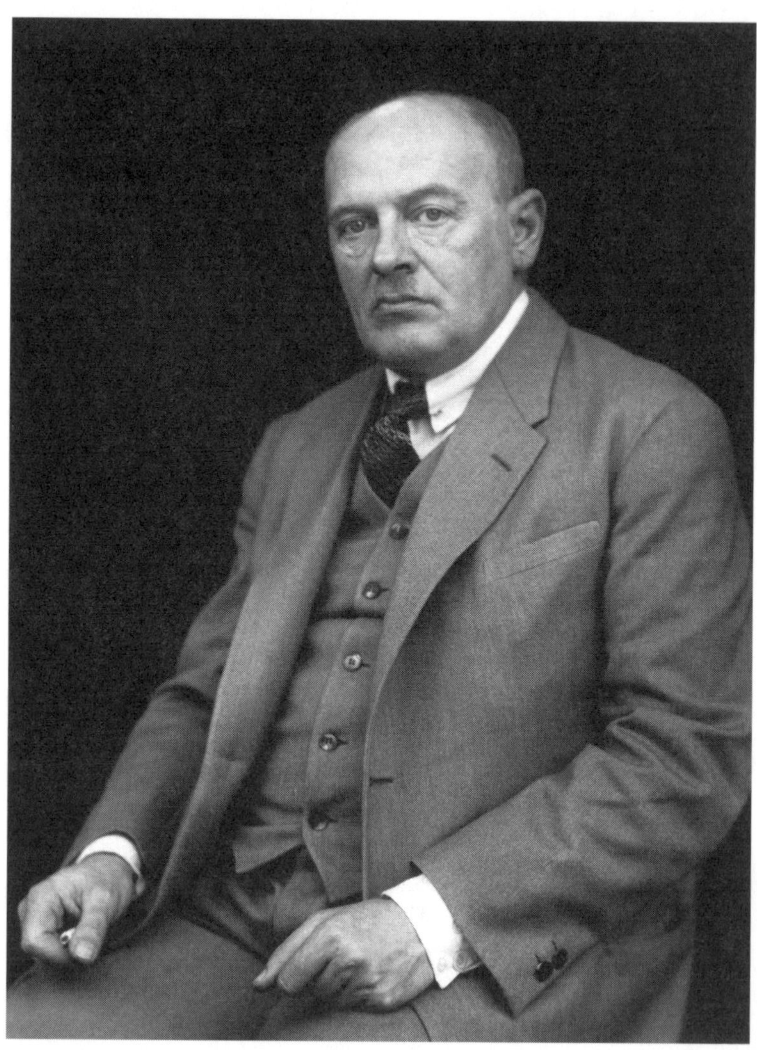

August Sander, Max Scheler, um 1925, s/w-Fotografie

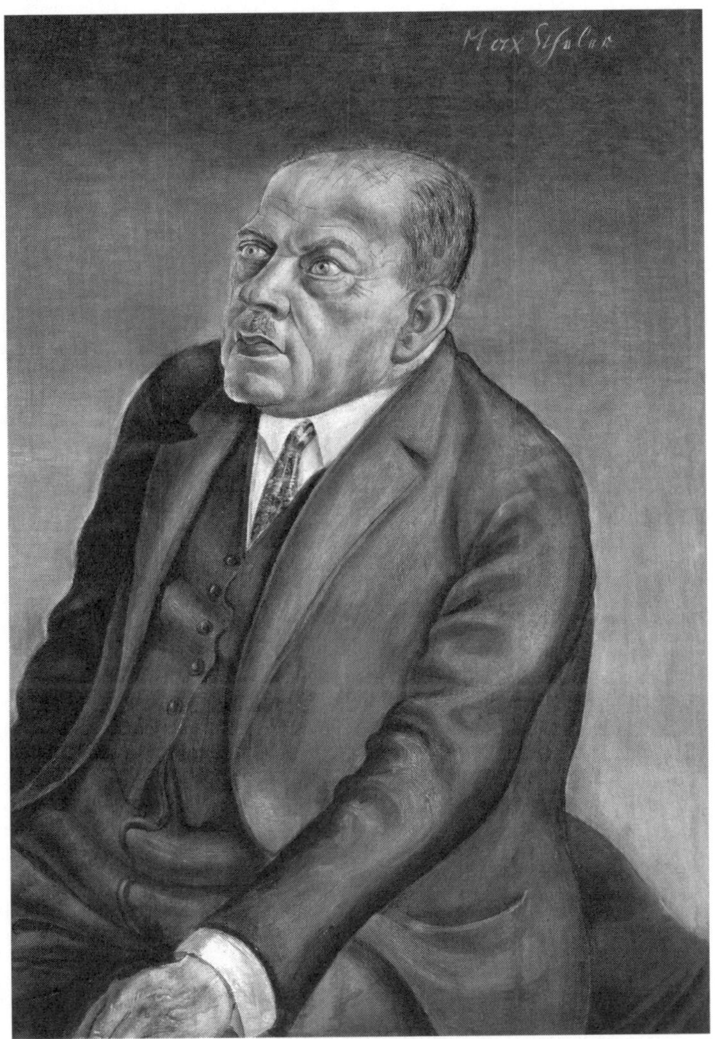

Bildnis des Philosophen Max Scheler, 1926, Mischtechnik auf Holz, 100 × 69,5 cm, Albertus-Magnus-Universität zu Köln

1926/6) Der Philosoph Hans-Georg Gadamer hat den Dargestellten beschrieben:

> »Was für eine Erscheinung! Wer je im Professorenzimmer der Kölner Universität war, kennt das Porträt von Otto Dix, das dort hängt, ein begeisterndes Dokument des Stils der neuen Häßlichkeit. Es war keine Übertreibung. Es war nackte Wahrheit. Ein zwischen den Schultern versinkender Kopf – und eine Nase, die ich immerfort anstarren mußte: Ihr breiter Vorsprung hatte – welch meisterhafte Dränage – in der Mitte eine Art Regenrinne, von der es, wie ich später sah, als er seine Vorträge hielt, beständig tropfte. Bei unserem Gespräch lag sie trocken.«

Als junger Student hatte Gadamer den Philosophen Max Scheler 1920 in Marburg kennengelernt, beschreibt ihn als saugendes und bohrendes Gegenüber, dem etwas Dämonisches, ja eine »satanische Besessenheit« anhaftet. Genau dies hat Dix eingefangen, indem er die gedrungene Figur mit einem fleischigen Kopf bekrönt, aus dem das kalte Feuer hellblauer Augen sticht.

Martin Heidegger, der mit seiner Schrift *Sein und Zeit* 1927 zum zentralen Philosophen in Deutschland avancierte, reagierte spontan auf Schelers Tod im Jahre 1928 und stellte einer Vorlesungsstunde einen kurzen Nachruf voran, in dem er den Phänomenologen als die »stärkste philosophische Kraft Deutschlands, nein, im heutigen Europa« bezeichnete und ebenfalls eine Art Besessenheit, einen »unbezähmbaren Drang, immer im Ganzen zu denken und zu deuten« festhielt. Die Farbigkeit des Bildhintergrundes lässt an eine Himmelslandschaft denken, in die der Philosoph mit seiner Körpermasse wie ein Berg aufragt. Scheler hatte *Die Stellung des Menschen im Kosmos* – so ein Buchtitel 1927 – zu fassen versucht und das Gemälde vermittelt eine kosmische Dimension. Dabei wird auch ein wichtiger Gedanke in Schelers Philosophie veranschaulicht: die Distanzierung – die »Fernstellung« zur Umwelt – als Voraussetzung, eine Welt zu haben.

Alle hier exemplarisch angeführten Bilder sind herausragende Beispiele für Otto Dix als führenden Bildnismaler der Weimarer Republik, der zwar in Max Beckmann und Christian Schad künstlerisch ebenbürtige Konkurrenten hatte, die aber nicht in der Lage waren, so umfangreich und systematisch die Gattung zu prägen. Zugleich sind Dix' Bilder Ausdruck des Zeitstils der Neuen Sachlichkeit, dem künstlerischen und intellektuellen Paradigma der Weimarer Republik. Es hat Geltung in der Bildenden Kunst und Architektur, im Design und Film, in der Literatur und Philosophie. Mit Blick auf die Malerei war eine Ausstellung von entscheidender Bedeutung. Zwischen dem 14. Juni und 13. September 1925 fand in Mannheim die namengebende Ausstellung *Neue Sachlichkeit. Deutsche Malerei seit dem Expressionismus* statt, in der mehr als 120 Werke zu sehen waren. Gustav Friedrich Hartlaub stellte in seinem Vorwort klar, dass die Ausstellung sich nicht gegen den Expressionismus richte, von dem seit Jahren – vielleicht zu Unrecht – behauptet werde, er sei tot. Dennoch ließ sich ein Stimmungswandel beobachten, so dass die Rede von einer nach-expressionistischen Kunst und Mentalität durchaus berechtigt war. Hartlaub versuchte nicht, die gesamte Palette der neuen Ausdrucksweisen darzustellen. Vielmehr knüpfte er an ältere Überlegungen an und stellte zwei Richtungen der Neuen Sachlichkeit in den Fokus:

> »Was wir zeigen, ist gekennzeichnet durch das – an sich rein äußerliche – Merkmal der Gegenständlichkeit, mit der sich die Künstler ausdrücken. Zwanglos ergeben sich zwei Gruppen. Die eine – fast möchte man von einem ›linken Flügel‹ sprechen – das Gegenständliche aus der Welt aktueller Tatsachen reißend und das Erlebnis in seinem Tempo, seinem Hitzegrad herausschleudernd. Die andere mehr den zeitlos-gültigen Gegenstand suchend, um daran im Bereiche der Kunst ewige Daseinsgesetze zu verwirklichen. ›Veristen‹ hat man die einen genannt, Klassizisten könnte man fast die anderen nennen, aber beide Bezeichnungen sind nur halb richtig, decken den Bestand nur unscharf und könnten leicht wieder zu einer neuen Herrschaft des Kunstbegriffs über die konkrete Fülle der Erscheinungen führen.«

Hartlaubs Skrupel fällt auf, die neue Kunst zu etikettieren, und dennoch sollte sich seine berühmte »Zwei-Flügel-Scheidung« weitgehend durchsetzen, die er schon 1922 in der Zeitschrift *Das Kunstblatt* vorgenommen hatte:

»Ich sehe einen rechten, einen linken Flügel. Der eine konservativ bis zum Klassizismus, im Zeitlosen Wurzel fassend, will nach so viel Verstiegenheit und Chaos das Gesunde, Körperlich-Plastische in reiner Zeichnung nach der Natur, vielleicht noch mit Übertreibung des Erdhaften, Rundgewachsenen wieder heiligen. Michelangelo, Ingres, Genelli, selbst die Nazarener sollen Kronzeugen sein. Der andere linke Flügel, grell zeitgenössisch, weit weniger kunstgläubig, eher aus Verneinung der Kunst geboren, sucht mit primitiver Feststellungs-, nervöser Selbstentblößungssucht Aufdeckung des Chaos, wahres Gesicht unserer Zeit.«

Zentral an diesen Ausführungen und dieser Unterscheidung ist, dass Hartlaub klar die gemeinsame Tendenz zur Abgrenzung vom Expressionismus, die partielle Verwurzelung im Dadaismus im Falle der »Veristen« und die Reaktion auf die Zeitumstände – auf das »Chaos, wahres Gesicht unser Zeit« – ausmacht. Sowohl der sogenannte rechte Flügel mit seinem Rückbezug auf die Tradition, auf die Kunst der Renaissance, den französischen Klassizismus des 19. Jahrhunderts und auf die katholische Romantik der Deutsch-Römer, als auch der sogenannte linke Flügel mit seinem an Kitsch und Montage geschulten Realismus antworteten auf Erscheinungen der Zeit, auf den verlorenen Weltkrieg, die bürgerkriegsähnlichen Wirren der Revolutionszeit und auf die wirtschaftliche Katastrophe der Weimarer Republik. Hartlaub hatte davon ein hellsichtiges Bewusstsein, sprach er doch 1925 in seinem Geleitwort von dem »Eindruck gewaltigster Umstürze und Schwankungen unseres Lebens und seiner Werte« und konstatierte für die beiden Flügel, dass sie »sich mitten in der Katastrophe auf das besinnen, was das Nächste, das Gewisseste und Haltbarste ist: die Wahrheit und das Handwerk«. So stellte er den politischen Umbruch und den Verlust von tradierten Wertvorstellungen maßgeblich ins Zentrum seiner Überlegungen und deutete den entweder realistischen oder akademischen Zug als Antworten der Malerei auf die Situation der Zeit.

Der Münchner Kunsthistoriker Franz Roh, dem Hartlaub in seinem Katalog von 1925 ausdrücklich für seine Hilfe bei der Vorbereitung der Ausstellung dankte, publizierte im selben Jahr sein wichtiges Buch *Nach-Expressionismus. Magischer Realismus. Probleme der neuesten europäischen Malerei.* Dabei interpretierte er das Phänomen des Nach-Expressionismus als internationales Phänomen und vermied den von Hartlaub geprägten Begriff der Neuen Sachlichkeit. Stattdessen führte er die beiden Konkurrenzbegriffe Nach-Expressionismus und Magischer Realismus ein. Folgenreicher war die schematische begriffliche Gegenüberstellung von Expressionismus und Nach-Expressionismus, welche die Malerei etwa in folgender Weise charakterisierte: dicke Farbsubstanz versus dünne Farbschicht; aufrauhend versus glättend, verrieben; gegen die Bildränder arbeitend versus in ihnen festsitzend. Dies sind nur wenige der von Roh konstruierten Gegensatzpaare, die aber seitdem immer wieder zur Charakterisierung von Otto Dix und der Neuen Sachlichkeit zitiert wurden. Der Nach-Expressionismus wurde von Roh in sieben unterschiedliche Richtungen oder Gruppen unterteilt. In scharfem Gegensatz zu allen anderen stehen schließlich 7. die deutschen Veristen um Dix, Grosz und Scholz, denen der Autor breiten Raum widmet, die ihm angesichts ihrer verstörenden Radikalität aber auch ein gewisses Unbehagen bereiten. Dix ist im Abbildungsteil mit zwei Hauptwerken repräsentiert: mit dem *Selbstbildnis mit nacktem Model* (Löffler 1923/3; Farbtafel 7) und mit *Nelly in Blumen.* (Löffler 1924/5; s. Abb. S. 19)

Eine Sonderstellung im Zusammenhang mit der Malerei der Neuen Sachlichkeit nahm der Maler Max Beckmann ein. Ihm und Karl Hofer attestierte Roh eine »versöhnliche Haltung zwischen dem Expressionismus und dem neuen Stil«. Beckmann prägte als figürlicher Maler die deutsche Kunst der 1920er Jahre entscheidend mit und ist in vielem als direkter künstlerischer Antagonist von Dix anzusehen. Beckmann hatte für Hartlaub in seiner Konzeption der Neuen Sachlichkeit eine Schlüsselposition inne. Die Zahl der Beckmann-Gemälde wurde in der Ausstellung im Hochsommer umfassend erweitert, und in der Tat war der Maler dann wesentlich prominenter als Dix in der epochalen Mannheimer Ausstellung vertreten. Auch für andere bedeutende Kunsthistoriker wie Alfred Neumeyer stand Beckmann und nicht Dix im Zentrum der neusachlichen Malerei, während Beckmann sich selbst gegen die Vereinnahmung zur Wehr setzte.

Hier zeigte sich eine auch für Otto Dix geltende Problematik: Die Gefahr, als Ausnahmekünstler – und das waren Dix und Beckmann jeder auf seine Art – im Kontext einer Massenbewegung vereinnahmt zu werden. In einem wichtigen Brief an den Kunstschriftsteller Wilhelm Hausenstein vom 12. Februar 1926 schrieb Beckmann mit klaren Worten, wie enttäuscht er von Franz Rohs Buch sei und dass er die Entwicklung der Neuen Sachlichkeit zur Massenbewegung und den damit einhergehenden künstlerischen Substanzverlust scharf ablehne, freilich um zugleich seinen eigenen entscheidenden Einfluss auf das Zustandekommen der Richtung zu reklamieren. Er übte auch scharfe Kritik an Dix. Sie kommt in einem Brief Beckmanns an seinen Kunsthändler Jsrael Ber Neumann zum Ausdruck, der in die USA übergesiedelt war und seine Geschäftsinteressen von Karl Nierendorf vertreten ließ. Beckmann schrieb am 25. Januar 1926:

> »Mit Ihrem ›Compagnon‹ Nierendorf bin ich sehr unzufrieden und habe in Berlin, wo ich eben war, auch nicht's besonders Günstiges über ihn gehört. Das ist der einzige trübe Punkt in unserer Ehe. [...] und ich weiß nicht ob es klug ist von Ihnen Ni[e]rendorf so quasi als Ihren Stellvertreter schalten und walten zu lassen, er schaltet mich fast vollkommen aus und dixt mit Energie weiter, trotzdem dieser bereits auf Grützner und Sichel herabgesunken ist. Da ich nun einmal in Deutschland lebe ist das nicht sehr angenehm für mich.«

Das Zitat verdeutlicht, wie stark Dix' Position im Kunstleben der Weimarer Republik inzwischen war. Es verdeutlicht aber auch, dass man erhebliche Zweifel an dem von Dix eingeschlagenen Weg haben konnte und das stimmte mit der Selbsteinschätzung und den beginnenden Selbstzweifeln von Dix überein.

Karl Nierendorf und Jsrael Ber Neumann kannten sich vielleicht schon seit 1920 und 1923 vereinbarten sie, dass Nierendorf das Berliner Geschäft von Neumann übernehmen solle, da Neumann nach New York übersiedelte, wo er zu einem Pionier in der Förderung deutscher Kunst in den USA wurde. Wegen seiner überstürzten Ausreise war Neumann gezwungen, Nierendorf eine Generalvollmacht auszustellen, so dass Nierendorf ab Oktober 1923 das Graphische Kabinett von Neumann in Berlin leitete. Der neue Berliner Standort des Galeristen sollte auch Otto Dix in der Reichshauptstadt bekannter machen und ab 1924 trug sich der Maler mit dem Gedanken einer Übersiedlung in die Hauptstadt.

Die Beziehungen zwischen Nierendorf und Neumann waren keineswegs konfliktfrei. Das betraf finanzielle Dinge und künstlerische Einschätzungen: Aus einem Brief vom Februar 1925 geht hervor, dass Nierendorf gezwungen war, die Gewinne seiner Dix-Verkäufe in das Graphische Kabinett zu stecken. Hinsichtlich künstlerischer Vorlieben zeigt die Klage von Beckmann gegenüber Neumann, dass Nierendorf von seiner ureigenen Entdeckung Dix so beherrscht war, dass sich Beckmann vernachlässigt fühlte. Ihm war verständlicherweise ein Dorn im Auge, dass Nierendorf in seiner ersten Ausstellung in Berlin neben dem neusachlichen Otto Dix den gegenstandslosen Wassily Kandinsky zeigte: Beide Künstler wurden von Beckmann kritisch bis ablehnend beurteilt. Auch die anschließenden Präsentationen von Paul Klee und den Bauhaus-Künstlern entsprachen nicht seinen Vorstellungen.

Mit dem Umzug in neue Berliner Geschäftsräume nannte sich das Kabinett Neumann-Nierendorf und eröffnete mit einer Aquarell- und Graphik-Ausstellung Emil Noldes, die von einer schönen Publikation mit dem Titel *Die neue Kunst in Deutschland* begleitet wurde. Unterdessen kam es zu Konflikten zwischen den Brüdern Joseph und Karl Nierendorf und damit verbunden zur vorübergehenden Schließung der weiter bestehenden Düsseldorfer Galerie, die enorme Verluste verursachte. Diese Schwierigkeiten konnten nur mit Hilfe der Verkaufserfolge, die Nierendorf mit Dix erzielte, überwunden werden. Die Erklärung für diese Erfolge, die Nierendorf selbst gegenüber Neumann im Januar 1925 mitteilte, ist interessant: Seiner Einschätzung nach sei Dix als neuer junger Künstler von Interesse und sein Realismus werde von breiten Kreisen verstanden, während nach wie vor Expressionismus (Heckel), politische Kunst (Grosz) oder weltanschaulich aufgeladene Malerei (Beckmann) als problematisch oder unverständlich erschienen. Obwohl sie inhaltlich gewagt und formal radikal waren, kamen die Werke von Dix Mitte der 1920er Jahre zunehmend gut an. So überrascht es auch nicht, dass Dix zum Inbegriff der Neuen Sachlichkeit werden konnte, verkörperte er doch Handwerk und Wahrheit, die Hartlaub in seiner Ausstellung betonte.

Nierendorf zeigte 1926 in Berlin die erste Gesamtausstellung von Otto Dix, die bereits für Herbst 1925 geplant war, sich aber verzögerte, was er seinem Bruder am 20. November wie folgt erklärte: »[...] weil

Dix zuerst Luther malen soll und weil auch der Dezember kein Monat für eine Dix-Ausstellung ist.« Mit Luther war der (vom 15. Januar 1925 bis zum 27. Mai 1926) amtierende Reichskanzler Hans Luther gemeint. Der DVP-Politiker war vor allem als Finanzexperte bekannt und trug nach der Hyperinflation wesentlich zur Stabilisierung der Mark bei.

Doch das Vorhaben – bei dem der Essener Direktor des Folkwang-Museums Ernst Gosebruch eine vermittelnde Rolle übernahm – platzte trotz der zunehmenden Anerkennung von Dix, nicht zuletzt aufgrund des hohen Amtes, das Luther bekleidete. Harry Graf Kessler, der polyglotte Kunstsammler, Museumsleiter und Diplomat, hat in seinen Tagebüchern am 23. März 1926 den Grund dafür festgehalten:

> »Luther holte ich aus einer Gruppe heraus und sagte ihm, ich habe mich gefreut zu hören, daß er sich von Dix malen lassen wolle. Er meinte, ja, überall werde das erzählt, aber die Sache sei noch keineswegs sicher. Wenn er bloß Dr. Luther wäre, würde er sich ohne weiteres von Dix malen lassen. Aber ob dabei der deutsche Reichskanzler herauskomme, sei ihm zweifelhaft. Slevogt habe eben von ihm ein durchaus beachtenswertes Bild gemalt, und er verspüre keine große Lust, sich sofort wieder malen zu lassen. Ich sagte: Ja, es sei mühsam, Modell zu stehen. Luther: Nein, eigentlich mache es ihm Vergnügen zu sehen, wie der Maler aus ihm das Persönliche heraushole; es sei sogar unheimlich.
>
> Ich sah ihn mir an: massiger, ziemlich gewöhnlicher Rundschädel, aber lebendige, unbedingt gütige und junge Augen und ein feiner Mund. Trotz der undistinguished Umrisse keine gleichgültige Physiognomie. Vitalität und Eigensinn, nicht ohne Geist. Vor allem Beweglichkeit. Ich sagte es ihm. Er meinte: eine gute Karikatur von ihm existiere noch nicht.«

Vielleicht fürchtete Luther die sezierende Schärfe eines Otto Dix, der wohl nicht nur eine harmlose Karikatur geliefert hätte. Die Diskussion belegt aber erneut, dass Dix als entscheidender Porträtist seiner Epoche wahrgenommen wurde.

7 Blick auf Dix

Die kurze Broschüre *Otto Dix*, verfasst von Paul Ferdinand Schmidt 1922 und im Verlag Karl Nierendorf Neue Kunst Köln am Rhein veröffentlicht, kann als die erste selbständige Monographie zum Künstler angesehen werden. Früh bemühte sich der Kunsthändler Nierendorf um eine öffentlichkeitswirksame Verbreitung der Werke von Dix, um den Maler bekannt zu machen. Publikationen waren dabei immer ein probates Mittel. In *Otto Dix* vermitteln zehn Reproduktionen die neuesten Werke des Malers. Keines der Bilder ließ sich mehr dem Dadaismus zuordnen, allenfalls das *Arbeiterporträt* (Löffler 1921/5) ist aufgrund seines simplen, baukasten- und schablonenartigen Architekturhintergrunds mit zeitgleichen Werken von George Grosz in Verbindung zu bringen. Dabei wird die Abhängigkeit des Dadaismus von der italienischen *pittura metafisica* eines Giorgio de Chirico deutlich. Grosz' milieuspezifische Typen ließ Dix aber durch das genaue Studium der Physiognomie eines Individuums hinter sich; es konnte zwar ebenfalls ein Herkunftsmilieu versinnbildlichen, gleichzeitig resultierte daraus aber eine psychologisierende Individualdarstellung.

Schmidt, der in Dresden als Leiter der Modernen Sammlung des Stadtmuseums ein früher Förderer von Dix war, betonte in seinem Text, dass die künstlerische Begabung sich bei Dix kontinuierlich entwickelt habe und schon vor dem Krieg einsetzt habe. Dix besitze ein Zukunftspotenzial und sei im Grunde den schon anerkannten dadaistisch-veristischen Positionen eines George Grosz oder Rudolf Schlichter überlegen. Dix solle nicht als kurzlebiges Produkt dramatischer politischer und wirtschaftlicher Umbrüche, sondern als ernst zu nehmende Figur profiliert werden.

Im selben Jahre hatte die heute leider als Person kaum fassbare Ilse Fischer – möglicherweise handelt es sich um ein Pseudonym – noch den Dadaisten Dix charakterisiert. Im Unterscheid zu Schmidt wählte sie die punktuelle und pointierende Skizze, und als Titel ihres Aufsatzes *Der Dadaist (Otto Dix)* einen Abschnitt seines künstlerischen Schaffens, der bereits abgeschlossen war. (vgl. Abb. S. 76) Fischer meinte denn auch mit der Charakterisierung als Dadaisten gar nicht eine stilistische Zuordnung, sondern einen persönlichen Zug bei Dix, den man mit dem Begriff der Negation fassen könne. Dem Maler selbst war das klar, wenn er zur selben Zeit voller Sehnsucht an seine zukünftige Frau Martha schrieb: »[...] es geht nicht gut ohne dich ohne deine körperliche Nähe – ich fange schon wieder an mich und mein Tun zu verneinen – scheinbar ist das eine Seuche bei mir!« Ungewöhnlich genau und sensibel beschrieb Fischer die Physiognomie des Künstlers, sein Auftreten und Agieren in Gesellschaft und auch seine vorhandene, wenn auch unsystematisch ausgeprägte philosophische Bildung; Fischer spricht von einem »dynamisch-motorischen Monismus«, was jüngst von Birgit Schwarz in genaueren Studien ausgeführt wurde. In Fischers anschaulichen Schilderungen treten Dix' Hang zum Antibürgerlichen, seine Anpassung an die Mode (Amerikanismus in Kleidung und Habitus), die Zügellosigkeit (auch in sexueller Hinsicht) und Eitelkeit, seine Angst vor dem Alleinsein und seine Arbeitsdisziplin, das Unsystematische und doch Erlebnisintensiv-Impulsive klar vor Augen: »Ich habe so gewaltige Lust viel in mich hineinzusaugen viel zu sehen viel zu erleben.«

Der Leser gewinnt nicht nur einen Eindruck von der komplexen, schwierigen und mitunter labilen Persönlichkeit des Malers, sondern versteht auch, warum das Werk mitunter so sprunghaft und heterogen erscheint. »In ewiger Unausgeglichenheit fällt er aus einem Extrem ins andere, unfähig zu einem gesunden Lebensrhythmus, besessen von einem fanatischen Vernichtungswillen gegen alles Bestehende, chaotisch in ihm Kreisende.«

Vielleicht hat gerade der Düsseldorfer Künstlerkollege Gert Wollheim mit seinem gezeichneten, in seiner Zerrissenheit surreal anmutenden Dix-Porträt von 1921 genau diese Züge des Malers am eindrücklichsten eingefangen. Das eindrucksvolle Blatt dementiert in seiner prekären existentiellen Zuspitzung Dix eigene Bemühungen um einen kalt-distanzierten Habitus in der Selbstdarstellung. Nach Fischer besaß Dix aber gerade mittels seiner Kunst die Möglichkeit, den Dadaismus seiner negierenden Persönlichkeit zu überwinden: »Hier erwacht sein zielbewußter Wille, gelingt ihm das Zusammenraffen der widerstreitenden Kräfte, die zwingend klare Synthese.«

Eine weitere, wesentliche Charakterisierung der Kunst von Otto Dix lieferte der Schriftsteller und Kunstkritiker Carl Einstein. Der herausragende Intellektuelle der Weimarer Republik versuchte sich früh als Schriftsteller und wandte sich später als Kritiker der französischen

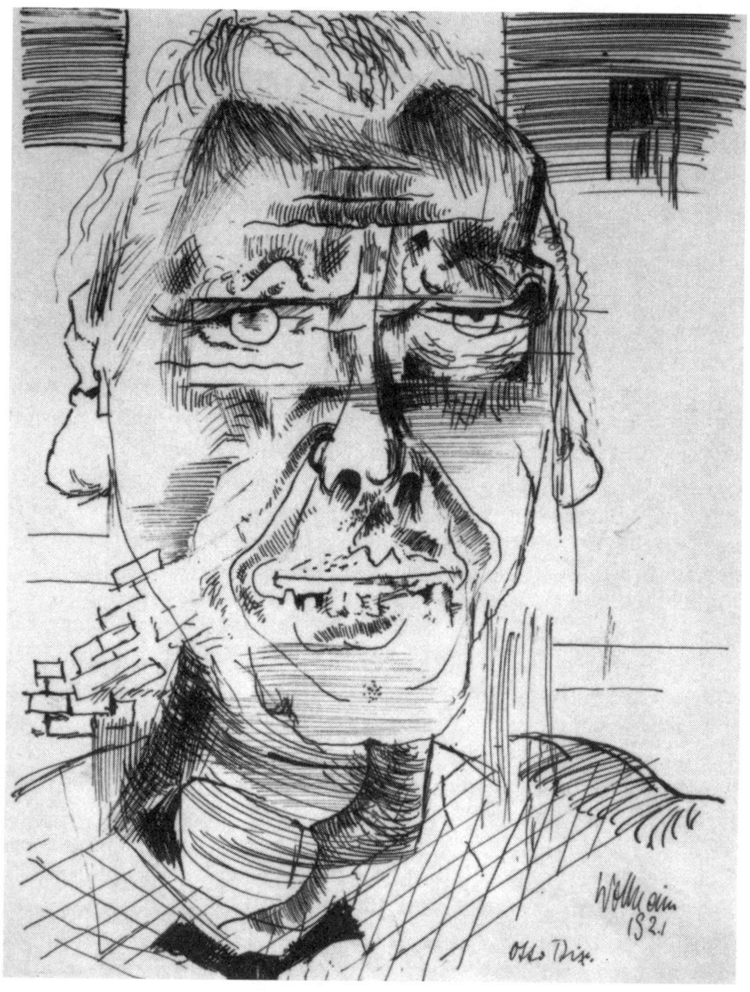

Gert H. Wollheim, *Otto Dix*, Tusche, 33,6 × 25,5 cm, Privatbesitz

Avantgarde und der außereuropäischen Kunst zu. Seinen Aufsatz über Dix veröffentlichte er 1923 in *Das Kunstblatt* und hielt als präzise Diagnose der Gegenwart fest: »Die Pole heutiger Kunst liegen bis zum Reißen gespannt. Konstrukteure, Gegenstandslose errichten die Diktatur der Form; andere wie Grosz, Dix und Schlichter zertrümmern das Wirkliche durch prägnante Sachlichkeit, decouvrieren diese Zeit und zwingen sie zur Selbstironie. Malerei, ein Mittel kühler Hinrichtung; Beobachtung als Instrument harten Angriffs.«

Damit anerkannte Einstein, der sich insbesondere für die Kunst des Kubismus interessierte und mit seinen Büchern zur afrikanischen Skulptur – *Negerplastik* erschien 1915 – bereits Kunstgeschichte geschrieben hatte, die avantgardistische Position des Verismus. Neben der Gegenstandlosigkeit stand der Wirklichkeitsfuror. Wassily Kandinsky hatte das bereits vor dem Ersten Weltkrieg mit den Begriffen ›Große Abstraktion‹ und ›Große Realistik‹ im Almanach des *Blauen Reiters* zu fassen versucht, eine Differenzierung, die in den 1920er Jahren immer wieder aus unterschiedlicher Perspektive aufgegriffen wurde. Auch das berühmte, 1925 von El Lissitzky und Hans Arp herausgegebene Buch *Kunstismen* stellte Dix und Grosz neben Moholy-Nagy und El Lissitzky, kritisch-deskriptiven Verismus neben abstrakt-visionären Konstruktivismus als die avancierten Strömungen der Zeit.

Einstein beschwor den politischen Kampf, indem er unterstellte, die Veristen führten eine Art Bürgerkrieg – in der Tat waren das Jahr 1920 mit dem gescheiterten Lüttwitz-Kapp-Putsch und der kläglich gescheiterte Hitler-Putsch in München 1923 gewalttätige Jahre der aggressiven Herausforderung für die junge Republik von rechts – und hielt fest: »Dix tritt dieser Zeit, die nur Persiflage einer solchen ist, entschlossen und technisch gut montiert in den geblähten Bauch, erzwingt von ihr Geständnisse übler Schuftigkeit und zeigt aufrichtig ihre Menschen, deren gerissene Gesichter zusammengeklaute Fratze grinsen.« Der gesamte Artikel ist von einer aggressiven Sprache des Kampfes und des Krieges geprägt und zeugt von der Überlappung des künstlerischen mit dem politischen Diskurs der Zeit. Doch trotz der eindeutigen Parteinahme für die veristische Position ist der Text nicht unkritisch. Einstein hebt beispielsweise hervor: »Dix begann gefährlich literatenhaft; [...] stimuliert zu Beginn sein Malen mit ballernden Sensationen. [...] Bei Dix pauken zu Beginn Schießbude und Lust-

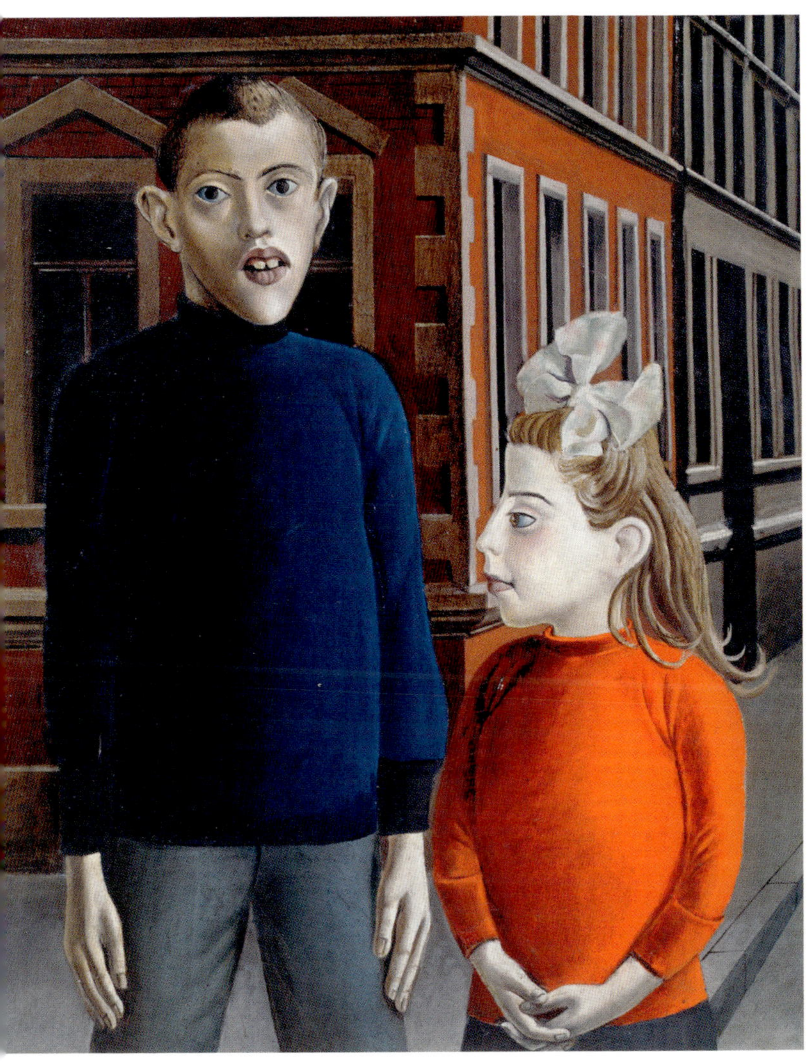

Tafel 1 *Zwei Kinder*, 1921, Öl auf Leinwand, 96 × 76 cm, Musées Royaux des Beaux-Arts de Belgique Brüssel

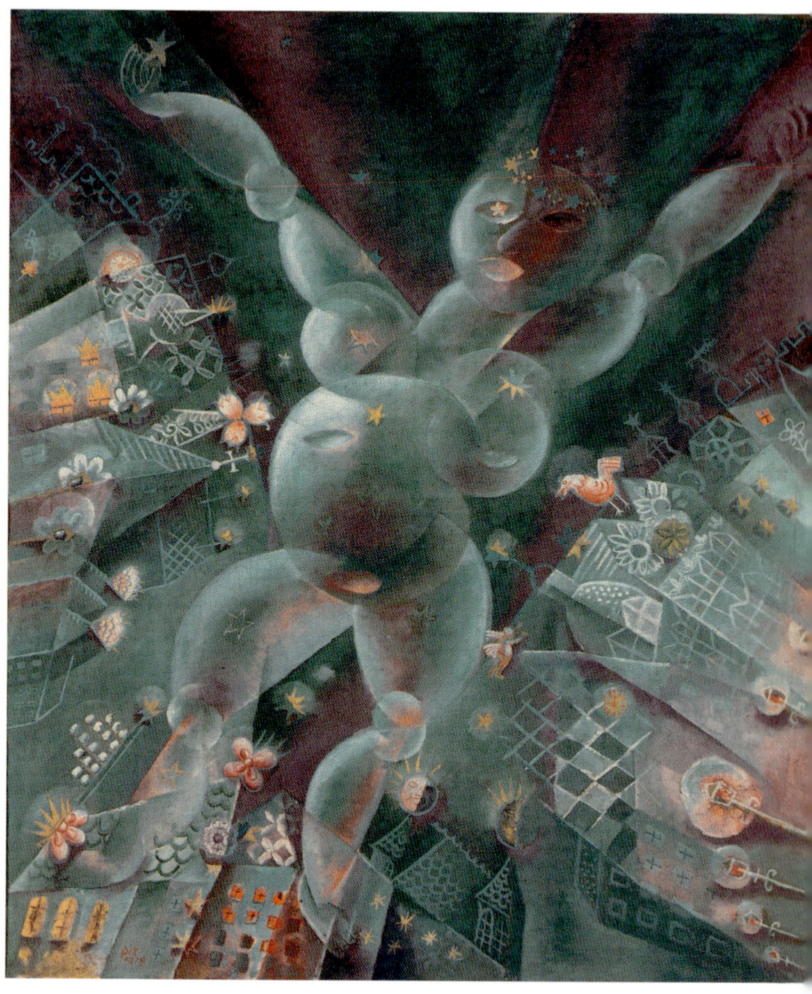

Tafel 2 *Das Mondweib*, Öl auf Leinwand, 120 × 100,5 cm, Neue Nationalgalerie Berlin

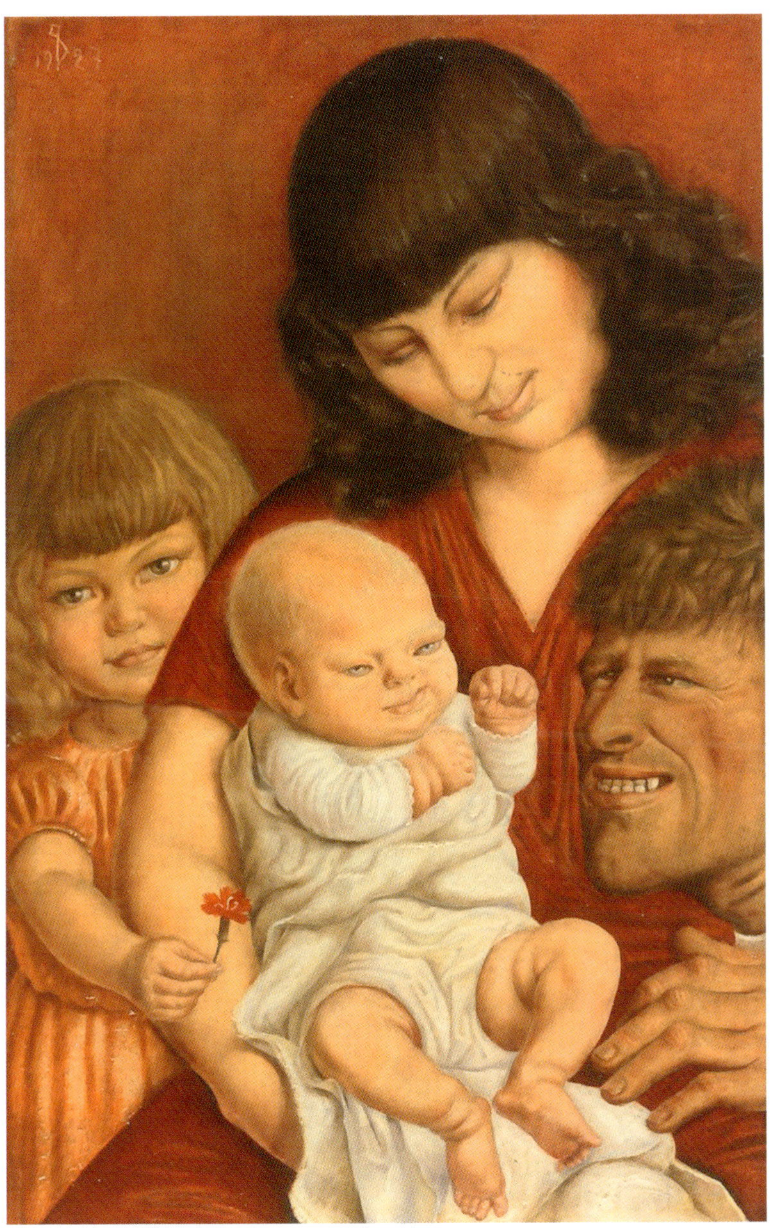

Tafel 3 *Familie Dix*, 1927, Mischtechnik auf Holz, 80 × 50 cm, Städelsches Kunstinstitut Frankfurt a. M.

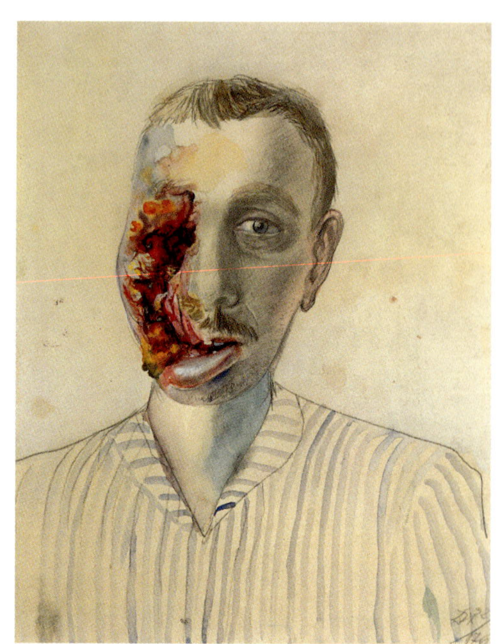

Tafel 4a *Kriegsverletzter*, 1922, Aquarell über Bleistift, 48,8 × 36,9 cm, Privatbesitz

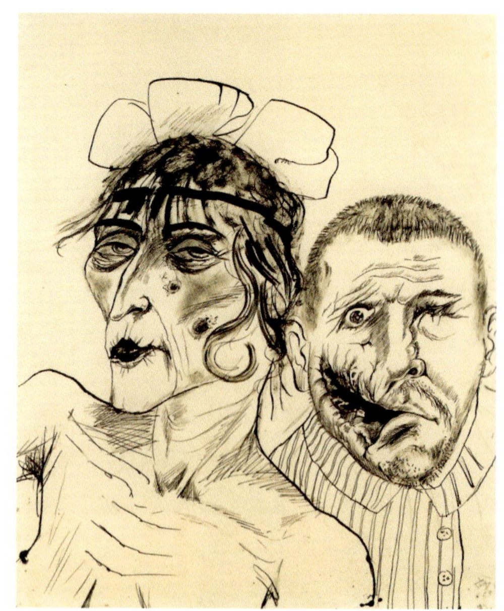

Tafel 4b *Dirne und Kriegsverletzter (Zwei Opfer des Kapitalismus)*, 1923, Tusche, 47 × 37 cm, LWL-Landesmuseum Münster

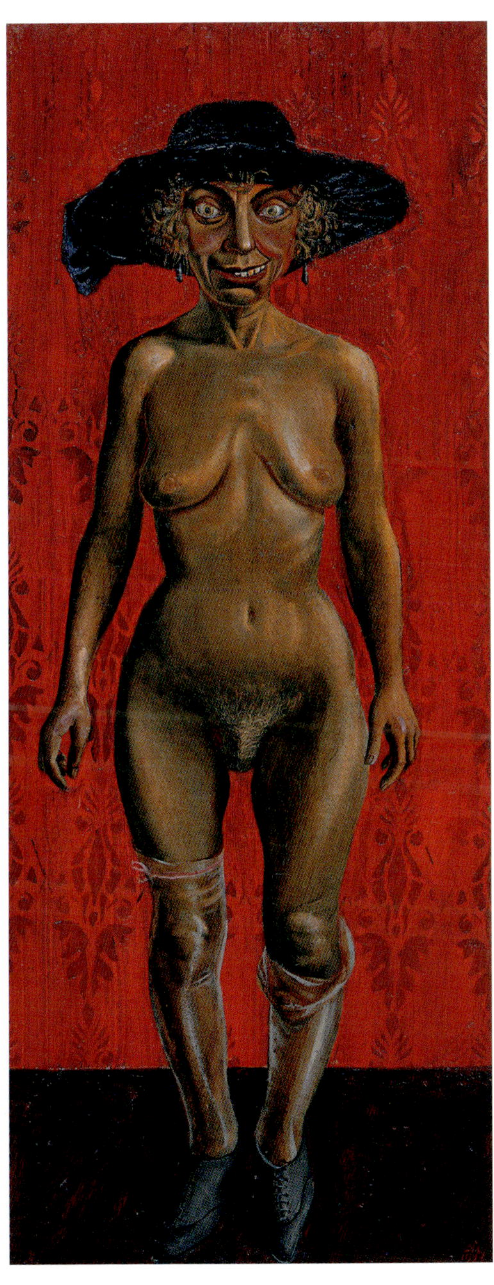

Tafel 5 *Venus des kapitalistischen Zeitalters*, 1923, Öl auf Sperrholz, 128 × 50 cm, Privatbesitz

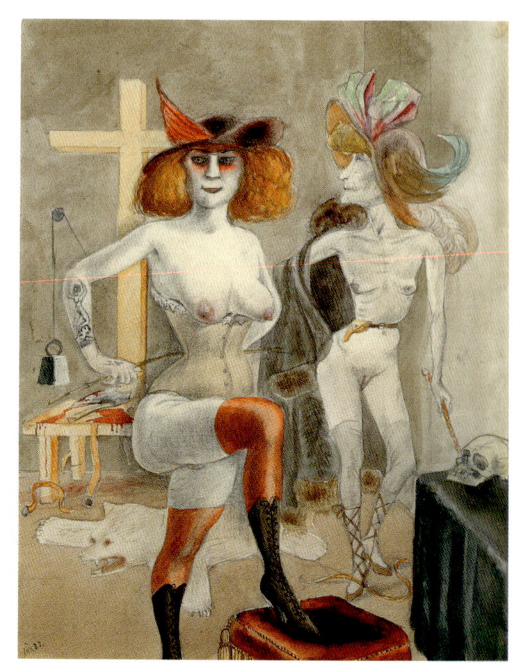

Tafel 6a *Sadisten gewidmet*, 1922, Aquarell und Bleistift, 49,8 × 37,5 cm, Privatbesitz

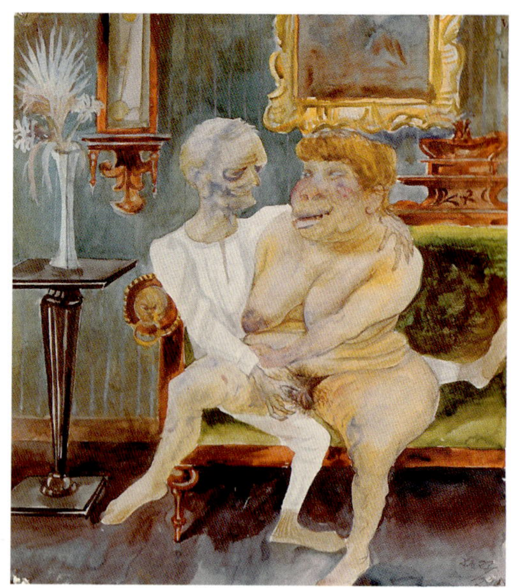

Tafel 6b *Älteres Liebespaar*, 1923, Aquarell, 39 × 33,5 cm, Privatbesitz

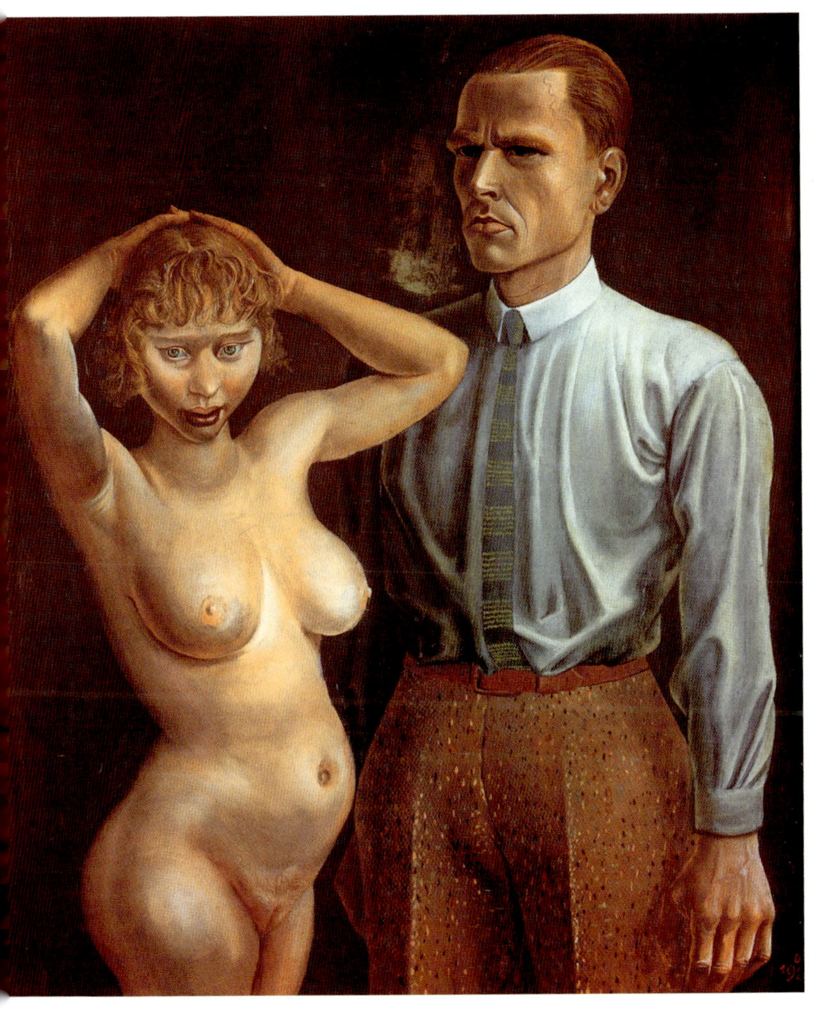

Tafel 7 *Selbstbildnis mit nacktem Modell*, 1923, Öl auf Leinwand, 105 × 90 cm, Privatbesitz

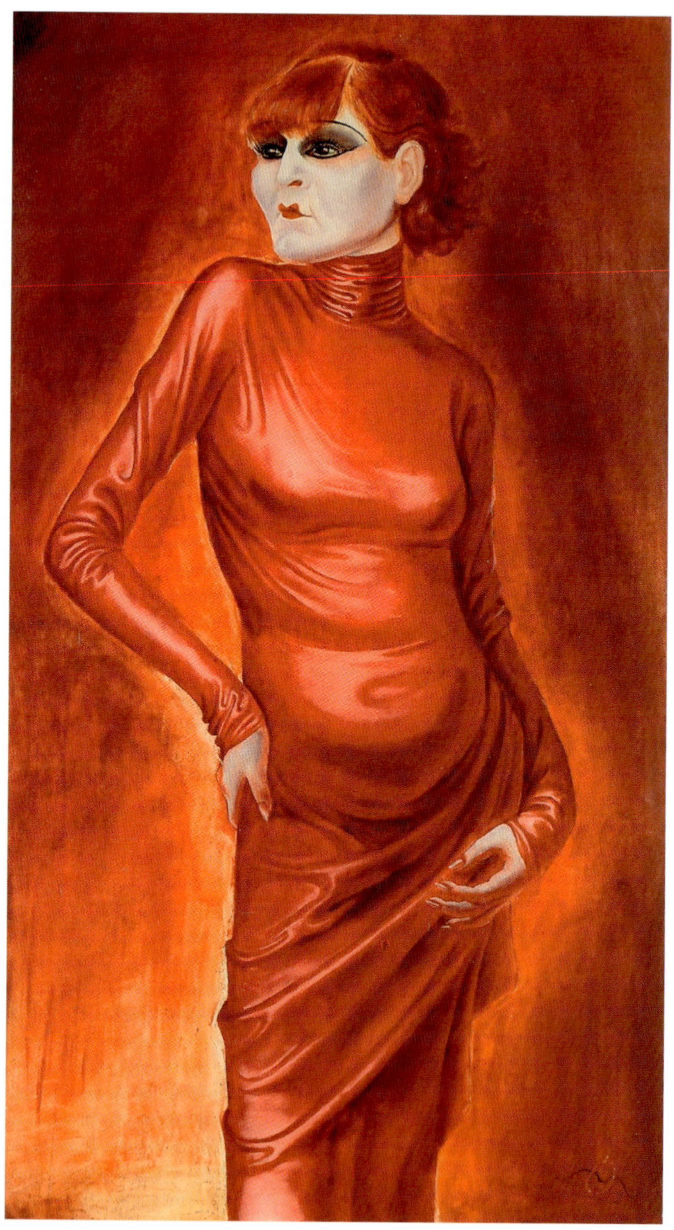

Tafel 8 *Bildnis der Tänzerin Anita Berber*, 1925, Tempera auf Sperrholz, 120 × 65 cm, Kunstmuseum Stuttgart

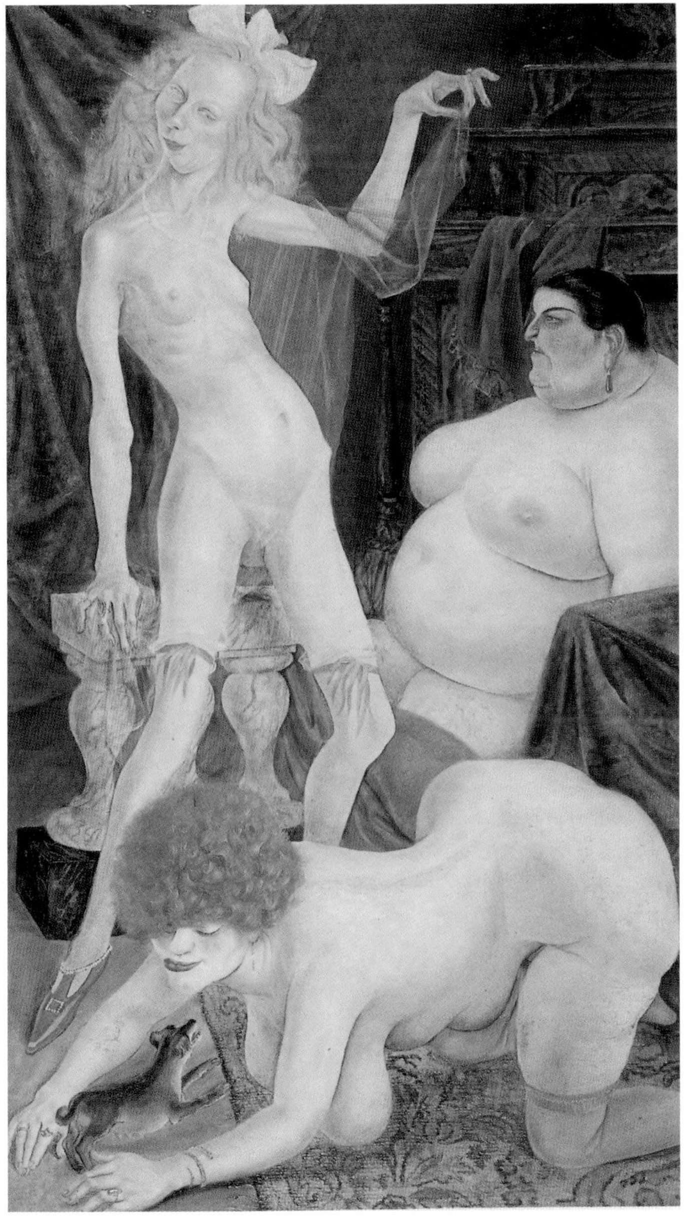

Tafel 9 *Drei Weiber*, 1926, Öl auf Holz, 181 × 105,5 cm, Kunstmuseum Stuttgart

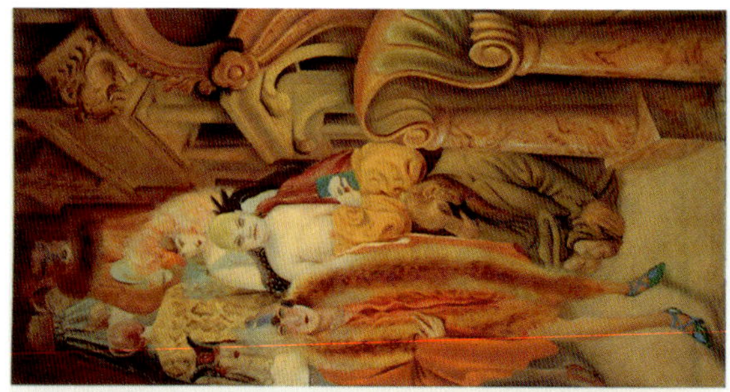

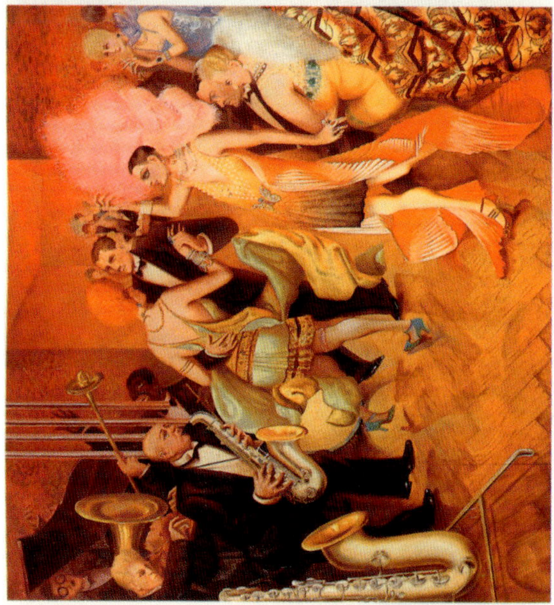

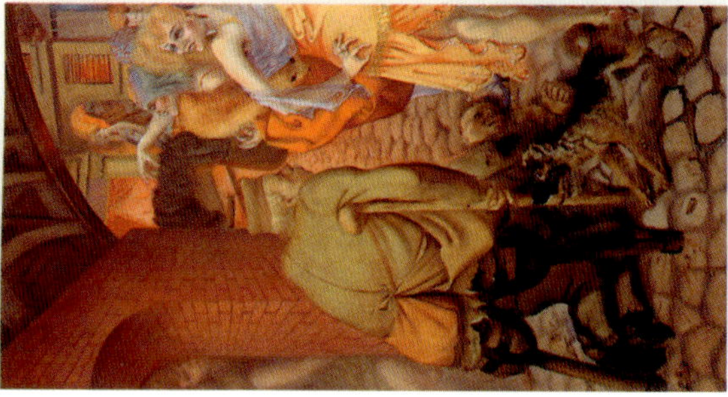

Tafel 10 *Großstadt (Triptychon)*, 1927/28, Mischtechnik auf Holz, 180 × 402 cm, Kunstmuseum Stuttgart

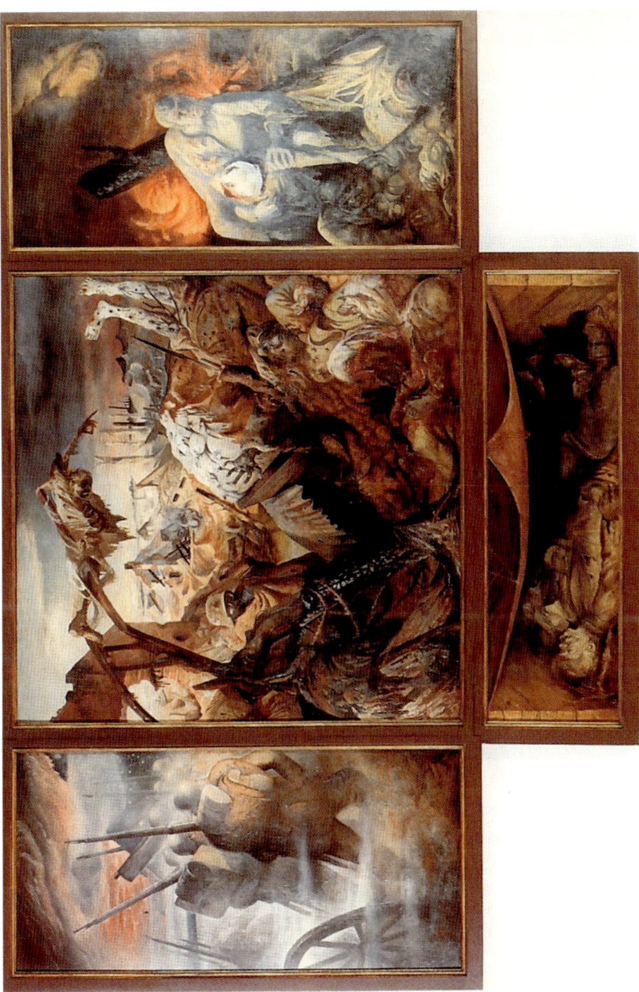

Tafel 11 *Der Krieg (Triptychon)*, 1929–32, Mischtechnik auf Holz, 204 × 408 cm und Predella 60 × 204 cm, Staatliche Kunstsammlungen Dresden, Galerie Neue Meister

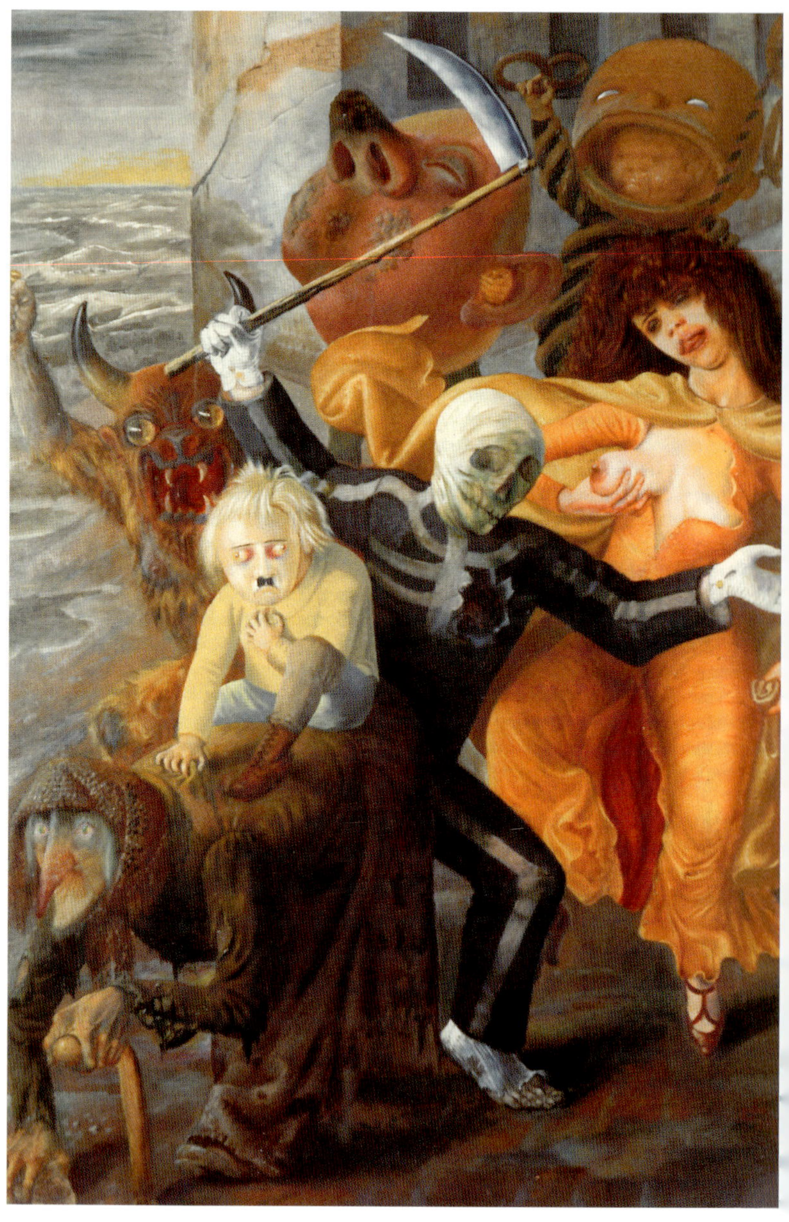

Tafel 12 *Die sieben Todsünden*, 1933, Mischtechnik auf Holz, 179 × 120 cm, Staatliche Kunsthalle Karlsruhe

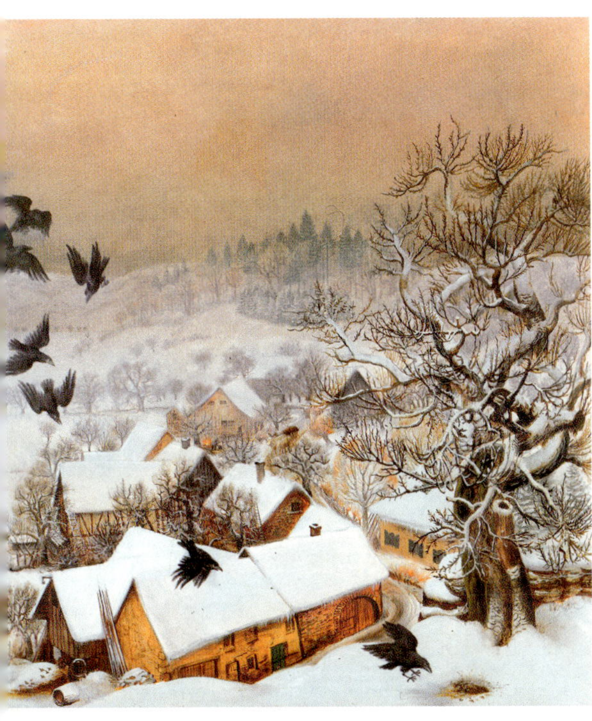

Tafel 13a *Randegg im Schnee mit Raben*, 1935, Mischtechnik auf Hartfaserplatte, 80 × 70 cm, Kunstmuseum Stuttgart

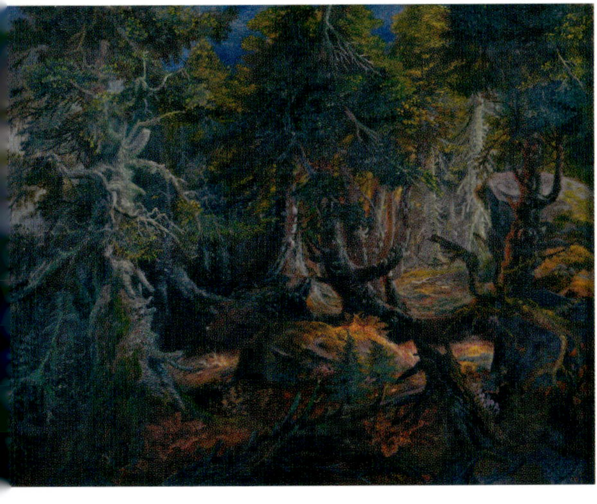

Tafel 13b *Der Bannwald*, 1942, Mischtechnik auf Holz, 81 × 99 cm, Otto Dix Stiftung, Vaduz

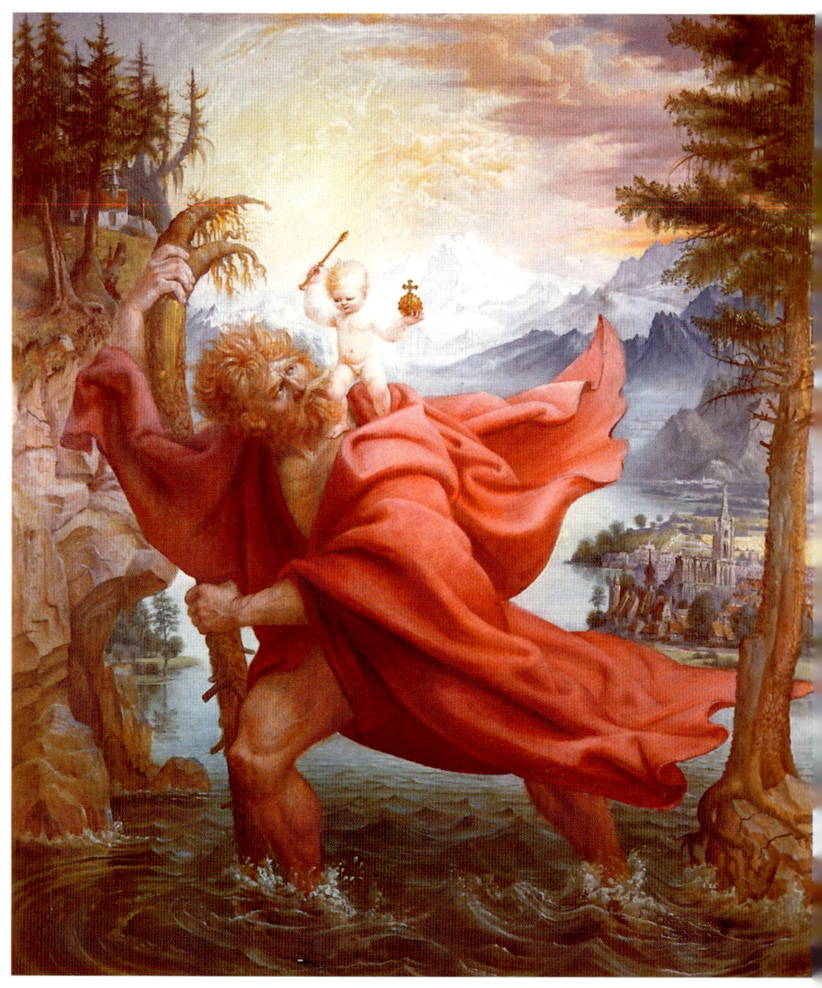

Tafel 14 *Der Heilige Christopherus IV*, 1939, Mischtechnik auf Holz, 163 × 133 cm, Kunstsammlung Gera

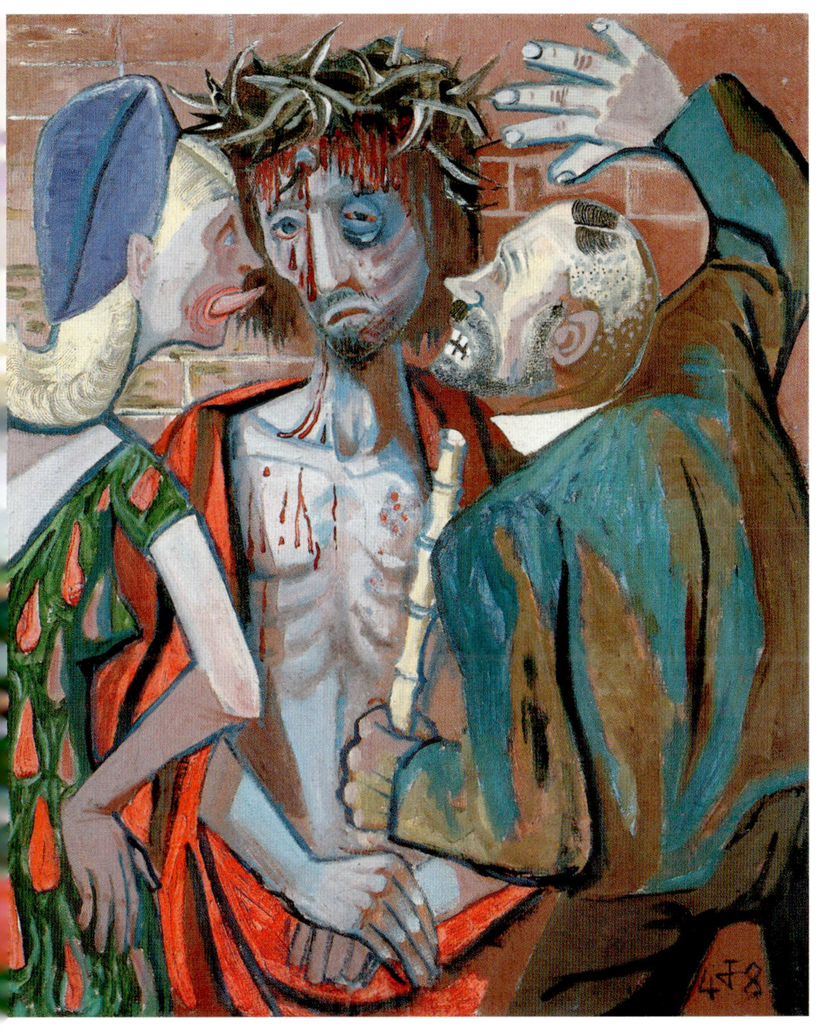

Tafel 15 *Verspottung Christi*, 1948, Öl auf Leinwand auf Preßholz aufgezogen, 100 × 81 cm, Zeppelin-Museum Friedrichshafen

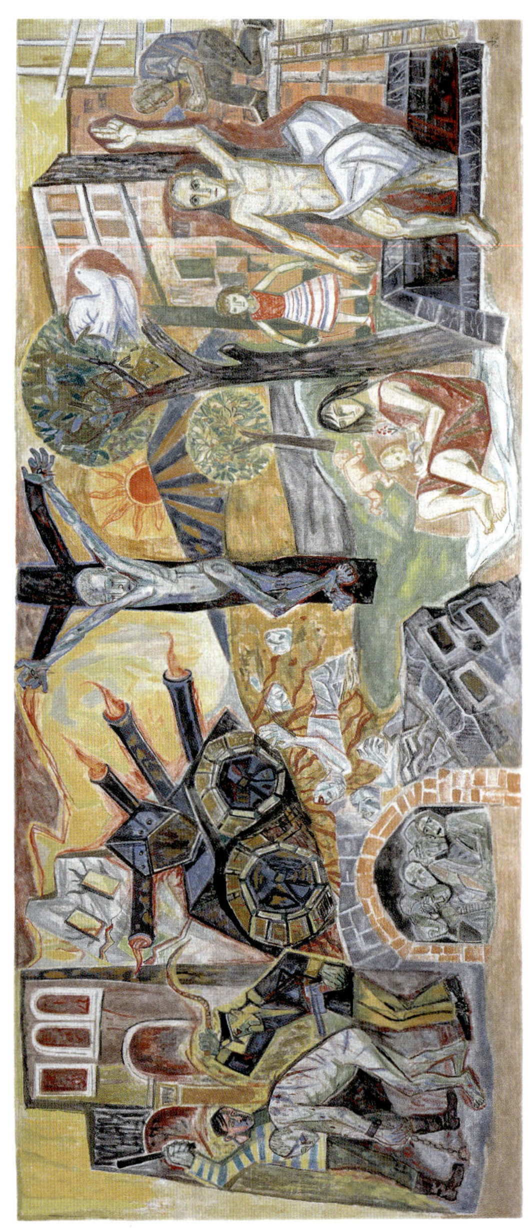

Tafel 16 *Krieg und Frieden*, 1960, Wandbild, Keimsche Mineralfarben Technik A auf Mörtelputz, 500 × 1200 cm, monogrammiert, dat. u. r., Rathaussaal Singen

mord.« Einstein benennt bereits, was Gustav Friedrich Hartlaub 1925 in seinem Geleitwort zur Mannheimer Ausstellung der Neuen Sachlichkeit betonen sollte, dass »Handwerk und Sachlichkeit« als zentrale Charakteristika von Dix zu gelten hätten. Seine Kunst sei im Resultat »Malerei, kritischer Feststellung«. Damit war eine breite Strömung neusachlicher Malerei als kritischer Realismus identifiziert und Dix als einer ihrer Hauptvertreter ausgemacht. Zugleich rückt Dix in die Riege arrivierter Künstler auf, wenn die Kulturfilmgesellschaft der Petra AG ihn im Oktober 1923 für den Film *Die Hand des Meisters bei der Arbeit* aufnimmt. Es handelt sich um den ersten einer Reihe von abendfüllenden Filmen, die die künstlerische Produktion von Malern wie Lovis Corinth oder George Grosz dokumentierte.

Einer der talentiertesten Kunstkritiker der jungen Weimarer Republik war Willi Wolfradt, der ein zwar kleines, aber bemerkenswertes Buch in Kasimir Edschmids *Tribüne der Kunst und Zeit* über *Die neue Plastik* (1919) sowie schmale Monographien über George Grosz (1921) und Lyonel Feininger (1924) publizierte. Ein Jahr nach Einstein veröffentlichte Wolfradt 1924 in der Reihe *Junge Kunst* des Klinkhardt & Biermann-Verlags seine Otto-Dix-Monographie, eine hymnische, teilweise dramatisch-emphatische Würdigung. Dix wird als »künstlerisches Elementarereignis« beschrieben: »Elementar ist dieser Realismus, elementar die frenetische Tatkraft des Schaffens, elementar das Einschlagen dieses Outsiders in die Moderne.« Im übrigen handelt es sich um eine differenzierte Darstellung, die zu einem entscheidenden Ergebnis kommt: Bei Dix sei eine »Reaktion gegen Vornehmheit und Kultur und allen komplizierten Schwindel« zu beobachten, die auf eine »Inversion des Geschmacks« hinauslaufe, von der Wolfradt annahm, dass sie das Zeitalter ganz allgemein präge. Immer wieder trifft der Leser auf drastische Schilderungen und Charakterisierungen des künstlerischen Ansatzes; so spricht der Autor von einem »folternden Rigorismus seiner Schilderung«, womit er die Themen von Dix (Krieg und Lustmord) ebenso in Erinnerung ruft, wie auf die Besessenheit in der Schilderung von Details abhebt. Mit Blick auf die bereits behandelten Porträts hält Wolfradt fest:

»Ein Affront gegen das Schmücke-dein-Heim. Von furchtbarer Spannkraft der optischen und faktischen Deutlichkeit, – wie Augäpfel, Wangenknochen, Schädel blank hervormodelliert, jede Falte eingraviert, Äderchen, Bartstoppeln, Schmutzflecke charakterisiert sind, ohne Auflösung der großen Form, ohne Zerstreuung der Intensität. Bildnisse gleichen Steckbriefen in ihrer aufgehetzten Sachlichkeit, die rücksichtslos alle ›besonderen Merkmale‹ protokolliert. Sie sind haarsträubend ähnlich und zudem von monomaner Überwirklichkeit der Erscheinung.«

Kaum jemals sind die Bilder von Dix dichter und treffender in Worte gefasst worden, auch wenn die expressive Sprache heutigen Lesern mitunter gewöhnungsbedürftig erscheint. Der Kunststatus der Werke, ihre einzigartige Qualität vermittelt sich durch die intensive Beobachtung und die Begeisterung des Kritikers, der für eine Ausnahmeerscheinung Partei ergreift, so provozierend deren Ansatz auch wirken musste. Das fällt auch bei der emphatischen Bejahung des im selben Jahr (1924) skandalisierten *Schützengraben* ins Gewicht: »[...] eine einzige Obstruktion gegen das subtile Bildchen, das so tut, als ob nichts gewesen wäre.« Wolfradts Band setzt, wie die gesamte Reihe *Junge Kunst*, Maßstäbe und kann der heutigen Kunstkritik, engagierte Parteinahme für die Kunst und die Künstler in Erinnerung rufen.

1926 war wohl das entscheidende Jahr der Rezeption von Otto Dix und brachte nach Hymnen und Polemiken erste fundierte Kritiken. Mehrere längere Artikel erschienen und bestätigten die Auffassung Wolfradts, dass Dix ein die Zeit prägender Künstler sei. Mela Escherich, die in Dix vor allem den Satiriker erblickte, hielt in der Zeitschrift *Die Kunst* gar fest: »Er hat, fast beunruhigend, fabelhaft rasch Popularität erreicht, die sich besonders in den Rheinlanden auswirkt. Dort ist Dix Symbol und Schlagwort.« Zugleich erkannte sie, dass Dix nicht nur als Künstler wahrzunehmen sei, sondern dass es sich bei der Figur Dix um ein Zeitphänomen oder -problem handle. Diese Vermengung von Kunst und Zeit war typisch, verhinderte aber nicht, dass Escherich auch sensibel für die künstlerische Qualität von Dix war. Diese Qualität würdigte auch Curt Glaser, der vor allem auf die Problematik des Verhältnisses zwischen Fotografie und Malerei einging und trotz der Kritik an einer vermeintlichen Spekulation auf die Sensation bei Dix die Option »einer neuen Kunst der Malerei« zu erkennen meinte. Auch der *Kunstblatt*-Herausgeber Paul Westheim würdigte Dix als großes

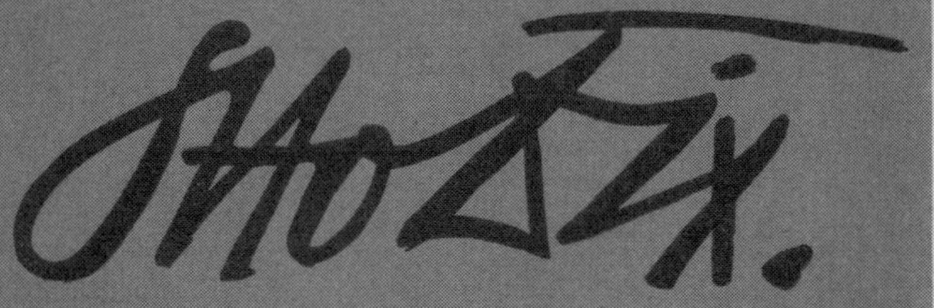

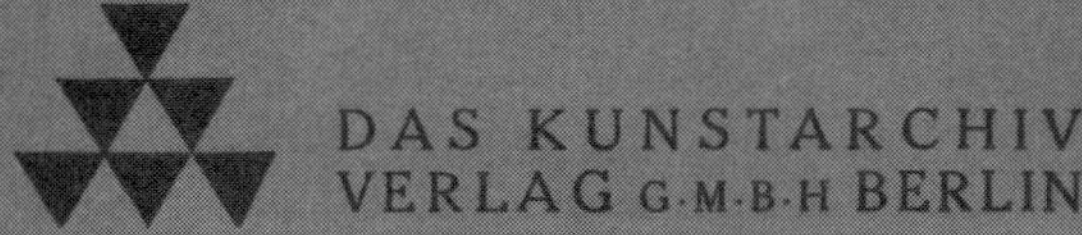

Umschlag des Otto Dix-Katalogs zur Gesamtausstellung bei Karl Nierendorf, Berlin 1926

Talent, hob seine »brutalnackte Tatsache[nschilderung]« hervor, seinen »Moralismus« und seine malerische Technik, die ihn an »Präzisionsmaschinenarbeit« erinnere. Aber in die Anerkennung mischte sich frühzeitig Zweifel, wenn Westheim bemerkte, dass Dix der Gefahr mitunter nicht entgehe, »sich selbst gegenüber Akademiker zu werden«. In der Tat erwuchs dem Maler daraus ein zentrales Problem, dem er durch forcierte Akademisierung seiner Malerei zu entgehen versuchte.

Carl Einstein nahm Dix in ein kurzes Kapitel seines 1926 erschienenen Bands der Propyläen-Kunstgeschichte, *Die Kunst des 20. Jahrhunderts,* auf. Er bildete vier Gemälde ab und ließ seine auf Wolfradts Darstellung anspielende Charakterisierung in den etwas rätselhaft erscheinenden, heute vielzitierten Satz münden: »Vielleicht ist man im Herzen malender Reaktionär am linken Motiv.« Aus Sicht des Kritikers war das ein vernichtendes Urteil, zumal er eingangs festgestellt hatte, dass Dix' malerische Potenz den »keck gewählten Stoffen« oftmals nicht entspreche und der Maler sich zu sehr den drastischen Themen anvertraue. *Schützengraben* hielt Einstein gar für eine »peinliche Allegorie« des Krieges. Er forderte ein klares formales Bewusstsein des Künstlers, damit Dix' Ansatz kritischer Reportage nicht scheitere, mit dem er sich gegenüber einer »deduktiven Kunst« (Kubismus, Konstruktivismus) positioniere. Einstein konzedierte Dix fälschlicherweise ein linkes politisches Bewusstsein, das er kurzschlüssig aus der linken Motivik ableitete – die Wendung »malender Reaktionär« zielte hingegen dezidiert auf die künstlerische Form, nicht auf die politische Haltung. Einstein erkannte, dass Dix zu sehr in der Tradition der Malerei verankert war, um sich der Avantgarde in Einsteins Sinne anzuschließen. Die »reaktionäre« malerische Position – tatsächlich eher eine traditionsbewusste, wenn nachfolgend auch manchmal hilflos scheinende – wurde von Dix im Blick auf sich selbst durchaus selbstbewusst vorgeführt. Einige Selbstbildnisse können das erhärten.

Das Selbstbildnis nimmt im Werk von Dix über Jahrzehnte einen zentralen Stellenwert ein; kaum ein anderer Künstler hat sich so beharrlich und auch kritisch selbst reflektiert. Der Rang der Bildaufgabe im Gesamtwerk ist mit Rembrandt, van Gogh, Picasso oder Beckmann vergleichbar.

Die Selbstbildnisse sind nicht nur Bestandsaufnahmen der jeweiligen Lebenssituation, etwa des Alters, sondern auch Ausdruck der künstlerischen Ambition, wie im bekannten *Selbstbildnis mit Nelke* von 1912 (Löffler 1912/3), in dem Dix, wie im an Dürer angelehnten *Selbstbildnis mit Staffelei* von 1926 (Löffler 1926/4), die Kunst der Renaissance verarbeitet. Mitunter sind die Gemälde künstlerische Programmbilder, wie im Fall des Jazz-Bildes *An die Schönheit* (Löffler 1922/6; vgl. Abb. S. 105). Auf ihm steht Dix im Zentrum des kastenraumartig konstruierten Etablissements und schaut den Betrachter mit grimmigem Blick aus einem weißlich geschminkten Gesicht an. Fotografien um 1920 belegen, dass Dix sich als Monokel tragender Dandy stilisierte, wenn er sich in das Dresdner Nachtleben stürzte. Der Dandy – jene distinguierte Figur des 19. Jahrhunderts, von der Dix wohl »Welt- und Menschenverachtung« (Otto Mann 1925) übernahm – ist dem Rollenporträt des Geschäftsmanns gewichen, der seinen »Laden« über das raum- und zeitüberwindende Telefon fest im Griff hat. Programmatisch ist das Selbstbildnis, weil Dix den verhärteten Habitus der Neuen Sachlichkeit kultiviert und unbedingte Zeitgenossenschaft an den Tag legen will. In engem Zusammenhang mit den beiden recht unterschiedlichen *Salon*-Bildern mit Tanz- bzw. Prostituiertenszenen von 1921 (Löffler 1921/17 und Löffler 1921/18) blendet *An die Schönheit* Kriegsgewinnlertum und Hedonismus, Amerikanismus und Automatenhaftigkeit ineinander. Der lärmende schwarze Jazz-Schlagzeuger agiert im Kontrast zum innig sich anschmiegenden, aber seelenlosen Tanzpaar, Dix' Kälte pointiert das aufgeschminkte Scheinleben der Büste im Vordergrund. Die pompeijanische Farbigkeit versieht die Szene mit dem Vorzeichen drohenden Untergangs, weniger mit der Atmosphäre überhitzter Sinnesfreude.

Das *Selbstbildnis mit nacktem Modell* (Löffler 1923/3; Farbtafel 7) von 1923 zählt zu den wichtigsten Selbstbildnissen von Dix und steht in engem Zusammenhang mit dem ein Jahr später gemalten *Selbstbildnis mit Muse.* (Löffler 1924/3) Der scharfe Kontrast zwischen dem vollständig bekleideten Künstler, der rechts etwas hinter das Modell gesetzt erscheint, und der vollständig nackten Frau, irritiert, erklärt sich aber aus dem Kontext der Bildentstehung. Das Gemälde entstand zu Beginn von Dix' Karriere, die gleichermaßen von Skandalen wie einer begeisterten bis wohlwollenden und doch irritiert-ambivalenten Kritik begleitet war. Seit 1922 exklusiv von der Galerie Nierendorf vertreten, konnte Dix seine Rolle als bedeutender Künstler zunehmend festigen. 1923 läuft jedoch – wie erwähnt – noch der Prozess gegen ihn wegen des angeblich sittenwidrigen Bildes *Mädchen vor dem Spiegel* (Abb. S. 70), und außerdem wird das Gemälde *Salon II* anlässlich einer Ausstellung in Darmstadt beschlagnahmt. Dix sprach angesichts dessen statt von einer »unsittlichen Handlung« von einer »ethischen Tat«, von der man das Gericht hoffentlich überzeugen könne, obgleich er alles andere als ein Moralist war.

Mit Recht hat die jüngere Forschung (Janina Nentwig) betont, dass das *Selbstbildnis mit nacktem Modell* als programmatisches Werk intendiert war und der Kontext der Rezeption zu reflektieren sei. Dix exponiert sich zu Beginn seiner erfolgreichen Karriere neben dem Sujet, das ihn zusammen mit den Kriegsdarstellungen zum skandalisierten Künstler der Weimarer Epoche machte. Entscheidend ist dabei die Selbststilisierung des Malers zum distanzierten, teilnahmslosen Beobachter, der anscheinend wahrheitsgetreu darstellt, was er sieht. Diese Haltung wird durch die sich anbietend-exponierende Pose des Modells konterkariert, die Dix wie einen Zuhälter erscheinen lässt. Dabei wird der Gegensatz zwischen dem Maler, in dessen Macht die Präsentation der Frau steht, und seinem Modell aufgehoben: Beide Figuren spielen Rollen. Kompromissloser Agnostizismus als Kunstauffassung und selbstentblößende Prostitution als ikonographisches Rollenspiel konfrontieren den Betrachter in einem doppelten Sinne mit der Wahrheit.

Ein Jahr später kehrte Dix diese Selbststilisierung ironisch um, übertrumpfte seine Bilderfindung *Selbstbildnis mit nacktem Modell* in dem *Selbstbildnis mit Muse* (Löffler 1924/3) und zeigte, dass er bildnerisch komplex und in den Bahnen künstlerischer Tradition dachte. Erneut sind die beiden Figuren räumlich nicht zu situieren. Diesmal steht der Künstler im Malerkittel einem ihn bedrängenden, sinnlich überaus präsenten Akt mit dunklen Haaren gegenüber, der eine Art Segnungs- oder Inspirationsgestus vollzieht. Unterdessen starrt er ins Leere und fixiert die Muse nicht, die gleichzeitig Modell, aber auch höhere Inspiration ist. Als Modell für die Muse fungierte Hilde Stein, die Freundin und spätere Frau des Düsseldorfer Malers Matthias Bart, der sich während des Malens eifersüchtig im Nebenzimmer aufgehalten haben soll.

Ein entscheidendes Detail des Bildes ist, dass Dix am transparenten

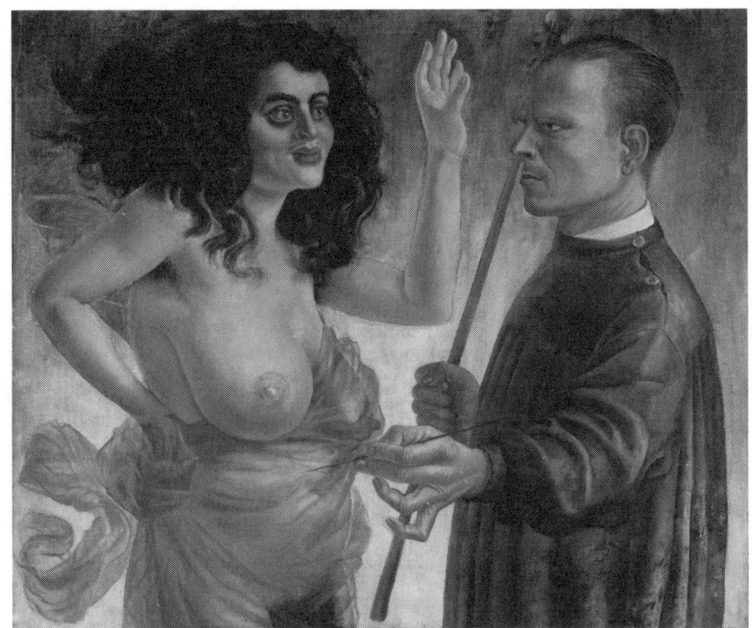

Selbstbildnis mit Muse, 1924, Öl auf Leinwand, 81 × 95 cm,
Karl-Ernst-Osthaus-Museum Hagen

blauen Schleier der Muse malt. Das heißt: das Bild, das wir als Betrachter vor Augen haben, ist kurz vor der Vollendung; die Realität der Bildgenese und die Realität der Bildanschauung fallen in eins. Reflektierte Dix im *Selbstbildnis mit nacktem Modell* seinen Status als kühl sezierender Verist – Willi Wolfradt sprach von einer Vivisektion: »Oder aber er pflanzt sich breit neben das splitternackte Modell ins Bild, mit dem kalten Ausdruck eines Vivisektors, in absoluter Unbeirrbarkeit und Sachlichkeit.« –, so verarbeitet er im *Selbstbildnis mit Muse* durchaus selbstironisch die Tradition der Kunst. Er überträgt den Mythos Pygmalion von der Plastik in die Malerei. Er travestiert die Lukas-Ikonographie, indem er das üppige Modell als Inspirationsquelle zeigt und das Bild gleichsam wie von göttlicher Hand selbst gemalt wird, denn Dix scheint kaum bei sich zu sein und willentlich zu agieren. Er ironisiert den Topos vom Künstler als *divino artista*, denn er ist nicht Herr über seine Schöpfung, sondern agiert als gelehriger Schüler.

Der selbstbewusste Nachweis technischen, malerischen Könnens, die künstlerische Inspiration durch die stark sexualisierte Frau und die Behauptung der Authentizität des Bildes als programmatische Selbsteinschätzung des wahrheitssuchenden Veristen grundieren die beiden Schlüsselwerke. Es sind überragende Zeugnisse der Maler-Modell-Thematik, und sie zeigen schlaglichtartig den herausragenden Rang des Künstlers Dix in der ersten Hälfte der 1920er Jahre.

Selbstbildnis mit Staffelei von 1926 (Löffler 1926/4) erscheint demgegenüber, trotz seiner delikaten Farbigkeit, als letztlich etwas krampfhaft bemühter Versuch, den eigenen Status ostentativ zu belegen. Die Dürer-Paraphrase der Hand, die das *Selbstbildnis im Pelzrock* von 1500 in der Alten Pinakothek aufgreift, und das cranachartig stilisierte Monogramm verdeutlichen, dass Dix auf die Neue Sachlichkeit als Mode oder Einsteins Vorwurf des »malenden Reaktionärs« mit einer paradoxen Flucht nach vorne in die Vergangenheit antwortet. Er nutzt und radikalisiert die seiner Malerei ohnehin inhärenten Möglichkeiten, hatte er sich doch immer schon mit den Alten Meistern oder der Romantik auseinandergesetzt. Seine zuvor mittels atemraubender Radikalität eroberte Ausnahmestellung garantiert er nun durch überlegene Maltechnik und die Verschränkung von Zeitgenossenschaft und Tradition. Dieser Weg sollte einerseits in eine kreative Sackgasse führen und anderseits dennoch künstlerische Perspektiven eröffnen, wie vor allem die großen Bilder der frühen 1930er Jahre zeigen.

Aber Dix wurde nicht nur von sich selbst und der zeitgenössischen Kunstkritik in den Blick genommen und charakterisiert. Auch Fotografen haben Dix betrachtet und ihn seiner Tendenz zur Selbststilisierung folgend inszeniert. Insbesondere die Bekanntschaft und langjährige Zusammenarbeit mit dem Fotografen Hugo Erfurth erscheint hier wichtig. Dix hatte Erfurth um 1919/20 in Dresden wohl über Conrad Felixmüller oder Erfurths Sohn Gottfried kennengelernt, der an der Akademie studierte. Ab 1920 lassen sich Erfurth-Fotos von Otto Dix nachweisen, wie Dietrich Schubert rekonstruiert hat. Auf ihnen sieht man den jungen, noch keine 30 Jahre alten Dix mit ernstem, aber noch jugendlichem Blick *en face* oder mit etwas unordentlichen Haaren im scharfen Profil. Mehrere Fotos zeigen Dix vor wichtigen Gemälden der

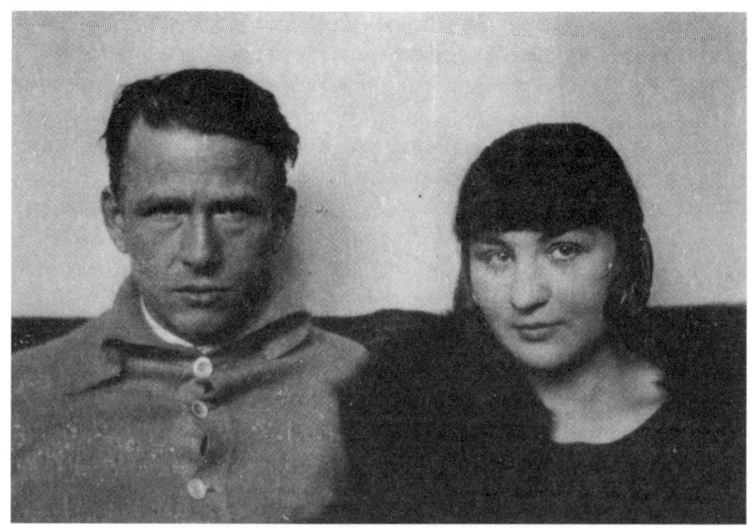

Hugo Erfurth, Otto und Martha Dix, um 1923, s/w-Fotografie

Zeit, so sehen wir ihn das eigene Konterfei in *An die Schönheit* aufnehmend oder in scharfem Profil vor dem frontalen Doppelporträt von Dix und seiner Frau Martha als Tanzpaar (Löffler 1923/1; vgl. Abb. S. 68). Erfurth arbeitete in Serien, fotografierte nicht nur Dix, sondern auch dessen Frau, das Paar, die Kinder und auch Dix' Eltern. Zudem hatte der Fotograf den Auftrag, die neu entstandenen Gemälde von Dix festzuhalten, so dass sie zum Kauf angeboten oder reproduziert werden konnten. Auch schickte er ihm Kriegs-Fotografien, die Dix als Vorlagen für seine Kriegsbilder dienten. Im Gegenzug bekam Erfurth Arbeiten von Dix, Zeichnungen oder Aquarelle, die er sich aus Ansichtssendungen aussuchen konnte. Zudem schuf Dix drei bemerkenswerte Bilder: das *Porträt des Fotografen Hugo Erfurth mit Objektiv* (Löffler 1925/10), *Hugo Erfurth mit seinem Hund Ajax* (Löffler 1926/14) und schließlich das einzigartige Auftragswerk, das den liegenden Schäferhund Ajax zeigt (Löffler 1928/13). Bei allen genannten Bildern ist die Auseinandersetzung mit dem Konkurrenzverhältnis von Fotografie und Malerei wichtig: Dix führt die besonderen Möglichkeiten der Malerei anhand der Stofflichkeit der Kleidung, der Farbintensität des Dargestellten oder der übersteigerten Tierphysiognomie vor.

Auch der rheinische Fotograf August Sander, der mit seinem *Antlitz der Zeit* beziehungsweise den zeitlebens geplanten *Menschen des 20. Jahrhunderts* ein fotografisches Meisterwerk der Epoche vorlegte, hat Dix und seine Familie abgelichtet. Sander selbst hatte den Band *Antlitz der Zeit*, der 1929 im Kurt Wolff-Verlag mit einem Vorwort Alfred Döblins erschien, zusammengestellt. Döblin bezeichnete die Fotografien insgesamt als »ein blendendes Material für die Kultur-, Klassen- und Wirtschaftsgeschichte der letzten dreißig Jahre«. Die Fotografien thematisierten das Verhältnis von Individuum und Klasse und standen damit in engem Zusammenhang zur zeitgleichen neusachlichen Porträtmalerei. Das von Sander 1928 in Köln aufgenommene Bild des Künstlerehepaars Dix relativiert etwas die wohl vom Maler beeinflussten Stilisierungen eines Hugo Erfurth. Der offene Blick einer mit modischem Bubikopf versehenen Martha, die inzwischen drei Kinder zur Welt gebracht hat, und das Halbprofil des modisch frisierten und mit gemusterter Fliege gekleideten Malers, der inzwischen in Dresden Professor geworden war, ergeben in der Summe doch ein recht normales, bürgerliches Paar. Demgegenüber strahlt das Maler-Ehepaar Räderscheidt etwas Verschroben-Unheimliches aus oder besitzt das Architektenpaar Lüttgen eine mondäne Aura, wenn sie von Sander aufgenommen wurden. Die Figur Dix droht hingegen in die Normalität abzugleiten und kann die bedingungslose Schärfe seiner früheren Kunst in der fotografischen Repräsentation nicht mehr transportieren.

Aus der zweiten Hälfte der 1920er Jahre sind ferner einige Fotografien überliefert, die den Maler Dix zeigen. So hat Bruno Schuch Otto Dix 1927 beim frühen Entwurf eines Großstadtbildes festgehalten. Noch handelt es sich gar nicht um das gleichnamige berühmte Triptychon, sondern Dix arbeitet an einer einzelnen großen Leinwand – Hauptwerken wie *Schützengraben* oder *Straßenkampf* vom Anspruch her vergleichbar. Sie zeigt jedoch eine Frauenkonstellation, die später auf der rechten Seite des Dreitafelbildes wiederkehren wird. Die Fotografie ist deshalb bemerkenswert, weil sie so programmatisch angelegt ist und ein ganz bestimmtes, sicher vom Maler gewähltes Künstlerbild transportieren soll. Dix steht im verschmutzten Malerkittel vor der Leinwand und hält inne. Angespannt schaut er an der Leinwand vor-

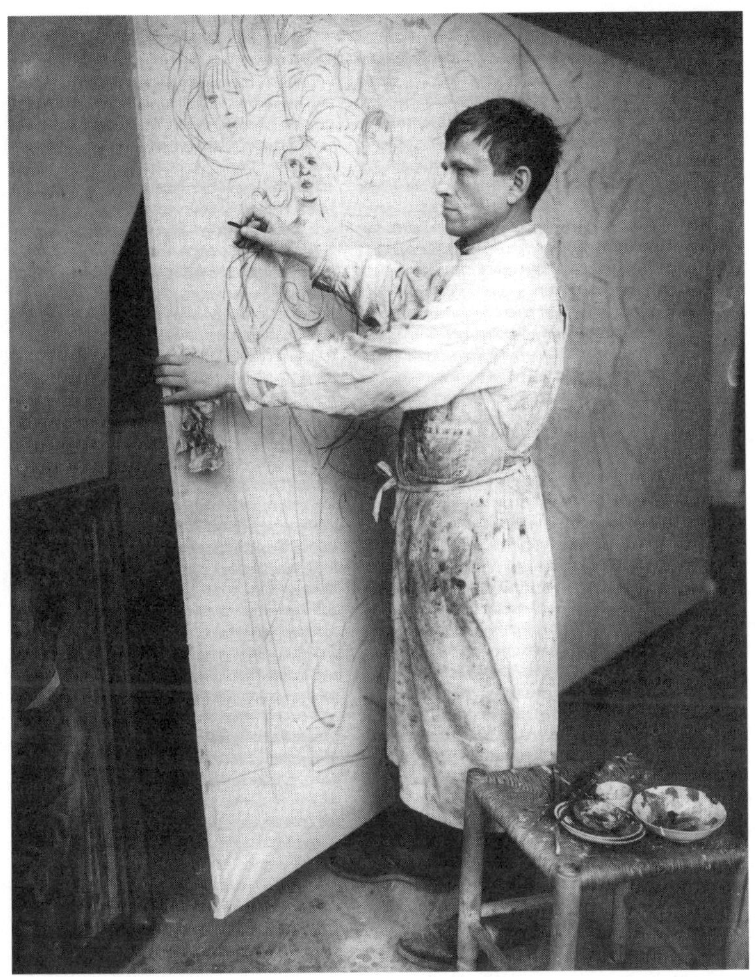

Otto Dix bei der Arbeit an einem Großstadtbild, April 1927, s/w-Fotografie von Bruno Schuch bei, nicht aber auf ein Modell, das für die Thematik des Bildes hier auch gar nicht nötig wäre. Vielmehr zeigt das Foto den Maler im Moment der Inspiration. Schaut man genauer hin, erkennt man am unteren linken Bildrand noch ausschnitthaft das bereits oben erwähnte programmatische *Selbstbildnis mit Muse*. (Abb. S. 147) Auf ihm ist Dix selbst und hier ebenfalls im Moment der Inspiration sichtbar. Der Fotograf zeigt nur den Maler, nicht die Muse, und verdoppelt so das Motiv der kompositorischen Anlage des Gemäldes folgend. Für das Foto als Dokument der kreativen Arbeit, die sich nicht mehr äußerer Beobachtung sondern innerer Schau verdankt, ist das programmatische Selbstbildnis von 1924 bedeutungsschwer – als Interpretament – platziert worden.

Auf Schuchs Foto von 1927 zeigt die Verdoppelung des Motivs der visionär-genialischen Inspiration des Malers den Versuch an, sich vom zeitbedingten Epochenstil der Neuen Sachlichkeit abzuwenden und die eigene Künstlerrolle traditionell neu zu definieren. Der revoltierende, wirklichkeitspenetrierende Künstlerbeobachter weicht in der zweiten Hälfte der 1920er Jahre dem etablierten, realitätstranszendierenden Künstlervisionär. Dix re-formuliert dabei seine Schlüsselwerke der frühen 1920er Jahre, *Schützengraben* (s. S. 89) und *An die Schönheit* (s. S. 105), in großen Mehrtafelbildern (*Der Krieg* und *Großstadt*; s. Farbtafeln 10 und 11). Tradition und Innovation verschränken sich zu einem synthetischen Konzept der Moderne, das Carl Einsteins denunziatorisches Diktum vom »malenden Reaktionär am linken Motiv« durch Anleihen bei den alten Meistern ostentativ bestätigt. Zugleich unterläuft Dix mit dem Anspruch der Fortführung der Tradition auf dem Boden der Moderne Einsteins eindimensionale Auffassung von der Moderne als beständiger Innovation.

Wie kalkuliert das geschieht, zeigen zwei weitere Fotos von Hugo Erfurth. Die wohl auf 1929 zu datierende Fotografie von Otto Dix mit Pinsel zeigt den Maler als Halbfigur im Malkittel, der sein eigenes Handgelenk umfasst und damit dem Bild eine Kreisfigur einschreibt. Das Foto weist auf das *Selbstbildnis mit Kristallkugel* von 1931 voraus. (Löffler 1931/1; vgl. Abb. S. 166) Und das 1929 aufgenommene Foto, das Dix inmitten einer Schülerschar in der Akademie zeigt – die Klasse malt gerade ein schwangeres Aktmodell – hält den Maler zum einen selbst in einem Drehmoment fest, lässt ihn aber gleichzeitig als archimedischen Punkt in der Szene erscheinen. Das bestimmende Formmoment des Kreises, der Rotation, der Wiederkehr zum Anfang, ist auch diesen Fotos eingeschrieben. Damit aber stehen sie mit den zeitgleich entstandenen Bildern in engerem Verhältnis als bisher angenommen, zeigen sie doch formale Aspekte, die Dix gleichzeitig malerisch entfaltet hat.

Letztgenannte Fotografien haben uns in den akademischen Kontext geführt, zeigen einen Maler im Kittel mit Malstock und inmitten seiner Schülerschaft, die sich offensichtlich am Meister orientiert. Die Dresdener Kunstakademie wurde 1764 in der Nachfolge der seit 1680 bestehenden »Zeichen- und Malerschule« gegründet. Sie gehörte zu den bedeutenden künstlerischen Ausbildungsstätten in Deutschland. In den 1920er Jahren lehrten mindestens neun, zeitweilig sogar zwölf Professoren Malerei, während Bildhauerei und Architektur mit nur zwei bis drei beziehungsweise gar nur einer Professur zum Teil stark unterrepräsentiert waren. Weil das Gros der Lehrenden bereits während der Kaiserzeit berufen worden war, handelte es sich künstlerisch um eine relativ gemäßigt ausgerichtete Akademie, die mit Robert Sterl, Ferdinand Dorsch und Otto Gussmann einige versierte, kaum aber innovativ zu nennende Persönlichkeiten vorweisen konnte. Mit Ludwig von Hofmann gehörte dem Kollegium ein Mann an, dessen primäre Leistungen in die Zeit des Jugendstils fielen. Richard Müller, der an der Schule Zeichnen lehrte, war ein teilweise bizarrer, aber dennoch interessanter Charakter. Seine Malerei verzahnte extremen Naturalismus mit Symbolismus und vorweggenommenem Magischem Realismus. Oskar Kokoschka, 1919 mit knapper Mehrheit als 33jähriger an die Dresdner Akademie berufen, war der einzige, wirklich bedeutende Lehrende. Zwar vermied er die Allianz mit der Avantgarde in Dresden, stellte etwa mit der Sezession Gruppe 1919 nicht aus, wurde aber als Künstlerpersönlichkeit wahrgenommen, die mit den Konventionen brach und die Kreativität der Schüler zu aktivieren suchte. Ihm gelang es auch, menschliche Nähe herzustellen, ohne dem Standesdünkel Raum zu geben, was zu dieser Zeit eher selten war. Die Gemäldegalerie unter Hans Posse erwarb Bilder von Kokoschka, und seine Werke wurden immer wieder, so 1925 in der Galerie Arnold, umfangreich ausgestellt. Dennoch verließ Kokoschka Dresden 1923 und ließ sich mehrere Jahre beurlauben, ohne seine Professur aufzugeben. Er hinterließ trotz geringer Schülerzahl eine spürbare Lücke, die Otto Dix schließen sollte.

Dix sollte ausgerechnet in ein Kollegium mit oder gar an die Stelle von Oskar Kokoschka treten, der 1920 die sogenannte »Kunstlump«-Debatte entzündet hatte. Kokoschka hatte sich vor die Kunst gestellt und brachte keinerlei Verständnis für die politische Situation der Zeit auf. Während der bürgerkriegsartigen Auseinandersetzungen bei der Niederschlagung des rechtsgerichteten Lüttwitz-Kapp-Putsches hatte eine herumirrende Kugel versehentlich ein bedeutendes Rubens-Gemälde in der Dresdner Gemäldegalerie durchschlagen. Kokoschka bat deshalb darum, die Scharmützel auf die grüne Wiese zu verlegen, um so die Kunst- und Kulturgüter zu schonen. Diese politische Instinktlosigkeit veranlasste die politisch-revolutionären Künstler John Heartfield und George Grosz zu einer scharfen Entgegnung. Otto Dix verwendete einen Zeitungsartikel zu diesem Sachverhalt collagenartig für sein großformatiges Bild *Streichholzhändler* von 1920 (Löffler 1920/9); wobei er den Zeitungsausschnitt in die Gosse »klebte«. Auch das verlorene *Barrikadenkampf*-Bild (Löffler 1920/13) nahm auf den Streit Bezug: Dix degradierte ein altmeisterliches Gemälde zum Teil des Bollwerks und opferte damit geradezu ostentativ die Kunst der Politik.

Die Situation an der Dresdner Akademie war 1926 angespannt. Oskar Kokoschka fehlte als zentrale Orientierungsfigur, Osmar Schindler wurde pensioniert, und Otto Gussmann und Emanuel Hegenbarth verstarben in diesem Jahr. Mit einem Schlag waren vier Professuren für Malerei vakant. So nahm Anfang September 1926 der spätimpressionistische Maler Ferdinand Dorsch, seit 1914 als Professor an der Akademie, im Auftrag der Verantwortlichen Kontakt mit Otto Dix auf. Dix war als Kandidat für die Dresdner Professur keineswegs konkurrenzlos gewesen. Als Nachfolger Kokoschkas waren zunächst die *Brücke*-Maler diskutiert worden (u.a. Ernst-Ludwig Kirchner, Hermann Max Pechstein und Karl Schmidt-Rottluff), aber auch Conrad Felixmüller und Emil Nolde, ja sogar Bernhard Kretzschmar und Wilhelm Rudolph. Wunschkandidat könnte Karl Hofer gewesen sein, dessen Bedeutung und Ruf in den 1920er Jahren man heute unterschätzt. Es scheint aber klar gewesen zu sein, dass er einen Ruf abgelehnt hätte. Zugleich hatte man sich vom Rang Otto Dix' im Sommer 1926 in Dresden in der *Internationalen Kunstausstellung* einen guten Eindruck verschaffen können. Bereits am 4./5. Oktober meldeten der *Dresdner Anzeiger* und die *Berliner Börsenzeitung*, Dix habe (jetzt aber) als Nachfolger des soeben verstorbenen Otto Gussmann einen Ruf nach Dresden erhalten. Am 6. Oktober war die Bekanntgabe der Berufung erster Tagesordnungspunkt der Sitzung des Professoren-Kollegs.

Vom 1. Oktober 1926 an war er als Professor auf sieben Jahre ohne Anspruch auf Ruhegehalt angestellt, erhielt aber sofort ein unbezahltes Urlaubssemester, um die zahlreichen zwischenzeitlich an ihn ergangenen Aufträge zu erfüllen. Dix hatte es nämlich wegen seiner guten Auftragslage als Porträtist keineswegs eilig, seine Lehrtätigkeit aufzunehmen. Seine Präferenz zugunsten der freien Tätigkeit lässt sich leicht nachvollziehen, denn verglichen mit seinen Gemäldepreisen war die Besoldung von monatlich 550 RM zuzüglich 90,50 RM Ortszuschlag eher bescheiden. Dass Dix seine Tätigkeit aber zugleich mit repräsentativem Gestus wahrzunehmen gedachte, zeigt sich an seinen Ansprüchen bei der Wohnungssuche in Dresden, die im Februar 1927 begann: Mindestens sechs Räume mit einem schönen Garten sollten es sein. Auch war ihm das von der Akademie zugewiesene Atelier zu klein, und so wurden für den neuberufenen Meister kurzerhand zwei Schülerateliers zusammengelegt. Dass man den neuen Lehrenden schätzte und sich in Dresden über die geglückte Berufung freute, geht daraus hervor, dass man Dix die Übernahme der Umzugskosten zusicherte, dass er aufgrund eines verzögerten Umzugstermins erst zum 3. Mai 1927 seinen Dienst antreten musste und dass man ihm sein Grundgehalt im Juli des Jahres von 550 auf 620 RM erhöhte.

Am 16. Mai nahm Dix das erste Mal an dem Professorium der Akademie teil und sollte dies in der Folge laut Protokoll auch regelmäßig fortführen. Im Oktober 1927 übernahm Dix freiwillig die Korrektur beim Aktzeichnen. Seine Schüler – er beeinflusste so bedeutende Figuren wie Hans und Lea Grundig, Otto Griebel und Curt Querner – konnte Dix in den jährlichen Akademieausstellungen gut platzieren; so nahmen sie im Oktober 1929 die rechte Seite des Hauptausstellungssaales ein und konnten in aller Ruhe ihre Werke hängen. Mit den Kollegen war Dix indes nicht immer einer Meinung, wie sich etwa bei einer Berufungsangelegenheit im Frühjahr 1929 zeigte. Das Kollegium der Akademie votierte mehrheitlich gegen Otto Dix und den Architekten Wilhelm Kreis, als es deren Bedenken ignorierte und Hans Purrmann – der sich in seiner lichterfüllten Malerei stark an Henri Matisse orientierte – als neuen Professor berief. Purrmann lehnte die Berufung schließlich aus gesundheitlichen Gründen ab. Dass im Sommer 1931 dann ein Rückruf Oskar Kokoschkas diskutiert wurde – daneben wurden Beckmann, Heckel, Kirchner, aber auch Baumeister und Schlemmer erörtert – zeigt, wie relativ konservativ Dresden zu diesem Zeitpunkt personalpolitisch agierte. In einem künstlerisch gemäßigten Kollegium war Otto Dix um 1930 alles andere als ein Revolutionär, was nicht zuletzt darin deutlich wird, dass man sich schon im Februar 1932 um seine Verbeamtung bemühte. Allerdings behandelte das zuständige Ministerium die Frage offensichtlich zögerlich und wollte zunächst interne Diskussionen um eine Neuordnung des Unterrichts an der Akademie und der Kunstgewerbeakademie zum Abschluss bringen. Immer wieder war die Forderung nach einer Auflösung der Akademie und ihre Zusammenlegung mit der Kunstgewerbeakademie erhoben worden, was aber sowohl von den Studierenden als auch den Lehrenden einhellig abgelehnt wurde. Dix spielte hochschulpolitisch eine aktive und integrative Rolle, etwa indem er in Ausschüssen Kunstausstellungen organisierte (*Kunstausstellung Dresden* 1932 und *Kunstausstellung Sachsen* 1933). Zugleich aber drohte seine Malerei akademisch zu verflachen, versuchte Dix sich durch die Neuinterpretation älterer eigener Werke und deren gesteigerten Anspruch am eigenen Schopf aus dem Sumpf zu ziehen.

8 Tradition und Krise

Die Auseinandersetzung mit der kunstgeschichtlichen Tradition war für Otto Dix seit seiner Berufung auf eine Malereiprofessur in Dresden 1926 Möglichkeit und Fluch zugleich. Mit dem Antritt der Professur stellte sich der Künstler die Frage, wie er seinen frühen Ruhm in anderer Form als der dadaistisch-veristischen Schockästhetik mehren, weiterhin ambitioniert auftreten und doch dem schnellen zweiten Ruhm des brillanten Porträtisten entkommen konnte. Wie ambitioniert der Künstler war, zeigen drei zwischen 1927 und 1932 realisierte Werke: *Straßenkampf*, *Großstadt* und *Der Krieg*. Dass Dix aber auch in der Gattung des Porträts in neue Dimensionen vorstieß, belegen vor allem die Dichterporträts von *Theodor Däubler* (Löffler 1927/9) und *Ivar van Lücken* (Löffler 1926/8) – letztes eines der besten Porträts, das Dix gemalt hat –, die zusammen mit den *Drei Weibern* (Löffler 1926/1; Farbtafel 9) den Höhepunkt von Dix' Kunst Mitte der 1920er Jahre ausmachen. *Straßenkampf* (Löffler 1927/1) kann in mehrfacher Hinsicht herangezogen werden, um die künstlerische Strategie des Malers Dix zu verdeutlichen.

Dix nahm sich 1927 des Themas in einem großformatigen Hauptwerk an. Das heute verlorene Gemälde ist der Versuch der Transformierung einstiger künstlerischer Radikalität in eine stärker akademisch geprägte Malerei und nahm das Bürgerkriegsthema des dadaistisch-veristischen *Barrikadenkampf*-Bildes (Löffler 1920/13) wieder auf. Der Kunstkritiker Carl Einstein erfasste die Problematik dieser Absicht von Dix scharfsinnig und bezeichnete den Künstler – wie oben bereits zitiert – 1926 »als malenden Reaktionär am linken Motiv«. Einstein zielte damit primär auf den Widerspruch zwischen sozialkritisch-veristischem Blick auf die Gesellschaft einerseits und einem vor allem an der altdeutschen Malerei orientierten malerischen Traditionalismus andererseits, der sich nicht zuletzt in einer sorgfältig aufgebauten Lasurmalerei manifestierte.

Hintergrund für die Diskussion war eine in der Zeit vielfach behauptete »Krise der Malerei«. Mit Blick auf den heraufziehenden Verismus hielt Einstein fest: »Zweifellos zeigt sich darin: Man ist der alten Mittel müde; sie erscheinen zu schwach und dann Zweifel gegen das, was man Malerei nennt. Das Ende der Malerei und ihrer Mittel wird er-

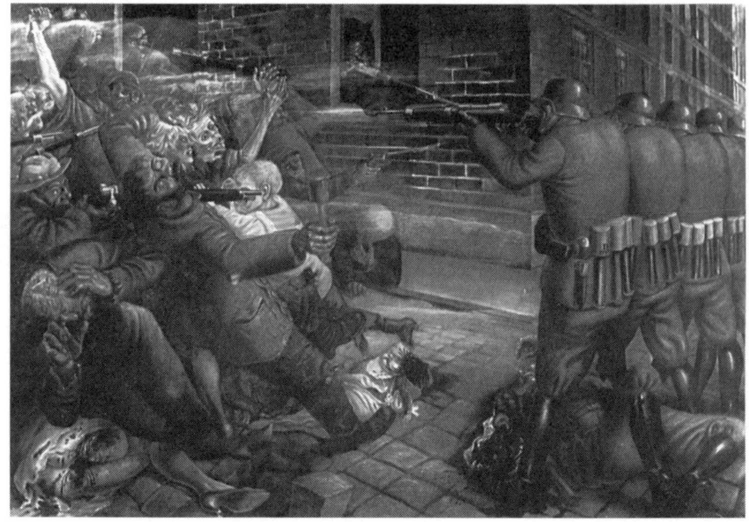

Straßenkampf, 1927, Mischtechnik auf Leinwand, Maße unbekannt, um 1950 zerstört

kannt.« Die Frage nach der zukünftigen Rolle, ja der Existenzberechtigung der Malerei wurde in den 1920er Jahren heftig debattiert. Die Mischung aus fotografischer Genauigkeit und traditionalistischer Stiladaption war Dix' Versuch, auf diese Frage adäquat zu antworten; dabei konnte seine Position mitunter anachronistisch wirken. Aber auch die von ihm häufig zur Schau getragene politisch-moralische Indifferenz gegenüber seinen Bildinhalten konnte den Eindruck verfestigen, dass es sich bei dem vermeintlich linken Künstler um einen Reaktionär handelte, der seine Signatur bewusst auf der Handgranate eines Reichswehrsoldaten und nicht auf Seiten der Arbeiterklasse anbrachte, wie James A. van Dyke in einer genauen Analyse herausgestellt hat. Es ist diese künstlerische Strategie der Teilnahmslosigkeit, der moralischen Indifferenz gegenüber dem zeitgeschichtlichen Geschehen, die heutige Interpreten verunsichert und ihnen Dix suspekt sein lässt. Man kann allerdings darüber spekulieren, ob eine selbst auferlegte Enthaltung des moralischen Urteils nicht gar die Voraussetzung für eine überzeugende Imagination von Gewalt ist.

Dix wählte für sein Gemälde ein prominentes, zugleich naheliegendes wie programmatisches Vorbild. Evident ist die Anlehnung an Goyas berühmtes Erschießungsbild *Der 3. Mai 1808* von 1814, das Edouard Manet in seiner Darstellung des Todes von Kaiser Maximilian (1868/69) – seit 1909 in der Mannheimer Kunsthalle und von Dix sicher 1925 anlässlich der Ausstellung zur Neuen Sachlichkeit gesehen – bereits aufgegriffen hatte, wobei Dix die Anonymität der Schießenden noch weiter steigert. Ihnen wälzt sich der chaotische Haufen der Arbeiter entgegen; ein Figurenknäuel aus Schießenden und Zusammengeschossenen, die sich unter dem veristischen Blick des Künstlers zu einem scharf konturierten Figurenberg vermengen. Wichtig bei diesem Vergleich ist Goyas für seine Zeit neuartige Darstellung der Gewalt: Bereits er richtete durch seinen Bruch mit der Tradition des klassischen Historienbildes sein Interesse auf einen bis dato wenig beachteten Aspekt der Gewalt und eröffnete eine neue, moderne Sicht. Es waren die Opfer der Gewalt und nicht etwa die Helden oder Herrscher, die vom Künstler eindringlich inszeniert wurden. Die Szene war nicht dokumentarisch-realistisch erfasst, sondern zielte von vorneherein auf eine dramatisch gesteigerte Intensität des dargestellten Geschehens.

Vor allem die bei Goya im linken Vordergrund liegende Leiche, die mit ihren ausgebreiteten Armen die Pathosformel der zentralen Bildfigur wiederholt und deren Schicksal antizipiert, ist noch heute ein ästhetischer Schock. Werner Busch stellt fest: »Es ist ein zerfetztes, zerrissenes Gesicht, aus dem sich die menschlichen Züge verloren haben, und es ist entsprechend mit groben, ungeordneten, ungeglätteten Pinselhieben gemalt, die das Rot des Blutes, das fahle Gelb der Haut und das tiefe Schwarz der Schatten unvermittelt nebeneinander stehen lassen.« Ein anderer Autor hat den Kopf zuvor als einen »abstoßenden Klumpen zerfetzten Fleisches« charakterisiert, das »ohne jede Anmut auf die Erde geworfen« wurde. Es kommt durch die hiebartige Pinselstruktur und die rohe Faktur des Bildes zu einer Kongruenz zwischen der Brutalität des historischen Vorgangs der Erschießung und der brutalen Darstellungsweise. Inhaltliche und formale Aspekte der Darstellung verschränken sich unlösbar in wechselseitiger Steigerung.

Genau dies musste für Dix, der ein notorisches Interesse an der Darstellung von Gewalt besaß, der seinen Malakt auf einer Zeichnung selbst als gewalttätigen Angriff auf die Leinwand interpretierte und dem die brutale Faktur seines *Schützengraben* vorgeworfen worden war, ein Problem darstellen. Sein Ehrgeiz, an sein Vorbild heranzureichen oder es gar zu überbieten, hebt die einzigartige Radikalität von Goyas Malerei von neuem hervor. Es ist bezeichnend, dass dem Maler der 1920er Jahre eine formale Übertreffung Goyas – mit den vorhandenen Techniken – nicht mehr möglich erschien. Stattdessen wählte er ein inhaltliches Mittel und setzte an die Stelle der zerstörten Physiognomie des Ermordeten den zerfetzten Schoß einer Frau und damit das Motiv des Lustmords. Auch dies geschah mit dem Gestus der Überbietung, allerdings nur noch defensiv mit inhaltlicher Provokation und nicht mehr mit malerischer Innovation.

Die drastische Schilderung sexueller Gewalt trat bei Dix an die Stelle der Folgen der direkten Gewalt des Kampfes bei Goya. Von Bedeutung ist, dass Dix seine Skandalbilder der frühen Weimarer Republik aufrief, jene »berühmt-berüchtigten« Lustmorde von 1920 und 1922, und sie in sein kunsthistorisch fundiertes Bildprogramm der späten 1920er Jahre integrierte. Sie belegten erneut die völlige psychische Verwilderung der Kombattanten durch Krieg oder Bürgerkrieg, die sich metaphorisch in den sexualpathologischen Exzessen des Lustmords kondensierte. In der Rückschau legitimierte Dix zugleich seine eigene vorhergehende Bildproduktion als Verarbeitung der Kriegserfahrung. Der Lustmord war jedoch immer das multifunktional eingesetzte Symbol triebhafter Rauscherfahrung, der Ausweis einer durch den Krieg extrem brutalisierten Nachkriegsgesellschaft, die eindringliche Bildmetapher für bestialische Gewalt, das künstlerische Paradigma ostentativ veristischer Stilsetzung sowie ein von Dix strategisch gewählter ästhetischer Überbietungsgestus.

Otto Dix hatte 1920 zusammen mit George Grosz an der berühmten Ersten Internationalen Dada-Messe in Berlin teilgenommen. Mit seinen *Lustmord*-Bildern versuchte Dix die Werke seines Berliner Freundes und Konkurrenten zur selben Thematik an Radikalität zu übertreffen. Zwar hatten immer wieder Kontakte zwischen den beiden Künstlern bestanden, bezeichnete Dix Grosz 1924 als den sympathischsten Menschen, den er kenne, doch das Verhältnis hatte sich im Verlauf der 1920er Jahre gelockert. Zu Beginn der 1930er Jahre jedoch traf man sich, und Dix besuchte Grosz während eines Ostseeaufenthaltes, wie der Berliner Zeichner und Maler seinem guten Freund Otto Schmalhausen am 23. August 1931 mitteilte:

> »Ja, Dix kam eines Morgens hier an mit Mutz, seiner Gattin. Waren aber allein gekommen ohne Nelli, nicht zu Schiff wie ursprünglich beabsichtigt, denn die See ging ziemlich hoch den Tag und Ottos Magen hüpft auf dem Meere wie ein Ball. So kamen sie ziemlich kompliziert über Zingst. Von dort nach hier per Fuß, beide sind passionierte Ge[h]r. Wir hatten einen wirklich netten Tag (ohne Hadischsche – wirklich). Wir erneuerten eigentlich alte kameradschaftliche Beziehungen [...] Dix selbst war viel zugänglicher, schien mir. Wir sprachen nett über vieles, auch Persönliches, was Arbeit und so betrifft, er schien mir fast, kann ich sagen, gewissermaßen, ›gebildeter‹ und belesener geworden zu sein [...]. Er sagte mir, er lese jetzt viel Nietzsche. Auch erstaunte es mich angenehm, daß er über seine eigene Produktionskrise sehr wohl Bescheid wußte. Jedenfalls meinte er, als wir einen jener Prerower Urwaldseen betrachteten, er hätte so etwas früher ganz frisch drauflos malen können, während heute etwas ›Hemmendes‹ dazwischen stände, er einfach nicht mehr fähig sei, so frisch und ursprünglich, ohne an Hinz und Kunz zu denken, drauflloszupinseln. Er erwarte viel von einem neuen Kindwerden, so drückt er sich aus. Er meinte, er erwarte eine neue Welle ursprünglichen Erlebens von den älteren Mannesjahren. Wörtlich sagte er dann noch, um seine Meditationen drastischer zu ergänzen: ›Ja, und heute steht einem ja der Schwanz auch nicht mehr so häufig wie früher.‹ Es war jedenfalls ein reizender Tag für uns. Regnete sonderbarerweise kaum, so daß wir mit Dixens ein wenig hin und her gehen konnten. Auch Mutz war sehr nett, keineswegs dunkel oder verschlossen, im Gegenteil: sie erzählte nett von ihrem Leben und charakterisierte vieles gut und deutlich. Wir lachten oft, und haben so eine Freundschaft neu besiegelt.«

Dieser Brief ist ein wichtiges Zeugnis für mehrere Aspekte, die Dix in den späten 1920er Jahren und frühen 1930er Jahren betreffen. Zum einen wird deutlich, dass beide ›Dixens‹ durchaus schwierige Charaktere gewesen zu sein scheinen, die dunkel, verschlossen, in-sich-gekehrt gewesen sein müssen und es ihren Freunden und Bekannten damit nicht einfach gemacht haben. Zum anderen hatte Dix eine intellektuelle Entwicklung durchgemacht, die sicherlich auch von seiner aus ganz anderen Verhältnissen stammenden Frau Martha enorm gefördert wurde. Zwar hatte sich Dix schon während des Ersten Weltkriegs für Philosophie interessiert, diese Affinität scheint er aber um 1930 intensiviert zu haben, da Grosz auf die Nietzsche-Lektüre hinweist. Der Einfluss des Philosophen ist zu diesem Zeitpunkt gar nicht zu überschätzen und ist für die Interpretation des Hauptwerkes *Der Krieg* (1929–32; Farbtafel 11) zentral (vgl. S. 167 ff.). Wichtiger ist hier: George Grosz beobachtet bei Dix ein offenbar klares Bewusstsein von einer schöpferischen Krise. Diese Krise zeigt sich an einer Hemmung, einer Blockade des unmittelbaren künstlerischen Zugriffs auf die Realität. Dix denkt inzwischen vollständig im Rahmen der kunstgeschichtlichen Tradition, er erscheint wie ein Gefangener, der den Wunsch verspürt, aus diesem Rahmen auszubrechen, und er erhofft sich von seinem fortgeschrittenen Alter eine neue Spontaneität.

Für dieses Gefangensein hat George Grosz wenig später eine einprägsame Wendung gefunden. Selbst inzwischen in die USA ausgewandert, berichtet er den Bekannten Herbert und Amrei Fiedler von seinen Erfahrungen als Lehrer: »Neue Aufgaben hast Du zu lösen – wie überraschend, eine ganz neue Sprache zu sprechen – und Deinen Schülern kannst Du auch nicht bloß sagen wie Hans Baldung Dix: ›des eenziche is; zeechnen se, zeechnen se‹ – Nein, Du mußt ihnen erklären, was soweit ›Kunst‹ ist – Du bist selbst gezwungen, selbst Dein ganzes Wissen und Erfahrung nachzuprüfen, […]« Ironisch erinnert Grosz damit an die für Dix und ihn selbst gemeinsame Ausbildung in Dresden, aber er erfasst die künstlerische Sackgasse, in die sich Dix begeben hatte, mit der Wendung ›Hans Baldung Dix‹, mit der er auf den genialen Dürer-Schüler Hans Baldung Grien anspielt, zugleich aber die anscheinend anachronistische Position von Dix als modernem Maler pointiert. Damit trifft Grosz ins Schwarze und doch auch daneben, denn zum einen spricht er klar aus, was Dix selbst wusste: Über die Professur und den Willen, sich mit den alten Meistern auf eine Stufe zu stellen, hatte Dix den Anschluss an die künstlerische Moderne verloren, die er zu Beginn der 1920er Jahre mit seinem quälenden Verismus auf höchstem Niveau repräsentiert hatte. Zum anderen aber verfehlt Grosz in seiner Beurteilung eine künstlerische Entwicklung, bei der Dix sein Wissen um die künstlerische Tradition fruchtbar zu machen versuchte, um sich der historischen Entwicklung anfänglich entgegenzustellen und sie dann versteckt zu kommentieren oder zu reflektieren.

Neben dem Bildnis der Anita Berber ist das Mehrtafelbild *Großstadt* (Löffler 1928/1; Farbtafel 10) zum Inbegriff der wilden 1920er Jahre geworden, einigen gilt es gar als das berühmteste Bild der Epoche. Die Tatsache, dass es in Milos Formans Film *Cabaret* (USA 1972, mit Liza Minelli) zitiert wird, belegt den ikonischen Rang des Gemäldes. Zugleich bringt es die angedeutete künstlerische Problematik frühzeitig auf den Punkt. Dix hatte sich dem Thema Großstadt in Berlin zugewandt, nachdem er sich bereits 1925 mit der Straße und der Wahrnehmung der Straße als genuin moderne Erfahrung ansatzweise beschäftigt hatte. Ein Foto zeigt Dix 1927 im Berliner Atelier wie er im weißen Malerkittel mit Kreide dabei ist, auf eine große Leinwand zu zeichnen – dies ist eine unmittelbare Vorarbeit, nicht aber schon das Triptychon selbst. (vgl. S. 151) Hier ist zunächst wichtig, dass die links von Dix sichtbare frontal gezeigte Frauengestalt mit den zahlreichen Köpfen über sich schon auf den rechten Flügel des Großstadt-Triptychons verweist – die Figuration erinnert überdies an Dix' *Irrsinnige* von 1925 (Löffler 1925/4) – und bringt einen visionären Aspekt ins Spiel. Offensichtlich beginnt Dix mit der inhaltlichen Konzeption des späteren Triptychons in Berlin, wählt aber zuerst die Form eines großformatigen Einzelbildes. Die Triptychon-Idee selbst – Dix brachte 1965 James Joyce' *Ulysses* (tatsächlich in geringer Auflage 1927 in Basel erstmals auf deutsch erschienen) als Anregung für die montageartige Verschränkung in Form eines Dreitafelbildes ins Spiel – scheint im April 1927 noch nicht entwickelt zu sein, und die zahlreichen mit dem Gemälde verbundenen Skizzen, die auf 1925/26 datiert werden, zeugen eher von unterschiedlichen Bildideen, die erst später zusammengeführt wurden. Allerdings hatte sich Dix bereits 1922 mit der Idee und vorbereitenden Skizzen für ein *Marien*-Triptychon beschäftigt, wie er dem Sammler Grünbaum auf einer am 19. Januar 1922 gestempelten Postkarte mitteilte, das dann aber nicht realisiert wurde.

Neu in der Hauptstadt sucht Dix sich mit ihrer Modernität auseinanderzusetzen, vergleichbar Ernst Ludwig Kirchner, der nach seinem Weggang aus Dresden in Berlin um 1913 die beeindruckende Serie der

Straßenbilder begann, die zu den Hauptwerken des Expressionismus zählen. Einige Dix-Skizzen sind mit ihrer raumgreifenden diagonalen Dynamik auch eher aus Kirchners Straßenbilder als aus seinem eigenen Werk ableitbar. Obwohl Dix sich bereits vorher mit der Großstadt beschäftigt hatte und Berlin die künstlerische Reflexion der Metropole fast zwangsläufig forderte: Dass Dix als aus Dresden stammender Maler in Berlin ein großformatiges Großstadtbild beginnt, erscheint vor dem Hintergrund der Biographie Kirchners und seiner Großstadtbilder nur bedingt zufällig zu sein. Vor allem die rechte Seitentafel des Triptychons, mit ihrer gestaffelten, den »gotischen Vertikalismus« (Sixten Ringbom) variierenden Figurenkomposition, erinnert an Kirchners *Straßenbilder*. Und in der Tat setzte sich Dix mit Kirchner, den er für eine sehr reiche Natur hielt, 1926 intensiv auseinander. Er besaß eine frühe Kirchner-Publikation von Will Grohmann – Dix hielt den Dresdner Kunsthistoriker und Kritiker für intelligent und geistreich, nicht aber für originell – und bewunderte Kirchners Lösungen kompositorischer Probleme. Dix setzt dem Expressionismus ein neusachliches Manifest und die Summe seiner bisherigen Werke entgegen.

Ein zeitgenössisches Ausstellungsfoto, das die erstmalige Präsentation des Triptychons in der Dresdner Ausstellung *Sächsische Kunst unserer Zeit* festhält, macht schlagend klar, mit welch enormer Geste Dix sich als neuberufener Akademielehrer in Szene zu setzen versuchte. Neben dem schillernden mehrteiligen Riesenwerk verblassen die benachbarten Bilder selbst auf der Schwarz-Weiß-Fotografie. Dix' Gemälde machte die Besucher der Ausstellung und die verbildlichten Figuren kompositorisch zu unmittelbaren Zeitgenossen – der gekippte, hochglanzpolierte Parkettboden der Mitteltafel reflektiert den Fußboden des Ausstellungssaales. Dix, der das Bild explizit für den Anlass der Ausstellung malte, hat diese Wirkung ganz bewusst angestrebt, zumal die Protagonisten der Mitteltafel Dresdner Zeitgenossen waren. Dargestellt sind – wie Birgit Schwarz herausgearbeitet hat – unter anderem als Saxophonist der Geheime Rat Ministerialdirektor Dr. Alfred Schulze, der als wichtiger sächsischer Kulturpolitiker maßgeblich an der Berufung von Dix nach Dresden mitgewirkt hatte, sowie der Düsseldorfer Malerkollege Gerd Wollheim, der Architekt und Kollege Wilhelm Kreis und schließlich der frühe Dix-Förderer und -Sammler Dr. Fritz Glaser. Mit dem Tanzpaar im Zentrum der Mitteltafel könnte sich Dix selbst gemeint haben – ohne sich selbst zu porträtieren –, denn in der rothaarigen Tänzerin karikiert der Maler seine Gattin Martha.

Die beiden Seitenflügel führen die beiden zentralen Themen der Malerei von Dix zusammen: die Prostituierte und der Kriegskrüppel. Sie agieren als Randexistenzen, die jedoch trotz des geteilten Schicksals als Außenseiter unterschiedliche Welten bewohnen und Existenzen führen. Das schrille Scheinleben der Huren besitzt für die gebrochene, verstümmelte menschliche Ausschussware der Kriegsveteranen fast phantasmagorischen Charakter. Als bühnenartig formulierte Straßenszenen kontrastieren die beiden Flügel mit der hedonistischen Innenwelt der Jazz-Bar, deren überhitzt-schrille Atmosphäre – die aufgrund der präzisen Zeichnung gleichwohl paradox kühl wirkt – grell rot illuminiert ist.

Dix scheut nicht vor obszönen, freilich polyvalenten Anspielungen zurück. Auf dem rechten Flügel tritt eine Prostituierte auf, deren spaltartig geöffnetes Kleid sowie die es umrahmende Pelzstola eindeutig eine Vulva nachzeichnen, auf die die Dargestellte selbst ihre Hand legt. Diese – hier Masturbation bedeutende – Geste spielt auf Dürers anmaßendes Selbstbildnis von 1500 in München an, auf dem der Künstler mit einem die damalige Kleiderordnung ignorierenden Pelz angetan ist und exakt dieselbe Geste vollzieht. Dix versucht etwas bemüht, Künstlerreferenz (das Triptychon wird zum 400. Todestag Albrecht Dürer beendet) und Skandal (schon die rechte der drei Straßendirnen von 1925 – Löffler 1925/2 – hielt einen Dildo-artigen Regenschirm in Händen) ästhetisch zu vermitteln; professorales Gehabe und antibürgerliches Revoltieren geraten sichtbar in Widerstreit. Ob Dix Guy de Maupassants obszönes Stück *Feuille de rose* von 1877 kannte, anlässlich dessen Aufführung die als Frauen verkleideten Schauspieler Trikots »mit dem Bild eines großen, einen Spalt weit geöffneten Geschlechts« trugen, muss offen bleiben.

Das *Großstadt*-Triptychon zeigt auf der rechten Seitentafel eine Dürer-Paraphrase, auch das *Selbstbildnis mit Staffelei* (Löffler 1926/4) spielt deutlich auf den Nürnberger Maler an und auch 1931 wird Dürer zum künstlerischen Vorbild, jetzt aber inhaltlich subtiler verarbeitet. Im *Selbstbildnis mit Glaskugel* von 1931 erneuert Dix ostentativ seinen Status als kritischer Künstler, wenn er sich mit der mantischen Kugel in der Endphase der Weimarer Republik als Seher zukünftigen Un-

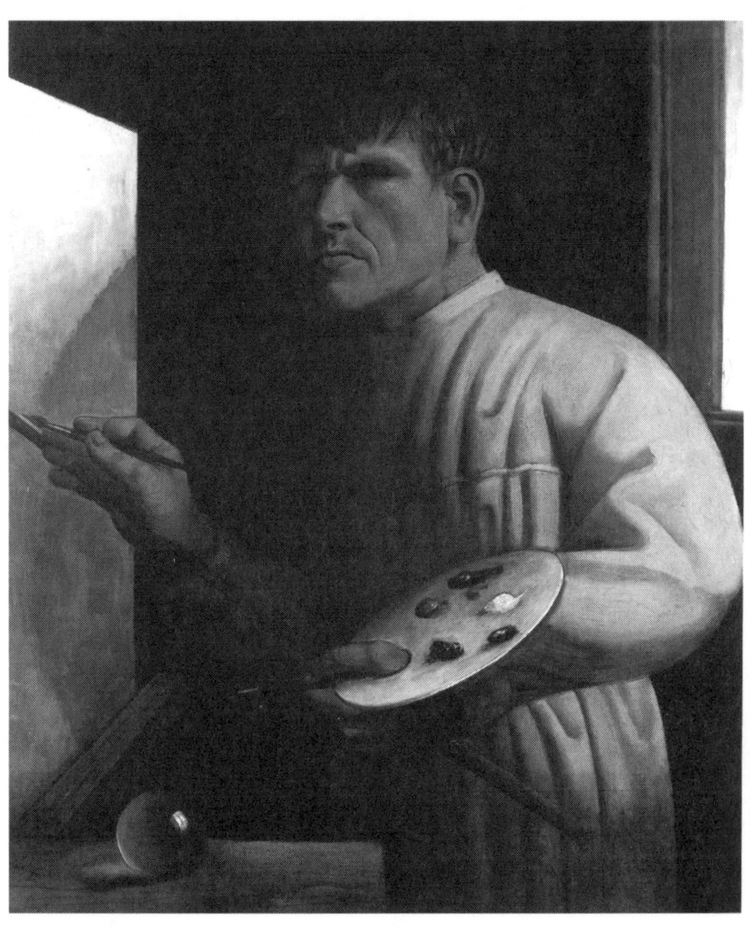

Selbstbildnis mit Kristallkugel, 1931, Mischtechnik auf Sperrholz, 100,5 × 80,5 cm, Museum Ludwig Köln

heils, als *artifex vates,* stilisiert. Dabei nimmt er die graue Farbigkeit seiner frühen veristischen Bilder wieder auf und liefert mit der, seiner Komposition eingeschriebenen Kreisfigur, einen Hinweis auf die Bildstruktur des Selbstbildnisses wie des zeitgleichen Triptychons *Der*

Krieg (1929–32; Farbtafel 11); mit dem Triptychon wandte er sich gegen einen neuen aggressiven Nationalismus. Die in der linken unteren Bildhälfte plazierte Kugel spielt auf Albrecht Dürers berühmten Kupferstich *Melencolia I* von 1514 an. Mehrere Aspekte des Meisterstichs haben Dix dabei interessiert. Zum einen der Topos vom Melancholiker als Genie, geboren unter dem Sternzeichen des Saturn, den er durch die verschatteten Augen und den durchdringenden, hellen Blick des Dargestellten greifbar macht; der Melancholiker scheint über die Welt zu reflektieren. Auf den inspirierten Genietypus verweist auch die ikonographisch tradierte Wendung des Kopfes während oder unmittelbar vor der künstlerischen Arbeit.

Zum anderen ist Dürers Bild ein Bild der Katastrophe und genau dies, die Warnung vor einer Katastrophe hatte Dix sich ja mit dem Kriegstriptychon vorgenommen. Bei Dürer zeigt sich eine überflutete Landschaft zusammen mit den Unglückszeichen Komet und Fledermaus. Dix begnügt sich hier mit einer Anspielung. Allerdings malte er 1930 ein Bild mit dem Titel *Melancholie* (Löffler 1930/1), in dem er erneut eine Kreisfigur als Kompositionsschema verwendete und diesmal eine Feuersbrunst als Fensterausblick darstellte. Die auf *Melancholie* dargestellte Feuersbrunst wird dann auf der rechten Seite des Triptychons variiert. Erst die Zusammenschau der jeweils kreishaft komponierten Bilder erweist klar den von Dix konstruierten gedanklich-kompositionellen Zusammenhang zwischen Selbstbildnis, Melancholie – aber auch melancholischer Hexendarstellungen nach Hans Baldung Grien, vgl. die Rötelzeichnung *Sitzender Akt* von 1932 – und *Kriegs*-Triptychon.

Das berühmte Dresdner Triptychon *Der Krieg* von Otto Dix entstand in den letzten Jahren der Weimarer Republik zwischen 1929 und 1932, gut zehn Jahre nach dem Ende des Weltkriegs und der deutschen Niederlage, zu einem Zeitpunkt, als zahlreiche Romane und Filme die Ereignisse zu verarbeiten versuchten. (Löffler 1932/2; Farbtafel 11) Es markiert einen Höhepunkt von Dix' künstlerischer Auseinandersetzung mit dem Ersten Weltkrieg und ist zugleich das Dokument eines künstlerischen Scheiterns, da die gefundene Bildaussage der nachträglich kolportierten Intention des Künstlers diametral entgegensteht. Die fundamentale Ambivalenz des Bildes, das *formalästhetisch* zwischen fotografischer Genauigkeit und altmeisterlicher Stilisierung und *inhaltlich* zwischen gemaltem Pazifismus und fatalistischer Schicksalsergebenheit oszilliert, kann an der Bildstruktur des Werkes selbst verdeutlicht werden: Dem Triptychon war eine kaum zu überschauende Anzahl von Kriegsdarstellungen vorausgegangen, die Dix noch während der Kämpfe des Ersten Weltkriegs als Frontsoldat und nach der deutschen Niederlage in den frühen 1920er Jahren als Skandalkünstler der noch jungen Weimarer Republik schuf.

Vor allem zwei Werke sind nochmals zu erinnern: Das Gemälde *Schützengraben* und die Graphikmappe *Der Krieg*. Mit dem monumentalen, wandfüllenden und in der Form auf die christliche Bildtradition reflektierenden Werk wollte Dix die von dem Kritiker Ernst Kállai 1927 angesichts des *Schützengraben* (vgl. Abb. S. 89) aufgeworfene Frage, ob es sich bei dem Gemälde »um eine Ablehnung oder um einen Kult« handle, wenn auch verspätet, so doch eindeutig beantworten. Der Maler reagierte mit dem Bild nach eigener Aussage auf einen neu erstarkenden militanten Nationalismus in der letzten Phase der Weimarer Republik. Rückschauend teilte er mit:

> »1928 fühlte ich mich reif, das große Thema anzupacken, dessen Gestaltung mich mehrere Jahre beschäftigt hat. In dieser Zeit übrigens propagierten viele Bücher ungehindert in der Weimarer Republik erneut ein Heldentum und einen Heldenbegriff, die in den Schützengräben des ersten Weltkriegs längst ad absurdum geführt worden waren. Die Menschen begannen schon zu vergessen, was für entsetzliches Leid der Krieg ihnen gebracht hatte. Aus dieser Situation heraus entstand das Triptychon. Ich wollte ganz einfach – fast reportagemäßig – meine Erlebnisse der Jahre 1914 bis 1918 zusammenfassend sachlich schildern und zeigen, daß echtes menschliches Heldentum in der Überwindung des sinnlosen Sterbens besteht. Ich wollte also nicht Angst und Panik auslösen, sondern Wissen um die Furchtbarkeit eines Krieges vermitteln und damit Kräfte der Abwehr wecken.«

Nun könnte man diese sehr viel später getroffene Aussage als nachträgliche Stilisierung abtun, wenn Dix nicht im Oktober 1932 einen schmalen Band mit ausgewählten Briefen Friedrich Nietzsches gelesen hätte, der von Richard Dehler in der Leipziger Insel-Bücherei herausgegeben worden ist. Die Anstreichung darin stützt Dix' spätere Aussage, denn er markierte in dem späten Nietzsche-Brief an den Freund Overbeck vom 18. Oktober 1888, in dem es um die Deutschen ging, unter anderem folgende Passagen: »Diese unverantwortliche Rasse, die alle großen Malheurs der Kultur auf dem Gewissen hat [...]« sowie »Es gab nie einen wichtigeren Augenblick in der Geschichte: aber wer wüßte davon?« Mit der Kennzeichnung der Nietzsche-Werke erwies sich Dix häufiger als hellsichtiger politischer Beobachter, mit seinen Bildern nahm er die Rolle des artifex vates an, des seherischen Künstlers. Mit der Rückkehr zur politischen Stellungnahme erneuerte der Maler seine künstlerische Bedeutung.

Mit dem Triptychon *Der Krieg* malte Dix gegen einen neuen Militarismus an und strebte nach einer bewussten Steigerung des berühmten *Schützengraben*-Bildes, das man in den 1920er Jahren vergeblich für das Kölner Wallraf-Richartz-Museum erwerben wollte. Noch in der zweiten Hälfte des Jahrzehnts gelangte das Gemälde im Zuge von Dix' Berufung nach Dresden, wurde aber mit Rücksicht auf die Reaktionen des Publikums und angesichts einer sich zuspitzenden politischen Konfrontation nicht ausgestellt. Ab 1933 stand es im Zentrum der nationalsozialistischen Polemik und schließlich der Zerstörung der modernen Kunst durch die Nationalsozialisten; seit 1940 muss es als verschollen gelten.

Die Mitteltafel des Triptychons greift den *Schützengraben* auf und richtet den toten Soldaten als Symbol des Todes über der zerstörten Landschaft auf. Sie wird von Seitentafeln gerahmt, die links den Zug der bewaffneten Krieger in die Schlacht – Dix sprach von der Tafel als »Aufbruch« – und rechts das Entkommen Weniger aus der Hölle des Krieges verbildlichen. Die Predella, deren Anbringung Dix mit 50 Zentimeter über dem Boden präzise bestimmte, zeigt schlafende wie tot scheinende Soldaten, die sich ausruhen, um erneut in die Schlacht ziehen zu müssen. Zwischen den Tafeln gibt es keinen übergreifenden räumlichen Zusammenhang im Sinne eines Raumkontinuums, das ungeachtet der trennnenden Rahmenleisten bestünde. Dix evoziert vielmehr in unterschiedlichen Räumen einen zeitlichen Ablauf – ein vor, während und nach der Schlacht – dem auch unterschiedliche Tageszeiten zugeordnet sind, stellt ein Zeitkontinuum dar: Im Morgengrauen erfolgt der Aufbruch der mit Karabinern bewaffneten und mit

Tornistern versehenen Soldaten. Nebelschwaden kriechen noch über den Boden, und nur langsam erkennt man den endlosen Zug der Kolonne, die geisterhaft aus der Tiefe des Bildes nach vorne drängt, um in einer scharfen Wendung nach rechts den weiteren Anstieg zu meistern. Es sind zum Teil ältere, kampferprobte Soldaten, die Dix zeigt, wie das Gesicht des Schnauzbärtigen, der die linke Reihe anführt, zu erkennen gibt. Die beiden Soldaten unmittelbar vor dem Betrachter scheinen sich anzuschauen, in ihren Blicken liegt etwas Ahnungsvolles und Ängstliches, so als dächten sie über Ausweichmöglichkeiten nach, die sich freilich nicht ergeben. Die Soldaten sind bereits hier Teil der Landschaft; die endlose Linie der das frühe Sonnenlicht reflektierenden Stahlhelme, geht farblich in den bläulich-grauen Nebel über, Tornister und Uniform zeigen die Farbe des lehmigen braunen Bodens.

Die Mitteltafel ist wie der ihr zugrundeliegende *Schützengraben* ein Ort des Todes: Eine Wüste aus Schlamm, verkohltem Holz, zerrissenen Körpern und zerstörten Häusern. Vielleicht ist der Soldat mit der Gasmaske, der in der linken Bildhälfte aufrecht sitzend mit einem schmutzigen Überzieher inmitten der Zerstörung hockt, der einzige Überlebende, vielleicht aber ist auch er bereits tot, von einem Splitter durchbohrt, plötzlich erstarrt. Über ihm ragt ein auf Stahlstreben aufgespießter, stark verwester Leichnam – ein Motiv, das Dix von *Schützengraben* übernommen und bezeichnend uminterpretiert hat. Der Leichnam wird jetzt weniger wie ein unheiliges Opfer dargeboten, sondern verlängert die beiden Stahlträger und endet in einem spitz ausgestreckten Zeigefinger. Er weist auf eine auf dem Kopfe stehende, völlig durchlöcherte Leiche, die selbst wieder die Spitze eines Leichenberges bildet. Von hier ergießt sich ein Strom aus Blut und Gedärm, der sich mit dem Schlamm vermengt und erst von einem schwarz verkohlten Holzpflock aufgehalten wird. Dieser wird von einem jugendlichen Toten verlängert, dessen Kopf die Basis für einen der beiden oben beschriebenen Stahlträger bildet. Hier schließt sich gewissermaßen der Kreis, welcher der Mitteltafel eingeschrieben ist und dessen Leserichtung von dem grotesk über der Landschaft schwebenden Skelett vorgegeben wird.

Die rechte Seitentafel – von Dix auch als »nächtlicher Rückzug« bezeichnet – zeigt den Abend nach der Schlacht wie ein Inferno. Der Himmel ist von der Glut der Feuer am Horizont blutrot gefärbt und entwickelt einen orkanartigen, trichterförmigen Sog. Vor einem weiteren verkohlten Baumstamm, der den Horizont diagonal versperrt, erscheint eine aschfahle Zweiergruppe, die sich aus der Feuerhölle schleppt. Eine Figur, die einen blutenden und ansonsten blütenweißen Kopfverband trägt, ist zu schwach, um sich selbstständig auf den Beinen zu halten – oder bereits tot und wird von einem Kameraden getragen. Der Retter lehnt ebenfalls diagonal zum Bild, nun aber in entgegengesetzter Richtung, und blickt wirr in Richtung des Betrachters. In dieser Figur ist unschwer Otto Dix selbst zu erkennen, der das Geschehen über vier Jahre selbst erlebt hatte, bevor er sich zu einer Fliegerausbildung meldete, die ihm vielleicht das Leben rettete. Der in den Untergang marschierenden Masse auf der linken Seite steht die schwankende Figurengruppe über einem im Morast Versinkenden gegenüber, aschgrau geworden im Glutofen der Schlacht.

Abgeschlossen wird die Komposition von einer Predella, die einen engen Holzverschlag zeigt, in dem Soldaten liegen. Sie scheinen aber nicht tot zu sein, denn man sieht kein Blut, sondern sich vielmehr auszuruhen, erschöpft vom Krieg, so dass sie die Ratten an ihren Füßen gar nicht wahrnehmen. Ein rotes Leintuch schwebt knapp über ihnen, zum Schutz vor herabrieselnder Erde nach Granateinschlägen in der Nähe, und nimmt die Bewegungsrichtung der Mitteltafel auf. Dix versieht die Szene mit sarkastischem Humor, da er den im Vordergrund liegenden Soldaten mit einer Erektion darstellt, die sich unter den auf die Schwellung zulaufenden Falten der Uniform abzeichnet. Selbst im großen Sterben ist der Trieb anwesend, der das Menschengeschlecht fortzeugen will: ein bitteres »Stirb und werde«.

Es sind einige Vorzeichnungen und ein Karton in Originalgröße erhalten, die den endgültig formulierten Bildgedanken Dix' verständlicher machen. Auf das Jahr 1929 werden zwei Zeichnungen datiert, die sich in der Städtischen Galerie Albstadt und im Dresdner Kupferstichkabinett befinden (Lorenz NSk 7.3.2 und Päffle A 1929/1). Die Bleistiftzeichnung in Albstadt skizziert den Entwurf eines Triptychons ohne Predella mit diagonal von links nach rechts marschierenden Soldaten, die an einem zerborstenen Wagen vorbeikommen und brutal vom Bildrand abgeschnitten werden. Die Mitteltafel zeigt vor dem Hintergrund einer Ruinenlandschaft einen verschalten Schützengraben über einer aufgebahrten Leiche – die Entsprechung zum ausgeführten Gemälde ist hier bereits relativ groß. Die rechte Tafel gibt Versprengte wieder, die verwundete Kameraden geschultert haben und von links nach rechts, damit den Bewegungsimpuls der linken Tafel aufgreifend, durch das Bild irren. Die aquarellierte Studie in Dresden zeigt eine Predella und als wesentlichen Unterschied zur Albstädter Zeichnung den Ansatz einer Kreisfigur in der Mitteltafel, die Dix weiter ausgearbeitet hat und schließlich nicht nur der Haupttafel, sondern dem ganzen Triptychon eingeschrieben hat.

Der mit dem Triptychon in Dresden formatgleiche Karton in der Hamburger Kunsthalle weicht nur in kleinen, aber wichtigen Details vom Gemälde ab. Die Marschierenden, hier eher als einfache und fast gesetzte Landser mit Pfeife gekennzeichnet, kommen jetzt aus der Tiefe des Bildraums. Sie werden aber von einem hyänenartigen Hund begleitet, der auf der Gemäldefassung wieder durch ein Speichenrad ersetzt ist, wie es bereits auf der Vorzeichnung in Albstadt im mittleren Bildvordergrund notiert ist. In der Mitteltafel fehlt noch der auf dem Kopf stehende Leichnam rechts, die Ruinenlandschaft und der bewaldete Höhenzug der rechten Seitentafel sind aber bereits erkennbar und schaffen in der Endfassung einen Übergang, der den zeitlichen und örtlichen Bruch zwischen den beiden Tafeln etwas überspielt. Die Predella des Kartons gibt noch den Blick zum angrenzenden Erdreich des Verschlages frei, in dem Leichenteile verstreut sind, so dass dieser deutlich gemachte Kontrast von Toten und Lebenden berechtigt, in der Gemäldefassung von eingegrabenen Schlafenden in ihrer Stellung zu sprechen. Die rechte Seitentafel ist mit der Gemäldefassung identisch, bis auf das Gesicht des Retters, das hier farblich abgehoben und nicht das des Künstlers ist; es zeigt einen maskenhaften Schnauzbärtigen. Dieses Gesicht ist mit dem zeitgleichen NSDAP-Plakat zur Reichskanzlerwahl von 1932 in Verbindung zu bringen, das Dix 1933 in seinem Gemälde *Die sieben Todsünden* (Löffler 1933/1; Farbtafel 12) zitierte, indem er das Konterfei Adolf Hitlers als ovale Gesichtsmaske des personifizierten Neides vorstellt. Dies erstaunt nicht, beklagte Dix doch in den späten 1920er Jahren den erneut aufkommenden aggressiven Nationalismus. Die hier vielleicht nur privat vorgenommene Anspielung auf Hitler könnte mit der Formulierung einer direkten Warnung gleichbedeutend sein, was der ursprünglichen Intention des Künstlers ja entsprochen hatte.

Dass Dix sich selbst in der gleichermaßen kunsthistorischen wie mythologischen Rollenfigur des Menelaos – im Griechischen so viel wie »Volksführer« – der in Dresden als Abguss vorhandenen Pasquino-Gruppe auf dem Kriegsbild zu erkennen gibt, soll dem Betrachter sicher auch vermitteln, dass der Künstler dabei war, dass der Maler Otto Dix das Gemalte aus eigener Anschauung beurteilen konnte, und ferner soll es wohl den tagespolitischen Aspekt des Gemäldes minimieren, das den Krieg zeitlich umfassend deuten sollte. Der Maler teilt keine politische Meinung mit, sondern schildert die Realität, wie er sie empfunden hat. *Schützengraben* und die Blätter für die Mappe *Der Krieg* wurden nicht zuletzt geschaffen, um den Gesichten des Krieges zu entkommen. Dix litt angesichts des Erlebten über Jahre unter Albträumen und malte sich das Erlittene von der Seele, um es zu bannen. Er evozierte die Schrecken erneut, um sie schließlich hinter sich lassen zu können. Der »romantische Verismus« des *Schützengrabens* und die von Goya beeinflusste, häufig ins Groteske umschlagende Kriegsgraphik spielen die körperlichen und seelischen Zustände und Folgen des Krieges durch. Dabei überwiegt trotz der kunsthistorischen Anleihen und grotesken Zuspitzungen ein deskriptiver, sachlich-veristischer Aspekt. Von ihm zehrt das Kriegs-Triptychon, doch es liefert eine ganz andere, deutende, bildmäßige Interpretation des Geschehens, die in den Arbeiten der frühen 1920er Jahre so nicht vorhanden war. *Schützengraben* konfrontierte den Betrachter ungefiltert und direkt mit dem Grauen, während das *Kriegs*-Triptychon dem Betrachter mehr als zehn Jahre nach der Niederlage eine spezifische, weltanschauliche Interpretation des Kriegs liefert, darin liegt der zentrale Unterschied der beiden Bilder.

Der Tod ist dem Triptychon förmlich eingeschrieben und wird nicht nur blutrünstig geschildert. Der verwesende Soldat bildet mit den Stahlträgern höchst eindrücklich ein Sensenblatt des Todes, das über der gesamten Szene schwebt. Der Soldat besitzt eine zentrale Bedeutung für die Bildaussage und ist inhaltlich-formal polyfunktional: Wie das berühmte Beispiel des Armschattens in Form einer Sense auf dem Stein mit zu entziffernder Inschrift auf Nicolas Poussins Gemälde *Et in arcadia ego* (um 1634–40), beherrscht der Tod symbolisch die Darstellung. Bei Dix handelt es sich von vorneherein um eine Landschaft der Vernichtung und des Todes und damit um ein Gegenbild zu

Arkadien. Das menschliche Sensenblatt gibt eine Lesart vor und ist Teil einer Kreisfigur, die dem Bild strukturell eingeschrieben ist. Das Rad am äußeren linken Bildrand ist nicht nur eine wahrscheinliche Anspielung auf den berühmten *Katharinen-Altar* (1506) von Lukas Cranach d. Ä. in Dresden, der Stadt, in der Dix als Professor an der Akademie Malerei lehrte, und die das Bild zur Darstellung eines Martyriums macht. Vielmehr enthält es auch die Kreisstruktur, die sich von links nach rechts vorn entwickelt und bietet eine Interpretationshilfe für das zu Sehende.

Mit dem ausgestreckten Finger könnte Dix auf die berühmte Kreuzigungstafel von Matthias Grünewalds *Isenheimer Altar* (1513–15) anspielen, auf der Johannes mit spitzem Zeigefinger auf den gestorbenen Christus zeigt, wobei der Finger bei Dix nun auf die starre, auf dem Kopf stehende durchlöcherte Figur gerichtet ist, die wie ein umgestürztes Kruzifix erscheint. Das Bild kehrt damit die christliche Heilslehre um und verschließt die Möglichkeit einer Erlösung. Es handelt sich bei Dix also nicht um die Passion des christlichen Erlösers – dessen dornenbekröntes Haupt das stacheldrahtumwundene Landsergesicht unten links paraphrasiert –, sondern um die alltägliche, säkularisierte Passion des »Frontschweins«, des namenlosen, unbekannten Soldaten.

Der Maler zeigt statt einer Erlösung einen ewigen Kreislauf, indem er mittels der Himmelsdarstellung im Rückgriff auf Albrecht Altdorfers dramatische *Alexanderschlacht* (1529) das Kriegsgeschehen naturalisiert, mit dem Ablauf der Tageszeiten verschränkt. So korrekt also die von der Forschung immer wieder betonte Adaption und Umwertung bis Verkehrung christlicher Bildformulierungen bei Otto Dix ist, der entscheidende Schlüssel für die Interpretation seiner Werke liegt anderswo: in der Philosophie Friedrich Nietzsches, welche die Kunst von Dix wesentlich grundiert: »Alles geht, Alles kommt zurück; ewig rollt das Rad des Seins. Alles stirbt, Alles blüht wieder auf; ewig läuft das Jahr des Seins. Alles bricht; Alles wird neu gefügt; ewig baut sich das gleiche Haus des Seins. Alles scheidet, Alles grüßt sich wieder; ewig bleibt sich treu der Ring des Seins. In jedem Nu beginnt das Sein; um jedes Hier rollt sich die Kugel dort. Die Mitte ist überall. Krumm ist der Pfad der Ewigkeit.«

Mit Nietzsches Bild der ewigen Wiederkehr ist die Zeitstruktur vorgegeben, mit der Dix den Krieg am Ende der 1920er Jahre angesichts der Gefahr einer realen Wiederkehr des Krieges vor der Folie eines anwachsenden Nationalismus deutet. Dabei wird die teleologische, lineare Zeitvorstellung des Christentums – wie dieses als Deutungshorizont überhaupt – aufgegeben, ja negiert, und hat einer zyklischen Zeitvorstellung des Seins als beständiges Werden und Vergehen im Sinne Nietzsches zu weichen. Erkauft war der Zuwachs an inhaltlicher Überzeugungskraft mit einem eklatanten Widerspruch zwischen Werk und Absicht. Dix wollte warnen – seiner Vorstellung nach hätte das Bild in einem innen schwarz gestrichenen Bunker, der so einer Kinosituation entsprochen hätte, als Mahnmal dauerhaft ausgestellt werden sollen – und interpretierte den Krieg doch als kosmisches Geschehen, dem man nicht ausweichen kann, das sich gleichsam naturhaft wiederholt. Anders gesagt: Intention und Interpretation, veristisch-altmeisterlicher Stilmodus und kreisende Zeitstruktur gerieten in seinem Werk anschaulich in Widerstreit.

9 Dix im »Dritten Reich«

Der Aufstieg des Nationalsozialismus und dessen zerstörerische Kunstpolitik hatten für Dix' Karriere entscheidende Konsequenzen. Die nationalsozialistische Kunstpolitik begann zu einer Zeit, als die NSDAP politisch noch keine nennenswerte Rolle spielte. Auf dem NSDAP-Parteitag 1927 in Nürnberg wurden kulturpolitische Richtlinien verabschiedet, die es erleichtern sollten, die »geistig Schaffenden« für die Partei zu gewinnen. Den Auftrag dazu erhielt der Chefideologe Alfred Rosenberg. Er gründete im Januar 1928 die sogenannte *Nationalsozialistische Gesellschaft für deutsche Kultur*, aus der später der *Kampfbund für deutsche Kultur* hervorgehen sollte. Das Gründungsprotokoll macht die Zielsetzungen und Vorstellungen der NS-Gesellschaft bzw. des späteren *Kampfbundes* deutlich. Es geht von einem allgemeinen Verfall, von einer nationalen Krise aus und malt das Schreckensbild einer allgemeinen Bedrohung der Kultur bzw. der Sittlichkeit an die Wand. Den Nationalsozialisten ging es darum, das spürbare kulturelle Unbehagen an der Moderne in der späten Weimarer Republik in einer der Partei nahestehenden Organisation zu bündeln. Die Satzung fiel sehr allgemein aus: »Die Gesellschaft setzt sich zum Ziel, das deutsche Volk über die Zusammenhänge zwischen Rasse, Kunst, Wissenschaft, sittlichen und soldatischen Werten aufzuklären.«

Im weiteren Text des Protokolls werden kulturelle Vorstellungen und politische Wünsche mit mythologisierten Werten und engen erzieherischen Absichten vermengt, die möglichst jeden ansprechen sollten, der sich durch die künstlerischen Manifestationen einer avancierten Moderne nicht repräsentiert sah. Vage Verschwörungstheorien und eine rassistische Grundhaltung bestimmen die Programmatik, und der neue, aggressive Ton wird mit der späteren Umbenennung der »Gesellschaft« zum »Kampfbund« signalisiert. Der *Kampfbund* war das Produkt von Rosenbergs hybriden intellektuellen Ambitionen und dem Versuch der Münchner Clique um Adolf Hitler, eine Art ideologisches Monopol zu schaffen. Initiatoren waren langjährige NSDAP-Mitglieder wie Heinrich Himmler oder Gregor Strasser. Initiatoren und Unterstützer waren aber auch Vertreter der Völkischen Bewegung wie Adolf Bartels oder der Heimatschützer Paul Schultze-Naumburg. Aus der Wagnerstadt Bayreuth kamen Eva Chamberlain, Winifred

Wagner und Daniela Thode dazu, Vertreter jener kulturellen Elite, die vor allem vom *Kampfbund* angesprochen werden sollte. Eine zentrale Position nahm der rechte Münchner Verleger Hugo Bruckmann ein, der vielleicht sogar die treibende Kraft hinter dem Unternehmen war. Über ihn erhielt die Partei Kontakte zum besitzenden und gebildeten Bürgertum der Stadt München und konnte sich – nicht zuletzt nach dem desaströsen Putschversuch im Jahre 1923 – von dem Ruch des politischen Parias etwas befreien.

Entscheidende Bedeutung für die zukünftige Perspektive der nationalsozialistischen Kunstpolitik war die Teilhabe an der Macht. Die Regierungsbeteiligung der NSDAP in Thüringen seit Januar 1930 tangierte erstmals auch Otto Dix und seine Kunst. Durch die direkte Einschaltung von Adolf Hitler gelang es der Partei, eine Koalition zu bilden. Der bisherige Führer der NSDAP im Reichstag, Dr. Wilhelm Frick, wurde im neuen Kabinett Thüringischer Innen- und Volksbildungsminister, ein Amt, das er für 15 Monate innehaben sollte. Hitler hatte auf diese Ämter gedrungen, weil sie politischen Gestaltungsspielraum besaßen, das heißt, es galt hier politische Fragen zu lösen, die nicht bereits im Vorfeld vom Reich beeinflusst oder gar entschieden worden waren. Fricks Amtsperiode gab einen Vorgeschmack auf die Zeit nach der Machtübernahme der Nationalsozialisten. Dabei nahmen diese kein Blatt vor den Mund; Gauleiter Sauckel etwa tönte, dass man den heutigen Staat vernichten wolle. Frick gab schnell ein Ermächtigungsgesetz bekannt, das der »marxistischen Verelendung« den Kampf ansagte. Im Zuge einer Verwaltungsreform wurden höhere Beamtenstellen reduziert oder mit politischen Parteigängern neu besetzt.

Kulturpolitische Maßnahmen wie die Einführung völkischer, also antisemitischer und antidemokratischer deutscher Schulgebete sollten die Jugend indoktrinieren. Vonseiten der bürgerlichen Koalitionspartner oder der Kirche kam kein Widerstand. Der Antikriegsfilm *Im Westen nichts Neues* und das ihm zugrundeliegende Buch von Erich Maria Remarque wurden verboten, was später sogar durch die Filmoberprüfstelle in Berlin bestätigt wurde. Am 22. April 1930 veröffentlichte die Kulturbehörde in Thüringen einen Erlass unter dem schockierenden, reichsweit nur Spott und Unglauben auslösenden Titel »Wider die Negerkultur für deutsches Volkstum«. Der Jazz, den Dix so leidenschaftlich liebte, übte angeblich einen schädlichen Einfluss aus und diente als

Legitimation dafür, die Zensur zu legitimieren; zudem ging es um eine drastische Verschärfung der Gewerbeordnung. Genehmigungen wurden von da an nach Gutdünken erteilt und polizeilich kontrolliert. Kultur wurde damit Hoheitsgebiet der Polizei. Die schwammige Formulierung von der notwendigen sittlichen oder künstlerischen Zuverlässigkeit eröffnete den Spielraum für Berufsverbote.

Weimar – Gründungsort der Demokratie, des Bauhauses und Stadt der deutschen Klassik – wurde zum symbolischen Ort einer kulturpolitischen Flurbereinigung und Regeneration. Die Nationalsozialisten spielten sich als Retter der deutschen Kultur auf, doch es reichte nur zu einer destruktiven Politik. Prominentes Beispiel ist die Bevormundung der Museen durch die neuen Machthaber. Es kam zu den ersten, staatlich angeordneten »Säuberungen« – wie es euphemistisch hieß – von Sammlungen. Aus dem Weimarer Schlossmuseum wurden auf mündliche Anweisung Fricks, der von Schultze-Naumburg beraten wurde, die abstrakten und veristischen Werke der modernen Abteilung magaziniert: insgesamt siebzig Werke von Künstlern wie Dix, Feininger oder Klee. In der Presse wurde darauf hingewiesen, dass es sich um eine ›sachliche‹ und nicht um eine politische Maßnahme handle, dass die entfernte Kunst nichts mit einem nordisch-deutschen Wesen gemein habe. Der traurige Höhepunkt der neuen Kulturpolitik bestand in der Zerstörung von Fresken des Bauhaus-Lehrers Oskar Schlemmer im Treppenhaus der Weimarer Kunsthochschule. Darauf reagierte das Publikum zwar mit Bestürzung, was natürlich unzureichend und wirkungslos war. Die Zeitschrift *Tagebuch* erkannte Anfang 1931 sofort, und daran sollte sich in den nächsten Jahren nichts ändern: »[...] – aber das Gegenstück fehlt. Die Frickgesinnung kann nie einen Wert schaffen.«

Mit der Machtübernahme durch die Nationalsozialisten Ende Januar 1933 entluden sich die jahrelang durch systematische Hetze aufgebauten Aggressionen der Anhänger Hitlers. Oft kam es zu spontanen, gewalttätigen Ausbrüchen, die nicht einfach zu kontrollieren waren. Im Bereich der Kultur war das nicht anders als im Umgang mit den innenpolitischen Gegnern, und sichtbarer Ausdruck dessen waren die sogenannten »Schandausstellungen«, die von lokalen Anhängern des *Kampfbundes für deutsche Kultur* in Städten wie Dresden, Karlsruhe oder Mannheim inszeniert wurden. Mannheim – ein gut dokumentiertes Beispiel – besaß in der Weimarer Republik eines der interessantesten modernen Museen, was sich der Tätigkeit von Fritz Wichert und Gustav Friedrich Hartlaub verdankte, und in der berühmten Ausstellung zur Neuen Sachlichkeit 1925 äußerte. Innerhalb kürzester Zeit sollten diese Leistungen zerstört werden. Hartlaub wurde am 20. März 1933 beurlaubt, und bereits am 4. April 1933, also etwas mehr als zwei Monate nach der Machtübernahme, eröffnete die Ausstellung *Kulturbolschewistische Bilder* in der Kunsthalle in Mannheim. Sie wies auf die Münchner Ausstellung *Entartete Kunst* von 1937 voraus.

Man weiß aufgrund einer Bilderliste und aufgrund von vier Fotografien recht genau, wie die Ausstellung aussah, die in zwei Obergeschossräumen der Mannheimer Kunsthalle gezeigt wurde. Insgesamt waren in den beiden Räumen von 55 Künstlern 64 Gemälde, 2 Plastiken und 20 Graphiken zu sehen. Gezeigt wurden Werke von Adler, Baumeister, Beckmann, Dix, Ensor, Klee, Nolde, Schlemmer und anderen. Vor allem Werke des Expressionismus und der Neuen Sachlichkeit waren betroffen. Polemisierend war schon die Inszenierung der Ausstellung, denn alle Bilder waren entrahmt und recht wahllos gehängt sowie mit knappen Hinweisen zum Künstler und teilweise zu seiner »Rasse«, zum Titel, Ankaufsjahr, zur Ankaufssumme und Provenienz versehen.

Hier wurde offensichtlich versucht, die Meinung der Bevölkerung zu manipulieren, etwa dadurch, dass die Ankaufspreise nicht inflationsbereinigt angegeben waren. Dem Publikum wurde ein Zusammenhang von angeblich »jüdisch verseuchtem« Kunsthandel und horrenden Preisen als evident suggeriert. Um dies plakativ zu unterstreichen, gab es eine makabre, mittelalterlich anmutende Prozession: Chagalls *Rabbiner*, heute im Kunstmuseum Basel, wurde durch Mannheim bis vor das Wohnhaus Hartlaubs getragen. Anschließend wurde das Bild in einem Schaufenster ausgestellt, mit dem Zusatz, man könne hier sehen, wofür Steuergelder verwendet würden.

Für Otto Dix zeigte sich das brutale Gesicht der neuen Herrscher in Form alter Bekannter: Richard Müller, Kollege von Dix an der Dresdner Kunstakademie und bereits vor 1933 Mitglied der NSDAP, konkretisierte die kulturpolitischen Vorstellungen der Nationalsozialisten in der Elbmetropole. Dabei konnten bestehende Ressentiments und Animositäten ohne große Hemmungen ausgelebt werden. Bereits im

Frühjahr 1933 war Dix vor dem Hintergrund des Gesetzes zur Wiederherstellung des Berufsbeamtentums aus seinem Amt entlassen worden, da er wegen seiner kritischen Kriegsdarstellungen offensichtlich nicht bereit sei, für den neuen nationalsozialistischen Staat einzutreten. Richard Müller schrieb am 6. April 1933 einen Brief an den Sächsischen Reichskommissar und Ministerpräsidenten Manfred von Killinger, aus dem hervorgeht, dass er selbst telefonisch die Aufforderung erhalten hatte, Dix sofort die Professur zu entziehen und ihm das Betreten der Akademie und damit auch seines Ateliers zu untersagen. Von Killinger notierte handschriftlich auf diesem Brief: »Lebt denn das Schwein immer noch?« Da Dix zu diesem Zeitpunkt in Gera weilte, konnten ihm die Entlassung und das Verbot erst verspätet mitgeteilt werden. Im Entlassungsschreiben des Innenministeriums, datiert auf den 13. April, berief sich die Obrigkeit explizit auf das Berufsbeamtengesetz. Darin warf sie Dix auch die Verletzung des sittlichen Empfindens und Wehrkraftzersetzung vor. Er sollte sein Atelier bis zum 27. April 1933 räumen.

Dix erhob gegen seine Entlassung Einspruch, und versuchte sich einer der führenden Persönlichkeiten des künstlerischen Lebens zu versichern; er schrieb am 12. April an den Leiter der Berliner Nationalgalerie, Ludwig Justi. Dabei betonte er zwei Dinge: zum einen, dass er sich niemals parteipolitisch engagiert habe, zum anderen, dass er seinem Selbstverständnis nach ein zutiefst deutsch empfindender Maler sei. Doch das nützte nichts. Justi brachte in seiner Antwort vom 26. April 1933 deutlich zum Ausdruck, dass er Dix' Kriegs- und Prostituiertendarstellungen ablehne. Die Porträts erkannte er dagegen an und machte dem Maler Hoffnung, dass das neue Regime einen veränderten, ins Positive gewendeten Dix zu einem späteren Zeitpunkt vielleicht in die Volksgemeinschaft aufnehmen werde. Der proletarische Stand des Malers könne dabei nur von Vorteil sein. Zwar betonte Justi, dass er Dix keine »konjunkturhafte ›Umstellung‹« nahelege, aber genau in diese Richtung sollte Dix gezwungen werden und genau diese Möglichkeit wählte er, wenn auch anders als die neuen Machthaber sich das wünschten.

Am 23. September 1933 wurde im Lichthof des Neuen Rathauses von Dresden eine der frühen Schandausstellungen eröffnet – hier bereits unter dem fatalen Titel »Entartete Kunst«. Etwas mehr als 200 Werke

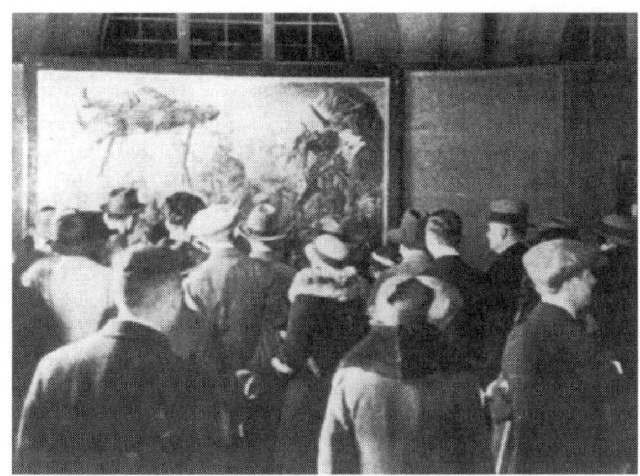

Ansicht der Ausstellung *Entartete Kunst*, Dresden 1933 (mit Dix' *Schützengraben* von 1922/23)

wurden diffamiert und darunter vor allem diejenigen von Künstlern (Angehörige der *Brücke*, der *Sezession Gruppe 1919* und der *Asso – Assoziation Revolutionärer Bildender Künstler Deutschlands*), die mit der Elbmetropole verbunden und deren Werke durch Ankauf in Dresdner Sammlungen gelangt waren. Treibende Kraft hinter der Aktion war Richard Müller – assistiert von Oberbürgermeister Ernst Zörner und den beiden mediokren Künstlern Walther Gasch und Wilhelm Waldapfel. Müller war seit März 1933 Rektor der Dresdner Akademie und konnte nun alte Rechnungen begleichen. Voller Neid wurden prominente Künstler wie Heckel und Kirchner, aber vor allem Dix an den Pranger gestellt. Da von Dix die beiden großformatigen Gemälde *Kriegskrüppel* und *Schützengraben* in Dresden hingen, wurde der Maler mit seinen frühen Hauptwerken zum Krieg zur Zielscheibe der Diffamierungen, was seine weitere Rezeption im »Dritten Reich« entscheidend bestimmen sollte. Mit welchem Hass Müller Dix verfolgte, geht aus einem Artikel hervor, den der neue Akademiedirektor im *Dresdner Anzeiger* am Tag der Ausstellungseröffnung unter dem sprechenden Titel *Spiegelbilder des Verfalls in der Kunst* veröffentlichte. Darin wurden die Kriegsbilder als »Entwürdigungen« des deutschen Frontsoldaten bezeichnet. Müller griff seine Kollegen, die Dix an die

Akademie berufen und damit »Schuld auf sich geladen« hätten, scharf an und sprach von Dix' »vergiftendem Einfluß« auf die Studentenschaft.

Der Dresdner Ausstellung kommt insofern besondere Bedeutung zu, als sie zwischen 1933 und 1937 in zwölf deutschen Städten als Wanderausstellung zu sehen war und das Bild der »entarteten Kunst« maßgeblich bestimmte. Zudem wurde aus ihrem Fundus die berühmt-berüchtigte Münchner Ausstellung vom Juli 1937 bestückt, traf man hier wieder auf Dix' *Kriegskrüppel* und *Schützengraben*. Bis dahin war es aber noch ein langer, für die deutschen Künstler schmerzhafter Weg.

Die Aktionen in Mannheim, Karlsruhe und Dresden markieren die erste Phase der nationalsozialistischen Machtübernahme im Bereich der Kultur. Es handelte sich um lokale, nicht zentral gesteuerte spontane Maßnahmen, die durchaus Kritik und Unverständnis produzierten. Jemand, der die ganze Sache mit wachsendem Argwohn betrachtete, war Joseph Goebbels. Zwar hatte er eingewilligt, die Rede bei der Bücherverbrennung am 10. Mai 1933 zu halten. Aber diese hatte es insofern in sich, als Goebbels in ihr eines klar machte: Die Zukunft lag nicht in diesen revolutionären und mehr oder weniger spontanen Aktionen, sondern in »bürokratischer Systematik und amtlicher Kontrolle«. Goebbels nutzte die Macht des Staates, und das verschaffte ihm einen wichtigen Vorteil gegenüber dem parteigläubigen Rosenberg.

Goebbels ist für das Verständnis der nationalsozialistischen Kulturpolitik eine Schlüsselfigur, nicht zuletzt aufgrund der ihr eigenen Widersprüchlichkeit und ihres Opportunismus. Er entsprach nicht dem typischen Führer innerhalb der NSDAP. Er besaß die Züge eines Intellektuellen und war körperlich gehandicapt, was ihn von der Garde der geschwätzigen, weniger geistreichen denn brutalen und trinkfesten sogenannten »Alten Kämpfer« deutlich abhob. Er sicherte sich 1933 den administrativen Zugriff auf die Kunst. Eigentlich hätte er nach der Machtübernahme das Kultusministerium bekommen sollen, das aber übernahm Bernhard Rust. Nach der erfolgreichen Reichstagswahl vom März 1933, bei der Goebbels mit seiner Propaganda – neben dem parallel stattfindenden Straßenterror der SA – erheblichen Anteil an dem Erfolg der Nationalsozialisten hatte, überraschte Hitler seine Ministerkollegen mit der Mitteilung, dass ein Ministerium für Volksaufklärung und Propaganda zu errichten sei.

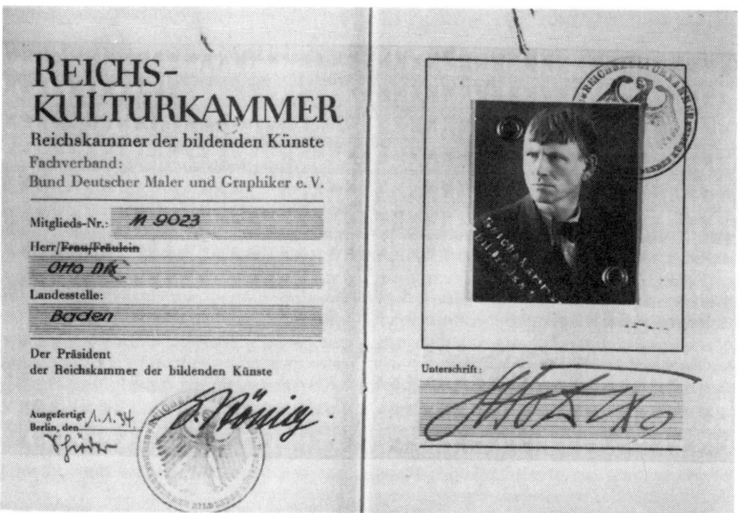

REICHS-
KULTURKAMMER
Reichskammer der bildenden Künste
Fachverband:
Bund Deutscher Maler und Graphiker e. V.

Mitglieds-Nr.: M 9023
Herr/~~Frau/Fräulein~~
Otto Dix
Landesstelle:
Baden

Der Präsident
der Reichskammer der bildenden Künste

Ausgefertigt
Berlin, den 1.1.34

Unterschrift:

Otto Dix' Mitgliedsausweis der Reichskulturkammer – Reichskammer der Bildenden Künste, ausgestellt am 1. Januar 1934

Goebbels Ministerium sollte in Zukunft in einem bisher kaum geahnten Ausmaß versuchen, die öffentliche Meinung zu manipulieren und krakenartig zu expandieren. Dieses Wuchern entsprach der allgemeinen nationalsozialistischen Tendenz zur Bürokratie, dem etatistischen Verständnis des Ministers und auch dem ungeheuren Wirkungskreis des neuen Ministeriums nach seiner Beschreibung im Reichsgesetzblatt: Goebbels war demnach »zuständig für alle Aufgaben der geistigen Einwirkungen auf die Nation, der Werbung für Staat, Kultur und Wirtschaft, der Unterrichtung der in- und ausländischen Öffentlichkeit über sie und der Verwaltung aller diesen Zwecken dienenden Einrichtungen«. Diese umfassende Ressortbeschreibung verursachte in Zukunft immer wieder Spannungen – am Anfang mit Wilhelm Frick, dem erfahrenen Kulturkämpfer aus Thüringen, der inzwischen Innenminister war und zahlreiche kulturpolitische Kompetenzen an Goebbels verlor. Und sie war natürlich für Alfred Rosenberg und seine Ambitionen mit dem *Kampfbund* ein kräftiger Dämpfer.

Die Reichskulturkammer wurde dabei für Goebbels zum entscheidenden staatlichen Instrument, das Hoheitsrecht über den Bereich der Kultur auszuüben. Sie wurde im Herbst 1933 gegründet und bestand aus Einzelkammern für die verschiedenen Segmente der Kunst und Kultur, etwa in Form einer Reichskammer der Bildenden Künste. Es handelte sich um eine Art Berufsverband mit Zwangsmitgliedschaft, denn ein Ausschluss aus oder eine Nichtaufnahme in die Kammer bedeutete *de facto* das Ende der Berufsausübung. Der Mitgliedsausweis von Otto Dix trägt die Nummer M 9023 und wurde vom Präsidenten der Reichskammer der Bildenden Künste, dem Architekten Eugen Hönig, am 1. Januar 1934 ausgestellt. Kriterium für die Aufnahme war die »erforderliche Zuverlässigkeit« des Kulturschaffenden und -vermittelnden mit Blick auf den neuen Staat. So wie die Obrigkeit mittels des Gesetzes zur Wiederherstellung des Berufsbeamtentums vom April 1933 mit dem entsprechenden Passus missliebige Professoren aus den Ämtern jagen konnte, indem sie bestimmten Gruppen pauschal diese Zuverlässigkeit absprach, so bediente sich die Reichskulturkammer des dehnbaren Begriffs der »Zuverlässigkeit«, um die im Bereich der Kultur angesiedelten Personen indirekt auf die richtige Linie zu zwingen. Die Kammer agierte auf dem Verordnungsweg und hatte vor allem Einfluss über die latente Drohung des Berufsverbots, was insbesondere politisch und »rassisch« Verfolgte betraf.

Die Reichskulturkammer wurde am 15. November 1933, nach einer hektischen Gründungsphase wegen der befürchteten Widerstände von Seiten des Innenministeriums, der Deutschen Arbeitsfront (DAF), des Kultusministeriums und des Außenministeriums, feierlich in Anwesenheit Hitlers gegründet beziehungsweise vorgestellt. Dabei teilte Goebbels in seiner Eröffnungsrede gegen Rosenberg aus und stellte fest: »Nicht einengen wollen wir die künstlerisch-kulturelle Entwicklung, sondern fördern [...]. Niemand fürchte, dass hier die Gesinnungskriecherei eine Heimstätte finden könnte [...]. Niemand befiehlt [...]. Wir wollen nur die guten Schutzpatrone der deutschen Kunst und Kultur auf allen Gebieten sein.« Dem alten »Organisationsübel« solle entgegengewirkt werden, »Banausentum« und »reaktionärer Rückschritt« sollten der jungen Kunst nicht den Weg versperren und »gesinnungs- und geschäftstüchtige Nichtskönner« sollten keine Rolle spielen dürfen. »Niemand von uns ist der Meinung, dass Gesinnung Kunst ersetzen könnte. Auch bei der Kunst kommt es nicht darauf an, was man will, sondern vielmehr darauf, was man kann […]. Nur geweihte Hände haben das Recht, am Altare der Kunst zu dienen.« Deutlicher ließ sich gegen die Kulturkonservativen und Völkischen nicht schießen.

Die Karriere von Otto Dix wurde im »Dritten Reich« schnell zerstört. Interessant ist, wie die konkrete Strategie des Malers aussah, sich den veränderten Verhältnissen anzupassen und unter den Bedingungen des Regimes weiter zu existieren. Ein letzter entscheidender Versuch für Otto Dix, noch irgendeine Möglichkeit der öffentlichen Präsentation zu haben, war die 1935 in der Galerie Nierendorf in Berlin eröffnete Doppelausstellung Franz Lenk / Otto Dix unter dem bezeichnenden Titel *Zwei deutsche Maler*. Diese Ausstellung ist in mehrfacher Hinsicht bemerkenswert: Zum einen zeigte Dix dort fast nur Landschaftsbilder der letzten zwei Jahre, das heißt das Publikum bekam einen neuen, einen veränderten Dix zu sehen, nicht den radikalen Künstler der Weimarer Republik. Zum anderen stellte Dix mit einem Maler aus, mit dem er zusammen gearbeitet hatte und der sich als eine Hauptfigur der sogenannten neuromantischen Landschaftsmalerei profiliert hatte. Künstler wie Franz Lenk, Georg Schrimpf oder Alexander Kanoldt unterrichteten in den ersten Jahren des »Dritten Reichs« an staatlichen Kunstakademien und fanden auch bei einigen Vertretern des Regimes Anklang. Schrimpfs Werke beispielsweise wurden von dem »Stellvertreter des Führers«, von Rudolf Heß, gesammelt. Und Lenk hatte innerhalb der nationalsozialistischen Kunstbürokratie eine nicht unwichtige Position inne; er war als Präsidialrat prominentes Mitglied von Goebbels Reichskulturkammer. Es dürfte deshalb für viele Besucher der Berliner Ausstellung des Jahres 1935 eine überraschende Entdeckung gewesen sein, dass der ehemalige künstlerische Revolutionär und Bürgerschreck Otto Dix zusammen mit einem Funktionär der nationalsozialistischen Kunstpolitik ausstellte. Dass überdies mit dem Titel *Zwei deutsche Maler* die Karte einer nationalen Zugehörigkeit gespielt wurde, war der Versuch, Dix gegen die zum Teil bereits heftigen Anfeindungen vonseiten der Nazis in Schutz zu nehmen. Dix wurde als deutscher Landschaftsmaler in der Tradition der Donau-Schule und der Romantik sichtbar. So hieß es bei der Ankündigung der Ausstellung: »Zwei deutsche Maler der gleichen engeren Heimat entstammend, haben im Sommer 1934 im Hegau, jener gesegneten Land-

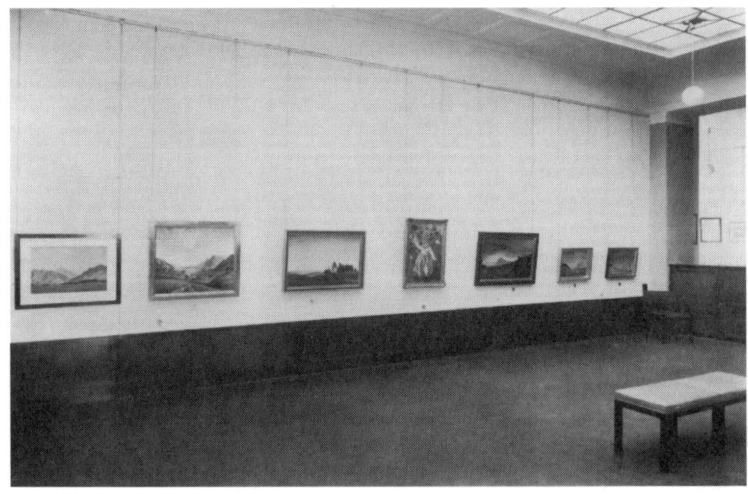

Ansicht der Ausstellung *Zwei Deutsche Maler Otto Dix – Franz Lenk*, Galerie Nierendorf, Berlin 1935

schaft unweit des Bodensees gemeinsam gemalt, gezeichnet und aquarelliert: Otto Dix und Franz Lenk.« (vgl. Farbtafel 13a)

Besonderen Wert legten Nierendorf und Dix offenbar auf die Auswahl der Bilder und darauf, dass die Werkliste in zwei Fällen von Otto Dix mit Entstehungsdaten versehen waren. Die Radierung *Schloß Randegg* wurde mit 1925 datiert und das Gemälde *Tochter des Künstlers* mit dem Jahr 1923 – es handelte sich um *Nelly in Blumen* von 1924. Wichtig war also, dass Dix zwei Arbeiten, die inmitten der Weimarer Republik entstanden waren, in die Ausstellung brachte. Dahinter sind neben offenkundig inhaltlichen Bezügen – die Radierung entstand im Zusammenhang mit der Ehe mit Martha und mit dem fortdauernden Kontakt zu Hans Koch und dessen neuer Frau, Marthas Schwester – auch Legitimationsabsichten zu vermuten. Dix erschien durch *Nelly in Blumen* (*Tochter des Künstlers*) als jemand, der bereits in den 1920er Jahren mit seinen Kinderbildern an die deutsche Kunsttradition angeknüpft hatte – deshalb war es so wichtig, dass das Gemälde *Nelly in Blumen* von 1924 in der Ausstellung hing und diese Kontinuität versinnbildlichte (vgl. Abb. S. 19), obwohl es als figuratives Gemälde einen

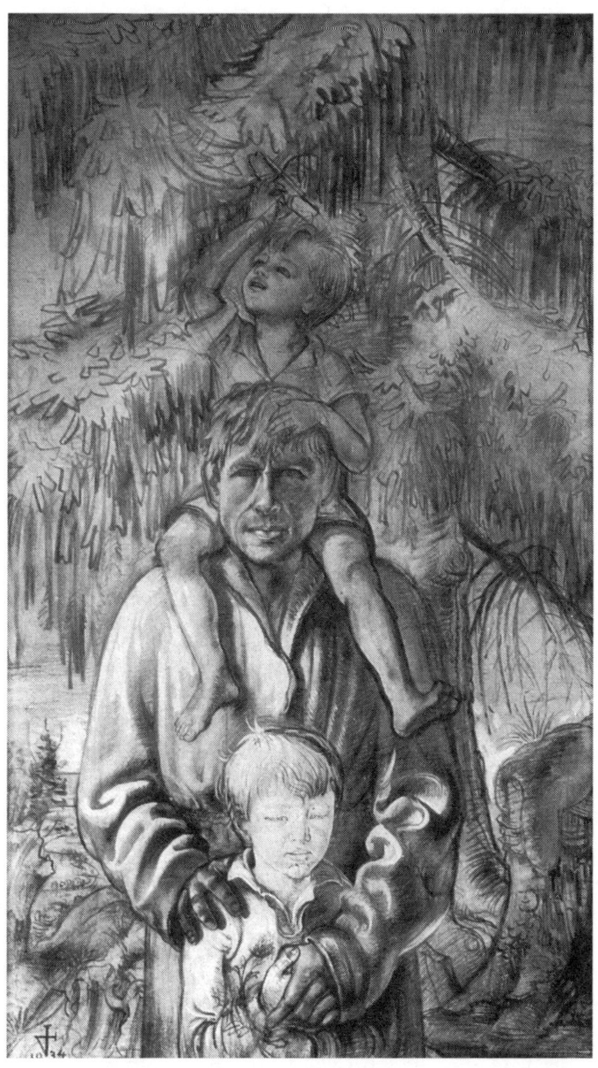

Karton zum *Selbstbildnis mit Ursus und Jan*, 1934, Kohle auf Papier, 170 × 100 cm

fast singulären Status hatte. Flankiert wurde es einzig von dem Selbstbildnis des Künstlers mit seinen beiden Söhnen Jan und Ursus, die er auf der Schulter trägt beziehungsweise eng vor sich hingestellt hat und umfasst. So erschien der Maler selbst mit seinen Kindern in der Ausstellung. Aber Dix dürfte es nicht um die Illustration des Familienglücks gegangen sein. Dix stellte mit Lenk aus, um zu dokumentieren, dass er Kontakte zur offiziellen kulturellen Elite des »Dritten Reichs« besaß. Er stellte das neuromantische Nelly-Bildnis aus, um zu zeigen, dass er in diesem Stil schon früh, mitten in der nun vehement angegriffenen »Systemzeit« der Weimarer Republik gemalt hatte. Und er stellte sich in seinem Selbstbildnis als eine Art Christophorus dar, der seine Kinder inmitten einer deutschen Landschaft zu beschützen bereit war, und lehnte sich dabei bewusst an ein Selbstbildnis von 1930 an. (vgl. Löffler 1930/2) Neben allen künstlerischen und wirtschaftlichen Zielsetzungen lässt sich die Gemeinschaftsausstellung als offensiver Versuch deuten, unter den Bedingungen des nationalsozialistischen Regimes zu reüssieren, während Dix von Teilen der NS-Bewegung massiv angegriffen wurde.

Die Kritiken der Ausstellung waren insgesamt positiv, man erkannte die Zusammenstellung der beiden Maler als eine »kühne Tat«, die hoffentlich Wirkung zeigen möge. Diese Wirkung hatte sie im Sinne einer Fortführung der Karriere von Otto Dix freilich nicht. In seinem Arbeitsbuch vermerkte Lenk seine Enttäuschung über die kunstpolitische Entwicklung des »Dritten Reichs«, an der er anfänglich teilhaben wollte und in die er seine Hoffnungen gesetzt hatte: »Seit 1933, dem Umschwung, dem Dritten Reich, dem Anbruch der tausendjährigen Geschichte (als ob vorher keine gewesen sei), ist von der Staatsführung die Knebelung des künstlerischen deutschen Lebens systematisch betrieben worden. Die traurigste, beschämendste und die meisten Künstler von Bedeutung demütigende Erscheinung waren die Ausstellungen der sog. entarteten Kunst und die damit verbundene Diffamierung vieler unserer ersten Künstler auf allen Gebieten. Am meisten berührt wurde ich von dem Schlag gegen meinen Freund Dix.« Diese Äußerung zeigt, dass das Regime aufgrund seiner destruktiven Kunstpolitik nicht in der Lage war, bedeutende Künstler an sich zu binden, selbst wenn sie wie Lenk die Anfänge des »Dritten Reichs« in kunstpolitischer Hinsicht begrüßt und unterstützt hatten.

Mit den *Großen Deutschen Kunstausstellungen*, die ab 1937 im Haus der Deutschen Kunst in München jährlich gezeigt wurden, propagierte die Obrigkeit das offizielle Bild der nationalsozialistischen Kunst. Zugleich war es das Gegenbild zur sogenannten »entarteten Kunst« und lieferte die Vorbedingung für die Genese der berühmten »Entarteten«-Ausstellung in München 1937. München war nicht nur Hauptstadt der Bewegung, sondern auch traditionell die Kunststadt des Wilhelminischen Kaiserreichs gewesen. Diesen Status konnte die Stadt jedoch nach 1910 kaum mehr aufrechterhalten. Dass die NSDAP mit ihrer Hetze gegen die Moderne vor 1933 gerade in München und auch unter kunstinteressierten Bürgern Erfolge verbuchen konnte, geschah nicht zuletzt aufgrund der inzwischen stark relativierten Position der Kunst in München. Und es waren die konservativen Vertreter der Münchner Schule, die sich angesichts ihrer prekären Lage vehement gegen die Avantgarde wehrten und die in der Folge nach oben gespült wurden und sich den Machthabern andienten.

Mit großem propagandistischem Aufwand wurde in München, das 1931 bei einem verheerenden Brand sein Ausstellungsgebäude, den Glaspalast, verloren hatte, das Haus der Deutschen Kunst gebaut. Als eines der Hauptprobleme der Nationalsozialisten stellte sich zunächst heraus, dass niemand genau wusste, welche Kunst denn eigentlich als offizielle Kunst des »Dritten Reiches« präsentiert werden sollte. Die Leute um Rosenberg hatten davon halbwegs eindeutige Vorstellungen, lieferten aber durchweg Werke ab, die in keiner Weise hohen Ansprüchen genügen konnten – produziert wurde hier mediokre Gesinnungskunst, die selbst bei Hitler auf Ablehnung stieß.

Joseph Goebbels wusste den propagandistischen Schaden, der durch solche Machwerke und die durch sie repräsentierte reaktionäre Gesinnung verursacht wurde, sehr wohl einzuschätzen. Zudem besaßen er und sein Umfeld andere ästhetische Präferenzen, hatte man doch lange Zeit geglaubt, Teile des Expressionismus könnten zu einer deutschen Kunst erklärt werden. Hitler positionierte sich in diesem Konflikt zunächst nicht eindeutig. Auch in seinen Kulturreden auf dem jährlichen, im September abgehaltenen Nürnberger Parteitag herrschte eine gewisse Orientierungslosigkeit. Hitler wandte sich vielmehr gleichermaßen gegen die völkische Kunst, als auch gegen die moderne Kunst, ohne den Expressionismus explizit zu nennen. In der

Folgezeit triumphierte die alte Münchner Schule, teilweise etwas mit einer gemäßigten, konservativen Neuen Sachlichkeit oder moderaten Einsprengseln des Spätimpressionismus eingefärbt.

Die Werke auf der *Großen Deutschen Kunstausstellung* wie auch die allgemeinen Kunstvorstellungen orientierten sich im wesentlichen am 19. Jahrhundert. Man restituierte eine überkommene Gattungsmalerei und zeigte gerade nicht ideologisch motivierte Werke, sondern in erster Linie Landschaften, Genredarstellungen oder Tierbilder. Daneben vor allem Frauendarstellungen, insbesondere vage an der Antike orientierte Aktdarstellungen und erst mit großem Abstand spezifisch nationalsozialistisch inspirierte Kunstwerke. Wie schwierig die Auswahl von geeigneten Werken war, die Hitlers Vorstellungen einer deutschen Kunst zu repräsentieren vermochten, zeigt das Zustandekommen der ersten Ausstellung. Niemand, außer Joseph Goebbels, spricht hier eine klare Sprache. In seinen Tagebüchern Anfang Juni 1937 hält er den Eklat um die prominent besetzte Jury fest. Dabei wird deutlich, dass es keine Maßstäbe oder Direktiven gab, die der Jury geholfen hätten, ihre Auswahl zu treffen. Im neunköpfigen Gremium waren unter anderen die Architektenwitwe Gerdy Troost und der Maler Adolf Ziegler, der Präsident der Reichskammer der bildenden Künste und damit direkt Goebbels untergeordnet. Insbesondere seine Maßregelung durch Hitler bedeutete einen enormen Prestigeverlust für Goebbels, hatte sich Ziegler doch mittelbar als unfähig erwiesen, die ästhetischen Vorstellungen des Führers wahrzunehmen und umzusetzen. Dass Hans Schweitzer, genannt Mjölnir, als weiteres wichtiges Reichskulturkammermitglied der Jury angehörte, machte die Sache für den Propagandaminister nicht leichter. Doch Goebbels reagierte schnell auf die Erschütterung seiner Position, indem er den Kampf gegen die moderne Kunst an sich zog und radikalisierte.

Seit den sogenannten Schandausstellungen wurden im Deutschen Reich immer wieder Ausstellungen »entarteter Kunst« präsentiert. Den reaktionären Anhängern des *Kampfbundes* und der völkischer Kunstanschauungen gelang es, trotz der bescheidenen Machtposition von Alfred Rosenberg im Vergleich mit Joseph Goebbels, so etwas wie einen mittelbaren Druck aufzubauen. So bestimmten sie die Vorstellungen, die zur Beurteilung von Kunst angelegt wurden, maßgeblich mit. Das führte freilich nicht dazu, dass die hinterwäldlerischen Positionen der Völkischen auf breiter Linie akzeptiert wurden, aber es führte dazu, dass die gehässige Kampagne gegen den sogenannten »Kunstbolschewismus« entgegen Goebbels' ursprünglichen Vorstellungen erfolgreich war. Nicht also die ästhetischen Positionen Rosenbergs setzten sich durch, wohl aber seine negative Zielsetzung: die Moderne zu zerstören.

Die taktische Initiative von Goebbels war entscheidend für das konkrete Zustandekommen der Ausstellung *Entartete Kunst*, die heute zu Recht zum Synonym für die Kulturbarbarei der Nationalsozialisten geworden ist und auf der Otto Dix prominent vertreten war. Das offensichtliche Versagen der Jury um Ziegler datiert auf den 5. Juni 1937. Am 30. Juni 1937 hielt Goebbels einen Erlass des »Führers« in Händen, der ebendiesen Ziegler ermächtigte, Bilder in deutschen Museen zu konfiszieren und damit in den Hoheitsbereich des Kultusministeriums unter Rust einzubrechen, der den Erlass nur zur Kenntnis nehmen durfte.

Im »Dritten Reich« machte sich allmählich das allgemeine Klima einer Enttäuschung der Nationalsozialisten über die eigene, offizielle Kunstproduktion breit. Zugleich liefen die Kampagnen von Rosenberg und seinen Gesellen gegen die moderne Kunst weiter. Vor diesem Hintergrund und nach dem dramatischen Prestigeverlust der Reichskulturkammerangehörigen und Goebbels angesichts der Juryarbeit, zog der Propagandaminister die Initiative geschickt an sich. Er versuchte sich mit einer besonders radikalen Vorgehensweise bei Hitler auf Kosten von Rosenberg und Rust zu profilieren. Dies geschah aufgrund der Umstände und war keineswegs von langer Hand geplant. Schon gar nicht war geplant gewesen, »Deutsche Kunst« in München gleichzeitig mit ihrem ästhetischen Gegenbild, der »entarteten Kunst«, zu zeigen. Die Ausstellung zur »entarteten Kunst« wurde *ad hoc* improvisiert und von der Propaganda zur lange geplanten Abrechnung mit der Moderne stilisiert.

Entscheidend war dabei, dass Goebbels fünf Tage nach dem Desaster in München das Buch *Säuberung des Kunsttempels* von Wolfgang Willrich in die Hände nahm, dessen Lektüre die Tagebücher für den 11. Juni 1937 festhalten. Erstaunlicherweise war den Protagonisten des Vernichtungsfeldzugs gegen die künstlerische Moderne die Begrenztheit ihrer seit Jahrzehnten praktizierten Rabulistik nur zu klar. Willrich, der als Künstler wie Dix an der Dresdner Akademie ausgebildet worden war, stellte gar fest: »In Wahrheit sind alle Worte im letzten Sinne vergebens, wenn jemand dogmatisch festlegen will, was ›deutsch‹ sei an der Kunst.« Argumentativ konnte gar nicht entschieden werden was »deutsche« und was »entartete« Kunst sei. Goebbels interessierte das aber auch gar nicht, und zuletzt entschied Hitlers limitierter persönlicher Geschmack.

Der wendige Propagandaminister Goebbels agierte zum einen opportunistisch und hatte nicht die geringsten Probleme damit, eigene Überzeugungen über Bord zu werfen und sich Rosenbergs Linie zu eigen zu machen – Hitler hatte sich bereits mehrfach gegen die von Goebbels eigentlich bevorzugte Moderne ausgesprochen –, und Goebbels agierte zugleich taktisch, denn mit seinem radikalen Vorpreschen bekam er wieder das Ruder in der Kulturpolitik in die Hand. Er rechnete damit, dass Hitler in der Eröffnungsrede im Haus der Kunst gegen die Verfallskunst als dem verzerrten Gegenbild der deutschen Kunst wettern würde. Im Tagebuch Goebbels erkennt man das taktische Geschick am Eintrag vom 10. Juli: »Lange über die bildende Kunst gesprochen. Die Münchner Ausstellung wird sehr gut werden. Führer will eine scharfe Rede gegen die Verfallskunst halten. Und ich steuere meinen Beitrag zu durch die Ausstellung der Verfallskunst.« Goebbels agierte mit Kalkül und wirkungsvoll, um die eigene Machtposition zu festigen und anders als Rosenberg nicht aus verbohrter Ideologie. Ursprünglich hatte der Propagandaminister eine erste Ausstellung »entarteter Kunst« in Berlin geplant, wie er noch am 4. Juni 1937 in seinen Tagebüchern festhielt, mit dem Näherrücken der GDK in München erschien das Thema auf seiner Agenda. Am 19. Juni, und damit erst einen Monat vor der Eröffnung, stand München dann als neuer Ausstellungsort fest: Goebbels inszenierte die Abrechnung völlig überstürzt und war sich selbst am 1. Juli keineswegs sicher, ob sie zur Eröffnung der GDK überhaupt fertig sein könnte.

Als die Nationalsozialisten 1937 unter großem propagandistischem Aufwand die Ausstellung *Entartete Kunst* inszenierten, ist Otto Dix einer derjenigen, die im Zentrum der Angriffe gegen die moderne Kunst stehen. Sein erbarmungsloser, vielfach provozierender Verismus, der sich an den Themen Prostitution, Lustmord und Krieg in der Weimarer Zeit regelrecht austobte, wird im Katalog zur Ausstellung

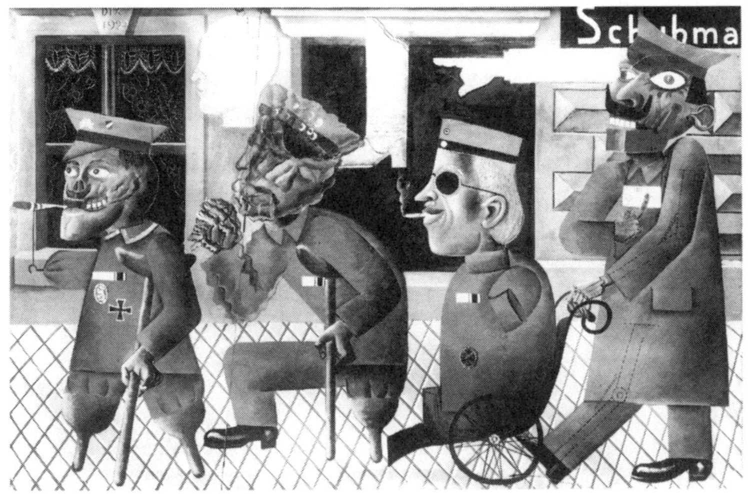

Die Kriegskrüppel (*45 % erwerbsfähig*), 1920, Öl auf Leinwand, 150 × 200 cm, ehemals Stadtmuseum Dresden, verschollen

denunziert. Unter der Überschrift *Gemalte Wehrsabotage des Malers Otto Dix* werden seine wichtigsten Werke zum Thema Krieg abgebildet – die *Kriegskrüppel* (Löffler 1920/8) und *Schützengraben.* (Löffler 1923/2; vgl. Abb. S. 89) Die Nationalsozialisten erkennen in diesen Werken »eine ausgeprägt politische Tendenz. Hier tritt die ›Kunst‹ in den Dienst der marxistischen Propaganda für die Wehrpflichtverweigerung. Die Absicht tritt klar zutage: Der Beschauer soll im Soldaten den Mörder oder das sinnlose Schlachtopfer einer im Sinn des bolschewistischen Klassenkampfes ›kapitalistischen Weltordnung‹ erblicken. Vor allem aber soll dem Volk die tief eingewurzelte Achtung vor jeder soldatischen Tugend, vor Mut, Tapferkeit und Einsatzbereitschaft ausgetrieben werden.«

Aufgrund der Konfiszierungen im Rahmen der Aktion »entartete Kunst«, die man nachträglich rechtlich sanktionierte, wurde eine fünfstellige Zahl von Werken moderner Kunst aus den deutschen Museen entfernt. Man sprach von »kulturbolschewistischen Machwerken« oder auch von der sogenannten »Verfallskunst seit 1910«. Von Dix wurden etliche Arbeiten beschlagnahmt. Das war ein ungeheurer, bis heute nicht kompensierter Verlust und Zerstörung deutscher Kultur. Aufgrund eines Gesetzes vom 31. Mai 1938 agierte eine »Kommission zur Verwertung der Produkte entarteter Kunst«. Sie versuchte, möglichst viel Profit aus den verfemten Werken zu schlagen und Organisierte eine sogenannte Verwertungsaktion in der Galerie von Theodor Fischer in Luzern, wo insgesamt 125 Werke zur Versteigerung kamen. Im Nachgang zur Auktion, zwischen April 1939 und Frühjahr 1940, hat allein das Kunstmuseum Basel 21 Werke aus deutschem Museumsbesitz erworben. Vor allem die französische Kunst erzielte in Luzern gute Preise, und mit Abstand teuerstes Los wurde ein *Selbstbildnis* von Vincent van Gogh. Das in München ausgestellte und 1938 enteignete Gemälde befindet sich heute im Fogg Art Museum der Harvard University in Cambridge und spielte mit SF 175000 gut die Hälfte des Gesamterlöses der Auktion ein.

Otto Dix war mit vier beschlagnahmten Werken in der Auktion in Luzern vertreten, die *Nietzsche*-Büste von 1914 konnte nicht verkauft werden (vgl. Abb. S. 34) und wurde anschließend vermutlich zerstört. Nach eigenem Bekunden hatte Dix die Büste dem Dresdner Stadtmuseum 1919 geschenkt und gegenüber seinem Chemnitzer Sammler Köhler empörte er sich im Vorfeld, dass sie mit 400 Britischen Pfund angesetzt »zum Höchstpreis im Ausland verkloppt« werden solle. Das erste *Eltern*-Bildnis von 1921 aus dem Wallraf-Richartz-Museum in Köln (vgl. Abb. S. 10) wurde für SF 3800 angeboten und vom Kunstmuseum Basel für SF 2100 übernommen. *Frau mit Säugling* (Löffler 1924/6) stammte aus den Städtischen Kunstsammlungen in Königsberg, sollte SF 3400 kosten, konnte aber nicht verkauft werden. Über den Kunsthändler Bernhard A. Boehmer gelangte es in eine Hamburger Privatsammlung und von dort in die Hamburger Kunsthalle. Schließlich konnte auch die Ikone der Weimarer Republik, Dix' Porträt der *Anita Berber*, das auf nur SF 2500 geschätzt worden war, nicht verkauft werden. (Farbtafel 8) Das Bild ging der Städtischen Galerie in Nürnberg verloren und konnte nach dem Krieg über den Schweizer beziehungsweise Deutschen Kunsthandel von Dix selbst wieder erworben wurde. Heute zählt es zu den großen Attraktionen der bedeutenden Dix-Sammlung des Kunstmuseums Stuttgart.

Zu den tragischen Aspekten der Luzerner Auktion und der mit ihr verbundenen Nachverkäufe aus beschlagnahmtem deutschen Museumsbesitz gehört das Nichtzustandekommen des Erwerbs von Dix' *Schützengraben* durch Georg Schmidt für das Kunstmuseum Basel. Das Bild wurde nicht auf der Auktion angeboten, aber der Basler Museumsdirektor interessierte sich sehr für das Gemälde, das ihm in höchsten Tönen von dem *Kunstblatt*-Herausgeber Paul Westheim empfohlen wurde und das auch der Referent im zuständigen Propagandaministerium, Rolf Hetsch, gerne vermittelt hätte. Neben internen Eifersüchteleien zwischen den für die Verwertung »entarteter Kunst« zuständigen Kunsthändlern (in diesem Fall Bernhard A. Böhmer und Karl Buchholz) scheiterte der Ankauf wohl auch an der Ablehnung des radikalen Bildes durch die zuständige Basler Museumskommission. Die überwältigende Wirkung des *Schützengraben* neben den für SF 6900 für Basel erworbenen *Tierschicksalen* Franz Marcs auf einer Museumswand malt sich die Kunsthistorikerphantasie nur zu gerne, wenn auch schmerzhaft aus.

Zwei wesentliche Punkte sind festzuhalten: Erstens: Die nationalsozialistische Kunstpolitik war zerstörerisch. Angetreten, die deutsche Kunst und Kultur »zu retten«, verspielte man in selten brutaler Unkenntnis und Borniertheit die weltweit einzigartige Leistung musealer Ankaufspolitik zwischen 1918 und 1933, mit der die deutschen Kulturschaffenden selbst für das 1929 eröffnete Museum of Modern Art in New York zum Vorbild geworden waren. Zweitens: Für die deutsche Kunst der Moderne gab es kaum einen nennenswerten internationalen Markt. Die französische Moderne – das zeigen die in Luzern erlösten Preise für Gauguin, van Gogh, Matisse und Picasso – dominierte international den Geschmack und Markt. Das schränkte die Möglichkeiten der vom NS-Regime verfolgten deutschen Künstler enorm ein.

10 »Innere Emigration« und Zusammenbruch

Wegen seiner von den Nationalsozialisten als defätistisch gebrandmarkten Kriegsbilder könnte man annehmen, dass Otto Dix sich ab 1933 existentiell bedroht sah. Tatsächlich befand sich sein Name auf einer Geheimliste von Heinrich Himmlers SS, auf der die führenden Persönlichkeiten der sogenannten Weimarer Systemzeit notiert waren. Diese Liste führte im Zusammenhang mit dem gescheiterten Attentat auf Adolf Hitler im Münchner Bürgerbräukeller 1939 zu einer kurzzeitigen Inhaftierung des Malers. Ansonsten aber blieb Dix unbehelligt, sah sich keinen Repressionen ausgesetzt. Der Maler versuchte, im nationalsozialistischen Deutschland zu leben und seine Karriere unter widrigen Umständen fortzusetzen. Dass er das überhaupt in Erwägung ziehen konnte, war mehreren Umständen geschuldet: seinem künstlerischen Anpassungsvermögen, das ihm neue Klienten sicherte; in den Anfangsjahren des Regimes der Mut seines Galeristen Nierendorf sowie die fehlende Perspektive, die eigene Karriere im Ausland unter den Bedingungen des Exils weiterführen zu können.

Die beiden erstgenannten Faktoren erklären sich vor dem Hintergrund der skizzierten nationalsozialistischen Kunstpolitik, die anfänglich Optionen und Nischen bot. Der letzte Faktor ist in der künstlerischen Position und Entwicklung von Dix begründet. Anders als der große Gegenspieler Max Beckmann hatte sich Dix bereits in den späten 1920er Jahren völlig einem nationalen Stilidiom verpflichtet (vgl. Abb. S. 19 und für die Zeit nach 1933 die Farbtafeln 13a/b), für das es in Zeiten eines grassierenden deutschen Nationalismus außerhalb des Deutschen Reichs keine Wirkungsmöglichkeiten gab. Dix wurde verschiedentlich mit Bildern der 1920er Jahre anerkannt, wie in der bedeutenden Ausstellung deutscher Kunst im Museum of Modern Art 1931, in der Dix und Beckmann nebeneinander gezeigt wurden. Das von dem Museumsmitarbeiter und Architekten Phillip Johnson dem Museum überlassene mächtige *Bildnis des Laryngologen Dr. Meyer-Hermann* (Löffler 1926/5; vgl. Abb. S. 197 rechts) war die erste bedeutende Erwerbung eines modernen deutschen Bildes für die New Yorker Sammlung überhaupt; allein das zeigt den Rang des Malers im Bewusstsein der Amerikaner. Die aktuelle Produktion des Malers Dix wurde hingegen weitgehend negiert. Ihre Problematik hatte man

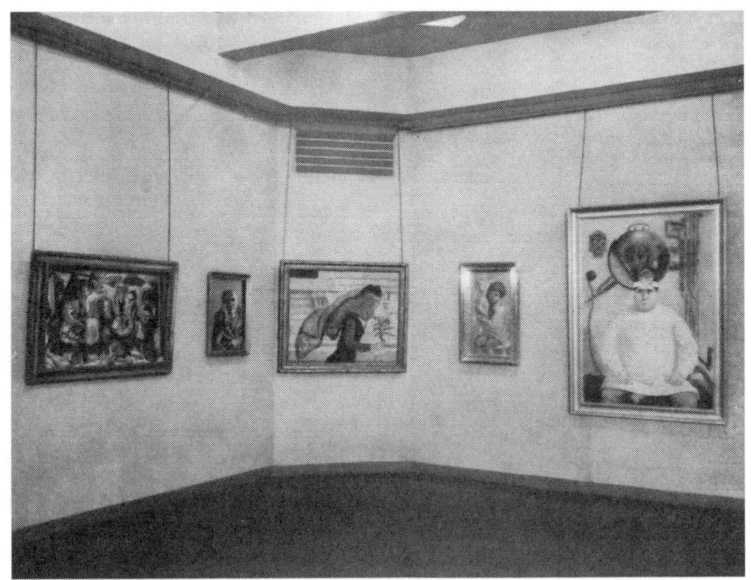

Ansicht der Ausstellung *Modern German Art*, The Museum of Modern Art, New York 1931 (mit Werken von Max Beckmann und Otto Dix)

schon 1930 in einem Artikel des *Dresdner Anzeigers* erkannt: »Man könnte – mit Vorbehalt – die heutige Zeit mit den gärenden entscheidungssuchenden Jahrzehnten um 1500 vergleichen. Dix kreist um jene Meister deutscher Renaissancegröße und Rauhbeinigkeit. Monumentalität und Abstruses kreuzen sich zu inhaltsvollem Bekennertum.« Angesichts solcher Kritiken sprach Karl Nierendorf gegenüber Otto Dix in einem Brief vom 6.2.1933 von einer »sauren Toleranz«, mit der die Kritik dem Maler begegne.

Auch mit Blick auf das Porträt wurden Bedenken laut. Willi Wolfradt, der 1924 eine wichtige Dix-Monographie vorgelegt hatte, urteilte 1929 über die Gruppe der sogenannten Danziger Porträts:

> »Den Danziger Herren ist der Mut hoch anzurechnen, sich einem Dix anvertraut zu haben. Dessen immer engerer Anschluß an die alte deutsche Malerei, zunächst in seiner Technik kräftiger Ausführ-

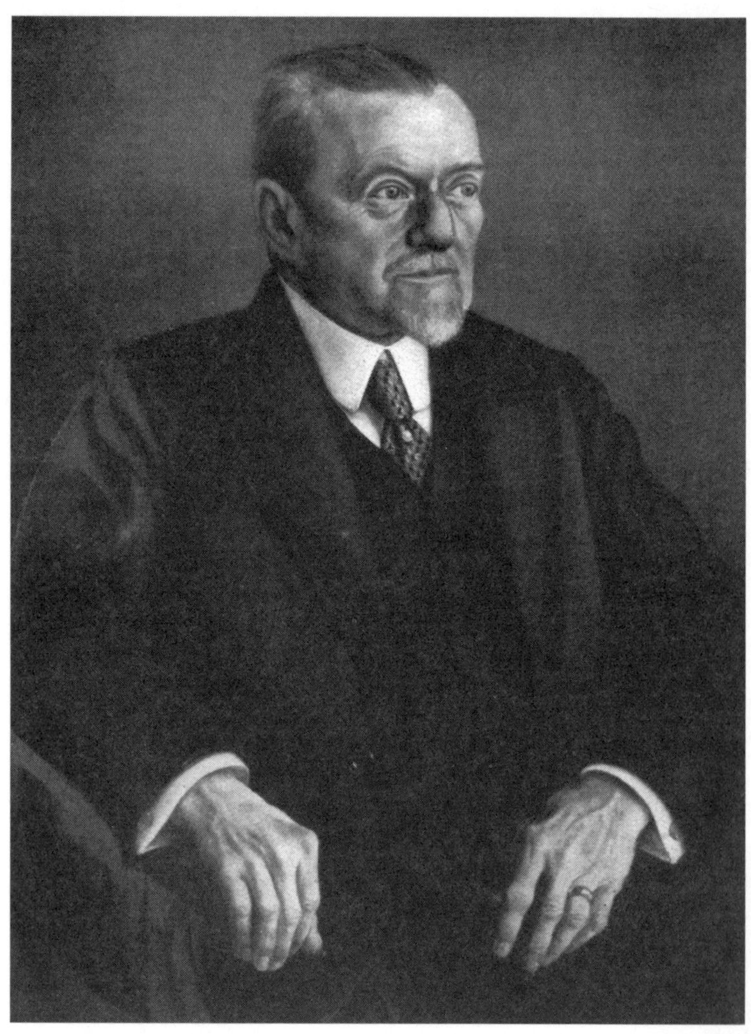

Bildnis des Senators Dr. h. c. Fuchs, Mischtechnik auf Leinwand auf Holz aufgezogen, 95 × 72 cm, Verbleib unbekannt

lichkeit begründet, hat ihn freilich so weit gezähmt, daß die ihm ursprünglich durchaus wesensfremde Aufgabe offizieller Porträts nun keine Zumutung mehr bedeutet. [...] Die früheren Porträts von Dix hatten ihre Bedeutung nicht zuletzt darin, daß sie bei allem Objektivismus respektlos waren und durch kaustische Schärfe der Auffassung die Porträtkonvention ausschalteten. An sich schon birgt die Neigung zur Kulisse und zum in die Hand des Dargestellten gegebenen Attribut die Gefahr des feierlichen Hinweises auf Stand und Wirkungskreis der Person, also einer Betonung ihrer Würde. Der gewisse sarkastische Einschlag, die Aggressivität der früheren Dix-Bildnisse hat diese Gefahr neutralisiert. Das offizielle Porträt aber läßt sie ganz akut werden, und wenn nun gar die Hintergrundsvedute der Marienkirche von einem mittelalterlichen Gewölbebogen umrahmt scheint, bekommt selbst die detailgründliche Energie der Darstellung einen retrospektiven Beigeschmack, und die trotzige Realistik dieser Kunst droht in ihrem Sinn verkehrt zu werden. Zwingend, bewundernswert nach wie vor die zur äußersten Bestimmtheit gestraffte, jede Gesichtsform, jedes Fingerglied, jede Hautfalte mit sprungbereitem Willen ladende Durchgestaltung. Diese Danziger Bildnisse stehen mit allen ihren Warnungen im Vordergrunde des künstlerischen Zeitgeschehens. Aber sie werfen auch ein Licht auf das Kritische der ganzen Situation.«

Auch die ohne Attribute auskommenden Bilder dieser Reihe erreichen nicht mehr die Qualität der früheren Bildnisse. Nur das *Bildnis des Schauspielers Heinrich George* (Löffler 1932/5), der sich gegenüber Dix als väterlicher Freund bezeichnete, sticht aufgrund seiner brutal-dämonischen Direktheit aus der Porträtproduktion der frühen 1930er Jahre heraus.

In den ersten Jahren des »Dritten Reichs« wurden die Rückgriffe auf die Tradition der Renaissance und der Romantik, der beschriebene Stilpluralismus und überraschende Wandel eine bewusste künstlerischen Strategie im Werk von Dix, um die Zumutungen des Regimes in der inneren Emigration kritisieren zu können. Allegorisierende Verfahren, wie in den eindrucksvollen Karlsruher *Sieben Todsünden* mit Adolf Hitler als Personifikation des Neides oder im *Triumph des Todes* von 1934, ersetzen den Realismus der frühen Weimarer Jahre. Die *Sie-*

ben Todsünden (Farbtafel 12) gehen auf ein Blatt aus dem Bilderbuch für seinen Sohn Ursus zurück, das Otto Dix 1930 geschaffen hatte. Es handelte sich um eine alemannische Fastnachtsszene, die der Maler als groteskes Spektakel dargestellt hatte. 1933, dem Jahr der Machtübernahme durch die Nationalsozialisten und der Ernennung Adolf Hitlers zum deutschen Reichskanzler Ende Januar, greift Dix auf sein Aquarell zurück und schafft mit den Todsünden eines seiner kritischen Hauptwerke. Die personifizierten Sünden Geiz, Neid, Zorn, Trägheit (des Herzens), Wollust und Völlerei (Maßlosigkeit) sowie die Hoffart (Stolz) brechen als dämonisch-unheimlicher Zug in das Bild ein. Sie werden von einer tristen Mauer und einer weiten, leeren Wüste gerahmt; wie ein ausgetrocknetes Meer breitet sich die Ödnis hinter ihnen und auch vor ihnen aus. Die Erinnerung an eine der leblosen Kraterlandschaften des Ersten Weltkriegs ist nicht auszuschließen, wie Birgit Schwarz zu Recht in ihrer Monographie zum Bild angemerkt hat, und scheint im Kontext des Gesamtwerkes von Dix plausibel.

Zwei Details des Bildes sind bedeutend: Zum einen, dass die kleine Figur des gelben Neides eine Maske vor dem Gesicht trägt, die eindeutig die Züge Adolf Hitlers trägt. Die struppigen blonden Haare, die wie irrsinnig auseinandertretenden Augen, die griesgrämig heruntergezogenen Mundwinkel und der schwarze Schnäuzer lassen keinen Zweifel an der Identität der Figur. Wie Dix bestätigte, hat er das Hitlerbärtchen nachträglich angebracht – noch 1951 zeigt eine Katalogabbildung das bartlose Gesicht Hitlers – und daher hat Schwarz vermutet, dass das Bild ursprünglich keinen tagespolitischen Bezug hatte, dass es sich nicht um eine »politische Allegorie« handle. Doch auf dem das Bild vorbereitenden Karton von 1933 ist das Bärtchen bereits vorhanden. Es erscheint evident, dass Dix das Bärtchen als direkten künstlerischen Reflex auf das berühmte Plakat der NSDAP hinzugefügt hat, mit dem Hitler sich 1932 um das Amt des Reichspräsidenten beworben hatte. Es handelt sich eindeutig um eine politische Allegorie, auch oder gerade weil als entscheidende Motivation der NS-Bewegung der Neid von Dix ins Bild gesetzt wurde, der den Künstler selbst betraf, war er doch Zielscheibe des Hasses seiner neidischen Dresdner Kollegen, allen voran Richard Müller.

Zum anderen, und das unterstützt die hier vorgestellte Interpretation, findet sich ein Nietzsche-Zitat auf dem Bild. Oberhalb des Hitler-

Konterfeis und direkt neben dem Horn des Zornes und der weiß behandschuhten Hand des Todes (Trägheit des Herzens) steht: »Die Wüste wächst: weh dem der Wüsten birgt!« Das Zitat stammt aus Nietzsches *Dionysos-Dithyramben (Unter Töchtern der Wüste)* und lautet vollständig:

Die Wüste wächst: weh dem, der Wüsten birgt!
Stein knirscht an Stein, die Wüste schlingt und würgt.
Der ungeheure Tod blickt glühend braun
Und kaut, – sein Leben ist sein Kaun …
Vergiss nicht, Mensch, den Wollust ausgeloht:
du – bist der Stein, die Wüste, bist der Tod …

Dix hat diese Stelle in seiner Nietzsche-Werkausgabe angestrichen und sich in Kenntnis von Nietzsches einprägsamem Bild des »braunen Todes« direkt auf die NS-Bewegung bezogen und (Sozial-)Neid als das wahre Gesicht des Nationalsozialismus erkannt. Der Neid auf die Intellektuellen und Künstler, der Neid auf die Juden und die Bürger als diejenigen, die etwas leisteten und etwas besaßen, nährte das Ressentiment vermeintlich Zukurzgekommener und motivierte ihre Gewaltakte, bevor daraus systematisch Politik wurde.

Dominiert ein sensenschwingender Tod bereits dramatisch die *Sieben Todsünden* und paraphrasiert dabei das Hakenkreuz, wie Dietrich Schubert unterstrichen hat, dann stellt *Triumph des Todes* die notwendige Steigerung der allegorischen Auseinandersetzung mit der beginnenden NS-Herrschaft dar. (Löffler 1934/1) Das Bild übersetzt das Zentralthema des *Kriegs*-Triptychons – eine Grabenlandschaft des Krieges unter dem Zeichen des Todes – in eine Allegorie der Lebenszeitalter. Dass Dix sich dabei als junger Soldat selbst dargestellt hat, dessen Hals dem scharfen Sensenblatt des Todes bedrohlich nahekommt, zeigt, in welcher Weise die Themen miteinander verwoben und auf das Kriegserlebnis des Künstlers bezogen sind. Erneut sieht man eine Kreisfigur, vom Tod dominiert, die Kindheit und Jugend, mittleres Alter und Greisenalter miteinander verbindet. Die gebeugte alte Frau nimmt dabei direkt die geizige Alte der *Sieben Todsünden* auf.

Ein Jahr nach der Machtübernahme der Nationalsozialisten hatte Dix schon fast resigniert. Sein *Triumph des Todes* konnte wegen Auf-

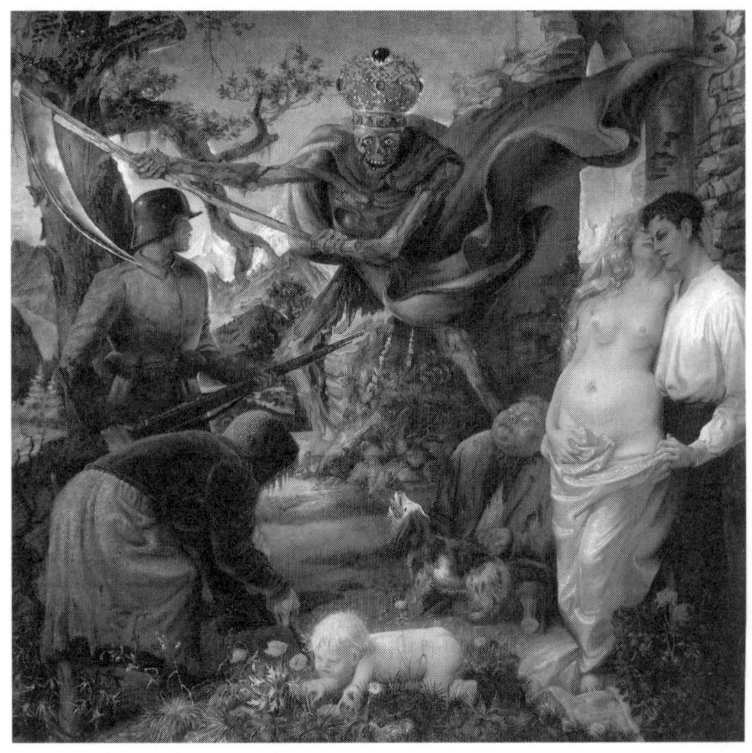

Triumph des Todes, 1934, Mischtechnik auf Holz, 180 × 178 cm, Kunstmuseum Stuttgart

tragsarbeiten in Chemnitz nicht beendet werden, wie er seinem Händler Karl Nierendorf im März 1934 schrieb. Aber das kümmerte ihn nicht weiter, zumal er erkannte, dass man angesichts der politischen Situation abzuwarten hätte und selbst Nierendorf sich nicht mehr traute, Dix in einer Einzelausstellung zu präsentieren. Nierendorf war zwar sowohl von den *Sieben Todsünden* – er spricht noch von einem »phantastischen Maskenzug« und nicht von der Todsünden-Allegorie – als auch vom *Triumph des Todes* angetan und beeindruckt, aber an eine Ausstellung solcher Bilder in Deutschland war nicht zu denken. Dix

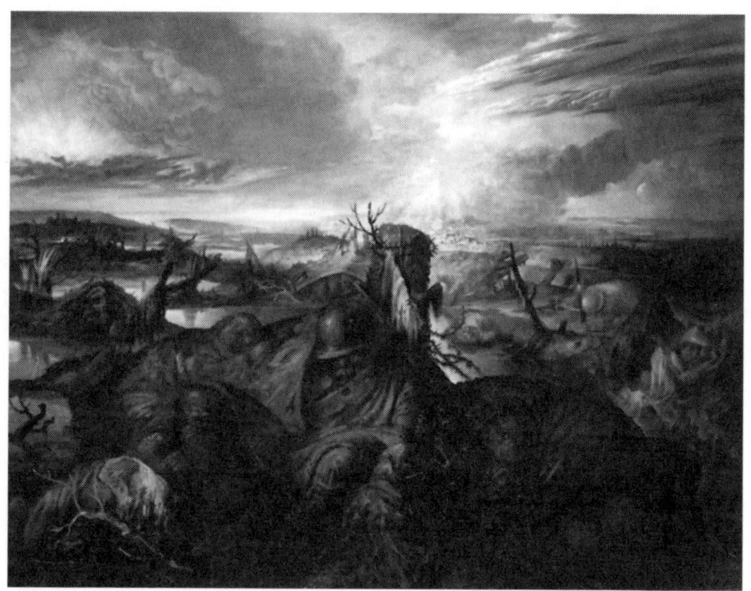

Flandern (nach Henri Barbusse), 1934–1936, Mischtechnik auf Leinwand, 200 × 250 cm, Nationalgalerie Berlin

hingegen war sich hinsichtlich seiner Allegorien nicht sicher. Als er bereits an einem weiteren großen Kriegsbild arbeitete, wurde ihm klar, dass *Triumph des Todes* als beinahe anachronistisch wirkende Allegorie der Zeit den Vergleich mit der Schilderung des selbst erlebten Kriegsereignisses nicht aushielt; das gestand der Maler in einem undatierten, wohl 1935 aus Dresden geschriebenen Brief an seine Frau. Dix arbeitete dort im Atelier weiter an seinen großformatigen Bildern.

Das letzte große Kriegsbild von Dix, *Flandern (nach Henri Barbusse)* (Löffler 1936/1), ist der programmatische Abschluss dieser Bildfolge und entwirft die Möglichkeit einer Überwindung des Krieges. Mit dem Werk zog Dix die Konsequenz aus dem relativen Scheitern der Todes-Allegorie und entwarf im Rückgriff auf Nietzsches Bild vom ›Zenit des Großen Mittags‹ die Perspektive einer vom Willen geleiteten Überwindung des ewigen Kreislaufs. Die politische Intention ist bislang unzureichend erfasst worden. Warum zog Dix nach der vermeintlichen Summe der Kriegsdarstellungen, dem erzählerisch hochkomplexen Triptychon *Der Krieg*, überhaupt in Erwägung, ein weiteres Hauptwerk hinsichtlich dieser Thematik zu malen? Dass dann ein Bild entstand, das vom Format her und als programmatisches Einzelbild den *Schützengraben* aufnahm und transformierte, der zu diesem Zeitpunkt bereits in der Dresdner Feme-Schau »Entartete Kunst« diffamiert worden war, war nur konsequent – konsequent war auch, dass Dix *Flandern* nach dem Zweiten Weltkrieg als Leihgabe ins Kölner Wallraff-Richartz-Museum gab, das zu Beginn der 1920er Jahre *Schützengraben* erwerben wollte.

Flandern modifiziert die Zeitvorstellung des Triptychons auf bezeichnende Weise, denn nun steht nicht mehr die ewige Wiederkehr des Gleichen im Zentrum des Bildes, sondern Nietzsches Bild des »großen Mittags«. Zwar sieht man immer noch eine Weltlandschaft im Sinne Altdorfers, erkennt man Sonnenaufgang und Mond, doch taucht eine hinter sich auflösenden Wolken noch verborgene Mittagssonne die Grabenlandschaft mit erwachenden, in Erdhöhlen hausenden Soldaten in ein gleichmäßig helles Licht. Die Drohung der Wiederkehr des Krieges ist auch in diesem Bild präsent, aber der zeitliche Modus des Erwachens legt die Möglichkeit nahe, aus dem tödlichen Kreislauf des Krieges auszubrechen. Der Mittag verschafft die Möglichkeit der Bewusstwerdung, Einkehr und Besinnung.

In Nietzsches Bild vom »großen Mittag« – und das ist der entscheidende Unterschied gegenüber dem Kriegs-Triptychon – treffen der Stillstand der Zeit und die Ewigkeit der Wiederkehr des Gleichen zusammen. Es entsteht für kurze Zeit der fruchtbare Moment höchster Erkenntnis. Zugleich aber bedeutet er eine prekäre Situation angesichts der Entscheidung, »ob der Mensch sich zukünftig noch selber will« (Karl Löwith). Widersprüchlich verschränkt sich in dem Bild *Flandern* Nietzsches Lehre von der ewigen Wiederkehr mit der des Übermenschen. Letztere eröffnet die Möglichkeit einer Selbsterlösung des Menschen, die man sich im konkreten Fall als Erlösung vom Krieg vorzustellen hat. Zwar bleibt auch diese Bilderfindung von Dix vor dem Hintergrund der Philosophie Nietzsches zwangsläufig uneindeutig, denn man muss offenlassen, ob die Soldaten sich erheben, um erneut in den Kampf zu ziehen oder aber dem sinnlosen Sterben ihre Entscheidung für den Frieden entgegenstellen, wie dies von zeitgleichen

Autoren wie Henri Barbusse eingefordert wurde. Weil *Flandern (nach Henri Barbusse)* aber im Unterschied zum Kriegs-Triptychon nicht ausschließlich den unabänderlichen Kreislauf, sondern die Wahlmöglichkeit der Entscheidung zeigt, ist die Möglichkeit des Friedens als eines Zustands gegeben, in dem »wir unsere Unsterblichkeit ertragen könnten«. Dass Dix sich bereits im Werktitel auf Barbusse bezieht, signalisiert ebenfalls, dass er sich eine Überwindung des Krieges erhoffte.

Die drei Hauptwerke *Sieben Todsünden, Triumph des Todes* und *Flandern (nach Henri Barbusse)* verdeutlichen, dass Dix keineswegs bereit war, das Feld kampflos zu räumen. Die Nationalsozialisten hatten ihm Professur und Ausstellungsmöglichkeiten genommen und ihm Austritt aus der Preußischen Akademie der Künste nahegelegt – Dix protestierte allerdings nicht, wich aus, verhielt sich ruhig und teilte seinen entsprechenden Schritt am 17. Mai 1933 mit. Seine Werke wurden diffamiert, gleichwohl malte der Künstler großformatige Bilder, welche die eigene Epoche als Zeitalter des Todes deuteten und in den Zusammenhang mit dem Ersten Weltkrieg stellten, auch um vor einem neuen Krieg zu warnen. Zugleich teilte Dix dem Kunsthändler Jsrael Ber Neumann, dessen Berliner Galerie Karl Nierendorf bei der Übersiedlung Neumanns nach New York übernommen hatte, im Juni 1934 mit: »Wenn man jetzt arbeitet, ist es, als ob man für ein künftiges Jahrhundert arbeitet; allen offiziellen Heutigen ist man ein Scheul und Greuel. Wir leben unter äußerst kümmerlichen Bedingungen sozusagen von der Hand in den Mund. [...] Die Verkäufe und Aufträge haben seit nunmehr 1 Jahr gänzlich aufgehört. Es wird wahrscheinlich auch in den nächsten Jahren nicht besser werden.«

Dix hielt sich noch bis zum Herbst des Jahres in Dresden auf und überlegte sogar kurzzeitig nach Düsseldorf zurückzukehren. Von Hans Weidemann, Maler und Mitglied des die Moderne befürwortenden NS-Studentenbundes und künstlerischer Referent im Propagandaministerium, erhielt Dix sogar eine anerkennende Bestätigung seiner Kunst. Weidemanns Schreiben vom 14. Juli 1933 zeigt aber auch, wie illusionär selbst offizielle Vertreter des neuen Regimes in Kunstangelegenheit dachten, wenn er schrieb: »Bei Nierendorf sah ich ausgezeichnete neue Arbeiten von Ihnen. Der Kampf um die erneuerte Kunst tobt noch. Durch die Berufung von Schmitz sind wir eine ordentliches Stück vorwärts gekommen. M. E. wird die Schlacht in

4 Wochen ausgekämpft und gewonnen sein. Das wäre doch gelacht, wenn die Jugend vor den alten Rauschebärten kapitulieren sollte. Das hat es noch nie gegeben – das wird es auch nie geben.« Hier erscheint die kunstpolitische Situation noch offen, setzte die künstlerische Jugend ihre Hoffnungen auf das neue Regime und Figuren wie Goebbels, der – wie dargelegt – aus taktischen Gründen bald jedoch Abstand von künstlerischen Positionen nehmen sollte, die Hitler zutiefst verhasst waren. Weidemann war schon im März 1934 nicht mehr in der Reichskulturkammer.

Dix nahm Weidemanns Hoffnungen zur Kenntnis, richtete sich aber auf eine zeitlich kaum abzuschätzende Lebensphase ein. Nach dem Verlust des Ateliers in der Akademie mietete er ein neues Atelier im Dresdner Stadtteil Löbtau, er stellte noch mit der *Dresdner Sezession* aus, ohne sich jedoch mit radikalen Arbeiten zu exponieren. Mit Richard Müllers diffamierenden Attacken war aber zunehmend klar, dass der alte Status kaum wiederzugewinnen war, und Dix zog schließlich die Konsequenz: Er siedelte mit seiner Familie nach Randegg an den Bodensee über. Sein Schwager Hans Koch besaß in Randegg ein altes Schloss, das die Familie Dix bereits in den 1920er Jahren besucht und das Dix auch in einer Radierung dargestellt hatte. 1936 wurde es durch eine Erbschaft von Martha Dix möglich, ein schönes Anwesen in Hemmenhofen zu erwerben und dort ein durchaus repräsentatives Haus zu bauen. Hier sollte Dix bis zu seinem Tode 1969 leben, immer wieder unterbrochen von längeren Arbeitsaufenthalten in Dresden, da er sein privates Atelier dort weiter unterhielt, nachdem er seine Wirkungsstätte in der Akademie verloren hatte.

Die Übersiedlung an den Bodensee zwang Dix zur Wiederentdeckung eines künstlerischen Themas, das in den 1920er Jahren brachgelegen hatte und auf die Jugend des Malers zurückverweist: die Landschaft. »Die Landschaftsmalerei war damals eine Art Emigration. Ich hatte keine Gelegenheit zu Deutungen von Menschen. Man kann aber aus jedem Gegenstand etwas machen, außerdem war es etwas ganz Neues.« Zwischen 1933 und 1945 malte Dix eine Vielzahl von Landschaftsbildern und konnte dabei an einen Trend anknüpfen, der sich seit den späten 1920er Jahren bei der Neuen Sachlichkeit abgezeichnet hatte. Noch vor der Herrschaft der Nationalsozialisten sprach man von einer Neuen Deutschen Romantik und meinte damit Tendenzen einer neusachlichen Landschaftsdarstellung, die sich an die deutsche Malerei um 1800 anlehnte. Ausstellungen in Mannheim und Hannover gaben repräsentative Überblicke und stellten Künstler wie Franz Lenk, Franz Radziwill oder Georg Schrimpf, aber auch Fotografen wie Albert Renger-Patzsch vor. Darin kann man auch den Versuch sehen, führende Repräsentanten der Neuen Sachlichkeit für die sich eher vage konturierende Kunstwelt des »Dritten Reichs« zu legitimieren. In der Tat sollten einige der Künstler mit Professuren bedacht und ihre Werke von der NS-Elite gesammelt werden.

Der neuromantische Maler Franz Lenk wurde unter Goebbels zum Präsidialrat der Reichskulturkammer ernannt. Dass Dix mit ihm nach 1933 gemeinsam malte und zeichnete und Karl Nierendorf 1935 eine Gemeinschaftsausstellung der beiden Künstler in Berlin unter dem Titel *Zwei deutsche Maler* eröffnete, zeigt, dass Dix aus dem neuen Thema der Landschaft das Beste zu machen versuchte. (Farbtafel 13a/b) Mit Hilfe seines Galeristen und mit Hilfe eines Vertreters des Regimes versuchte Dix die zeitgleichen Angriffe auf seine kritische Kunst abzuwehren. Die SS-Zeitschrift *Das Schwarze Korps* bezeichnete Dix am 26. Juni 1935 als »Kulturbolschewisten ärgster Sorte« und als »schamlosesten Tendenzmaler«. Dix versuchte, sich ein Auskommen zu sichern, und die Erfolge blieben nicht aus – allerdings konnte die von Nierendorf übernommene Gemeinschaftsausstellung in Danzig nur noch einem ausgewählten Kreis zugänglich gemacht werden –; die Kritiken waren zwiespältig.

Als Dix' neue Werke 1936 mit denen anderer Vertreter einer neuromantisch gewandelten Neuen Sachlichkeit bei Nierendorf ausgestellt wurden, bezeichnete ein Kritiker am 20. Februar im *Rostocker Anzeiger* die Landschaften von Dix als »gemacht« und befangen wirkend. Und als Dix – für den trotz seiner Diffamierung als »entarteter« Künstler nie ein Ausstellungsverbot bestand – 1940 im Kölnischen Kunstverein zwei Landschaften zeigte, kritisierte Franz Radziwill, der Dix in den späten 1920er Jahren in Dresden besucht hatte und von ihm porträtiert worden war (Löffler 1928/12), die »falschen« Farben und die »fehlende Festigkeit« des Bildes. Otto Dix konnte also seine Landschaften während der NS-Herrschaft kontinuierlich zeigen. Die Bilder irritierten Kritik und Künstlerkollegen aber teilweise wegen ihrer formalen Eigenschaften, die gängige Vorstellungen von Landschaftsmalerei im »Dritten Reich« unterliefen. Extrem farbig (teilweise düster, teilweise giftig – Dix selbst sprach 1940 von ›kühnen Farbharmonien‹ und lehnte simple Naturwahrheit ab) und dramatisch synthetisch komponiert, unterliefen die Bilder die offiziell gewünschte neue deutsche Kunst. Überdies zeigte Dix metaphorisch aufgeladene Winterlandschaften, welche die politische Erstarrung in Deutschland symbolisierten (vgl. Löffler 1935/5, 7, 9, 12 und 13), oder Begräbnisse und dramatische Gewitterszenen mit Schnitter (vgl. Löffler 1935/10 und Löffler 1944/11), die sich ab 1939 auf das Drama des Zweiten Weltkriegs beziehen ließen. Dix' Landschaftsmalerei dieser Zeit besitzt einen subversiven Zug, der sich mit den Naturschilderungen von Autoren, die in die innere Emigration gegangen waren, vergleichen lässt. Friedo Lampes Kurzroman *Septembergewitter* erschien 1937 und aktualisierte Georg Heyms Sehnsucht nach einem Krieg vor dem Ersten Weltkrieg – der Roman spielt um diese Zeit – unter anderen Vorzeichen für die Zeit des auf einen Krieg zustrebenden Nationalsozialismus: düster-melancholisch und unheimlich-schwül: »›Ja, ein Gewitter müßte losbrechen‹, sagte Leutnant Charisius, ›Blitze müßten flammen und die Häuser in Brand stecken, diese muffigen alten Häuser, ein Krieg müßte ausbrechen, wild und schrecklich und reinigend und mit seinem Eisenbesen all diesen vermotteten Plunder wegfegen, daß das Leben wieder frisch würde und bewegt und gesund.‹ Leutnant Charisius' sonst so stille, ernste, blaugraue Augen blitzten grell und stechend, aber dann wurde er wieder ruhiger.«

Gleichwohl passte sich Dix den veränderten Verhältnissen trotz aller Widrigkeiten durchaus erfolgreich an – 1936 sollte Dix für seine Frau nach einer Krokodiltasche suchen und 1939 konnte er mit Martha den Kauf eines Nerzmantels im Wert von 10 000 RM erwägen –, wobei er seine grundsätzliche Skepsis und Resignation im altmeisterlichen Modus der Silberstiftzeichnung eindrücklich zu formulieren wusste. Die erwähnte Zusammenarbeit mit Franz Lenk zeigt das, eine größere persönliche Nähe scheint trotz allem nicht bestanden zu haben, musste Frau Lenk Dix doch zum Besuch ermahnen. Allerdings plante man noch 1940 einen gemeinsamen künstlerischen Aufenthalt im Hochgebirge. Lenk wurde unter dem neuen Regime in Berlin zum Professor ernannt, gab den Lehrstuhl aber vor dem Hintergrund der Aktion »entartete Kunst« bereits 1938 frustriert wieder auf. Das zeigt, wie

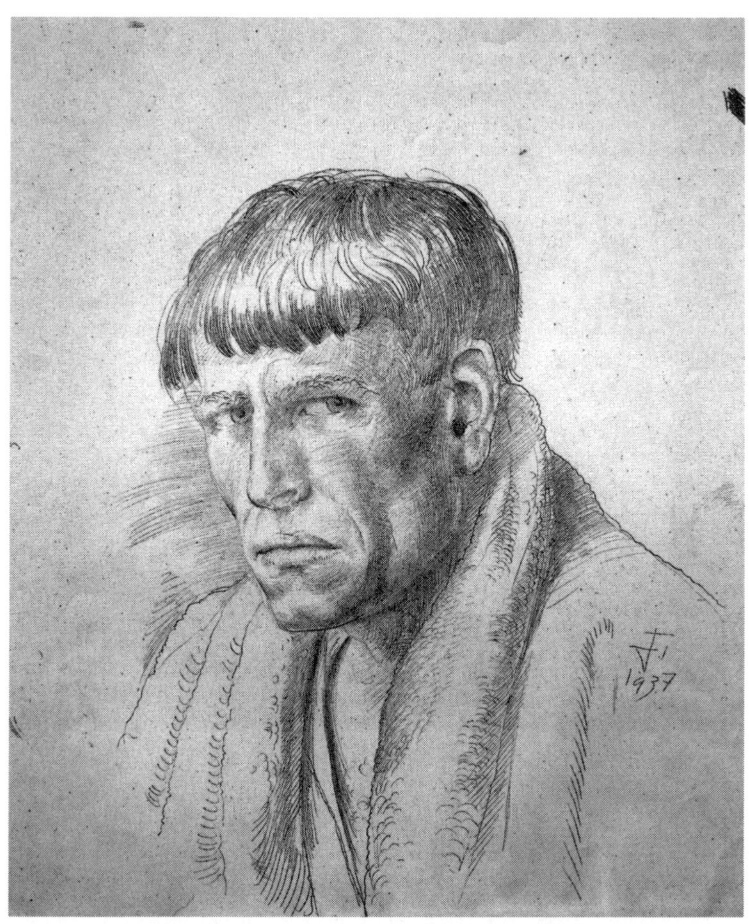

Selbstbildnis, 1937, Silberstift, 49,9 × 40 cm, Zeppelin-Museum Friedrichshafen

schwer es den Nationalsozialisten fiel, talentierte Künstler dauerhaft zu binden. Die zerstörerische Kunstpolitik stieß letztlich jeden integren Künstler ab, nur Karrieristen wie Arno Breker, Leni Riefenstahl oder Albert Speer ließen sich bedingungslos auf die Machthaber ein. Die schwache Qualität der offiziellen Kunstproduktion tat ihr Übriges; Dix hat die *Große Deutsche Kunstausstellung* des Jahres 1939 in München besucht und war von der Schau insgesamt und von dem Maler Werner Peiner im besonderen entsetzt.

Lenk ist zugleich ein interessantes Beispiel für die Fraktionen innerhalb des keineswegs monolithischen NS-Systems. Auch im Bereich der Kunst und Kunstpolitik gab es unterschiedliche Lager, und Lenk fand trotz allem und trotz seines Bruchs mit Goebbels Interesse bei Außenminister Ribbentrop, der ihm noch im Herbst 1942 Aufträge des Auswärtigen Amtes in Berlin verschaffte. Am 25. September 1942 schrieb Lenk einen bemerkenswerten Brief an einen befreundeten Pfarrer, in dem er von seinem Auftrag und von der Arbeit in Fuschl berichtete. In diesem Zusammenhang und angesichts der Kriegsentwicklung hielt Lenk fest:

> »[A]ber in dieser Belastungsprobe erwies sich mein Beruf, in letzter Beziehung aufgefaßt, als Glaubens- und Ewigkeitsbegriff, absolut zuverlässig [...] Dix hat Auftrag, die ganze Familie meines Auftraggebers zu porträtieren [...] Ich bitte aber, zu niemandem darüber zu sprechen, weil es für Dix wie für den Auftraggeber gleichermaßen gefährlich wäre. Wie schön, Dir das schreiben zu können in der heutigen Zeit. Das ist wirklich ein Trost.«

Lenk hatte diesen, dann wohl nicht ausgeführten Auftrag vermittelt und sich schon vorher für Dix immer wieder eingesetzt.

Trotz aller Einschränkungen, Bedrängungen – 1940/41 forderte die Reichskulturkammer Dix auf, Fotos seiner Werke zu schicken, so dass der Maler eine Aktion gegen sich fürchtete, 1943 erhielt er aber problemlos gewünschtes Material direkt von der RKK zugeschickt – und Herausforderungen verstand es Otto Dix, im »Dritten Reich« präsent zu bleiben. Er besaß den Willen und das Geschick, immer wieder auszustellen, seine freilich gewandelte Kunst an neue Abnehmer zu verkaufen – darunter das Magdeburger Heeresbauamt und selbst noch 1941 eine NS-Ordensburg, wie er in einem Brief vom 27. Dezember 1941 an seinen Schüler Ernst Bursche bekannte – und sogar spät als Porträtist der Familie Ribbentrop, zu der wohl ab 1939 Kontakte bestanden, in Erscheinung zu treten, als das Regime langsam begann, in seinen blutigen Untergang zu rutschen.

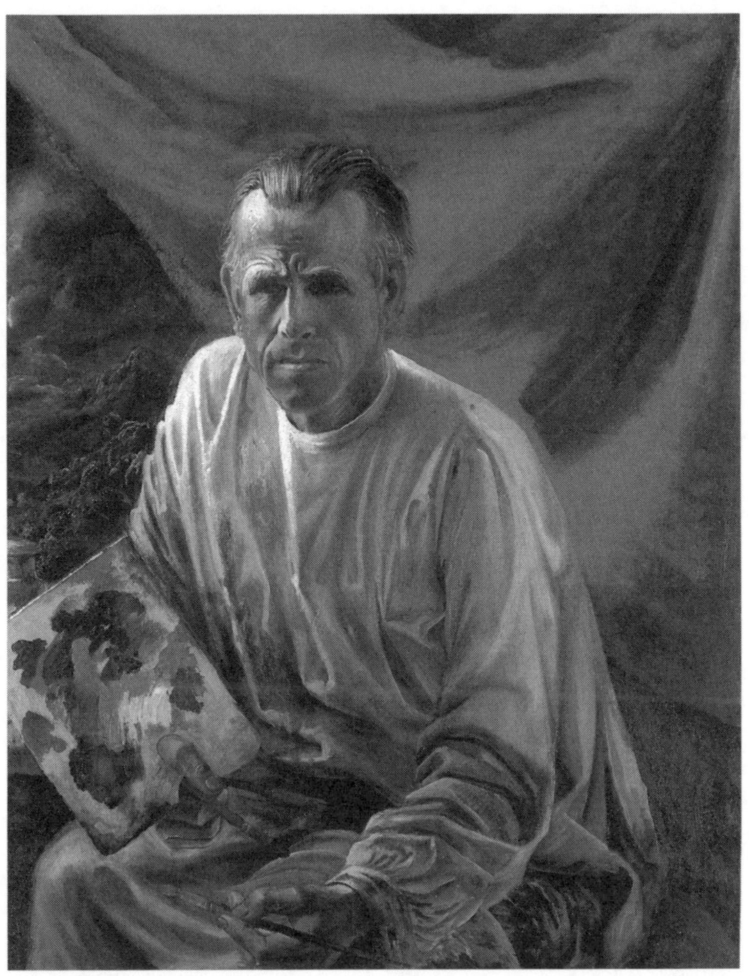

Selbstbildnis mit Palette vor rotem Vorhang, 1942, Mischtechnik auf Holz, 100 × 80 cm, Kunstmuseum Stuttgart

Um diese Zeit malte Dix eines seiner programmatischen Selbstbildnisse, das die Reihe der wichtigen Selbstdarstellungen der 1920er Jahre würdig abschloss. *Selbstbildnis mit Palette vor rotem Vorhang* von 1942 (Löffler 1942/4) aktualisiert gewissermaßen das *Selbstbildnis mit Kristallkugel* von 1931 (Löffler 1931/1) insofern, als die künstlerische Absichtserklärung überraschend realisiert wird: Dix zeigt sich jetzt inmitten der Arbeit, mit verschmiertem Malkittel, in rote Farbe getauchtem Pinsel und Palette in der Hand. Der Maler hat sich umgewandt, blickt auf, so als habe jemand das Atelier betreten. Auf der Staffelei steht eine dramatische, nur ausschnitthaft sichtbare Landschaft mit schwarzen Wolken (eventuell Spuren eines Brandes). Überraschenderweise ist das Bild halb mit einem (blut- oder feuer-)roten Tuch verhangen, während Dix sich sonst nie mit einem teilweise verdeckten Werk bei der Arbeit zeigte. Unmittelbar wird deutlich, dass es sich um ein Malen im Geheimen handelt und dass die Farbe des Tuches in Kombination mit der düsteren Wolke im Bild symbolische Bedeutung besitzt. Es belegt, dass die von Dix gemalten Landschaften eine oft übersehene politisch-historische Dimension besitzen.

Selbstbildnis mit Palette vor rotem Vorhang führt das Motiv der Landschaft mit der ästhetischen Kategorie des Erhabenen und der Ikonographie des hl. Lukas zusammen, als der sich Dix 1942/43 ebenfalls selbst porträtiert. Mit der Figur des hl. Lukas konnte Dix seine Rolle als Produzent authentischer, realistischer Bilder erneuern, wie er dies schon 1931 im Rückgriff auf die Farbigkeit des kritischen Verismus unternommen hatte. Der Evangelist Lukas hatte das authentische Bildnis der Mutter Gottes gemalt und war deshalb auch zum Namenspatron der Malergilden des Spätmittelalters gewählt worden.

Die düster rauchende, dramatisch wolkenverhangene Landschaft verbildlicht mit Blick auf die Tradition der erhabenen Landschaftsmalerei einseitig den Schrecken, während die innerbildliche Kontrastfolie – der sichere, beruhigte Standort des Betrachters des Schauspiels – von dem roten Vorhang zugedeckt ist. Dix spitzt hier die eigene Aussage über den Status seiner Landschaften pointiert zu: Als in die Innere Emigration der Landschaft gezwungener Maler vermag er in der Gattung sein Potenzial als kritischer Künstler zu erneuern, indem er entweder subversive formale Bildstrategien verfolgte oder den Schrecken im Sinne der ästhetischen Theorie des Erhabenen (Edmund Burke, Immanuel Kant) verbildlichte. Dass Dix zugleich durchaus gefällige und dem Zeitgeschmack konforme Landschaften malen und verkaufen konnte, ändert nichts an dem Sachverhalt, dass seine Landschaften ein kritisches Potenzial besitzen konnten.

Dabei scheint es kein Zufall zu sein, dass Dix, der sich immer wieder mit den großartigen, dramatischen Beschreibungen der Bibel beschäftigte, 1942 auf neuartige Weise die Lukas-Ikonographie adaptierte. Sowohl im Buch Ezechiel als auch in der Offenbarung des Johannes wird der Evangelist Lukas mit seinem Attribut, dem Stier, beschrieben. Nach der im Buch Ezechiel beschriebenen Gottesvision schildert die Bibel den Kampf Gottes gegen den Großfürsten Gog, den Herrscher des Landes Magog. Dieser Kampf ließ sich 1942 – als Hitlers Armeen ihren Kreuzzug gegen den jüdischen Bolschewismus in den Weiten der Sowjetunion führten und sich allmählich verausgabten – mühelos zeitgeschichtlich interpretieren: Schließlich beschreibt er den Zug »aus dem äußersten Norden« gegen das sich sicher wähnende Volk Israel und es heißt: »Du ziehst gegen mein Volk Israel heran wie eine Wolke, die das ganze Land bedeckt. [...] Ich führe dich und locke dich herbei, ich lasse dich aus dem äußersten Norden heranziehen und führe dich in das Bergland von Israel. Dann schlage ich dir den Bogen aus der linken Hand und lasse deiner rechten die Pfeile entfallen. Im Bergland von Israel wirst Du umkommen, du und alle deine Truppen und die Völker die bei dir sind. [...] Gegen Magog und die sorglosen Küstenbewohner sende ich Feuer.«

Die hier dezidiert zeitgeschichtliche Interpretation des Selbstbildnisses lässt sich erhärten: 1941 malte Otto Dix, der sich seit 1933 immer wieder mit christlicher Ikonographie beschäftigt hatte, das Gemälde *Jakobs Kampf mit dem Engel* (Löffler 1941/5). Auch hier zeigt Dix eine überaus dramatisch verhangene Landschaft, die eine ähnliche Wolken- oder Rauchformation aufweist wie die in Arbeit befindliche Landschaft auf der Staffelei des *Selbstbildnisses mit rotem Vorhang*. Jakob, der Bruder Esaus, der sich vor einem Wiedersehen fürchtet, ringt eine Nacht mit Gott, der ihm in Form eines Engels entgegentritt, wie das 1. Buch Mose schildert. Am Ende lässt Jakob – dem die Hüfte verletzt wurde – ihn ziehen, allerdings nicht ohne Segen. Daraufhin erhält Jakob einen neuen Namen: ›Israel‹, was übersetzt so viel wie ›Gottesstreiter‹ bedeutet.

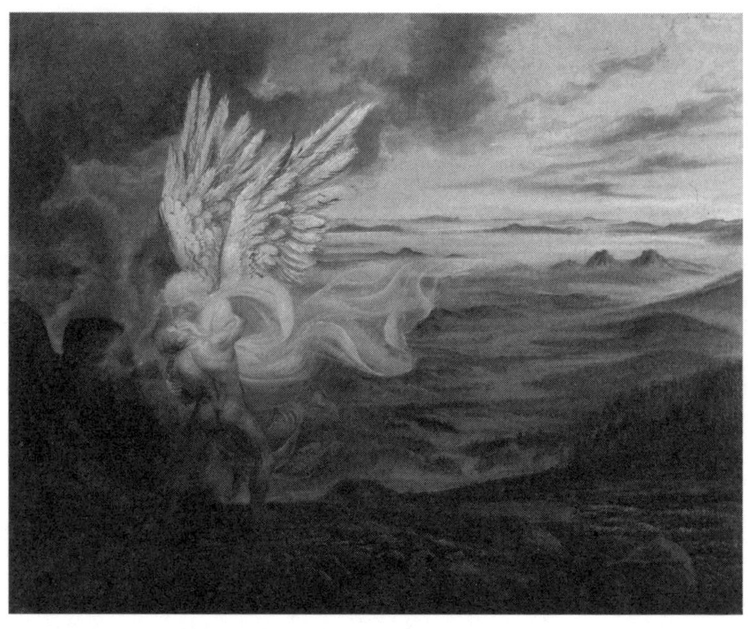

Jakobs Kampf mit dem Engel, 1941, Mischtechnik auf Leinwand, 80,5 × 100 cm, Hessisches Landesmuseum, Darmstadt

Zwar stellte sich Otto Dix mit seinem Gemälde in eine malerische Tradition, denn im 19. Jahrhundert hatten Delacroix und Gauguin bedeutende Versionen zum Thema geschaffen, aber das hat hier kaum Bedeutung. Wichtiger ist der Inhalt der biblischen Erzählung im Kontext der Zeitgeschichte: Dix malt den Sieg Israels nach einem langen Ringen. Dix blieb vom Schicksal der Juden während des »Dritten Reiches« sicher nicht unberührt, schließlich besaß er in der Weimarer Republik mit Fritz Glaser oder Hugo Simons bedeutende jüdische Förderer; von den Verbrechen der Deutschen im Osten wird der Maler ebenso wie die übrige deutsche Bevölkerung Kenntnis besessen haben. Dass Dix aber bereits zuvor – 1920 auf dem Bild *Prager Straße*, 1921 auf dem *Porträt Dr. Fritz Glaser* (vgl. Abb. S. 117), 1935 auf dem *Judenfriedhof in Randegg im Schnee mit Hohenstoffel* – immer wieder auf das Schicksal der Juden hingewiesen hatte, ist zweifelsfrei. Das geschah angesichts des Antisemitismus nach der ersten Weltkriegsniederlage in Form einer Collage oder eines höchst unbequemen Bildnisses; das geschah im Jahr der Nürnberger Gesetze gar in der unerhörten Form eines jüdischen Friedhofs. Das Motiv lag als historischer Ort zwar buchstäblich vor der Haustür, aber Dix interpretierte es als erstarrte, abgestorbene deutsche Landschaft metaphorisch und malte ein für die Zeit eigentlich »unmalbares Bild«. 1941/42 sparte Dix nicht mit verschlüsselten Hinweisen auf das jüdische Schicksal, die er aus dem Kontext der von ihm benutzten christlichen Ikonographie ableitete.

So wichtig es ist, einen angemessenen Zugang zur modifizierten, weiterhin aber kritisch intendierten Bildsprache von Otto Dix zu finden und auf dem zeitkritischen Potenzial seiner altmeisterlich geschulten Werke der NS-Zeit zu insistieren, so wichtig ist die Kehrseite dieser Medaille. Nach Chemnitz, zu den erst kürzlich von der Forschung näher betrachteten Persönlichkeiten Fritz Nischer, Fabrikant, und Otto Köhler, Kinderarzt, konnte Dix zur Zeit des »Dritten Reiches« intensive Kontakte aufbauen. Der Künstler erhielt zahlreiche bedeutende Aufträge und konnte wichtige Werke in den beiden Sammlungen platzieren. Für das finanzielle Auskommen der Familie Dix war das nach der Entlassung ohne Pensionsanspruch von entscheidender Bedeutung, auch wenn die gutsituierte Martha Dix die Familie vor größeren Unannehmlichkeiten bewahren konnte.

Den Kinderarzt Otto Köhler lernte Dix 1933 wohl über den Künstler Karl Kröner kennen, und Köhler bemühte sich schnell um Arbeiten des Maler. So versuchte er 1933 über das Nietzsche-Archiv in Weimar einen Bronzeabguss der *Nietzsche*-Büste von 1914 herstellen zu lassen, was aber misslang. In den späten 1930er Jahren erhielt Dix, der immer wieder bei Köhler weilte, Porträtaufträge und schuf die dem Zeitgeist angepassten Bildnisse des Ehepaars 1938 beziehungsweise um 1940 (Löffler 1938/6 und Löffler 1940/5) und zeichnete die Tochter.

Auch das *Familienporträt Niescher* von 1936 ist aus heutiger Sicht gewöhnungsbedürftig und situiert die innig miteinander verbundene, dreiköpfige Fabrikantenfamilie in einer weiten Landschaft. Weitere Porträts von Familienangehörigen (Ursula Niescher, 1934 und Max Franz und Therese Niescher, 1935) zeigen, wie sehr Dix seine hohe Porträtkunst der 1920er Jahre zugunsten des Zeitgeists und der Repräsentationswünsche der Auftraggeber verleugnen konnte. Die Kohlezeichnungen, die den Sohn Werner oder die drei Schwestern Niescher darstellen, 1934 beziehungsweise 1935, gemahnen erschreckend an die NS-Kunst der Zeit. Ohne Skrupel konnte sich Dix anpassen, weil er auf einem Weg weitergehen wollte, den er schon in der Endphase der Weimarer Republik mit den problematischen Danziger Bildnissen beschritten hatte. Aber die handwerklich qualitätsvoll ausgeführten, kunstgeschichtlich eher belanglosen Porträts stellen nur einen Aspekt der Freundschaft zwischen Dix und Niescher dar, der darüber hinaus die Arbeiten des Malers umfassend erwarb.

Herausragende Bilder und zahlreiche Zeichnungen von Dix kamen so im Verlauf der Jahre in die Niescher-Sammlung. Dazu gehören der später teilweise zerstörte Karton des *Triumph des Todes*, die erste Fassung (1938) von insgesamt sechs Christophorus-Bildern (Löffler 1938/1), die eindrucksvolle *Lärche im Engadin* (Löffler 1938/8) aus dem selben Jahr, das großformatige *Lot und seine Töchter* von 1939 (Löffler 1939/2) oder der *Heilige Antonius im Wald* von 1941. (Löffler 1941/2) Daneben konnte Dix für Niescher 1938 ein Wandbild im Gartenpavillon der Chemnitzer Villa ausführen, das sich dem ungewöhnlichen Thema *Orpheus und die Tiere* widmete. (Löffler 1938/5) Dix' Auftraggeber besaß ein Interesse an allegorischen Darstellungen. Und so trug sich Dix mit dem Gedanken, allen sieben Todsünden ein Gemälde zu widmen. Er hatte dazu bereits skizzenhaft festgelegt, dass die Wollust durch Lot und seine Töchter, der Zorn durch Kain und Abel und der Neid durch Saul und David zu repräsentieren seien. Dies ist auch deshalb bedeutend, weil sich zeigt, dass Dix sich unter den Bedingungen des Nationalsozialismus und ausgehend von der zeitkritischen Allegorie von 1933 der christlichen Bildthemen systematisch bedienen wollte, um die ursprünglich auf die Errichtung des »Dritten Reichs« gemünzten Todsünden programmatisch darzustellen; dies impliziert eine kritische Intention für die übrigen christlichen Themen in Dix' Werk der 1930er und 1940er Jahre, etwa die *Versuchung des Heiligen Antonius* oder die Serie der *Christophorus*-Bilder. (Farbtafel 14) Die Versuchung durch den Teufel oder die Beschützerrolle in schwerer Zeit fanden das Interesse von Dix als ihm keine andere Möglichkeit mehr blieb, die eigene Zeit kritisch zu deuten. Dass Dix sich überdies erstmals 1930 – im Jahr der NS-Machtbeteiligung in Thüringen und im Jahr der Entfernung von Dix-Bildern in Weimar – und dann wieder 1934 in der Rollenfigur des hl. Christophorus mit seinen Söhnen dargestellt hatte (vgl. Löffler 1930/2 und Löffler 1934/2; vgl. Abb. 44) verdeutlicht, dass Dix schon früh nach neuen Wegen suchte, den zeitkritischen Impetus seiner Kunst aufrechtzuerhalten.

Wie schwer ihm das fallen musste, verdeutlicht die ungewöhnliche Wahl des Orpheus-Themas für Nieschers Gartenpavillon. Dix hatte sich mit antiken Mythen außer in seinem Frühwerk nicht beschäftigt. Wie es zur Wahl des Themas kam, muss im Dunkeln bleiben, da die Auftragsvergabe des Wandbildes nicht dokumentiert ist. Nicht des Sängers Rückkehr in das Totenreich, um Eurydike aus dem Hades zurückzuführen ist verbildlicht, sondern Orpheus' Gesang, der die Natur rührt, die Tiere besänftigt, die Bäume von der Stelle bewegt und die Flüsse anhält. Auf dem Bild, das Dix mit rund 100 Zeichnungen intensiv vorbereitet hat, haben sich die Tiere (Löwe, Adler, Eber, Storch, Hirsch, Hyäne u. a.) um den auf einem Hügel sitzenden Sänger versammelt, der den Arm erhoben hat. Orpheus singt und spielt nicht, er predigt oder dichtet eher. Dabei entbehrt es nicht der Ironie, dass Dix Orpheus als einen arisch stilisierten Künstler inmitten deutscher Flora und Fauna situiert, dem ein paar exotische Tiere beigeordnet werden.

Thomas Bauer-Friedrich hat das Wandbild mit Hölderlins Dichtung in Verbindung gebracht und konzise gedeutet. Eine Passage aus Hölderlins Hymne *Der Rhein* hat Dix in seinem Skizzenbuch in Nähe einiger Entwurfszeichnungen zum Wandbild notiert:

> »Die Blindesten aber sind Götter-
> söhne. Denn es kennt der Mensch
> sein Haus, und dem Tiere ward,
> wo es bauen solle, doch jenen
> ist der Fehl, daß sie nicht
> wissen wohin in die uner-
> fahrene Seele gegeben
> Hölderlin«

Das ›nicht wissen wohin‹ wird zum Schicksal des modernen Künstlers im »Dritten Reich«, wobei Dix sich zurückhielt und einen Kampf gegen ›Windmühlen‹, wie er ebenfalls notierte, für aussichtslos hielt. Doch wäre demgegenüber die bittere Ironie in Dix' Darstellung noch etwas stärker zu betonen, der mit Orpheus auch eine auf sich verweisende künstlerische Rollenfigur gemalt hat: Der arische Künstler sitzt im Jahr der zweiten *Großen Deutschen Kunstausstellung* ohne Instrument in der Landschaft, beklagt den Verlust der künstlerischen Artikulationsmöglichkeit und sieht sich selbst zur verstellenden Anpassung an das verhasste national-völkische Stilidiom gezwungen, das er in seinen Porträts durchaus virtuos bedienen konnte und ihm neue Käufer erschloss. Wie Dix über das »Dritte Reich« dachte, macht vielleicht eine Anstreichung in einem Buch deutlich. Weihnachten 1940 bekam er Theodor Haeckers 1937 in Leipzig erschienene Schrift *Der Geist des Menschen und die Wahrheit* geschenkt. Darin strich er auf Seite 47 an: »Wer immer auf natürlichem Boden diese Unfehlbarkeit [der Kirche] für eine menschliche Philosophie theoretisch und praktisch nachmachen will, der wird zum furchtbarsten Feinde des Menschen, der *humanitas*, der Wahrheit!«

11 Zwischen den Welten

Otto Dix versuchte, sich zum Ende des »Dritten Reichs« künstlerisch zu befreien. Die aufwendig angelegten, maltechnisch brillierenden und an den Alten Meistern orientierten Werke engten den Maler in seinen Ausdrucksmöglichkeiten zunehmend ein. Und die erfolgte Transformation des kritischen Verismus der Weimarer Republik in den kritischen Traditionalismus der NS-Zeit schien mit dem heraufziehenden Untergang des Regimes sinnlos zu werden, die künstlerische Subversion lief zunehmend ins Leere. Die Werke des Jahres 1944 zeigen einen drastischen Wandel von Dix' malerischer Auffassung. Die lasierende Malerei weicht einer sehr viel spontaner aufgetragenen *alla-prima*-Malerei, die 6. Fassung des *Heiligen Christophorus* (Löffler 1944/1) kann das ebenso deutlich machen wie das *Selbstbildnis mit liegendem Akt* (Löffler 1944/4).

Trotz seines fortgeschrittenen Alters von nun 53 Lebensjahren und seiner Teilnahme am Ersten Weltkrieg wurde Dix in der Endphase des Zweiten Weltkriegs nochmals zum Wehrdienst einberufen. Im Dezember 1944 musste er kurz zum Volkssturm, ab März 1945 zum buchstäblich letzten Aufgebot, das die sichere Niederlage abwenden sollte. Dix nahm an den letzten Kämpfen im Nordelsass und im Schwarzwald teil und wurde am 18. April 1945 gefangen genommen. In einem Kriegsgefangenenlager bei Colmar, der Stadt, die den für seine Kriegsdarstellungen so wichtigen *Isenheimer Altar* Matthias Grünewalds beherbergt, wurde er interniert und zum Entschärfen von Minen eingesetzt. Er darf sich aber auch künstlerisch betätigen, etwa indem er für das Rote Kreuz zeichnet. Zum Lagerkommandanten ergibt sich eine freundschaftliche Beziehung, Dix erhält eine bevorzugte Verpflegung, darf an Jagden teilnehmen, skizzieren und sich an einer im Lager formierten Künstlergruppe beteiligen, welche die Lagerkapelle ausgestalten soll.

Das Gefangenenschicksal – nicht nur in eindringlichen Selbstbildnissen (Löffler 1947/2 und Löffler 1947/3) – prägt die Bildmotive, etwa als Dix nach dem Brotdiebstahl eines Mitgefangenen den *Ecce Homo II mit Selbstbildnis hinter Stacheldraht* (Löffler 1948/3) malt: die leidende, ausgemergelte Kreatur, die der Menge zur Verspottung und Aburteilung ausgeliefert ist. Die Idee für ein neues Triptychon entsteht, wobei neben Paulus und Maria auch Petrus verbildlicht wird, und zwar als Schutzheiliger der Gefangenen mit Ketten. (Löffler 1945/1) Das Bild wird zunächst in der Kapelle aufgestellt, doch der Kommandant nimmt es später an sich. Für Mitgefangene malt Dix unter einfachsten Bedingungen Bilder, so das Motiv des die Blinden heilenden Christus auf ein Bettlaken, das der Empfänger um den Bauch gewickelt aus dem Lager mit sich nach Hause führt.

Die religiöse Thematik, die ab 1942/43 wohl auch unter dem Eindruck des Kriegsgeschehens verstärkt behandelt wird, wird ab 1946 in zahlreichen Gemälden aufgegriffen. (vgl. Farbtafel 15) Dabei behandelt Dix in seinen Werken die Geschichten von Saul und David, Hiob, mehrfach Christus (u.a. eine zweite Kreuztragung – die erste malte er 1943 –, eine Versuchung Christi, eine Kreuzigung und eine Pieta) und den Exorzismus des Teufels, dessen irdische Bundesgenossen zu diesem Zeitpunkt in Nürnberg abgeurteilt wurden, sofern sie sich der alliierten Militärgerichtsbarkeit nicht durch Selbstmord entzogen. 1947 sind keine religiösen Bilder entstanden, 1948 finden wir Szenen der Geißelung und der Verspottung. Unmittelbar nach der zweiten Niederlage Deutschlands in einem Weltkrieg und der erneuten, wenn auch nur kurzen Erfahrung des Kriegseinsatzes überführt Dix die kritisch intendierte christliche Ikonographie der NS-Zeit in eine allgemeinverständliche christliche Ikonographie der Schuld und des Leidens. Wie sonst auch sollte man mit dem Schrecklichen, das wohl von vielen geahnt worden war, jetzt aber unnachsichtig ans Tageslicht gezerrt wurde, umgehen?

Die Niederlage Deutschlands im Jahre 1945, die wir heute als Befreiung betrachten, wurde von den Zeitgenossen als Untergang und Zerstörung einer Kulturnation sowie als militärische und moralische Katastrophe wahrgenommen.

> »Der Anblick, den die zerstörten Städte in Deutschland bieten, und die Tatsache, daß man über die deutschen Konzentrations- und Vernichtungslager Bescheid weiß, haben bewirkt, daß über Europa ein Schatten tiefer Trauer liegt. Beides zusammen hat dazu geführt, daß man sich an den vergangenen Krieg schmerzlicher und anhaltender erinnert und die Angst vor künftigen Kriegen an Gestalt gewinnt. Nicht das ›deutsche Problem‹, insofern es sich dabei um einen natio-

nalen Konfliktherd innerhalb der Gemeinschaft der europäischen Nationen handelt, sondern der Alptraum eines physisch, moralisch und politisch ruinierten Deutschlands ist ein fast ebenso entscheidender Bestandteil im allgemeinen Leben Europas geworden wie die kommunistischen Bewegungen.«

Hannah Arendt, von der diese Sätze stammen, war 1933 aus dem nationalsozialistischen Deutschland nach Frankreich und von dort 1941 weiter in die Vereinigten Staaten entkommen. Sie kehrte nach dem Krieg kurz nach Europa zurück und veröffentlichte ihre Reportage aus dem zerstörten Deutschland 1950 in den USA. Sie vermittelte ein differenziertes Bild von den Lebensumständen, den Erwartungen und Enttäuschungen in dem besiegten und inzwischen geteilten Land:

> »Doch nirgends wird dieser Alptraum von Zerstörung und Schrecken weniger verspürt und nirgendwo wird weniger darüber gesprochen als in Deutschland. Überall fällt einem auf, daß es keine Reaktion auf das Geschehene gibt, aber es ist schwer zu sagen, ob es sich dabei um eine irgendwie absichtliche Weigerung zu trauern oder um den Ausdruck einer echten Gefühlsunfähigkeit handelt. Inmitten der Ruinen schreiben die Deutschen einander Ansichtskarten von Kirchen und Marktplätzen, die es gar nicht mehr gibt. Und die Gleichgültigkeit, mit der sie sich durch die Trümmer bewegen, findet ihre Entsprechung darin, daß niemand um die Toten trauert: sie spiegelt sich in der Apathie wieder, mit der sie auf das Schicksal der Flüchtlinge in ihrer Mitte reagieren oder vielmehr nicht reagieren. Dieser allgemeine Gefühlsmangel, auf jeden Fall aber die offensichtliche Herzlosigkeit, die manchmal mit billiger Rührseligkeit kaschiert wird, ist jedoch nur das auffälligste äußerliche Symptom einer tiefverwurzelten, hartnäckigen und gelegentlich brutalen Weigerung, sich dem Geschehenen zu stellen und sich damit abzufinden.«

Die von Arendt hier angesprochene Verdrängung oder Gleichgültigkeit kann nicht in jedem Fall ausgemacht werden. Otto Dix reagierte auf die Situation, stellte das Elend und die Trümmer dar; überhaupt spielte die Bildende Kunst eine heute oft unzureichend wahrgenommene

Rolle, um mit der Nachkriegssituation zurecht zu kommen. Zugleich aber reizte der häufig als »Stunde Null« bezeichnete Zustand nach dem Zweiten Weltkrieg zur Auseinandersetzung mit der Modernen Kunst, die vor dem Hintergrund der Zeit interpretiert wurde. Sie wurde teilweise als unmittelbares kulturelles Symptom der historischen Entwicklung gelesen und teilweise wurde aus ihr die Möglichkeit einer Überwindung des zerstörerischen Nationalismus abgeleitet. Die Kunst lieferte sowohl für die Künstler als auch für die Bevölkerung Möglichkeiten, sich mit der historischen und moralischen Katastrophe auseinanderzusetzen.

Bereits acht Wochen nach dem Ende der Kämpfe wurde der *Kulturbund für die demokratische Erneuerung Deutschlands* gegründet. Künstler machten sich mitunter alleine auf dem Fahrrad durch die Trümmerwüsten auf den Weg, Ausstellungen zusammenzustellen und die versprengten Gefährten zusammenzurufen. Dabei wurde zunächst vor allem die Vorkriegsmoderne, die im Nationalsozialismus sogenannte »entartete Kunst« präsentiert. Aber es wurden auch Werke gezeigt, die im Verborgenen entstanden waren; viele Künstler hatten also kontinuierlich an ihren Themen weitergearbeitet.

Vor allem im Jahr 1946 gab es Zeichen eines kulturellen Wiederauflebens: In diesem Jahr wurde die *Erste Allgemeine Deutsche Kunstausstellung* in Dresden unter Beteiligung von Otto Dix eröffnet; die etwa 60 Werke umfassende Präsentation dauerte vom 25. August bis zum 29. Oktober. Von Dix gab es ungewöhnliche Arbeiten zu sehen: eine dramatisch-düstere *Kreuztragung* und ein heller, neoexpressiver *Frühling im Tal*. (Löffler 1946/6 und Löffler 1946/17) Zum ersten Mal seit 1932 und zum zweiten Male überhaupt war auch das Triptychon *Der Krieg* ausgestellt und muss eindringlich gewirkt haben. Die Stadt Dresden war spätestens seit den verheerenden Bombardierungen Mitte Februar 1945 zum Symbol für den alliierten Luftkrieg gegen Deutschland geworden und weitestgehend zerstört. Dix' Atelier in Dresden-Löbtau war wunderbarerweise kaum beschädigt, der fotografisch festgehaltene Blick aus dem Fenster zeigte indes eine Ruinenstadt.

Mit der Ausstellung versuchten das Land Sachsen, die Stadt Dresden und der Kulturbund zur demokratischen Erneuerung Deutschlands an die glänzende Epoche der Elbmetropole in der Weimarer Republik anzuknüpfen und die Ideologie des Nationalsozialismus zu überwinden. Ausstellungen wie die *Allgemeine Deutsche Kunstausstellung* von 1946 bis zur ersten *documenta* in Kassel 1955 waren auch immer wieder Versuche, die von den Nationalsozialisten geächtete Moderne zu rehabilitieren und mit der Kunst zu einer demokratischen Weltanschauung beizutragen. Der künstlerische Moderne-Diskurs war als Konsequenz der NS-Kunstpolitik zwangsläufig eine Debatte über die sogenannte »entartete Kunst« der Zwischenkriegszeit. Das war kein leichtes Unterfangen, wie die überlieferten Reaktionen von Besuchern der Dresdner Ausstellung von 1946 belegen. Die normativen Kunstvorstellungen des »Dritten Reiches« waren tief ins Bewusstsein der Jugend gesickert. Immer wieder wurde die moderne Kunst als »entartet« diffamiert und immer wieder war zu hören, dass Hitler doch beizupflichten sei, was die moderne Kunst betreffe. So schrieb ein 16jähriger Schüler in das Besucherbuch: »Das ist keine Kunst. Die Bilder erinnern mich an die Systemzeitkunst. Ich wünsche mir Münchner Kunst [...].«

Die Moderne erschien vielen weiterhin als Bluff, Mode, Täuschung oder Symptom der Degeneration. Die Agitation der Kommunisten gegen eine als formalistisch und dekadent kritisierte Moderne konnte genau diese Argumente und Behauptungen nach 1945 unter geänderten ideologischen Vorzeichen weiterführen; die nationalsozialistische und kommunistische Kritik an der Moderne fußte auf identischen kulturpessimistischen und kulturkritischen Thesen des späten 19. Jahrhunderts, aus denen freilich unterschiedliche Begründungsstrategien entwickelt wurden. In einer kunsthistorischen Studie spricht Meike Steinkamp zu Recht vom »unerwünschten Erbe« der Vorkriegsmoderne in der SBZ beziehungsweise DDR. In Westdeutschland wurde unterdessen kulturpolitisch die Rehabilitierung vor allem des verfemten Expressionismus betrieben – nicht aber des von Dix verkörperten Verismus und der Neuen Sachlichkeit, die als politisch links stehend wahrgenommen wurden.

Neben die eigenständigen Bemühungen um eine neue deutsche Kultur, die sich zunächst stark auf die Kunst der jüngeren Vergangenheit stützte und die häufig von einzigartigen Persönlichkeiten getragen wurde, trat die Kulturpolitik der vier Besatzungsmächte. Die Alliierten ermöglichten und organisierten Wanderausstellungen, etwa moderner französischer Kunst, in den westlichen Besatzungszonen. Zunächst wurde eine figurative, nachfolgend eine immer stärker abstrakte bis schließlich gegenstandslose Kunst vermittelt, so dass ab etwa 1950 die anscheinend unumschränkte Herrschaft der abstrakten Kunst verkündet werden konnte. Im Zuge der ideologischen Konfrontation des Kalten Krieges konnten dann die Klassische Moderne, die historischen Avantgarden sowie anschließend vor allem die abstrakt-gegenstandslose Kunst zu einer identitätsstiftenden Manifestation von Freiheit und Demokratie avancieren. Die westalliierte Kunstpolitik setzte dabei nicht zuletzt auf die moderne Kunst, um den Deutschen Toleranz zu vermitteln oder abzuverlangen, und umgekehrt konnte das Bekenntnis zur künstlerischen Moderne schnell der Ausweis für die korrekte politische, weil demokratische Gesinnung sein. Das Verständnis für moderne Kunst und die Befähigung zur Demokratie waren anscheinend zwei Seiten einer Medaille und wurden gezielt im Sinne der *political reeducation* gefördert. Kritik an der Moderne konnte dagegen leicht als reaktionär oder faschistoid denunziert werden. Diese gezielte kulturpolitische Strategie wurde publizistisch erfolgreich flankiert, etwa von der in Stuttgart 1946 begründeten neuen Zeitschrift *Das Kunstwerk*, ein Magazin, das die Wahrnehmung der abstrakten Kunst entscheidend prägen sollte. Ein Jahr später antwortete der Osten Deutschlands mit der einflussreichen Zeitschrift *Bildende Kunst*. Das Auseinanderdriften der beiden Teilstaaten in kultureller Hinsicht wurde schon vor der »doppelten Staatsgründung« (Christoph Kleßmann), der Gründung von Bundesrepublik und DDR 1949 deutlich und ließ sich nicht mehr aufhalten.

Die Kunst reagierte deutlich auf die Erfahrung des Krieges und die deutschen Verbrechen. Figürliche Werke von Karl Hofer, Rudolf Schlichter, ja selbst abstrakte Werke eines Emil Schumacher aus den 1940/50er Jahren zeigen das in sehr unterschiedlichen Modi. Dix' Heimatstadt Dresden, die er erstmals wieder 1947 besuchte, war völlig zerstört. In der *Täglichen Rundschau* vom 16. Novmeber 1947 ließ er ein kurzes Statement abdrucken, in dem er von seiner Bestürzung angesichts der Zerstörung sprach, die allerdings dadurch gemildert wurde, dass er einen unglaublich starken Wiederaufbauwunsch der Bevölkerung spürte:

»Das Wiedersehen mit meiner alten Wirkungsstätte Dresden hat mich erschüttert. Diese Trümmerwelt, die an Pompeji erinnert, würde mich völlig deprimiert haben, hätte ich nicht [...] gesehen, welch reger und nimmermüder Geist und Aufbauwille hier am Werk sind [...] Über die künftige Entwicklung der Kunst kann man heute, wo noch alles im Fluß ist, nichts Endgültiges sagen. Ich halte mich nicht an eine bestimmte Schule oder Richtung. Intensiver Ausdruck ist für mich alles [...] Farbe und Form allein können nicht das fehlende Erleben und die fehlende Ergriffenheit ersetzen. Ich bin bemüht, in meinen Bildern zur Sinngebung unserer Zeit zu gelangen, denn ich glaube, ein Bild muß vor allem Inhalt, ein Thema ansprechen. Malen ist ein Versuch, Ordnung zu schaffen. Kunst ist für mich Bannung.«

Alles schien Dix in Bewegung zu sein, und von der Entwicklung der Kunst hatte er keine konkrete Vorstellung, ja seine eigene Rolle war ihm unklar geworden. Er insistierte auf »intensivem Ausdruck«, plädierte gegen formale Spielereien der Abstraktion und wollte nach wie vor zur »Sinngebung unserer Zeit« mit einer inhaltlich gesättigten Malerei beitragen. Dix' Position war höchst labil, ja widersprüchlich, denn im selben Jahr sollte er das Was (den Inhalt) stark zugunsten des Wie (der Form) und damit seine eigene Position der 1920er Jahre relativieren.

In der Bodenseeregion war Dix eine singuläre Erscheinung und überragende Persönlichkeit, auch wenn der ehemalige *Brücke*-Mitgründer Erich Heckel in der Nähe wohnte – zu engeren persönlichen Kontakten scheint es nicht gekommen zu sein, allerdings hat Dix Heckel porträtiert (Löffler 1947/6). Es gibt Verbindungen zu dem Künstlerfreund und Arzt Lovis Gremliza, zu Jean Paul Schmitz, den Dix noch aus den Düsseldorfer Tagen bei Mutter Ey kannte, und zu Fritz Mühlenweg. In Roberte Holly-Logeais fand sich sogar noch eine private Schülerin des späten Dix, der ja nicht mehr an einer Akademie unterrichtete. (Vgl. Löffler 1956/1 und Löffler 1956/2) Der Maler engagierte sich in der lokalen Künstlerszene und wurde 1951 Mitglied und 1954 Präsident der Sezession Oberschwaben-Bodensee. Allerdings nutzte er seine gewichtige Stimme nicht immer mit Weitblick und verhinderte beispielsweise die Aufnahme des ehemaligen Magischen Re-

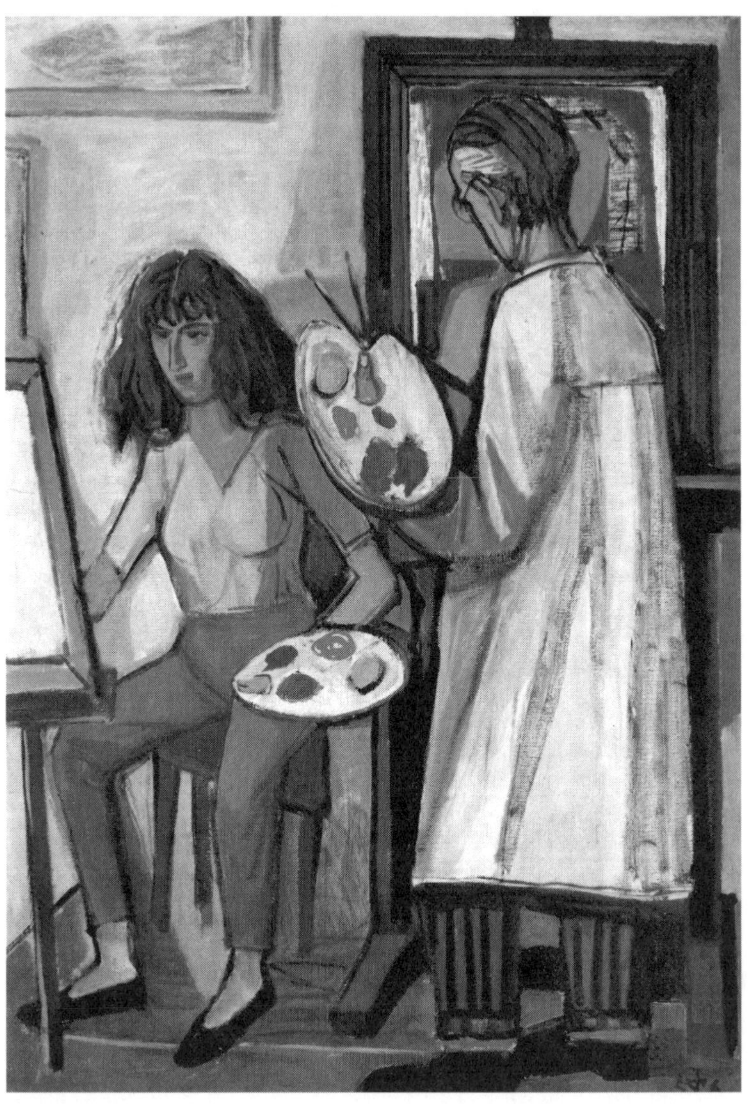

Selbstbildnis mit Schülerin Roberte im Atelier, 1956, Öl auf Leinwand, 160 × 111 cm

alisten, inzwischen aber zur Abstraktion konvertierten Julius Bissier. Der abstrakte Maler Max Ackermann wurde jedoch zugelassen.

Zu dieser Zeit ereilt den Maler ein schwerer persönlicher Schicksalsschlag: am 11. Januar 1955 stirbt die inzwischen verheiratete und mehrfach begabte Tochter Nelly im Alter von 31 Jahren. Sie hinterlässt eine einjährige Tochter, Bettina, die von den Großeltern adoptiert wird. Dix schreibt an den Freund Karl Kröner in Radebeul: »Angesichts des Todes versagen alle Worte. Wie gern wäre ich an ihrer Stelle dahingegangen, denn mein Leben scheint irgendwie auch beendet. Es ist gut, daß ich noch für Lebende sorgen muß.« Hier spricht sich eine Resignation aus, die nicht nur durch den tragischen Tod der Tochter veranlasst war.

Obwohl Dix im Westen lebte, blieben seine guten Beziehungen zum zweiten deutschen Staat erhalten. Seit Jahren unterhielt der Maler ein Verhältnis zu Käthe König in Dresden, die er während seiner längeren Aufenthalte in der Stadt regelmäßig besuchte beziehungsweise mit ihr dort lebte. Das Paar hatte eine gemeinsame Tochter, Katharina, so dass Dix in Dresden ein zweites Familienleben führte. Er nahm mit Käthe König und seiner Tochter völlig ungezwungen an gesellschaftlichen Ereignissen teil, und das Doppelleben befeuerte seine erotische Phantasie.

In Dresden arbeitete Dix in seinem Atelier und ließ in der Akademie seine nach 1945 umfangreich produzierte Graphik drucken. Nach Kriegsende waren sowohl die Dresdner Akademie als auch die Berliner an Otto Dix als Lehrer interessiert. Der Dresdner Kritiker Will Grohmann ging auf den Maler zu, und dieser scheint auf ein solches Angebot unverbindlich eingegangen zu sein. Allerdings verzögerte sich die ganze Angelegenheit, zum Teil aus ganz praktischen Gründen, etwa wenn es um die Größe von Atelierfensterscheiben ging. Hinzu kam, dass Dix trotz seiner historischen früheren Verdienste aufgrund seiner neueren Arbeiten nicht unumstritten war. Allerdings verteidigte die Ostberliner Zeitung *Berlin am Mittag* den Maler gegen Anwürfe aus dem Westen: Der *Tagesspiegel* griff Dix 1947 für seine Landschaften der NS-Zeit an. Eine »leere Technik« machte der Kritiker aus und behauptete eine Annäherung an die offizielle Kunst des »Dritten Reichs«. Eine genauere Analyse der Produktion unterblieb.

Die Berufungsverhandlungen in Dresden zogen sich anscheinend bis Anfang 1948 hin. Dix war gar für eine Meisterklasse vorgesehen, aber aus unbekannten Gründen verliefen die Bemühungen im Nichts. Die politische Entwicklung in der sowjetisch besetzten Zone (SBZ) könnte bei Dix Skepsis geweckt haben. Er hatte nicht die geringste Lust, sich in künstlerischen Fragen bevormunden zu lassen und reagierte höchst gereizt auf das Dogma des Sozialistischen Realismus. Mit dem provozierenden Hinweis auf das »Dritte Reich« proklamierte er kategorisch, dass er nicht bereit sei, seine Kunst diskutieren oder gar bewerten zu lassen. An das Kulturamt der Stadt Gera schrieb Dix 1947:

> »Ich schrieb Ihnen schon neulich, daß ich nicht gewillt bin, meine Bilder ›zur Diskussion‹ zu stellen. Wir haben nun in Deutschland jahrelang die Stimme des Volkes über künstlerische Dinge gehört, und wie wenig ist über das wahre Wesen der Kunst dabei herausgekommen. Diskussionen laufen darauf hinaus, daß jeder Spießbürger und jeder ›Blinde‹ seine kleinen Wünsche anbringen möchte. Jeder glaubt zu wissen, wie Kunst sein sollte. Die wenigsten haben aber den Sinn, der zum Erleben von Malerei gehört, nämlich den Augensinn. Und zwar einen Augensinn, der Farben und Formen als lebendige Wirklichkeiten im Bilde sieht. Denn nicht die Gegenstände, sondern die persönliche Aussage des Künstlers über die Gegenstände ist wichtig im Bild. Also nicht das Was, sondern das Wie. Nicht laute Diskussionen, sondern schweigende Bescheidenheit ist das erste, was der Künstler vom Betrachter verlangt. Denn das, was am Kunstwerk erklärbar ist, ist wenig, das Wesentliche an ihm ist nicht erklärbar, sondern allein schaubar.«

Hier zeigt sich ein deutlicher Wandel in der Kunstauffassung von Dix, der 1927 von einem »Primat des Objekts« gesprochen und das Was zum entscheidenden Aspekt des Kunstwerks erklärt hatte. Aus dem Was war dem Maler einst das Wie gefolgt. 20 Jahre später – und herausgefordert durch die Zumutung der geforderten Erklärung – insistierte Dix jetzt auf dem Wie, der Form, und provozierte bewusst den im Osten so beliebten Vorwurf des Formalismus. Dix' Sinn für Provokation und seine veränderte Kunstauffassung gingen Hand in Hand und anlässlich der Abhängung von Werken des Malers Hermann Naumann in der Moritzburg in Halle (Saale) ließ Dix es sich nicht nehmen, auf die

Parallele zum Umgang mit seinen Werken während des »Dritten Reichs« hinzuweisen.

Unterdessen vermissten Kritiker den einst kritischen Künstler Dix, der zu den drängenden Problemen seiner Zeit Stellung nahm. Bodenseelandschaften und christliche Ikonographie waren Themenfelder, die mit Zeitgeschichte und Gesellschaft scheinbar nichts zu tun hatten. Der ehemalige Dix-Schüler Kurt Querner, sicher eines der bedeutendsten neusachlichen Talente in Dresden, notierte in seinem Tagebuch: »Von dem jungen Dix, von dem man in der Jugend begeistert sprach, ist gar nichts recht übriggeblieben als ein recht tüchtiger Malermeister.« Trotz solcher Vorbehalte ließen die mit Dix verbundenen Städte Gera und Dresden keine Möglichkeit ungenutzt, den Maler anzuerkennen, ihn zu rehabilitieren, ehrten ihn und sammelten seine Kunst. Dresden erwarb konsequent das umfangreiche graphische Werk und vergab den repräsentativen Auftrag zum Porträt des verstorbenen Bürgermeisters und Ministerpräsidenten Rudolf Friedrichs (Löffler 1949/9). In seiner Heimatstadt Gera wurde Dix seit 1949 ausgestellt und erhielt 1966 die Ehrenbürgerschaft.

Es waren vor allem die Kriegsdarstellungen der Weimarer Republik, die Dix' Position im ostdeutschen Staat bestimmten. Das *Kriegs*-Triptychon wurde früh in Dresden, dann ab 1949 in Halle (Saale) ausgestellt. 1957 wird es in Ost-Berlin gezeigt, bevor es für Dresden dauerhaft erworben werden konnte und heute als ein Glanzpunkt der Sammlung weltweit Bedeutung besitzt. Die *Kriegs*-Mappe von 1924 wird immer wieder reproduziert. Dix wurde vom Osten zum Antifaschisten und Antimilitaristen stilisiert und der Maler ließ sich das aufgrund seiner Lebensumstände und Interessen gerne gefallen, ja beförderte solche Sichtweisen durch Statements in Interviews. Bert Brecht empfahl Dix deshalb 1951/52 neben Karl Hofer und Hermann Max Pechstein für ein gesamtdeutsches Ausstellungsprojekt. Dass Dix seine Unterschrift gegen einen drohenden Atomkrieg geleistet und sich damit politisch positioniert hatte, wurde im Osten ebenfalls positiv vermerkt und man ernannte ihn 1956 zum korrespondierenden Mitglied der *Deutschen Akademie der Künste.* Allerdings irritierte, dass Dix auch der West-Berliner Akademie der Künste beitrat und nur die ebenfalls erfolgte Aufnahme von Josef H. Hegenbarth, der in Ostdeutschland angesiedelt war, löste die Verstimmung auf. Dix seinerseits unternahm jedenfalls alles, als deutscher, und das hieß als gesamtdeutscher Künstler, wahrgenommen zu werden.

Aber der entscheidende Konflikt blieb bestehen und die »demokratische Öffentlichkeit« des ostdeutschen Teilstaates war von den in Dresden gezeigten »neuesten Bildern seiner Gesamtschau [...] mehr bedrückt als beglückt«. Dix schien die Wirklichkeitsnähe abhandengekommen zu sein, für die er in den 1920er Jahren berühmt, ja gefürchtet war. Man witterte Weltflucht, auch die Tendenz zum formalistischen Stilgebaren; jedenfalls sah man in Dix' neuer Kunst die im Osten mit Blick auf den Aufbau des Sozialismus formulierten kunstdogmatischen Ziele Realismus – und vor allem Optimismus – nicht verbildlicht. Der neue Mensch, die neue Gesellschaft, Parteilichkeit für den Sozialismus und eine gewisse Volkstümlichkeit waren aus Sicht der DDR-Kunstfunktionäre gefordert. 1953 wurden Dix' Werke nicht zur *Dritten Allgemeinen Kunstausstellung* in Dresden zugelassen, wobei westliche Kollegen auch ihre Hände im Spiel hatten. Weder die Vertreter und Verfechter des Sozialistischen Realismus noch die in den 1950er Jahren zunehmend dogmatischer auftretenden Parteigänger der westlichen Abstraktion konnten mit Dix etwas anfangen. Der Maler saß – vielleicht gar freiwillig – zwischen den Stühlen, obwohl er als einer der wenigen Künstler in Deutschland in der Lage war, eine deutsch-deutsche Existenz und Identität zu leben.

Die christlichen Motive in Dix' Werken, die unter den Umständen des »Dritten Reichs« aufgenommen und nach 1945 weitergeführt werden, können als Versuch der »Sinngebung der Zeit«, ja des Sinnlosen aufgefasst werden. Aber der Maler gestattete sich auch zahlreiche Ausflüge in die Idylle der Landschaft und spielte sogar vereinzelt mit dem Bildvokabular des Surrealismus (vgl. *Am Meer*; Löffler 1947/33). In einigen Werken bediente Dix die Motivik, die ihn berühmt gemacht hatte: den Kriegskrüppel, das Flüchtlingskind in Anlehnung an die Arbeiterkinder der 1920er Jahre sowie die sich in Trümmerlandschaften anbietenden Prostituierten. *Menschen in Trümmern* von 1948 (Löffler 1948/17) versammelt die Gestrandeten, Versprengten und Versehrten zum schaurigen Figurenreigen, der sich mit der bruchstückhaft zusammengesetzten, flächigen räumlichen Situation zur grotesken Arabeske verschleift. Die eigentümliche Stilmischung dieses Werks aus Expressionismus und Kubismus stellt die immer wieder behauptete kategori-

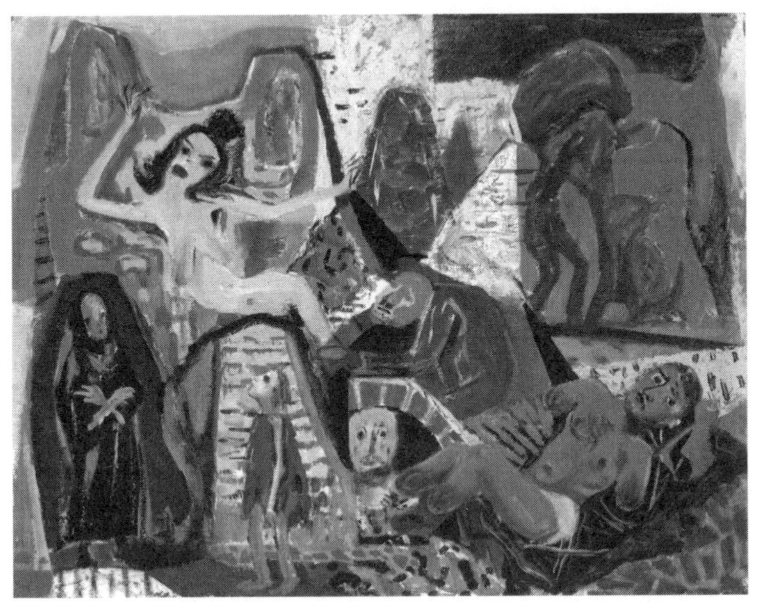

Menschen in Trümmern, 1948, Öl auf Pressholz, 100 × 80 cm, Privatbesitz

ale Differenz von Figuration und Abstraktion in Frage. *Und neues Leben blüht aus Ruinen* (Löffler 1946/13) stellt wie auf dem *Großstadt*-Triptychon von 1928 Depravierte und Profiteure, Scheinleben und Verzweiflung einander gegenüber. Der Zuhälter oder Freier mit zwei Straßendirnen bildet einen starken Kontrast zu den grau wirkenden Kellerbewohnern, die eher zum Reich der Toten gehören, als am neuen Leben teilhaben. Überragt wird die Szene von einem auf Stelzen durch die Trümmer wankenden Kriegskrüppel, der ziellos durch die Szenerie steuert und wie eine Paraphrase an den aufgespießten Leichnam in *Schützengraben* oder *Der Krieg* erinnert. *Masken in Trümmern* (Löffler 1946/11) verbindet die Trümmerlandschaft mit den grotesken Fastnachtszenen der Kinderbücher und so auch mit den *Sieben Todsünden* von 1933. (s. Farbtafel 12) Der jonglierende Tod löst sich wie ein Gespenst auf, ein schemenhaftes Wesen lugt um die Ecke, während der Akt mit gelber Maske (eine Mischung aus Wollust und Neid von 1933) links dem kleinen Harlekin zuschaut. Mit einiger Konsequenz und neuem Furor erarbeitet sich Dix unmittelbar nach 1945 einen neuen Bilderkosmos, der die formale Sprache der Nachkriegszeit (neoexpressive, abstrahierende Figuration) mit den Motiven der 1920er und 1930er Jahre zu verbinden versucht. Auf diese Weise – durch die Darstellung der Erfahrung von Leid, Tod und neuem (Schein-)Leben – suchte Dix an der Sinngebung seiner Zeit mitzuwirken, auch wenn er oft deren Scheinleben thematisierte, ohne ein überkommenes Menschenbild zu restituieren.

Das aber versuchten andere Künstler und Intellektuelle und bestimmten das kulturelle Klima entscheidend mit. Der bekannte, ab 1951 in München lehrende Kunsthistoriker Hans Sedlmayr veröffentlichte 1948 sein Buch *Verlust der Mitte. Die bildende Kunst des 19. und 20. Jahrhunderts als Symptom und Symbol der Zeit.* Der Untertitel offenbart Sedlmayrs Interpretation der modernen Kunst als pathologisches Phänomen; er warf der Kunst den Verlust eines integralen Menschenbildes, den Verlust der Gottähnlichkeit des Menschen vor. Sedlmayrs Schrift wurde zum Angelpunkt einer wichtigen, 1950 geführten Debatte: Die Kontroverse zwischen ihm und dem abstrakten Maler Willi Baumeister lief jedoch ins Leere. Das *1. Darmstädter Gespräch zum Menschenbild in unserer Zeit* fand aus Anlass einer gleichnamigen Ausstellung der *Neuen Darmstädter Sezession* auf der Mathildenhöhe in Darmstadt statt. Gezeigt wurden figürliche Maler und Bildhauer wie Max Beckmann, H.A.P. Grieshaber, Ewald Mataré und Gerhard Marcks, aber auch Vertreter einer ins Gegenstandslose oszillierenden Abstraktion wie Willi Baumeister. Der Streit um das Menschenbild wurde als weltanschauliche Kontroverse begriffen, deren Protagonisten verschiedenen Epochen, ja Welten angehörten. Dass mit Blick auf die Künste immer wieder die tiefgreifende Zäsur von 1910, die auch die Nationalsozialisten mit ihrem Wort von der »Verfallskunst seit 1910« herausgestellt hatten, hervorgehoben wurde, verdient Beachtung, trafen sich in der Feststellung dieses Epochendatums doch die Verfechter und Verächter der Moderne. In der Tat lässt die Kunstgeschichte bis heute um 1909/10 das Zeitalter der Avantgarden beginnen, mit dem radikale künstlerische und theoretische Positionen und rascher Stilwandel verbunden werden.

Bedeutsam an dem Gespräch ist, dass es nicht nur um die Kunst ging: Zwar sprachen eingangs der ehemalige Bauhäusler Johannes Itten und Hans Sedlmayr, später auch Willi Baumeister, aber es wurden auch kurze Statements von Theologen, Soziologen, Medizinern, Biologen und Philosophen abgegeben, darunter so prominente Figuren wie Alfred Weber und Alexander Mitscherlich. Der Moderne-Diskurs wurde fächerübergreifend geführt, und jemand wie Hans Sedlmayr verknüpfte seine Thesen mit grundsätzlichen geistesgeschichtlichen Überlegungen, die wiederum von den Kulturpolitikern in die Diskussion eingespeist wurden.

Sedlmayr, der sich im »Dritten Reich« zum Nationalsozialismus bekannt hatte, reüssierte mit dem Buch *Verlust der Mitte*, das nach drei Jahren in die vierte Auflage ging und von dem Mitte der 1960er Jahre bereits 180000 Exemplare verkauft worden waren. Parallel erschien *Revolutionen der Modernen Kunst* in der bedeutenden Reihe rowohlts enzyklopädie. Beide Publikationen kritisierten scharf – trotz einiger Unterschiede – die säkulare Tendenz der Moderne. Als Symptom dieser Tendenz betrachtete Sedlmayr die moderne Kunst seit der Französischen Revolutionsarchitektur oder seit Francisco de Goya, wobei er grundlegende kunsthistorische Forschungen wie die von Emil Kaufmann sowie weltanschauliche Denkfiguren der 1920er und 1930er Jahre aufnahm. Sedlmayr hatte seine Thesen im Verlauf der 1930er und frühen 1940er Jahre entwickelt, indem er Vorlesungen aus der Zeit des »Dritten Reichs« in dem Buch ausbaute. Zugespitzt kann man sagen: Der von Sedlmayr entscheidend geprägte Moderne-Diskurs der 1950er Jahre basierte im wesentlichen auf den Vorstellungen der späten Weimarer Republik und des Nationalsozialismus. Das wird etwa deutlich, wenn Sedlmayr auf die vor dem Ersten Weltkrieg getroffene Unterscheidung zwischen Gesellschaft und Gemeinschaft von Ferdinand Tönnies zurückgreift – von Begriffen wie »untermenschlich« oder »entartet« ganz zu schweigen.

Hans Sedlmayr hatte für die Kunst der 1920er Jahre – Dix' Neue Sachlichkeit und den Surrealismus, verbunden durch den Magischen Realismus – nur vernichtende Worte übrig:

> »Die Nachkriegszeit [nach 1918, d. Verf.] ist künstlerisch gesehen schon ihr Verfall, geistesgeschichtlich erscheinen jetzt die extremsten Ausartungen. Mit der Farce der ›neuen Sachlichkeit‹ ist die ba-

> nalste Form erreicht. Politisch betrachtet ist diese ›letzte‹ Kunst der Partisan der Anarchie, psychologisch der Ausdruck einer ungeheuren Angst und eines vielfach gegen sich selbst gekehrten Menschenhasses. […] Leitthema der surrealistischen Produktion ist das absolute Chaos. Man nimmt es wo man es findet: aus den finstersten Zonen der Traumwelt, aus Halluzinationen, aus der ›Ver-rücktheit‹ des Alltäglichen, aus jenen Bereichen der Wirklichkeit, in der das Unzusammengehörendste zufällig, sinnlos und zerfetzt zusammengekommen ist […].«

Dem Kunsthistoriker erscheint die Richtung als »die letzte Beschleunigung im Sturze des Menschen und der Kunst«.

Autoren wie Hans Sedlmayr – unter anderen Vorzeichen wäre auch der Germanist Wolfgang Kayser zu erwähnen – sind die Zersprengung des Zeitkontinuums wie die Auflösung der Ordnung zentrale Motive. Angesichts ihrer einseitig krisenhaften Wahrnehmung der Moderne seit der Französischen Revolution über die industrielle Revolution, den Materialismus, Historismus und Ästhetizismus bis zur Erfahrung der sogenannten Totalitarismen und den Katastrophen von Weltkrieg, Holocaust und Atombombe 1945 entsteht so ein Zerrbild.

Zugleich wurde im Osten Deutschlands eine Kampagne gegen die Moderne entfacht, die eine fatale Nähe zu diesen Vorstellungen aufwies. Stark antiaufklärerisch-katholisch und reichsideologisch geprägte antimodernistische und restaurative Tendenzen in der Bundesrepublik und antimoderne, antibürgerliche, sozialistisch-kommunistische Tendenzen in der DDR zielten unter völlig verschiedenen Prämissen, aber bei Verwendung vergleichbarer Terminologien in eine Richtung. Im Westen ging es einigen um eine Restitution der Idee des Abendlandes, deren Wertvorstellungen 1789 bekämpft und zerstört worden seien. Diese Zerstörung habe überhaupt erst die Herrschaft des Nationalsozialismus ermöglicht, dessen Parteidiktatur als Konsequenz eines Massenzeitalters interpretiert werden konnte. Mit dieser vereinfachenden historischen Perspektive entzogen sich die Gestrigen der Verantwortung, der sich die Kollegen im Osten mit der Fiktion einer antibürgerlich-antikapitalistischen Gesellschaftsordnung ebenfalls nicht stellten. Im »Dritten Reich« geprägte Werturteile zur modernen Kunst ließen sich hier problemlos integrieren.

Nach 1945 wollte Otto Dix zu einer »Sinngebung« der Gegenwart beitragen, also gerade den von Sedlmayr beklagten Zustand überwinden helfen. Dabei nahm er eine schwierige Position ein; seine Wahrnehmung als Maler schwankte zwischen Provinzialität, nationaler Anerkennung in den beiden deutschen Teilstaaten und Internationalität. Dix galt im Westen Deutschlands als historische Figur in der Kunstszene, die Kunstgeschichte und Kunstkritik nicht recht einordnen konnten und mit der der Kunstbetrieb auch nicht mehr recht warm werden wollte. Vor seinen Leistungen der 1920er Jahre hatte man Respekt, ohne sie näher zu betrachten. Das sollte erst in den 1960er Jahren anders werden, im politisierten Jahrzehnt, das nach einer engagierten Kunst verlangte und sich dabei auch an den Zwischenkriegsjahren orientierte. Es ist schwer zu beurteilen, ob Dix nach 1945 eine konkrete künstlerische Strategie verfolgte. Um 1920 hatte er das Extreme gesucht, indem er mit unerschrockenem Blick den Menschen und sein Leiden in Krieg und sozialem Elend gestaltete. Seine gesellschaftskritischen Themen und auf die Spitze getriebenen Ausdrucksformen hatten Dix zur Ausnahmefigur werden lassen. Von 1950 an hat Dix sich möglicherweise in der Uneindeutigkeit eingerichtet. Er mag sich als deutscher Maler verstanden haben, der es vermeiden wollte, einseitig der westdeutschen oder der ostdeutschen Entwicklung zugeschlagen zu werden. Ein westdeutscher Kritiker machte das Problem deutlich, als er Dix vorwarf, seine Kunst sei »eine Kreuzung zwischen Runge und der Art, wie man zur Zeit in der sowjetisch besetzten Zone malen muss«. Dix bewegte sich für seine Zeitgenossen künstlerisch wenig eindeutig zwischen Tradition (Runge), Moderne (Expressionismus, Picasso) und Sozialistischem Realismus. Für ihn selbst war das vermutlich der Versuch, eine eigenständige künstlerische Statur zu bewahren.

Das große Wandbild im Rathaus Singen, *Krieg und Frieden* (Löffler 1960/1; Farbtafel 16) ein Auftragswerk, führt die Problematik vor Augen: Das Bild wurde im Westen realisiert, aber von der Kritik vollständig ignoriert, und im Osten wegen seiner übergeordneten Thematik wertgeschätzt, knüpfte es doch an Dix' kritische Bilder nach dem Ersten Weltkrieg an. Zur Form des Kunstwerks und zu seiner christlichen Thematik hatten die Kritiker im Osten dagegen nichts zu sagen. Dix hatte es keiner Seite wirklich recht gemacht.

Der engagierte, katholisch geprägte und kunstinteressierte Bürgermeister von Singen Dr. Theopont Diez hatte Dix die Möglichkeit verschafft, sich an dieser exponierten Stelle auf großem Format künstlerisch wie inhaltlich-programmatisch zu äußern. Für den Ratssaal des Rathauses entstand *Krieg und Frieden* mit den monumentalen Maßen 5 × 12 Meter. Erste farbige Studien datieren auf 1959/60, wobei Dix die Konzeption mehrfach vor allem hinsichtlich der zentralen Christusfigur änderte. Realisiert wurde das Werk auf einer vorgeblendeten, gemauerten zweiten Wand, die mit rauhem Mörtelputz vorbereitet wurde. Dix und seine Helfer fertigten einen mehrteiligen Karton, klebten ihn zusammen und brachten ihn auf die Wand. Sie durchstachen die Umrisslinie der Komposition und schlugen die Konturlinien mit Hilfe von Staubbeuteln auf den Malgrund durch. Das aufwendige Projekt konnte Dix nur mit Hilfe anderer durchführen. Sein Schüler Ernst Bursche erwirkte extra eine Ausreise aus der DDR, um seinem ehemaligen Lehrer zur Hand zu gehen. Auch Ursus Dix, der Sohn des Künstlers, der später Restaurator werden sollte und sich intensiv mit den Maltechniken seines Vaters auseinandersetzte, half, wenn eine erste dünne Malschicht auf den befeuchteten Putz aufgetragen wurde. Dann wurde in einer *fresco secco*-Technik weitergearbeitet, wobei auf den getrockneten Putz Keimsche Mineralfarben aufgetragen wurden, die dann anschließend mit einem chemischen Verfahren dauerhaft fixiert wurden.

Kompositorisch ist *Krieg und Frieden* in klassischer Weise dreigeteilt und paraphrasiert damit die Form des Triptychons. Es folgt in seinem Aufbau traditionellen Kreuzigungs-, Weltgerichts- und auch Gesetz- und Gnade-Darstellungen. Auf der linken Seite erkennt man die ›alte Zeit‹, den Krieg, Leiden und Tod und eine zeitgenössisch interpretierte Geißelungsszene. In der Mitte begegnet dem Betrachter der Sohn Gottes am Kreuz während auf der rechten Seite die ›neue Zeit‹ – als eine des Friedens – angebrochen ist, geprägt von Aufbau und neuem Leben. Westliche Rezipienten irritierte die Tatsache, dass einer der Peiniger, zumal er von Dix in Häftlingskleidung und nicht in Uniform dargestellt wurde, die Züge Adolf Hitlers trägt. Hitler ist hier Opfer und Täter in einem, eine Art Kapo, gewissermaßen zwischen dem bewaffneten Uniformträger und dem angeketteten Geschundenen angesiedelt. Dix' Sicht auf den Menschheitsverbrecher Hitler als Opfer und

Täter zugleich – eine Sicht, die durch die Identifikation mit dem Neid auf den *Sieben Todsünden* von 1933 schon vorgeprägt war – stieß auf Unverständnis und Widerspruch.

Das großformatige Bild überzeugt trotz einiger kleiner Mängel, was vor allem den geschickt aufgebauten Gegensätzen geschuldet ist (dem abgerundeten Kerkerloch links und der viereckigen Gruft rechts), ferner den formalen Überleitungen (der Blutstrahl aus der linken Hand Christi wird zu einer Art Blitz, der auf die linke Seite zur kriegszerstörten Szene führt) oder den einzelnen Bilderfindungen (die Bahnen der Sonne sind Ackerfurchen oder züngelnde Flammen wie jene, die aus den Mündungsrohren des Panzerungetüms schlagen). Auffällig ist, dass Dix auf einzelne eigene Werke zurückgreift: Die Leichen unterhalb des Panzers rufen die Kriegsgouachen der 1910er Jahre in Erinnerung und die Maurerszene rechts zitiert das konstruktiv verspannte Wandbild im Dresdner Hygiene-Museum (Löffler 1932/1). Dix könnte sich dabei ganz rechts, wie schon in Dresden 1932, erneut als Selbstbildnis integriert, sich selbst als Handwerker dargestellt haben. Damit hätte er zum zweiten Mal sowohl sein künstlerisches Selbstverständnis als Maler als auch seine proletarische Herkunft an prominenter Stelle in einem Wandbild thematisiert. Schließlich greift er auch auf die *Große Auferstehung Christi II* von 1949 (Löffler 1949/1) zurück, die wiederum auf Karl Caspars *Auferstehung (Ostern)* von 1926 anspielt, welche 1937 als »entartet« diffamiert wurde, und dabei die statische Komposition dynamisch-ornamental umdeutet.

Doch Dix bezieht sich nicht nur auf eigene, frühere Werke, sondern setzt sich in Form von Anspielungen mit der Kunstgeschichte, mit Pablo Picasso auseinander – das betrifft auf dem Wandbild den kubisch zergliederten Panzer wie das Zitat der Friedenstaube. Christoph Bauer hat in einer der seltenen tiefergehenden Analysen von Dix' Spätwerk auf Verwandtschaften mit Picasso hingewiesen, auf die Dissoziation und Zeichenhaftigkeit der Dinge, das Ineinander von Flächen und Volumina oder das kontrastive Ausbalancieren heller und dunkler, warmer und kalter Partien. Dix selbst stellte den Bezug her, da auch er wie Picasso die Form aus dem Gegenstand zu entwickeln versuche.

In seiner Gesamtheit betrachtet, ist *Krieg und Frieden* als groß angelegter Versuch der Selbsthistorisierung und gleichzeitig der aktuellen Stellungnahme zu werten; Dix nimmt dabei die Rolle des Chronisten

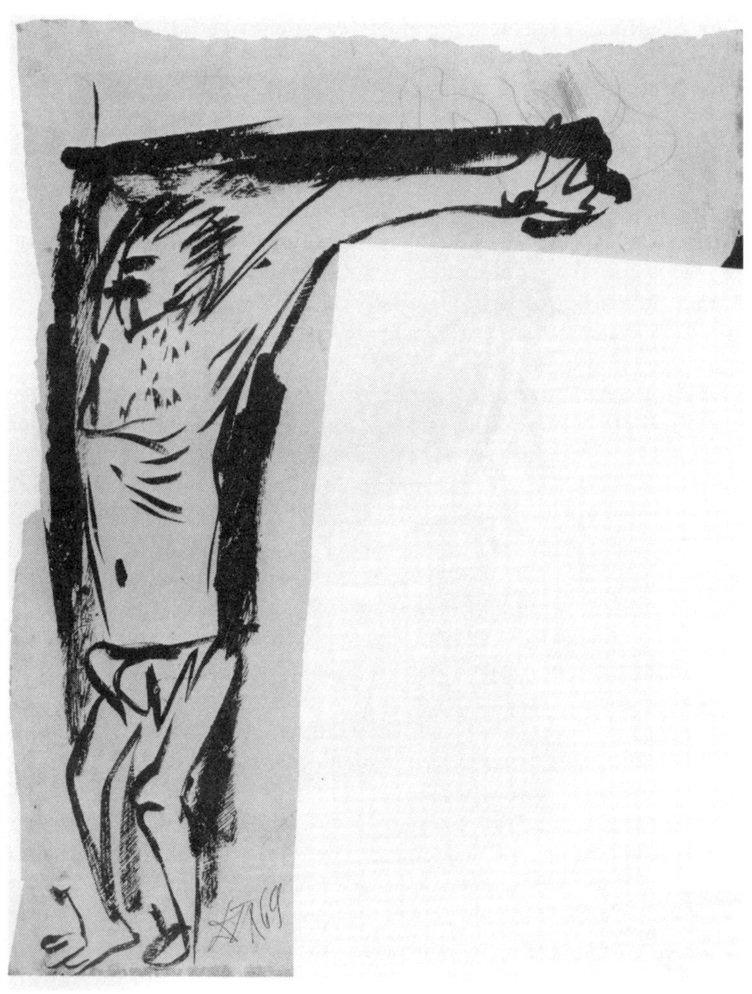

Der Gekreuzigte, 1969, Umdruckzeichnung mit Lithographietusche, 52,4 × 39,8 cm, Privatbesitz

der Schrecken seiner Epoche ein und verbindet sie bewusst mit der Perspektive der unmittelbaren Gegenwart. Gerade die christliche Ikonographie, die im »Dritten Reich« überwiegend kritisch instrumentalisiert worden war, kann dabei überzeitlich-allgemeinmenschliche Aussagen treffen, die an die Überlieferungen des christlichen Mythos gebunden sind. Zugleich kann sie die Leiderfahrung in christlicher Verkleidung aktualisieren und zu zeitgenössischen Aussagen vorzudringen versuchen, die in der Passion gespiegelt werden – der Bürgermeister Singens schrieb an Dix am 9. November 1960 und sah in dem Bild einen Aufruf an die Menschen. Dabei dürfte bei Dix weniger der christliche Glaube eine Rolle gespielt haben, als die von Nietzsche entlehnte Vorstellung von Christus als höherem Menschen und exemplarisch gelebte Existenz. Deshalb können auch für Dix Christus und Nietzsche miteinander verschmelzen, so wie Nietzsche sich am Ende seines Lebens mit dem Gekreuzigten identifizierte. Dass eine der letzten Arbeiten des Künstlers – in seinem Todesjahr – Nietzsche als Gekreuzigten zeigt, verweist auf diesen Zusammenhang. Exemplarisches Leiden und Selbstüberwindung – durch den Tod – werden von Dix im Sinne Nietzsches auf Christus projiziert, der Philosoph tritt an die Stelle des »Erlösers« und Dix identifiziert sich zugleich mit ihm:

> »Dieser ›frohe Botschafter‹ starb wie er lebte, wie er lehrte – nicht um »die Menschen zu erlösen«, sondern um zu zeigen, wie man zu leben hat. Die Praktik ist es, welche er der Menschheit hinterliess: sein Verhalten vor den Richtern, vor den Häschern, vor den Anklägern und aller Art Verleumdung und Hohn, – sein Verhalten am Kreuz. Er widersteht nicht, er vertheidigt nicht sein Recht, er thut keinen Schritt, der das Äusserste von ihm abwehrt, mehr noch, er fordert es heraus … Und er bittet, er leidet, er liebt mit denen, in denen, die ihm Böses thun … Die Worte zum Schächer am Kreuz enthalten das ganze Evangelium. ›Das ist wahrlich ein göttlicher Mensch gewesen, ein ‚Kind Gottes‘ sagt der Schächer. ›Wenn Du dies fühlst – antwortet der Erlöser – so bist Du im Paradiese, so bist Du ein Kind Gottes …‹ Nicht sich wehren, nicht zürnen, nicht verantwortlich-machen … sondern auch nicht dem Bösen widerstehen, – ihn lieben …«

So schreibt Nietzsche im *Antichrist* und vieles davon lässt sich direkt auf die künstlerische und persönliche Haltung von Dix beziehen. Freunden gegenüber insistierte Dix 1963 darauf, dass man selber erleben müsse, um kein ›dummer Theoretiker‹ zu sein: »Selber erleben …, selber gekreuzigt werden!« Im Westen interessierte diese Perspektive angesichts des rasanten Wirtschaftsaufschwungs niemanden, und im Osten gab es aus ideologischen Gründen keinen Resonanzboden für eine modifizierte christliche Bildsprache. Dennoch wurde Dix seit den 1950er Jahren wieder beachtet, allerdings als der kritische Maler der Weimarer Republik und nicht als gegenwärtiger Künstler.

12 Erneute Anerkennung

»Als seine Bilder nach dem Kriege erstmals wieder in der Heimat gezeigt werden können, stehen die meisten Kritiker ratlos vor den altmeisterlichen Landschaften der dreißiger und vierziger Jahre wie vor den breiten expressiven Gemälden seiner Spätzeit, vor allem aber vor dem Dix, der religiöse Bilder malt. Manche reden von Umkehr, ja von Bekehrung, und in der Ostzone spukt lange Zeit das Wort vom ›christlichen Mystizismus‹ des Malers Dix. Nur langsam setzt sich die Einsicht durch, daß er sich auch in diesen religiösen Bildern treu geblieben ist.« Otto Conzelmann beschrieb mit diesem Urteil, das nichts von seiner Aktualität eingebüßt hat, zum Ende der 1950er Jahre treffend die Verunsicherung der Kritiker. Dix' Landschaften des »Dritten Reichs« und seine Werke des Nachkriegsexpressionismus werden weder adäquat ausgestellt, noch scheinen die Ausstellungsmacher in der Lage zu sein, diese Werkkomplexe angemessen in das Gesamtwerk des Malers zu integrieren. Es gibt wenige Ausnahmen, etwa die umfassenden, dauerhaften Präsentationen des Gesamtwerks in Chemnitz (Museum Gunzenhauser) oder in Gera. Die Aufarbeitung in Ausstellungen oder in wissenschaftlichen Studien steht im Jahr 2013 weiterhin aus.

Doch konnte Otto Dix noch zu Lebzeiten beobachten, wie sein untergegangener Stern wieder zu strahlen begann – vielleicht anders als er sich das gewünscht hatte. Die Ost-Berliner Dix-Ausstellung 1957 und Otto Conzelmanns Dix-Monographie von 1959 zeigten in Ost und West ein neues, altes Interesse am Maler, das nicht frei von typischen, bis heute fortgeschriebenen Stilisierungen war – Conzelmann pflegte die Sicht auf Dix als einem Einzelgänger, obgleich der Maler künstlerisch nie einer war, sondern allenfalls durch die unbedingte Qualität seiner Werke herausgehoben war. Zugleich konzentrierte Conzelmann sich auf die 1920er Jahre, denen sich etwa zwei Drittel des kurzen Textes widmen. Allerdings gibt der umfangreiche Tafelteil durch Auswahl und Ausschnitte geschickt ein umfassendes Bild der Produktion des Malers wieder und deutet an, dass der späte Dix an den Dix vor 1914 anknüpfte, um sich aus den Fesseln seiner altmeisterlichen Stiladaptionen zu befreien.

Nur ein Jahr nach Conzelmann veröffentlichte Fritz Löffler, der alte

Weggefährte von Dix aus Dresdner Tagen, in Ostdeutschland seine Betrachtung zu Leben und Werk des Künstlers, die mit ihrem umfangreichen Text- und Tafelteil zum soliden Handbuch wurde, das für lange Zeit grundlegend war. Nach dem Tod des Malers wurde sie verbessert und erweitert und erschien zu Beginn der 1980er Jahre auch in Westdeutschland. Zusammen mit Dietrich Schuberts wissenschaftlicher und interpretatorisch wegweisender Monographie von 1980, die bis heute mehrere Auflagen erfahren hat, war Dix damit auf dem Buchmarkt präsent und konnte leicht erschlossen werden. Aber trotz aller prinzipiellen Offenheit wurden die Werke der Zwischenkriegszeit primär wahrgenommen, was Dix selbst noch wahrnahm und ihn verbitterte.

Ein gutes Beispiel dafür ist die bedeutende Dix-Ausstellung im Hamburger Kunstverein 1966/67, wo die beiden Triptychen *Großstadt* und *Der Krieg* gezeigt wurden. (vgl. Farbtafeln 10 und 11) Aus Anlass des 75. Geburtstages ausgerichtet, konzentrierte sich die Ausstellung auf die Zeit der Weimarer Republik und trumpfte mit Leihgaben aus Privatbesitz auf, die vor allem den Verismus paradigmatisch vorführen konnten. Wie Ewald Rathke und Hans Platte in ihrem Vorwort festhielten, zielte die Ausstellung darauf, die »zentrale künstlerische Leistung von Dix« zu verdeutlichen. Das konnte und kann nach Ansicht vieler Ausstellungsmacher nur erfolgreich geschehen, wenn weite Teile der Produktion ausgeblendet werden.

Die Kunstgeschichtsschreibung nach 1945 bis etwa 1980 verfuhr ähnlich. Werner Haftmann, der im Zusammenhang mit der *documenta* in Kassel (ab 1955) in Westdeutschland zu einem der einflussreichsten Kunsthistoriker der Nachkriegszeit werden sollte, legte seine Entwicklungsgeschichte der *Malerei des 20. Jahrhunderts* in der ersten Auflage 1954 vor. Als zweiter Band erschien eine umfassende Bild-Enzyklopädie und beide Teilbände erscheinen fortlaufend in neuen Auflagen. Nach der zum Teil hitzigen Diskussion um ein Menschenbild in der Moderne (*Darmstädter Gespräch* 1950) und vor dem Hintergrund von Hans Sedlmayrs Buch *Verlust der Mitte*, in dem die Kunst der 1920er Jahre mit Anarchie und Negation gleichgesetzt wurde, erschien Haftmanns Plädoyer den Zeitgenossen als Offenbarung. Die künstlerische Moderne wurde neben die neuen Disziplinen der Naturwissenschaften gestellt und nicht mehr als Verfallssymptom kulturkritisch entwertet; sie wurden als gleichsam notwendiger Bestandteil des menschlichen Fortschrittsstrebens legitimiert.

Anders als Beckmann erhielt Dix in diesem Standardwerk kein eigenes Kapitel, sondern wurde unter »Neorealismus« rubriziert. Wenn Haftmann die »giftigsten Form[en] des Realismus« beschrieb, dann geschah das auf der Grundlage der bestürzenden Bilderfindungen von Otto Dix. Allerdings wurde Dix auch von Haftmann nur als Künstler des Verismus wertgeschätzt. Ab Mitte der 1920er Jahre sieht Haftmann den deutschen Neorealismus ins Unverbindliche abgleiten, was mit dem Verlust der Avantgarde-Position zugunsten des Surrealismus einherging. Dix nach 1945 produzierte – so Haftmann – einen »gröblichen, religiösen, eschatologisch gestimmten Expressionismus«, mit dem Dix hinter seine Kunst-Produktion der 1920er Jahre zurückfiel.

Franz Roh schließlich, der mit seinem Buch *Nach-Expressionismus* 1925 eine Schlüsselpublikation zur Neuen Sachlichkeit vorgelegt hatte, veröffentlichte 1958 seinen Überblick *Deutsche Malerei von 1900 bis heute*. Scharf erfasste Roh die Radikalität von Dix, wenn er die antiidealisierende Darstellung als »pessimistische Starre« charakterisierte, »wie sie zuvor noch nie erschien«. Die schwierige Situation des Künstlers wurde gnadenlos auf den Punkt gebracht, wenn Roh mit Blick auf die Landschaften des »Dritten Reichs« und mit Perspektive auf die Nachkriegszeit vernichtend urteilte:

> »Dieses genauen Kläubelns scheint er aber nach dem Zweiten Weltkrieg müde zu werden, und man stürzt sich in einen verspäteten, summarischen Expressionismus, der wie ein bloßer Nachholkurs wirkt, wobei es Dix nur selten gelingt, die Farbe mit primärer Wucht sprechen zu lassen. Bleibende Bedeutung behält wohl aber sein früher, unerbittlicher Verismus, in dem Dix auch gesellschaftskritisch wirkt, obgleich er nur ein düsteres Bekenntnis gegenüber allem Leben geben will. Hinter dem Schieber- und Dirnenmilieu, dem in giftigen Farben aufglühenden Nachtbetrieb der Tanzbars grinst ein memento mori.«

Die zeitgenössische Produktion spielte in diesem Buch keine Rolle und Dix erstarrte zunehmend zum lebenden Monument, das sich in seiner Haut unwohl fühlte.

Die zeitgleich einsetzende Rezeption der Neuen Sachlichkeit bewirkte ein Übriges. Neben der Einschätzung, dass Dix' Kunst nach 1945 signifikant an qualitativem Rang eingebüßt habe, trat die Historisierung der Kunst der politisierten 1920er Jahre. Während die Rehabilitation von Expressionismus und Bauhaus zunächst nach 1945 eine zentrale Rolle gespielt hatte, setzte in den 1960er Jahren, angesichts sich wandelnder politischer und sozialer Verhältnisse in Westdeutschland, die Rezeption von Dadaismus und Neuer Sachlichkeit ein. Wieland Schmieds Buch *Neue Sachlichkeit und magischer Realismus in Deutschland 1918–1933*, von 1969 war von entscheidender Bedeutung für die Wiederentdeckung der Neuen Sachlichkeit. Das gesamte Kapitel VIII ist Dix gewidmet, legt aber verengend die Sicht auf den Maler der Weimarer Jahre fest. Bis heute bleibt die Aufgabe, Otto Dix' zwischen 1933 und 1945 entstandenes Werk und natürlich auch der zweieinhalb Jahrzehnte nach 1945 genauer zu untersuchen.

An Dix liefen die Dinge eher vorbei und er war zum Teil verbittert, er hatte sich allerdings in Hemmenhofen eingerichtet und konnte von Auftragsarbeiten weiter recht gut leben. Dabei agierte er ohne Kunsthändler und kümmerte sich selbständig um Aufträge. Die Folge waren einige ›Nebensächlichkeiten‹, wie er bereits 1950 in einem Brief anmerkte und darauf hinwies, dass er das bei der westdeutschen Käuferschaft beliebte Motiv des Mädchens mit Sonnenblumen zum fünften Male variierte habe. Vor allem aber der Verkauf der übriggebliebenen Produktion der Weimarer Republik sicherte Dix sein Auskommen. 1949 sollten *Die sieben Todsünden* 20 000 Mark kosten, *Flandern (nach Henri Barbusse)* wurde zu diesem Zeitpunkt noch als unverkäuflich bezeichnet, gelange aber 1963 für 80 000 D-Mark in die Westberliner Nationalgalerie, wobei Dix über 43 % Steuern auf das Bild klagte. Spitzenwerke der 1920er Jahre wie das *Porträt der Sylvia von Harden*, zu der Dix nach dem Krieg immer wieder brieflichen Kontakt hatte, konnte der Maler 1960 für 25 000 Mark nach Paris ins Centre Pompidou verkaufen – seine ursprüngliche Preisvorstellung lag bei 30 000 Mark, aber Dix war die Erwerbung durch ein international renommiertes Museum moderner Kunst sehr wichtig. Das *Bildnis der Anita Berber* konnte Dix zu Beginn der 1960er Jahre selbst zurückkaufen – die Angaben für den Preis schwanken in der überlieferten Korrespondenz zwischen 10 000 und 18 000 Mark – und bereits 1964 meldete der italienische Kunsthändler Emilio Bertonati, dass er einen Interessenten für das Bild hätte und einen Nettopreis von 40 000 Mark erwarte. Dix aber verhielt sich zurückhaltend und verkaufte selten – auch das *Bildnis der Anita Berber* blieb in seinem Besitz –, da er Angst vor einem Wertverlust des Geldes hatte.

In diesem Zusammenhang ist kurz eine tragische Episode zu schildern, die das Schicksal einiger herausragender Gemälde der Weimarer Republik betrifft, die heute Spitzenwerke in jedem Museumsbestand wären. Im Zusammenhang mit seiner Entlassung aus dem Professorenamt in Dresden hatte Otto Dix 1933 mit Hilfe seines Bekannten Friedrich Bienert von den Dresdner Bienert-Mühlen dafür gesorgt, dass Hauptwerke der 1920er Jahre sicher in Kisten verpackt und aus Dresden entfernt wurden, um sie dem Zugriff der Nationalsozialisten zu entziehen. Zu diesen Bildern gehörten unter anderem das Triptychon *Der Krieg*, *Barrikade*, *Straßenkampf*, *Der Lustmörder (Selbstbildnis)* und *Mädchen vor dem Spiegel*. (vgl. Abb. S. 68, 73, 89 und Farbtafel 11) Ein Teil dieser Bilder wurde im Verlauf des Krieges von Friedrich Bienert nach Reinholdhain auf ein Gut im Erzgebirge verbracht. Hier kommt es 1950 aufgrund wohl nicht mehr vollständig zu klärender Umstände zu der heute unfassbaren Zerstörung von sieben Hauptwerken von Dix durch den Pächter des Guts; das Schicksal einiger Bilder ist weiter unklar. Der anschließende Prozess machte einmal mehr deutlich, wie verständnislos man der Malerei von Dix gegenüberstand und mit welch erschreckender Häme einige Dresdner Künstler sogar schadenfroh auf den Verlust reagierten, wie der Maler Curt Querner als Beobachter der Verhandlungen wahrnahm. Was die Nationalsozialisten nicht geschafft hatten, vollbrachten mediokre Ignoranten nach dem Krieg.

Ab den späten 1950er Jahren kamen zu den geschilderten Bilderverkäufen zahlreiche Auszeichnungen und teilweise im niedrigen fünfstelligen Bereich dotierte Preise hinzu, die Dix wieder in den Vordergrund treten ließen: So machte man ihn 1957 zum Ehrensenator der Dresdner Kunstakademie und 1964 wurde er Mitglied der Florentiner Accademia delle Arti del Disegno, ferner erhielt er Ehrenmitgliedschaften u. a. des Dresdner Bezirksverbandes der Bildenden Künstler Deutschlands oder der Staatlichen Akademie der Bildenden Künste in Karlsruhe. Hinzu kamen 1967 der Alfred-Lichtwark-Preis der Freien und Hansestadt Hamburg oder der Rembrandt-Preis der Basler Johann-Wolfgang-von-Goethe-Stiftung.

1959 erhielt der kritische Realist Otto Dix das Große Verdienstkreuz der Bundesrepublik Deutschland. Die offizielle Fotografie der Verleihung zeigt Otto Dix außen links, wie er etwas grimmig und aufrecht eine Ehre empfängt, von der er selbstbewusst weiß, dass sie ihm zusteht. Neben ihm schiebt sich das rundliche Gesicht eines Unbekannten ins Bild, der nicht übergangen sein möchte, und dann sehen wir den mit primanerhaftem Stolz erfüllten ehemaligen soldatischen Nationalisten Ernst Jünger, der freundlich in die Kamera lächelt. Neben ihm der Ministerpräsident Baden-Württembergs und spätere Bundeskanzler mit NS-Vergangenheit Hans-Georg Kiesinger, der mit gravitätischer, etwas selbstgefälliger Geste der Sache vorsteht und von leicht wichtigtuerischen Herren umringt wird.

Kaum ein Foto hat die Position des Malers Dix nach 1945 genauer eingefangen. Er gehört zu einer Gruppe verdienter Persönlichkeiten, aber er steht am Rand; er nimmt die Auszeichnung würdevoll entgegen, spielt sich aber nicht in den Vordergrund und lässt etwas mit geschehen, was die anderen mit stolz geschwellter Brust posieren lässt. Dix rückte mit dieser Auszeichnung, mit der ersten Monographie von Otto Conzelmann und mit Einzelausstellungen wieder in den Fokus des Interesses, sofern ein Interesse an der Kunst der Zwischenkriegszeit in den Zeiten von Abstraktem Expressionismus und bald folgender Pop Art überhaupt bestand. Aber das Establishment der noch jungen Bundesrepublik berief sich auch auf Otto Dix, zeigte sich selbst als heterogenes Konglomerat von kritischer Distanziertheit, stilisiertem Heroismus und karriereorientiertem Mitläufertum. Ein Spiegel der Geschichte der Bundesrepublik, angesichts dessen Dietrich Schubert Dix' Auftauchen in dieser Konstellation zu Recht überrascht anmerkte, die aber doch natürlich scheint.

Otto Dix hielt wie andere bedeutende Künstler des 20. Jahrhunderts an der figürlichen Malerei fest. Francis Bacon, Max Beckmann, Willem de Kooning oder Pablo Picasso haben mit ihren Werken vorgeführt, dass die modernistische Sichtweise einer fast zwangsläufigen Entwicklung der bildenden Kunst in Richtung Abstraktion und Gegenstandslosigkeit sich als Irrtum oder teleologische Konstruktion der Kunstgeschichte erwiesen hat. Mit seinem Spätwerk hat Dix Anteil an der Geschichte der Figuration nach 1945, ohne dass er den Rang der Genannten wieder erreichen kann. In der Tat stellen die Werke der ersten Hälfte der Weimarer Republik Dix' bleibenden Beitrag zur Kunst der Moderne dar. Gleichwohl sollte man den Versuch unternehmen, die späten Werke in ihrer künstlerischen Problematik zu erfassen. Dabei erhärtet sich die Vermutung, dass Dix sich freiwillig aus den antagonistischen Kunstdiskursen von Ost und West ausgeschlossen hat.

Dix ist der Modellfall einer gesamtdeutschen Künstlerexistenz zur Zeit des Kalten Krieges. Der Maler war aufgrund seiner künstlerischen Potenz und aufgrund seiner unbeugsamen Persönlichkeit in der Lage, eine unabhängige Existenz vorzuleben. Damit einher ging allerdings die Gefahr der Selbstmarginalisierung, der Exklusion aus dem Diskurs der Modernen Kunst, die heute selbst angesichts des primär historisch begründeten Interesses an der Figuration nach 1945 nicht zu einer erneuten Rezeption von Dix nach 1945 hinreicht. Der Maler hat seine eigene Stellung unterminiert, mit dem Ziel, zu Lebzeiten in beiden deutschen Staaten rezipierbar zu bleiben. Das ist ihm mit einigem Erfolg gelungen und hat dazu geführt, dass Dix bis heute »zwischen den Stühlen sitzt« und nicht klar einordbar scheint. Vielleicht würde es helfen, Dix' malerische Strategie nach 1945 als ein synthetisierendes Verfahren zu charakterisieren, das – anders als bei Max Beckmann – keine Summe der Moderne zu erzwingen versuchte. Seinen von Anfang an ausgeprägten Stilpluralismus führte Dix als kreatives, eklektisches Spiel weiter, bei dem kritischer Realismus und reine Malerei, Figuration und Abstraktion in- und gegeneinander geführt werden. Diese Interpretation schließt zwar einen Rangvergleich des Malers nach 1945 mit den zentralen Figuren seiner Zeit aus, aber sie eröffnet uns ein angemessenes Verständnis für sein Werk.

Der Former I (gebeugt) (Löffler 1952/3) führt uns zurück an den Anfang, zurück zur proletarischen Herkunft des Malers, aber auch in das Zentrum des Kampfes zwischen sozialistischem Realismus und Abstraktion, der während der 1950er Jahre tobte. Dix zeigt den Arbeiter inmitten einer klaustrophobischen Enge von Schubladen, Schränken, Eimern und Gussformen, die sich verschachtelt auftürmen und nur einen schmalen Ausblick ermöglichen – wobei die räumliche Situation unklar bleibt, man nicht klar erkennen kann, ob es sich im Hintergrund um einen Ausblick auf einen Hof oder ähnliches handeln könnte. Der

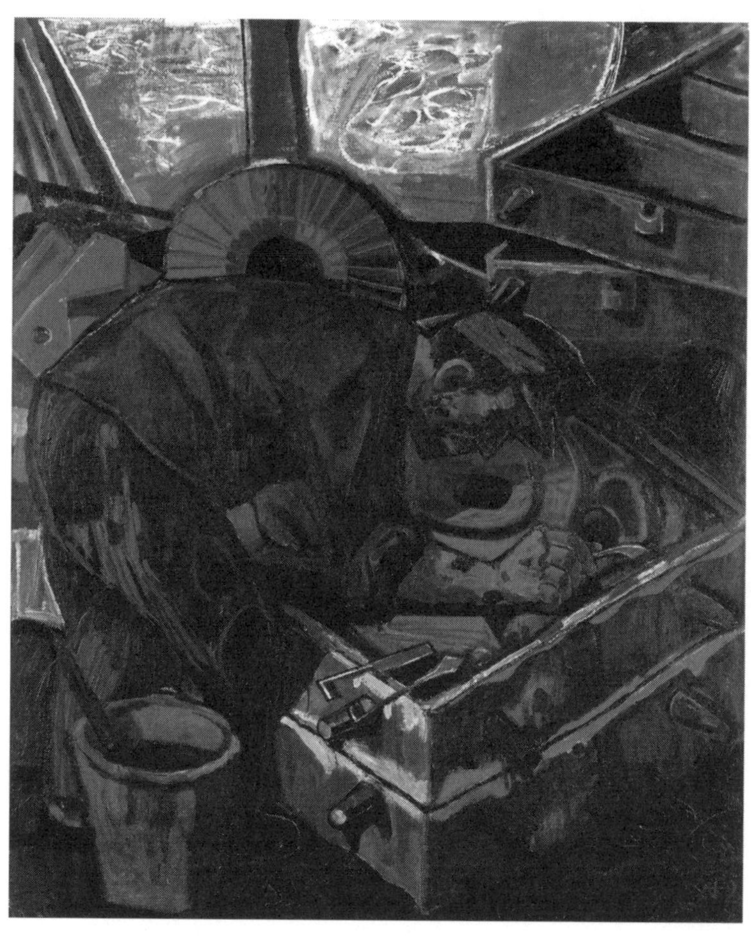

Der Former I (gebeugt), 1952, Öl auf Leinwand, 166 × 133,5 cm, Kunstsammlungen Gera

Arbeiter, mit brauner Kappe und brauner Hose sowie verschmutztem blauen Hemd, ist gebeugt und benutzt mit groben Händen feines Metallwerkzeug. Die Mühsal der Arbeit wird zum einen durch die Haltung vermittelt, aber auch durch die grellroten Formen, die wie glühend erscheinen und die Figur schmerzhaft umrahmen. Die ovale Form spiegelt das verhärmte Gesicht, die halbrunde Form lastet auf dem Rücken und sitzt buchstäblich bedrückend im Nacken – Dix hatte in seinem voluntaristisch-vitalistischen *Selbstbildnis als Soldat* von 1914 seine spitze Signatur ähnlich bedeutsam und aggressiv eingesetzt. (Löffler 1914/4; vgl. Abb. S. 43)

Durch die Verknappung des Bildausschnitts und die bedrängende Enge des räumlich kaum artikulierten Bildes entsteht eine Spannung zwischen Realismus und Abstraktion. Der Mensch ist verspannt und eingezwängt in ein teilweise gegenständlich lesbares und teilweise abstrakt scheinendes Formgefüge, das ihn beherrscht. So kann Dix die Härte der schweren körperlichen Arbeit vermitteln, zumal es sich um einen älteren Former handelt. Vom Heroismus der Arbeit, den die Fortschrittsutopie des Sozialismus verbildlicht sehen wollte, ist hier nichts zu spüren. Zudem wird der Realismus der Darstellung durch die betont formale Gestaltung des Themas gebrochen. Zwar dient die Form der inhaltlichen Interpretation der Arbeit, aber zugleich gewinnt die Form über das Spiel der geometrischen Formen oder die leuchtende Farbbehandlung einen Eigenwert, der das Bild zum kontrastreichen Sehereignis macht. Realismus und Abstraktion, Inhalt und Ästhetik werden so zueinander in Bezug gesetzt, dass der Konzeption des Sozialistischen Realismus in seiner eindimensionalen Ausrichtung – vgl. Otto Nagels berühmten *Arbeiter von der Stalinallee* von 1953 – widersprochen wird.

Das gilt auch für den mit 174 Zentimetern Höhe ähnlich großformatigen *Former II (aufrecht)* (Löffler 1952/4), dessen dargestellte Grobschlächtigkeit eher an einen Metzger denn an einen optimistischen Arbeiter denken lässt, der sich seiner historischen Rolle am Aufbau des Sozialismus bewusst wäre. Otto Dix bezieht in diesen Bildern, die über ihr Format als Hauptwerke ausgewiesen sind, als deutsch-deutscher Maler bewusst eine Zwischenposition. An die zur Hochzeit der Abstraktion unzeitgemäßen kritischen Themen der 1920er Jahre knüpft er an, unterläuft aber die Vereinnahmung seines Kunstwerks durch ideologische Ost-Kritiker – das *Neue Deutschland* vermisste den Gegenwartsbezug –, indem er formbewusst gestaltet und inhaltlich deutet. Zugleich scheitert er mit dieser Darstellungsweise auch im Westen. *Former I* und *II* wurden als Wettbewerbsbeiträge anlässlich eines Preisausschreibens der westdeutschen Industrie gemalt und eingeschickt: Dix beklagte später im Interview, dass die Preise an abstrakte Maler gingen.

Otto Dix hatte 1958 Gelegenheit, seine künstlerischen Vorstellungen in zwei Kursen für die Washington School of Arts zu präsentieren. Die dokumentierten Vorträge sind eine Art Vermächtnis geworden, die in ihrer sachlich-unprätentiösen und auch wenig ambitionierten Art kaum die künstlerische Radikalität des Malers erahnen lassen, wohl aber die dezidiert handwerkliche Kunstauffassung vermitteln. Hier lässt er sich breit über Malgründe, Pinsel, Malutensilien und Bildformate aus. Als Gegenstand für die Analyse eines Stilllebens, um die Studenten an den Aufbau eines Gemäldes heranzuführen, wählt Dix überraschenderweise ein von ihm als »bezaubernd« charakterisiertes Gemälde von Henri Matisse: *Stillleben mit roten Zwiebeln*. An ihm erläutert er das Vorgehen des Malers, die die Leinwand strukturierende Kohlezeichnung, die dünne rötliche Tönung des Malgrunds, den Auftrag der Farbe, ausgehend von den hellsten Werten. Dix weist auf die Korrespondenzen der Farben und die Praxis der Farbmischung hin, warnt vor zu starker Überarbeitung, da die Farbe trübe werden könne. An Matisse konnte Dix aber auch eine Lektion demonstrieren, die für ihn von unschätzbarer Bedeutung gewesen ist: das Studium der großen Meister: »Studieren Sie so viele Werke Große Meister wie möglich. Analysieren Sie jedes, um zu sehen, wie es komponiert ist.«

Im Fall der Landschaftskompositionen kommt Dix auf seine eigenen Landschaftsgemälde zu sprechen, ohne jedoch auf deren politische Dimension einzugehen. Stattdessen geht es ihm um Stimmungen und Empfindungen, um Kontraste der Farbe. Mitunter sind die Fragen der Studenten einbezogen in den Text, nimmt Dix sie zum Anlass, ausführlich über die gründliche Anlage seiner Malgründe oder die kreisförmige Komposition seines *Selbstbildnisses mit Jan* (Löffler 1930/2) zu referieren. Der Malvorgang wird minutiös von ihm geschildert, Imprimitur (Anlage des getönten Malgrunds), Untermalung und Übermalung werden von Dix anschaulich beschrieben, obwohl er diese Technik in den 1950er Jahren aufgegeben hatte und er selbst am Ende feststellt: »Ich habe Ihnen in allen Einzelheiten eine Technik erklärt, die heute normalerweise nicht in Gebrauch ist.«

Wenn Dix 1958 amerikanischen Malereistudenten die altmeisterliche Technik, mit der er in den 1920er Jahren berühmt geworden war, die ihn aber auch zusehends eingeengt hatte, nahezubringen versuchte, dann hatte das zur Zeit von Abstraktem Expressionismus und Pop Art und angesichts seiner eigenen Abwendung von den altmeisterlichen Maltechniken anachronistische Züge. Und doch konnte der Maler seine eigene Begeisterung für die traditionsreiche Geschichte der Malerei nicht verbergen. Heute mutet Dix mit diesen Aussagen, trotz immer neuer Blüten figurativer Malerei, wie aus der Zeit gefallen an.

Zahlreiche Porträts, die in dieser Zeit entstanden, erneuern den Status des bedeutenden Porträtisten Dix. Sie obstruieren die historische Position zugleich durch eine gewisse Gefälligkeit und gemäßigten Modernismus und lassen sie aufgrund der selbstgefälligen Raumbeherrschung der Figuren dennoch zum adäquaten Ausdruck der bundesdeutschen Nachkriegswirklichkeit werden. Zum Ende seines Lebens nahm Dix zwei weitere, damit zusammenhängende und mitunter kombinierte zentrale Themen seines Werkes wieder auf: das schonungslose Selbstbildnis und die emphatische Darstellung von Kindern. Zum Teil kam er auf eindrucksvolle Bilderfindungen der 1920er Jahre zurück: Die beiden *Verkündigungen* von 1950 (Löffler 1950/2 und Löffler 1950/3) oder das sitzende *Flüchtlingskind* (Löffler 1952/18) greifen das beeindruckende *Mädchen am Sonntag* (Löffler 1920/1) wieder auf; und *Bettina im Garten* (Löffler 1952/16) oder *Kind mit Lupinen* (Löffler 1957/11) beziehen sich auf das neoromantische Gemälde *Nelly in Blumen* (Löffler 1924/5; vgl. Abb. S. 19). Eine genaue Durchsicht der späten Bildproduktion mag zeigen, in welchem Maße Dix auf erprobte und bewährte Bildformeln der 1920er Jahre zurückgriff, wenn er beispielsweise Porträts formulierte. Sie bestimmen neben Landschaften und Stillleben in großem Maße die Bildproduktion nach 1945.

Der Maler und das Kind (Löffler 1947/4), *Selbstbildnis mit Bettina II* (Löffler 1952/1), *Selbstbildnis an der Staffelei mit Enkelin* (Löffler 1952/2) – Bettina umgab den Maler auch häufig im Atelier und reinigte ihm die Paletten – und schließlich das späte, ergreifend-befremdliche *Selbstbildnis mit Marcella* (Löffler 1969/1) verdeutlichen, wie der späte Dix sich an das neue Leben buchstäblich klammerte. Die entlarvende Menschendarstellung und die Deutung der Zeit über die christliche Ikonographie oder die groteske Fassnachtszenerie bestimmten auch das Nachkriegswerk, aber das zum Teil widerspenstige Leben der Vegetation und die lebendige Frische der Kinder sind als Themenkomplexe des späten Dix mit einer fast anrührenden Intensität präsent, die einerseits eine vitalistische Einfühlung in die Natur und anderseits ein mitfühlende Hingabe an das noch junge Leben zeigen. Vielleicht sind gerade die Kinderbilder der Nachkriegszeit im selben Maße zeittypische Bilder, wie die eindringlichen veristischen Kinderbilder um 1920.

Selbstbildnis mit Marcella zeigt 1969 einen gesundheitlich schwer angegriffen Dix, der – nach einem Schlaganfall 1967 aufgrund einer strapaziösen Griechenland-Reise – mit schiefem Gesicht das Kind in groben Händen bettet, schützend umrahmt von einer Pflanze. Die Stimmung des Kindes ist kaum ablesbar, es könnte sich etwas bedrängt fühlen, aber dem Maler sieht man seine Freude und seinen Stolz über das Enkelkind an. Hier nimmt einer, der alles gesehen hat, ohne Bedauern, Reue oder Angst Abschied vom Leben, indem er dem Betrachter das neue Leben präsentiert. Das gelebte Leben hat sich noch eine Intensität bewahrt, auch wenn es um die eigene Begrenztheit nur zu gut weiß.

Schon das große lithographierte *Selbstbildnis* von 1965 (Karsch 303) hatte die eigene Gebrechlichkeit thematisiert, den Verfall des Körpers als unaufhaltsamen Prozess gedeutet. Der skizzenhaft erfasste Kopf von Dix, mit charakteristisch heruntergezogenen Mundwinkeln, scharfen Gesichtsfalten und verschatteten Augen, die unter buschigen Wimpern wie geblendet wirken, wächst aus dem Bildgrund heraus. Der Körper ist gar nicht ausgeführt, durch zwei, drei Striche allenfalls angedeutet, und auch das Gesicht löst sich unterhalb des Ohres, an Wange und Hals auf. Der Künstler sinkt in die Farbmaterie zurück, löst sich wieder in sie auf. Dadurch wird die Hinfälligkeit des Malers sinnfällig. Das *Selbstbildnis II* (Karsch 334) drückt die ganze Verzweiflung aber auch den ganzen Trotz des von Krankheit gezeichneten Künstlers aus. Man sieht fahrige Strähnen des Haars und nervöse Ritzungen als Hautfalten. Die Bahnen vereinigen sich zur energetischen Entladung, gehen aber auch in Auflösung über – der an Nietzsche denken lassende *Der Gekreuzigte* (Karsch 335; Abb. S. 238) desselben Jahres verbildlicht diese Dramatik ebenfalls.

Ein weiteres Selbstbildnis von 1969 (Karsch 333) löst die in einen düsteren schwarzen Raum gestellte Figur in Kratzern auf; eine Reihe von drei Blättern von 1968 (Karsch 318–320) zeigt energetische, nervö-

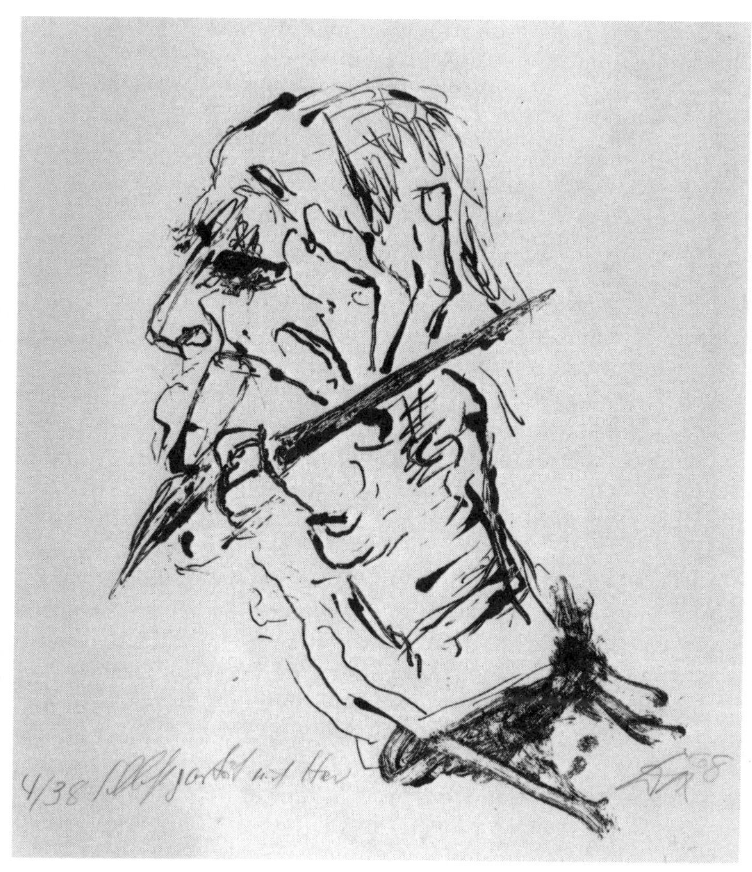

Selbstbildnis mit Hand, 1968, Lithographie, 52,2 × 37,7 cm, Karsch 320

se Ströme über der Stirn, die sich in einer Picasso-ähnlichen, grotesken Form verlieren und so die Altersphysiognomie dem Ausdruck der Kinderzeichnung annähern; auf dem dritten Blatt ist eine höchst reflektierte Darstellung der eigenen Hand beim Zeichnen des schrundigen Gesichts zu sehen. Dix dokumentiert zum einen seine psychische Verfasstheit. Zum anderen variiert er nochmals konträre Modi der Produktion (die fast naive Kinderzeichnung steht der virtuosen Bildformel des Schaffens gegenüber). Das zeigt, wie der Maler sich gegen das Schicksal stemmt und es zugleich schonungslos direkt und berührend zugleich einfängt. Schließlich antizipiert das grandiose *Selbstbildnis als Totenkopf mit Lorbeerkranz* (Karsch 321) den eigenen Tod und wendet ihn ironisch, insofern das Werk den eigenen Nachruhm als Memento Mori inszeniert. In diesem Zeitraum entstehen nochmals das Leben frenetisch feiernde lithographische Blätter wie die ekstatische *Tänzerin* (Karsch 322), die an die vitalistischen Zeichnungen vor 1914 erinnert, betörende Frauenporträts, wie das der Enkelin Bettina als junges Mädchen (Karsch 323), das sich wie der *Mädchenkopf (en face)* von 1966 (Karsch 312) mit den Aquarellen der 1920er Jahre messen lassen kann, oder groteske Verhässlichungen und Vertierungen der Frau, wie die beiden Versionen der *Hekate* von 1968 (Karsch 324 und 325). Der neoexpressive, malerisch summarische und koloristisch differenzierte Stil von Dix kann sich insbesondere in der Lithographie meisterlich entfalten. Hier ist ein graphisches Hauptwerk des 20. Jahrhunderts entstanden, das in engem Abgleich mit der zeitgleichen Malerei noch zu entdecken ist.

Als Otto Dix am 25. Juli 1969 an den Folgen eines zweiten Schlaganfalls im Krankenhaus in Singen starb, erinnerte die heute weitgehend vergessene Kunsthistorikerin Anna Klapheck an ihn und seine rheinischen Jahre in einem Artikel. Am Ende ihrer Würdigung kam sie auf die Verleihung des Cornelius-Preises an Dix 1959 zu sprechen und schrieb: »Hinter schroffem Wesen fühlte man das leidenschaftliche Herz.« Diese innere Spannung bei Dix zeigte sich nochmals im letzten gemalten Selbstbildnis und war in der Weimarer Republik die Voraussetzung für intensive, teilweise erschreckende psychologisierende Porträts und schockierende Kriegsbilder, die zu den Meisterwerken der Kunst des 20. Jahrhunderts zählen. Die Mischung aus Leidenschaft für das Leben und aus einer sich schroff äußernden kühlen Distanz ermöglichte dem Maler einen in der Kunst der Moderne fast einzigartigen, unerschrockenen Blick, der niemals mit der Absicht die Welt oder den Menschen zu ändern auf die Realität schaute. Nur wenige Künstler – man denke an Francisco de Goya, Max Beckmann oder den Zeichner Alfred Kubin – wagten diesen Blick und starrten als Maler und Graphiker ohne zu zögern und in einer für uns oft schmerzhaften Weise in die Abgründe des Menschen, die zugleich ihre eigenen waren:

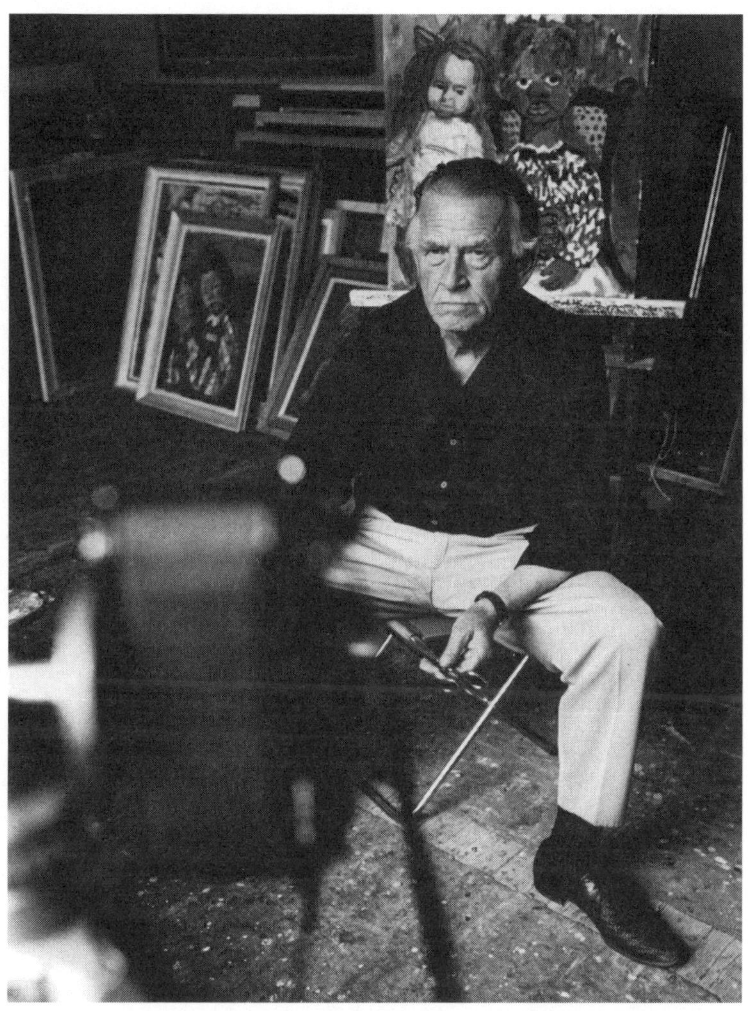

Otto Dix im Atelier in Hemmenhofen, Juli 1964, s/w-Fotografie von Stefan Moses

»Selber erleben …, selber gekreuzigt werden! Dann ist es was. Also existentiell! Existenz! Du mußt alles selber sein! Selber mußt Du es sein! Sonst bist du'n Theoretiker, n dummer Theoretiker. Was verstehst du denn von Sünde, wenn du sie nicht be… begangen hast und gesehen hast. Gar nischt, is ne reine Theorie. Du kannst nie in den Himmel kommen, wenn wenn du nicht in tiefster Hölle … Niemals kann ein Reicher oder ein Pharisäer, ein Gelehrter in den Himmel kommen, sondern der Sünder und Hurer und der Zöllner. Also dieses ist meine Meinung. Aber diese Meinung ist eine sehr verhaltene, meine Herren. Eine geheime Geschichte, nicht wahr.«

Dank

Die Idee zu dieser Monographie entstand im Rahmen einer Ausstellung, die ich 2010 dank des Vertrauens und der Unterstützung der Direktorin Renée Price und des Gründers Ronald S. Lauder für die Neue Galerie New York Museum of German and Austrian Art in den USA realisieren konnte, einem ausschließlich der deutschen und österreichischen Kunst gewidmeten Museum in Manhattan. Die Ausstellung wurde dank des Engagements von Nathalie Bondil und Anne Grace vom Musée des Beaux Arts in Montréal übernommen. Dass der Reclam-Verlag vor dem Hintergrund einer neu einsetzenden internationalen Rezeption des Malers, den Wunsch nach einer Dix-Biographie äußerte, hat mich sehr gefreut. Ich danke dem Verlag für die Möglichkeit, dieses Buch hier vorlegen zu dürfen und insbesondere für das hervorragende Lektorat.

Danken möchte ich weiterhin allen, die mich bei meinen Recherchen und beim Schreiben unterstützt haben – ohne diese Hilfe wäre ein solches Buchprojekt neben der Lehrtätigkeit in Halle (Saale) kaum möglich gewesen. Vor allem Dietrich Schubert (Heidelberg), einer der besten Dix-Kenner, hat mich durch seine Forschungen inspiriert, aber auch durch persönliche Gespräche immer wieder ermutigt, kritisch und konstruktiv begleitet und zur Klärung viele Sachverhalte beigetragen. James A. van Dyke (University of Missouri) hat das Interesse an Otto Dix von Anfang bis heute begleitet und geteilt; er arbeitet zurzeit selbst an einer wichtigen Studie über den Künstler. Thomas Bauer-Friedrich (Museum Gunzenhauser, Chemnitz), Uwe Fleckner (Universität Hamburg), Paul B. Jaskot (DePaul University), Birgit Jooss (Germanisches National Museum, Nürnberg) und David M. Stone (University of Delaware) gaben mir Gelegenheit, kleinere Passagen des Buches vorzustellen und zu diskutieren. Birgit Jooss unterstützte auch den Archiv-Aufenthalt in Nürnberg. Jennifer Alleyn (Montréal), Robert Brown (Christie's London), Birgit Dalbajewa (Staatliche Kunstsammlungen Dresden), Doris Lehmann (Universität Bonn), Ulrike Lorenz (Kunsthalle Mannheim), Wolfgang Rohlfs (Braunschweig), Holger Peter Saupe (Kunstsammlung Gera), haben mir Anregungen gegeben und mich unterstützt.

Ganz besonderen Dank schulde ich Rainer Pfefferkorn und seiner Frau Bettina (Bevaix). Sie haben mich im Otto-Dix-Archiv und durch die Otto-Dix-Stiftung überaus freundlich aufgenommen und in großzügigster Weise unterstützt.

Für Hilfe bei der Recherche und einer ersten Durchsicht des Manuskripts danke ich in Halle (Saale) vor allem meiner Mitarbeiterin Elisa Tamaschke sowie Verena Hartmann, Ruth Heftrig, Ingo Herrmann und Theresa Walbrach. Christine Straube hat umsichtig die Abbildungen erstellt. Den Studierenden der Martin-Luther-Universität in Halle-Wittenberg danke ich für Diskussionen und Anregungen, der Fakultät und dem Rektorat danke ich für die Gewährung eines Forschungsfreisemesters. Meinen Kollegen in Halle (Saale) und meinen Freunden danke ich für ihre Unterstützung und ihr Interesse an diesem und anderen Projekten!

Gewidmet ist das Buch in Liebe Carina, Undine, Alice und meiner Mutter.

Quellen

Nachlass Otto Dix im Deutschen Kunstarchiv des Germanischen Nationalmuseums Nürnberg. – Zit. als: GNM, DKA, NL, Dix, Otto.
Nachlass Otto Dix im Otto Dix Archiv, Bevais/Chauvigny. – Zit. als: NL Dix Dix-Archiv.

Literaturhinweise

Werkverzeichnisse (zit. nach Name Nummer)

Karsch, Florian: Otto Dix. Das graphische Werk. Eingel. von Hans Kinkel. Hannover 1970.

Löffler, Fritz: Otto Dix 1891–1969. Oeuvrekatalog der Gemälde. Recklinghausen 1981.

Lorenz, Ulrike: Otto Dix – Werkverzeichnis der Zeichnungen und Pastelle. DVD mit Begleitbuch. Weimar 2002.

Pfäffle, Suse: Otto Dix. Werkverzeichnis der Aquarelle und Gouachen. Stuttgart 1991.

Ausstellungskataloge

(zit. nach: Ausst.-Kat. Dix Ort Jahr; aufgenommen wurden nur monographische Kataloge)

Otto Dix, mit Gesamtverzeichnis der gesamten Grafik bis 1925. Berlin (Galerie Neumann-Nierendorf) 1926.

Otto Dix. München (Moderne Galerie Thannhauser) 1926.

Otto Dix. Sonder-Ausstellung. Gemälde, Aquarelle, Zeichnungen, Graphik. Zürich (Kunstsalon Wolfsberg) 1929.

Otto Dix. Schaffhausen (Kunstverein) 1935.

Otto Dix. Zürich (Kunstsalon Wolfsberg) 1938.

Otto Dix – Gemälde, Aquarelle, Zeichnungen, Graphik 1914–1950. Freiburg i. Br. (Kunstverein) 1950.

60 Jahre Otto Dix. Gera (Kulturverwaltung der Stadt) 1951.

Otto Dix – Gemälde und Grafik von 1912–1957. Berlin/Ost (Deutsche Akademie der Künste) 1957.

Otto Dix. Hannover (Galerie für moderne Kunst) 1957.

Otto Dix. Wuppertal (Kunst- und Museumsverein) 1957.

Otto Dix. Gemälde, Aquarelle, Zeichnungen, Druckgraphik. Düsseldorf (Kunstmuseum) 1960.

Otto Dix. Das graphische Gesamtwerk 1913–1960. Berlin (Galerie Meta Nierendorf) 1961.

Otto Dix. Handzeichnungen 1912–1961. Singen (Rathaus) 1961/62.
Otto Dix. Der Krieg. St. Gallen (Galerie im Erker) 1961/62.
Otto Dix. Gemälde-Handzeichnungen-Aquarelle. Darmstadt (Hessisches Landesmuseum) 1962.
Otto Dix. Der Krieg. Berlin/Ost (Deutsche Akademie der Künste) 1963.
Otto Dix. Ölgemälde 1913–1963, Aquarelle, das druckgraphische Werk. Berlin (Kongresshalle) 1963.
Otto Dix. Handzeichnungen, Gouachen, Radierungen von 1911–1928. Stuttgart (Württembergischer Kunstverein) 1963.
Otto Dix. Retrospettiva personale. Mailand (Galleria del Levante) 1964.
Prof. Otto Dix zu seinem 75. Geburtstag anlässlich der Verleihung des Ehrenbürgerrechts seiner Geburtsstadt Gera. Gera (Städtische Museen) 1966.
Otto Dix. Retrospektiv-Ausstellung anlässlich des 75. Geburtstages. Köln (Baukunst-Galerie) 1966.
Otto Dix zum 75. Geburtstag. Stuttgart (Galerie der Stadt) 1966.
Otto Dix zum 75. Geburtstag. Graphik. Dresden (Kupferstichkabinett der Staatlichen Kunstsammlungen Dresden im Albertinum) 1966/67.
Otto Dix. Gemälde, Aquarelle, Zeichnungen, Graphik. Hamburg (Kunstverein) 1966/67.
Otto Dix. Handzeichnungen, Graphik und Gemälde der Sammlung Niescher. Aachen, Suermondt-Museum der Stadt Aachen 1970.
Otto Dix. Der Krieg. Radierungen, Probedrucke, Zeichnungen. München (Galerie Klihm) 1971.
Otto Dix – Aquarelle, Handzeichnungen, Radierfolge »Der Krieg«. Essen (Museum Folkwang) 1971/72.
Otto Dix. Freiburg/Br. (Augustinermuseum) 1971.
Otto Dix zum 80. Geburtstag. Stuttgart (Galerie der Stadt) 1971.
Otto Dix. Peintures, Aquarelles, Gouaches, Dessins et Gravures du Cycle de »la guerre«. Paris (Musée d'Art Moderne de la Ville) 1972.
Otto Dix. Disegni. Rom (Galleria Giulia) 1972.
Otto Dix. Pastelle, Handzeichnungen. Reutlingen (Hans-Thoma-Gesellschaft) 1973.
Otto Dix – Zeichnungen. Karlsruhe (Kunstverein) 1975.
Otto Dix. Ölbilder, Aquarelle, Graphik. Konstanz (Kunstverein) 1975.
Otto Dix. Zeichnungen, Aquarelle, Graphiken, Kartons. Hamburg (Kunstverein) 1977.
Otto Dix. Zwischen den Kriegen. Hannover (Kunstverein) 1978.
Otto Dix. Zeichnungen aus eigenen Beständen. Stuttgart (Galerie der Stadt) 1979.
Otto Dix. Zeichnungen aus dem Nachlass 1911–1942. Kiel (Kunsthalle und Schleswig-Holsteinischer Kunstverein) 1980.
Otto Dix 1891–1969. Zur 90. Wiederkehr seines Geburtstags. Bregenz (Künstlerhaus Palais Thurn und Taxis) 1981.
Otto Dix 1891–1969. Ausstellung zu seinem 90. Geburtstag. Gera (Kunstgalerie) 1981/82.

Otto Dix und der Krieg. Zeichnungen und Graphik 1913–1924. Regensburg (Städtische Galerie) 1981.
Otto Dix – Menschenbilder. Otto Dix zum 90. Geburtstag. Stuttgart (Galerie der Stadt) 1981/82.
Otto Dix und die Düsseldorfer Kunstszene 1920–1925. Düsseldorf (Galerie Remmert und Barth) 1983.
Otto Dix. Salzburg (Rupertinum) 1984.
Otto Dix. Bestandskatalog. Albstadt (Städtische Galerie) 1985.
Otto Dix 1891–1969. Brüssel (Palais des Beaux Arts) 1985.
Otto Dix 1891–1969. München (Museum Villa Stuck) 1985.
Otto Dix. Berlin (Staatliche Kunsthalle) 1987.
Otto Dix. Hannover (Kestner Gesellschaft) 1987.
Otto Dix. Zeichnungen und Druckgraphik aus der Stiftung Walther Groz in der Städtischen Galerie Albstadt. Kaiserslautern (Pfalzgalerie) 1987.
Otto Dix. Kamakura (Museum der Modernen Kunst) 1988/89.
Otto Dix. The War. Cardiff (South Glamorgan County Library Headquarters) 1989.
Dix – Pankok – Wollheim. Freunde in Düsseldorf 1920–1925. Düsseldorf (Galerie Remmert und Barth) 1989.
Ono Dix. Dessins de guerre 1915–1917. Paris (Galerie Tendances) 1989.
Otto Dix. Bestandskatalog der Galerie der Stadt Stuttgart. 1989.
Otto Dix zum 99. Kinderwelt und Kinderbildnis. Hrsg. von Wendelin Renn. Villingen-Schwenningen (Städtische Galerie) [u. a.] 1990/91.
Otto Dix – zum 100. Geburtstag. Albstadt (Städtische Galerie) 1991.
Otto Dix zum hundertsten Geburtstag. Berlin (Galerie Nierendorf) 1991/92.
Otto Dix. Die Zeichnungen im Dresdner Kupferstich-Kabinett. Katalog des Bestandes. Dresden (Albertinum) und Edinburgh (National Gallery of Scotland) 1991/92.
Otto Dix zum 100. Geburtstag. Graphiken der 20er Jahre. Düsseldorf (Galerie Remmert und Barth) 1991.
Otto Dix. Grüsse aus dem Krieg. Die Feldpostkarten der Otto-Dix-Sammlung in der Kunstgalerie Gera. Hrsg. von Ulrike Rüdiger. Gera (Kunstsammlung) 1991.
Otto Dix. Zum 100. Geburtstag 1891–1991. Stuttgart (Galerie der Stadt) und Berlin (Nationalgalerie, Staatliche Museen, Preußischer Kulturbesitz) 1991/1992. Stuttgart 1991.
Otto Dix. Arbeiten auf Papier. Hemmenhofen (Otto-Dix-Haus) 1992.
Otto Dix 1891–1969. London (Tate Gallery) 1992.
Otto Dix. Bietigheim-Bissingen (Galerie Bayer) 1993.
Otto Dix. Landschaften 1933–1945. »Wie soll man da entscheiden, wo das Alte aufhört und das Neue beginnt«. Hrsg. vom Museum zu Allerheiligen Schaffhausen und der Otto Dix Stiftung Vaduz. Schaffhausen (Museum zu Allerheiligen) 1995.
Otto Dix. Die frühen Jahre. Freiburg (Städtische Museen) 1995.
Otto Dix. Der Krieg. Ein Radierwerk in 5 Mappen. [50 Ätzradierungen, fortlaufend nummeriert, entstanden vom Herbst 1923 an bis zum Frühjahr 1924.] Thun (Kunstmuseum) 1995.

Otto Dix. »Dame mit Nerz und Schleier« – Aquarelle, Zeichnungen und Graphik um ein neu entdecktes Bild von 1920. Berlin (Kunsthandel Wolfgang Werner) 1995.
Otto Dix (1891–1969). Bilder der Bibel und andere christliche Themen (= Veröffentlichungen der Städtischen Galerie. Nr. 101/95). Albstadt (Städtische Galerie) 1995/96.
Otto Dix. Gemälde, Zeichnungen. Druckgraphik (= Bestandskatalog der Kunstsammlung Gera). Hrsg. von Ulrike Rüdiger. Gera (Kunstsammlung) 1996.
Otto Dix et les maîtres anciens. Colmar (Musée d'Unterlinden) 1996.
Otto Dix. Bildnis des Generaldirektors Prof. Dr. Ludwig Noé. Regensburg (Ostdeutsche Galerie) 1996.
Otto Dix. Milano (Fondazione Antonio Mazzotta) 1997.
Otto Dix. 1891 – 1969. Berlin (Fischer Kunsthandel) 1998.
Otto Dix. Metropolis. Paris (Fondation Maeght) 1998.
Otto Dix. Der Krieg – Radierwerk 1924. Bonn (Verein August-Macke-Haus) 1999.
Otto Dix – Das graphische Werk aus der Schenkung Karsch/Nierendorf. Hrsg. von Freya Mülhaupt. Berlin (Berlinische Galerie) 1999.
Otto Dix. Hrsg. von Johann-Karl Schmidt. Stuttgart (Städtische Galerie) 1999.
Otto Dix. Gezeichnete Menschen. Dachau (Gemäldegalerie) 2000.
Dix avant Dix. Das Jugend- und Frühwerk 1903–1914. Gera (Kunstsammlung) 2000.
Otto Dix. Werke aus fünf Jahrzehnten. Gemälde, Zeichnungen, Aquarelle, Graphiken. Berlin (Galerie Nierendorf) 2001.
Otto Dix. Aquarelle der 20er Jahre. Hrsg. von Thomas Knubben und Tilman Osterwold. Ravensburg (Städtische Galerie) 2002.
Otto Dix. Dessin d'une guerre à lautre. Paris (Centre national d'art et de culture Georges Pomidou) 2003.
Otto Dix & Co. Das Menschenbild im Umfeld von Otto Dix. Konstanz (Städtische Wessenberg-Galerie) 2003.
Otto Dix. Werke von 1933 bis 1969. Hrsg. von Christoph Bauer. Singen (Städtisches Kunstmuseum) 2003.
Otto Dix. Matthäus-Evangelium – »… gehet hin und machet zu Jüngern alle Völker«, Singen (Hegau-Bodensee-Galerie) 2003.
Otto Dix. Hommage à Martha. Stuttgart (Kunstmuseum) 2005.
Otto Dix. Welt & Sinnlichkeit. Hrsg. von Ulrike Lorenz. Regensburg (Ostdeutsche Galerie) 2005.
Otto Dix. Madrid (Fundación Juan March) 2006.
Otto Dix. Geisterbahn und Glanzrevue – Aquarelle und Gouachen. Hrsg. von Karsten Müller. Hamburg (Bucerius Kunst Forum) 2007.
Otto Dix. Un-verblümt – Florale Motive im Werk des deutschen Meisters der Moderne. Gera (Kunstsammlung) 2007.
Otto Dix in der Dresdener Galerie. Hrsg. von Birgit Dalbajewa. Dresden (Galerie Neue Meister) 2007.
Getroffen – Otto Dix und die Kunst des Porträts. Hrsg. von Daniel Spanke und Marion Ackermann. Stuttgart (Kunstmuseum) 2008/09.

Otto Dix. Zwischen Paradies und Untergang. Krens (Kunsthalle) 2009.
Otto Dix. Edited by Olaf Peters. New York (Neue Galerie) and Montréal (Musée des Beaux Arts). New York [u.a.] 2010/11.
Otto Dix. Die Stiftung Dr. Alfred Gunzenhauser. Bestandskatalog hrsg. von Ingrid Mössinger, bearb. von Thomas Bauer-Friedrich. Chemnitz (Kunstsammlung Chemnitz – Museum Gunzenhauser) 2011.
Dix in Düsseldorf. Otto Dix und die Düsseldorfer Kunstszene 1920 bis 1925. Düsseldorf (Galerie Remmert und Barth) 2011.
Otto Dix: retrospektiv. Zum 120. Geburtstag. Gemälde und Arbeiten auf Papier. Gera (Kunstsammlung) 2011/12.
Otto Dix in Chemnitz, von Thomas Bauer-Friedrich. Hrsg. von Ingrid Mössinger, mit einer Einführung von Rainer Beck. Chemnitz (Kunstsammlung Chemnitz – Museum Gunzenhauser) 2011/12.
Das Auge der Welt. Otto Dix und die Neue Sachlichkeit. Stuttgart (Kunstmuseum) 2012/13.

Monographien und Aufsätze

(zit. nach: Name, Jahr)

Barton, Birgid S.: Otto Dix and Die neue Sachlichkeit 1918–1925. Ann Arbor (Mich.) 1981.
Baudisch, Jens: Studien zur Maltechnik von Otto Dix in der Schaffenszeit von 1933–1969. In: Zeitschrift für Kunsttechnologie und Konservierung 3 (1989) H. 2. 321–362.
Bauer, Christoph: Bildgeschichten aufgedeckt – »Krieg und Frieden« von Otto Dix. In: Schwäbische Heimat 53 (2002) 5–8.
Beck, Rainer: Otto Dix – Die kosmischen Bilder – Zwischen Sehnsucht und schwangerem Weib. Dresden 2003.
– Doch nicht solch ein Vieh, wie es schien. Otto Dix, sein Menschenbild und seine Kunst. In: Das Bild des Menschen in der Kunst des 20. Jahrhunderts. Alfred Hagenlocher zum 70. Geburtstag. Symposion Albstadt 1989. 43–63.
– Otto Dix 1891–1969. Zeit. Leben, Werk. Konstanz 1993.
– »Flucht ist immer falsch« – Inneres Exil als Emigration. Otto Dix im Dritten Reich. In: Tsukerman, Mosheh (Hrsg.): Geschichte und bildende Kunst – Tel Aviver Jahrbuch für deutsche Geschichte 34 (2006). Göttingen 2006. 149–178.
Bellum. Two Statements on the Nature of War. An Essay on War written 1545 by Erasmus and Fifty Etchings created 1923 & 1924 by Otto Dix. Barre (MA) 1972.
Bierbrodt, Henrike [u.a.]: Otto Dix, Bildnis Bankier Dr. jur. Kurt Arnhold, 1927. Berlin 1999.
Biro, Matthew: Allegorical modernism – Carl Einstein on Otto Dix. In: Art criticism, 15/1999 No. 1, 46–70.
Börner, Axel: Einblicke in die Maltechnik von Otto Dix. In: Dresdener Kunstblätter 51/3 (2007) 204–215.

Bröhan, Nicole: Otto Dix. Berlin 2007.
Brown, Robert: Otto Dix. In: The Silverman Collection. London (Richard Nagy Ltd) 2012. 115–127.
Compère-Morel, Thomas: La guerre = Der Krieg. Otto Dix. Milano 2003.
Conzelmann, Otto: Otto Dix. Hannover 1959.
– Der andere Dix. Sein Bild vom Menschen und vom Krieg. Stuttgart 1983.
Crockett, Dennis Charles: The Most Famous Painting of the »Golden Twenties«? Otto Dix and the Trench Affair. In: Art Journal 51/1 (1992) 72–80.
– Die Neue Sachlichkeit: Post-Expressionism in Germany, 1919–1925. Ann Arbor 1996.
Däubler, Theodor: Otto Dix. In: Das Kunstblatt 4 (1920) 118–120.
Dalbajewa, Birgit: Otto Dix' »Bildnis Zahnarzt Dr. Frederik Gottlieb und Frau« von 1936. In: Dresdener Kunstblätter 51 (2007) Nr. 3, 197–203.
Die »Neue Sachlichkeit«. Lebensgefühl oder Markenzeichen? (= Germanica 9/1991) Lille 1991.
Dokumente zu Leben und Werk des Malers Otto Dix 1891–1969. Nürnberg (Germanisches Nationalmuseum) 1977.
Dollen, Ingrid von der: Die Sammlung Frieder Gerlach – Das Menschenbild im Umfeld von Otto Dix. In: Weltkunst 73 (2003) 47–49.
Dückers, Alexander: Vom Welttheater und der Sachlichkeit: zu den Zeichnungen von Beckmann und Dix. In: Aspekte deutscher Zeichenkunst. München 2006. 175–184.
Dyke, James A. van: Otto Dix's Streetbattle and the Limits of Satire in Düsseldorf, 1928. In: Oxford Art Journal 32/1 (2009) 37–65.
Einstein, Carl: Otto Dix. In: Das Kunstblatt 7 (1923) 97–102.
Einstein, Carl: Die Kunst des 20. Jahrhunderts, Berlin 1926. [Zu Dix: 156 f.]
English, Travis: Otto Dix's Lasurtechnik and the dialectics of tradition. In: Art criticism 22/2 (2007) 21–38.
Escherich, Mela: Otto Dix. In: Die Kunst 41/53 (1926) 104–111.
Figal, Günter: Otto Dix zeichnet Martin Heidegger. In: ders.: Zu Heidegger. Fragen und Antworten, Frankfurt a. M. 2009. 19–21.
Fischer, Ilse: Der Dadaist. Otto Dix. In: Das Junge Rheinland 1922. H. 9/10. – Wiederabgedr. in: Ausst. Kat. Dix Düsseldorf 1991, 5–21.
Fischer, Lothar: Otto Dix. Ein Malerleben in Deutschland. Berlin 1981.
Fitzke, Kirsten: Allegorie versus Realismus. Die Ablehnung von Otto Dix' Mappenwerk *Der Krieg* im Geraer Stadtrat 1926. In: Mitteldeutsches Jahrbuch für Kultur und Geschichte 16 (2009) 141–149.
Fox, Paul: Confronting postwar shame in Weimar Germany – trauma, heroism and the war art of Otto Dix. In: The Oxford Art Journal 29 (2006) No. 2, 249–267.
Friesen, Holger Jacob: Der Sensenmann und die Wollust – Zum tanzenden Paar im Gemälde ›Die sieben Todsünden‹ von Otto Dix. In: L' art macabre 8 (2007) 72–88.
Gardes, Jean-Claude: Le recours à des procédés de la caricature dans l'oeuvre d'Otto Dix. In: Deligne, Alain (Hrsg.): Peinture et caricature – Actes du colloque de Brest. 13. – 15. Mai 2004. Brest 2004. 133–144.

Gispert, Marie: Krieg, 1924 – Un portfolio pacifiste allemand. In: Nouvelles de l'estampe 197/198 (2004/05) 70–78.
Glaser, Curt: Otto Dix. In: Kunst und Künstler 25 (1927) 130–134.
Goral, Arie: Rings und links um Dix! Dokumente aus 50 Jahren. Hamburg 1977.
Griebel, Otto / Griebel, Lea [u. a.]: Erlebnis und Vorbild Otto Dix. In: Bildende Kunst 1966. 581–586.
Gutbrod, Philipp: Otto Dix. Lebenskunst. Ostfildern/Ruit 2009.
Hartmann, Christine: Untersuchungen zum Kinderbildnis bei Otto Dix. Münster 1989.
Heide, Kristina: Form und Ikonographie des Stillebens in der Malerei der Neuen Sachlichkeit. Weimar 1998.
Heinzelmann, Markus: Die Landschaftsmalerei der Neuen Sachlichkeit und ihre Rezeption zur Zeit des Nationalsozialismus. Frankfurt a. M. [u. a.] 1998.
Hille, Karoline: Spuren der Moderne. Die Mannheimer Kunsthalle von 1918 bis 1933. Berlin 1994.
Jacob-Friesen, Holger: Der Sensenmann und die Wollust: zum tanzenden Paar im Gemälde »Die sieben Todsünden« von Otto Dix. In: L'art macabre 8 (2007) 72–88.
Jürgens-Kirchhoff, Annegret: Schreckensbilder. Krieg und Kunst im 20. Jahrhundert, Berlin 1993. [Zu Dix: 243–261.]
Kállai, Ernst: Damonie der Satire. In: Das Kunstblatt 11 (1927) H. 3, 97–104.
Karcher, Eva: Eros und Tod im Werk von Otto Dix. Studien zur Geschichte des Körpers in den zwanziger Jahren. Münster 1984.
– Otto Dix 1891–1969. »Entweder ich werde berühmt – oder berüchtigt«. Köln 1992.
Kim, Jung-Hee: Frauenbilder von Otto Dix: Wirklichkeit und Selbsterkenntnis, Münster und Hamburg 1994.
Kinkel, Hans: Die Toten und die Nackten. Beiträge zu Dix. Berlin 1991.
Lehmann, Hans-Ulrich: Otto Dix. Zum zeichnerischen Werk. In: Dresdener Kunstblätter 35 (1991) H. 6, 166–171.
Lill, Kira van: Otto Dix und der Erste Weltkrieg – Die Natur des Menschen in der Ausnahmesituation, München 2000 (Diss. Univ. München).
– Ein perfekter Skandal. Der Schützengraben von Otto Dix zwischen Kritik und Verfemung. In: Das verfemte Meisterwerk. Schicksalswege moderner Kunst im »Dritten Reich«. Hrsg. von Uwe Fleckner. Berlin 2009. 49–74.
Löffler, Fritz: Otto Dix. In: Zeitschrift für Kunst 3 (1949) H. 3, 173–193.
– Otto Dix. Leben und Werk. Wiesbaden 1982.
– Otto Dix und der Krieg. Leipzig 1986.
– Otto Dix. Bilder zur Bibel und zu Legenden, zu Vergänglichkeit und Tod. Stuttgart/Zürich 1987.
Lorenz, Ulrike / Rüdiger, Ulrike: Otto Dix, Der Heilige Christophorus IV – Kunstsammlung Gera – Otto-Dix-Haus. Berlin 1997.
Lorenzer, Anna Barbara: Studien zur Maltechnik von Otto Dix 1910–1933. In: Zeitschrift für Kunsttechnologie und Konservierung 3 (1989) H. 1, 113–148.
Lüdecke, Heinz: Otto Dix. Dresden 1958.
Lützeler, Heinrich: Otto Dix. In: Das Hochland 29/4 (1931/32) 380–382.

Marno, Anne: Der lebendige Tod: zum ›Totentanz‹ der Kriegsversehrten in der Grafik Otto Dix. In: L'art macabre 10 (2010) 121–130.
Mathis, Louis-Paul: De Colmar à Berlin: l'odysée du triptyque d'Otto Dix (peint en 1945). In: Annuaire de la Société d'Histoire et d'Archéologie de Colmar 47 (2005/06) 97–101.
Matt, Giorgia: Das Menschenbild der Neuen Sachlichkeit. Konstanz 1989.
März, Roland: Otto Dix. Die Skatspieler – Eine Neuerwerbung für die Nationalgalerie. In: Jahrbuch Preußischer Kulturbesitz 32 (1995) 351–391.
McGreevy, Linda F.: The Life and Works of Otto Dix. German Critical Realist, Ann Arbor (Mich.) 1981.
– Bitter Witness – Otto Dix and the Great War. New York 2001.
Merz, Jörg Martin: Otto Dix' Kriegsbilder – Motivationen – Intentionen – Rezeptionen. In: Marburger Jahrbuch für Kunstwissenschaft 26 (1999) 189–226.
Michels, Anette: Autonome Zeichnungen im Werk von Otto Dix. Zwei unbekannte Arbeiten im Zusammenhang einiger Porträt- und Aktstudien der frühen dreißiger Jahre. In: Kummer, Stephan / Satzinger, Georg (Hrsg.): Festschrift für Prof. Dr. Klaus Schwager. Stuttgart 1990. 292–307.
Miller Bruce F.: Otto Dix and his Oil-Tempera-Technique. In: The Bulletin of the Cleveland Museum of Art 74/8 (1987).
Moritz, Reiner E.: Otto Dix. The painter is the eyes of the world (Film). London 1996.
Müller, Stefanie: »Alle Kunst ist Bannung« – Kunst – Künstler – Muse – Modell, Überlegungen zur Motivfindung und künstlerischen Intention von Otto Dix' ›Selbstbildnis mit Muse‹ von 1924. In: Fitzke, Kirsten (Hrsg.): Kritische Wege zur Moderne – Festschrift für Dietrich Schubert. Stuttgart 2006. 201–229.
Nentwig, Janina: Aktdarstellung in der Neuen Sachlichkeit. Frankfurt a. M. [u. a.] 2011.
Nicolaus, Frank: Dix. Der souveräne Prolet. In: art 9 (1991) 29–50.
N. N.: Unglücklich hinter dem Ofen. In: Der Spiegel 35 (1991) 196–201.
Oellers, Adam C.: Ikonographische Untersuchungen zur Bildnismalerei der Neuen Sachlichkeit. Mayen 1983.
Otte, Klaus / Krämer, Hermann: Otto Dix. Das Wunder der Auferstehung noch viel größer zu machen. Zu drei religiösen Werken von Otto Dix. Emmendingen 1980.
Ottinger, Didier: Otto Dix. Erinnerung an die Spiegelsäle von Brüssel 1920. (Souvenir de la Galerie des glaces à Bruxelles 1920.) In: Revue du Louvre 50 (2000) Nr. 1, 61–65.
Otto Dix – Arbeiten auf Papier, Digitaler Bestandskatalog auf CD-ROM. Galerie Albstadt. Albstadt 2001.
Otto Dix – Menschenbilder. Otto Dix zum 90. Geburtstag. Ansprachen von Otto Conzelmann und Fritz Löffler zur Eröffnung der gleichnamigen Ausstellung in Stuttgart 1981/82. Stuttgart 1981.
Otto Dix. Kinderalbum. Hrsg. und mit einem Nachwort von Dieter Gleisberg. Leipzig 1991.
Otto Dix. Landschaften. Friedrichshafen 1984.

Otto Dix: Protokolle der Hölle. Zeichnungen. Hrsg. von Hans Kinkel. Frankfurt a. M. / Hamburg 1968.
Otto, Gunter: Otto Dix. Bildnis der Eltern. Klassenschicksal und Bildformel, in Zusammenarbeit mit Hans Dickel. Frankfurt a. M. 1984.
Paul, F.: Dix und Lenk. Gemeinschaftsausstellung in Berlin bei Nierendorf. In: Kunst der Nation 3/2 (1935) Nr. 3, 3.
Peters, Olaf: Neue Sachlichkeit und Nationalsozialismus. Affirmation und Kritik 1931–1947, Berlin 1998. [Zu Dix: 71–98, 119–144, 194–227.]
– Malerei der Neuen Sachlichkeit. Die Wiedergewinnung und Neubewertung eines Epochenstils. In: Kunstchronik 53 (2000) H. 8, 379–391.
Peters, Olaf: Otto Dix. In: Ausst.-Kat. Neue Welten. Deutsche und österreichische Kunst 1890–1940. Hrsg. von Renée Price. Köln 2001. 310–315.
– Otto Dix 1891–1969. In: Michael Fröhlich (Hrsg.): Die Weimarer Republik. Porträt einer Epoche in Biographien. Darmstadt 2002. 376–388.
Ratzka, Thomas: Dix, Grünewald und die Neue Sachlichkeit. In: Ausst.-Kat. Grünewald in der Moderne: die Rezeption Matthias Grünewalds im 20. Jahrhundert. Aschaffenburg 2002. Köln 2003. 51–62
Reese, Beate: Melancholie in der Malerei der Neuen Sachlichkeit. Frankfurt a. M. [u. a.] 1998.
Rewald, Sabine: Dix at the Met. In: Metropolitan Museum Journal 31 (1996) 219–224.
Roh, Franz: Nach-Expressionismus. Magischer Realismus. Probleme der neuesten europäischen Malerei. Leipzig 1925.
Rosenbach, Detlev: Ich bleibe meinem Ruf als grober Hund treu. Erinnerungen an Otto Dix. In: Weltkunst 63 (1993) Nr. 17, 2096–2099.
Sabarsky, Serge: Otto Dix. Stuttgart 1987.
Salmony, Alfred: Dix als Porträtist. In: Cicerone 17 (1925) 1045 ff.
Schmalenbach, Fritz: Die Malerei der ›Neuen Sachlichkeit‹. Berlin 1973.
Schmied, Wieland: Neue Sachlichkeit und Magischer Realismus in Deutschland 1918–1933. Hannover 1969.
Schmidt, Diether: Die Krönung des Vagabundendichters Iwar von Lücken. Ein Gemälde von Otto Dix. Hrsg. von der Berlinischen Galerie. Berlin 1988.
– Otto Dix im Selbstbildnis. Berlin/Ost 1978.
Schmidt, Paul Ferdinand: Otto Dix. Köln [o. J.] (1923).
Schreiner, Gerth: Otto Dix. In: Der Stromer. Blätter für junge Kunst I/2–3 (1925) 109–113.
Schubert, Dietrich: Die Elternbildnisse von Otto Dix aus den Jahren 1921 und 1924: Beispiel einer Realismus-Wandlung. In: Städel-Jahrbuch N. F. 4 (1973) 271–298.
– Rezeptions- und Stilpluralismus in den frühen Selbstbildnissen des Otto Dix. In: Hager, Werner / Knopp, Norbert (Hrsg.): Beiträge zum Problem des Stilpluralismus. München 1977. 203–244.
– Otto Dix. Reinbek bei Hamburg 1980. [Zahlreiche Neuauflagen.]
– Betrifft: O. Conzelmann. Der ›andere‹ Dix. In: kritische berichte 12/1 (1984) 8494.
– Otto Dix und der Krieg. In: Harth, Dietrich / Schubert, Dietrich (Hrsg.):

Pazifismus zwischen den Weltkriegen. Deutsche Schriftsteller und Künstler gegen Krieg und Militarismus 1918–1933. Heidelberg 1985. 185–202.
– Politische Metaphorik bei Otto Dix 1933–1939. In: Kunst und Kunstkritik der dreißiger Jahre. 29 Standpunkte zu künstlerischen und ästhetischen Prozessen und Kontroversen. Hrsg. von Maria Krüger. Dresden 1990. 148–155.
Schubert, Dietrich: »Ein harter Mann, dieser Maler …« Otto Dix – photographiert von Hugo Erfurth. In: Ausst.-Kat. Hugo Erfurth. Photograph zwischen Tradition und Moderne. Hrsg. von Bodo von Dewitz. Köln [u. a.] 1992/93. 86–96.
– Otto Dix zeichnet im Ersten Weltkrieg. In: Mommsen, Wolfgang (Hrsg.): Kultur und Krieg. Die Rolle der Intellektuellen, Künstler und Schriftsteller im Ersten Weltkrieg. München 1996. 179–183.
– Ein unbekanntes Kriegsbild von Otto Dix – Zur Frage der Abfolge seiner Kriegsarbeiten 1915–1918. In: Jahrbuch der Berliner Museen 38 (1996) 151–168.
– Löfflers Arbeit für Dix. In: Walther, Sigrid (Hrsg.): Fritz Löffler, 1899 – 1988: ein Leben für Kunst und Denkmalpflege in Dresden. Dresden 1999. 48–51.
– Die Verfolgung des Gemäldes *Schützengraben* (1923) von Otto Dix. In: Kritik und Geschichte der Intoleranz. Hrsg. von Rolf Kloepfer und Bernd Dücker. Heidelberg 2000. 351–370.
– Otto Dix – Der Krieg – 50 Radierungen von 1924. Marburg 2002.
– Otto Dix – Das Triptychon »Der Krieg« 1929–1932. In: Heidelberger Jahrbücher 48 (2004) 311–331.
– Krüppeldarstellungen im Werk von Otto Dix nach 1920 – Zynismus oder Sarkasmus? In: Cepl-Kaufmann, Gertrude (Hrsg.): Krieg und Utopie – Kunst, Literatur und Politik im Rheinland nach dem Ersten Weltkrieg. Essen 2006. 293–308.
– »Gesehen am Steilhang von …« Zeugen des gewaltsamen Sterbens im Ersten Weltkrieg: Henri Barbusse bei Souchez – Otto Dix bei Cléry-sur-Somme. In: Die Realität des Todes. Hrsg. von Domenik Groß und C. Schweikardt. Frankfurt a. M. 2010. 195–221.
Schulte, Henrike: »Was verstehst du denn von Sünde …?« – Otto Dix und seine deftigen Seemannsbilder. In: Weltkunst 76 (2006) Nr. 3, 76–79.
Schwarz, Birgit: Werke von Otto Dix. Karlsruhe 1986.
– »Kunsthistoriker sagen Grünewald …« Das Altdeutsche bei Otto Dix in den zwanziger Jahren. In: Jahrbuch der Staatlichen Kunstsammlungen in Baden-Württemberg 28 (1991) 143–163.
– Otto Dix. Großstadt. Frankfurt a. M. / Leipzig 1993.
– Dix und Wols: Zur Biographie einer künstlerischen Revolution. In: Jahrbuch der Staatlichen Kunstsammlungen Baden-Württembergs 30 (1993) 104–124.
– / Schwarz, Michael Viktor: Dix und Beckmann. Stil als Option und Schicksal. Mainz 1996.
Seelen, Manja: Das Bild der Frau in Werken deutscher Künstlerinnen und Künstler der Neuen Sachlichkeit. Münster 1995.
Söll, Anne: »An die Schönheit« – Selbst, Männlichkeit und Moderne in Otto Dix Selbstbildnis von 1922. In: Geiger, Annette (Hrsg.): Der schöne Körper. Mode und Kosmetik in Kunst und Gesellschaft. Köln/Wien. 149–166.

Sofsky, Wolfgang: Nach der Schlacht. Flandern von Otto Dix. In: ders.: Todesarten. Über Bilder der Gewalt. Berlin 2011. 223–232.
Strecker, Jacqueline: »The Trench« (1920–23) by Otto Dix – A »masterpiece of unspeakable horror«. In: Apollo 146 (1997) Nr. 428. 22–26.
Strobl, Andreas: Ausstellungen und Publikationen zum Jubiläumsjahr von Otto Dix. In: Kunst-Chronik 45 (1992) 237–246.
– Otto Dix und Hugo Erfurth. Der Maler im Zeitalter der Photographie. In: Münchner Jahrbuch der Bildenden Kunst 3/XLVI (1993) 181–199.
– Otto Dix. Eine Malerkarriere der zwanziger Jahre. Berlin 1996 (Phil. Diss. München 1994).
Täuber, Rita E.: Der hässliche Eros. Darstellungen zur Prostitution in der Malerei und Grafik 1855–1930. Berlin 1997. [Zu Dix: 105–109, 126–133, 139–157.]
Tann, Siegfried (Hrsg.): Otto Dix. Der See, die Kunst, die Landschaft. Friedrichshafen 2000.
Tatar, Maria: Lustmord. Sexual Murder in Weimar Germany. Princeton (NJ) 1995. [Zu Dix: 13–19, 68–97.]
Thoene, Peter (Oto Bihalij-Merin): Bemerkungen über die deutsche Malerei der Gegenwart – zu den Ausstellungen von Dix und Beckmann. In: Das Werk XXV/11 (1938) 345–349.
Tittel, Lutz: Zur Sache 8 – Der Erste Weltkrieg. Käthe Kollwitz, Ernst Barlach, Wilhelm Lehmbruck, Otto Dix. Hamburg 1978.
Toepel, Lothar: Otto Dix in Gera. Gera 2008.
Vierhuff, Hans Gotthard: Die neue Sachlichkeit. Malerei und Fotografie. Köln 1980.
Walter-Ris, Anja: Kunstleidenschaft im Dienst der Moderne. Die Geschichte der Galerie Nierendorf Berlin / New York 1920–1995. Zürich 2003.
Wecks, Irmtraut: Otto Dix – Variationen zu einem Thema – Fernsehfilm zum 75. Geburtstag des Künstlers. Dresden 2000.
Weinstein, Joan: The End of Expressionism. Art and the November Revolution in Germany, 1918/19. Chicago/London 1990. [Zu Dix und Dresden: 107–160.]
Werner, Gabriele: Otto Dix – Der Krieg. In: Kriegsende 1918. Ereignis, Wirkung, Nachwirkung. Hrsg. von Jörg Duppler und Gerhard P. Groß. München 1999. 299–314.
Westheim, Paul: Dix. In: Das Kunstblatt 10 (1926) 142–146.
Wetzel, Maria: Professor Dix. Ein harter Mann, dieser Maler. In: Diplomatischer Kurier 14 (1965) 731–745.
Wolfradt, Willi: Otto Dix. Leipzig 1924.
– Danziger Bildnisse von Otto Dix. In: Der Cicerone XXI/5 (1929) 136–139.
Zehder, Hugo: Otto Dix. In: Neue Blätter für Kunst und Dichtung 2 (1919/20) 119 f.
Zehnmal Dix. Ein Film von Jennifer Alleyn. Arte edition 2012.
Ziebarth, Ursula: »Trau Deinen Augen!« Über Otto Dix. Göttingen 2003.
Zimmermann, Horst: Die Rückgabe eines Gemäldes von Otto. In: Dresdener Kunstblätter 36 (1992) H. 1, 27–29.
Zuschlag, Christoph: Ruhe auf der Flucht. Eine neuentdeckte Zeichnung von Otto Dix. In: Weltkunst 64 (1994) Nr. 10, 1324 f.

Literatur- und Quellennachweise zu den Kapiteln

(angemerkt sind nur jene Passagen, die sich nicht aus dem Text ergeben):

1 Eltern und Kinder

»Aus der Reise …«, Ausst.-Kat. Dix Gera 2000, 278; »Gedenke …«, GNM, DKA, NL Dix, Otto, I. A. 7; »Allerdings schlägt auch …«, Lützeler 1931/32, 382; »Der erste Eindruck …«, GNM, DKA, NL Dix, Otto, I. B. 6; »Lieber Kaufmann …«, Ausst.-Kat. Dix Düsseldorf 1983, 40 f.; »Lieber Zeichnen …«, Ausst.-Kat. Dix Gera 2000, 38; »der väterlichen …«, Ausst.-Kat. Dix Gera 2000, 43.

2 Frühwerk, Nietzsche und der Krieg

»rechtzeitig …«, Günther Rühle: Theater für die Republik. Im Spiegel der Kritik, 2 Bde., Frankfurt a. M. 1988 (EA 1967), Bd. 2: 1926–1933, 831; »Die Galerie Arnold bescherte …«, Otto Griebel: Ich war ein Mann der Straße. Lebenserinnerungen eines Dresdner Malers, Halle (Saale) / Leipzig 1986, 49; »das ›Ich‹ …«, Ausst.-Kat. Dix Gera 2000, 267; »Ich weiß auch nicht …«, ebd., 276; »ich suche mir …«, ebd., 267; »tolle[n] Liebesnacht …«, ebd., 269; »Ich war jetzt 3 Tage …«, ebd., 278; »Ich spiele nicht …«, ebd., 278; »Wie gierig kommt …« Friedrich Nietzsche: Die fröhliche Wissenschaft. In: ders., Kritische Studienausgabe (im Folgenden: KSA), hrsg. von Giorgio Colli und Mazzino Montinari, Bd. 3, 546; »Ihr zürnt auf mich …«, ebd.; »Unter den Linden …«, *Frankfurter Zeitung*, 2. 8. 1914; »Die Hauptsache …«, Brief von Otto Dix an Helene Jakob, 13. 11. 1915, Privatbesitz, Berlin [die nach dieser Quelle zitierten Briefe folgen der Transkription von Dietrich Schuberts]; »Am meisten hat …«, Brief von Otto Dix an Helene Jakob, 1. 1. 1916, Privatbesitz, Berlin; »Gestern Nachmittag …«, Brief von Otto Dix an Helene Jakob, 7. 1. 1916, Privatbesitz, Berlin; »Cara samideanino …«, Brief von Otto Dix an Helene Jakob, um Mitte August 1916; Privatbesitz, Berlin, hier zit. nach: Dietrich Schubert, Otto Dix: Die Radierungen *Der Krieg* (Berlin 1924) oder: das »Yo lo vi«. In: Ausst.-Kat. Dix Bonn 1999, 14–17; »Kara samideanino! …«, Brief von Otto Dix an Helene Jakob, Privatbesitz, Berlin, 12. 12. 1917, Privatbesitz, Berlin; »Ich kann Ihnen …«, Brief von Otto Dix an Helene Jakob, wohl Oktober 1918, Privatbesitz, Berlin; »Es ist immer das gleiche …« und »Würden einmal …«, Georg Heym zit. nach: Klaus Vondung: Die Apokalypse in Deutschland, München 1988, 368 f.; »Aufgestanden ist er …«, Georg Heym, Der Krieg (1911), zit. nach: Menschheitsdämmerung. Ein Dokument des Expressionismus, hrsg. von Kurt Pinthus, Hamburg 1959 (EA Berlin 1920), 79; »Ihr sollt den Frieden …« und »Ihr sagt, die gute Sache …«, Friedrich Nietzsche, Morgenröthe, KSA 3, 59; »Mir erschien …«, Otto Griebel, Frontbegegnung mit Otto Dix. In: *Bildende Kunst*, 1966, H. 11, 582; »Das Wetter war garstig …«, Brief von Otto Dix an Helene Jakob, 13. 2. 1916, Privatbesitz, Berlin; »Voll elementarer Wucht …«, Brief von Otto

Dix an Helene Jakob, Anfang 1916, zit. nach: Ausst.-Kat. Dix Gera 1991, 13 f.; »Der Krieg ist eben …«, Hans Kinkel, Begegnung mit Otto Dix. In: *Stuttgarter Zeitung*, 30. 11. 1961.

3 Avantgarde in Dresden und Düsseldorf

»Meine Arbeiten …«, Brief von Otto Dix an den Stadtrat der Stadt Gera, 4. 1. 1918, NL Dix-Archiv, 1918–1.4; »schritt in Trance …«, Camill Hoffmann, zit. nach: Günther Rühle: Theater für die Republik. Im Spiegel der Kritik, 2 Bde., Frankfurt a. M. 1988 (EA 1967), Bd. 1: 1918–1925, 106; »Lieber Herr, …«, Peter de Mendelssohn: S. Fischer und sein Verlag, Frankfurt a. M. 1970, 758; »Wahrheit – Brüderlichkeit – Kunst …«, zit. nach: Beck 2003, 24; »Ich habe nach …«, Otto Dix zu Hans Kinkel, zit. nach: Fischer 1981, 24; »plötzlich darauf …«, *Dresdner Nachrichten*, 26. 7. 1919; »Im Geschlechtsverkehr …«, Otto Dix, eingelegtes Vorwort zur Mappe *Werden* (1919); »Wie male ich …«, Zehder 1919/20, 119; »aus diesem Barrikadenkampf …«, *Volksstimme Magdeburg*, Nr. 88, 13. 4. 1922, 178; »Der sehr begabte …«, *Die Woche*, 1920, Nr. 46, 1195–1197, hier 1197; »Ich sehe in …«, Hans Goltz an Otto Dix, 5. 12. 1921, GNM, DKA, NL Dix, Otto, I. C 268; »Ich habe jetzt …« und folgende, Hans Goltz an Otto Dix, 4. 2. 1922, GNM, DKA, NL Dix, Otto, I. C 268; »Lieber Herr Dix! …«, Hans F. Secker an Otto Dix, GNM, DKA, NL Dix, Otto, I. B. 12r; »Ihr Besuch …«, Ausst.-Kat. Dix Düsseldorf 1983, 30; »Anklagen an …«, ebd.; »Von einer Reise …«, Ausst.-Kat. Dix Düsseldorf 1989, 19; »Eines Tages kam …«, ebd., 22; »ein einsames Tier«, Otto Dix an Martha Dix, NL Dix Dix-Archiv, 1921–7; »Die Leute lachten …«, Ausst.-Kat. Dix Düsseldorf 1983, 41; »Als Thema kannst Du …«, Brief von John Heartfield an Otto Dix, GNM, DKA, NL Dix, Otto, I. B. 12t; »auf der letzten …«, GNM, DKA, NL Dix, Otto, I. B. 28a.

4 Schockästhetik des Verismus

»Ich wohne wieder …«, Otto Dix an Martha Dix, Ende 1921, NL Dix-Archiv, 1921–18; »Ein Bekannter von mir …«, George Grosz: Ein kleines Ja und ein großes Nein. Sein Leben von ihm selbst erzählt, Reinbek bei Hamburg 1974 (EA 1955), 98 f.; »Wir müssen …«, Otto Dix, zit. nach: Täuber 1997, 126; »[L]assen Sie mich …«, alle Zitate nach Ausst.-Kat. Dix Düsseldorf 1983, 18–20; »Er ist 30 Jahre alt …«, Fischer 1922, zit. nach: Ausst.-Kat. Dix Düsseldorf 1991, 5–21, hier 5 f.; »ersinnen und nicht nur …«, Erich Wulffen: Der Sexualverbrecher. Ein Handbuch für Juristen, Verwaltungsbeamte und Ärzte, Berlin – Groß-Lichterfelde 1910, 519; »Ich glaube sicher, …«, ebd., 468; »Und er greift …«, Fischer 1922, zit. nach: Ausst.-Kat. Dix Düsseldorf 1991, 11 und 14; »Die bürgerliche Wirklichkeit …«, Einstein 1923, 264 f.; »[D]enn er ist Proletarier …«, Fischer 1922, zit. nach: Ausst.-Kat. Dix Düsseldorf 1991, 6 f.

5 Krieg und Kunsthandel

»Das deutsche Volk …«, beide Zitate nach: Die Erste Republik. Dokumente zur Geschichte des Weimarer Staates, hrsg. von Peter Longerich, München 1992, 45 f.; »Otto Dix ist ein …«, Wolfradt 1924, 5; »Dix kommt daher …«, Paul Ferdinand Schmidt, Otto Dix. In: Ausst.-Kat. Dix Berlin 1926, 5–7, hier 6 f.; »Dada hat die …«, Was wollte der Expressionismus? In: DADA-Almanach, hrsg. von Richard Huelsenbeck, Hamburg [2]1987 (EA Berlin 1920), 35–41, hier 35; »auf die niedersten …«, Curt Glaser im *Berliner Börsen Courier*, 1. 4. 1921, zit. nach: Strobl 1996, 43; »Beispiel malerischer Gewalt …«, Wolfradt 1924, 14; »Heute bin ich …«, Otto Dix, handschriftlicher Lebenslauf 1924, NL Dix-Archiv, 1924–7; »Die Abwehr des Abscheulichen …«, Kállai 1927, 99; »Stellt man das Schützengrabenbild …«, ebd., 97; »Gehirn, Blut, Gedärm …«, Meier-Graefe über die Akademieausstellung in der *Deutschen Allgemeinen Zeitung*, 2. 7. 1924, zit. nach: Strobl 1996, 95; »Die jüngste Erwerbung …« und folgende, Walter-Ris 2003, 124 f.; »wie sich [darin] die Materie Mensch …«, Otto Dix im Gespräch mit Hans Kinkel, 1961/1967, zit. nach: Schmidt 1981, 252; »der erste deutsche Soldat …«, Ernst Jünger: Sämtliche Werke, Bd. 1: Erste Abteilung. Tagebücher: Der Erste Weltkrieg, Stuttgart 1978, 99; »In diesen Männern …«, ebd., 149; »Der Künstler will arbeiten …«, Otto Dix im Gespräch mit Reinhard Schubert, *Thüringische Landeszeitung*, November 1966, zit. nach: Schmidt 1981, 273 f., hier 273; »Es besteht die Absicht …« und folgende, Wilhelm Waetzold an Otto Dix, 30. 7. 1923, GNM, DKA, NL Dix, Otto, I. C. 70; »die ganz unerhörte …« und »Aus dem Haß …« Schmidt o. J. (1923), unpag.; »Ich bin überzeugt …«, Fischer 1981, 54.

6 Porträt und Neue Sachlichkeit

»Ein Schlagwort hat …«, Otto Dix, Objekt gestaltet Form. In: *Berliner Nachtausgabe*, 3. 12. 1927, hier zit. nach: Schmidt 1981, 205 f.; »chronisch mutlos«, Otto Dix an Martha Dix, NL Dix-Archiv, 1926–1–1; »Meinem Prinzip gemäß …«, Wilhelm Leibl zit. nach: Beate Söntgen: Sehen ist alles. Wilhelm Leibl und die Wahrnehmung des Realismus, München 2000, 62; »So musste die Reaktion …«, Gustav Friedrich Hartlaub anlässlich der Umfrage *Ein neuer Naturalismus??*. In: Das Kunstblatt, Jg. 6, 1922, 390; »Konservative und Nationale …«, Ernst Troeltsch: Die Fehlgeburt einer Republik. Spektator in Berlin 1918–1922, Frankfurt a. M. 1997, 93 f.; »besondere[] Disposition …«, Wolfradt 1924, 11; »Anita Berbers Tänze …«, Max Herrmann-Neiße, Kleine Geschichte des deutschen Kabaretts, hier zit. nach: Lothar Fischer: Anita Berber. Göttin der Nacht, Berlin [2]2007, 134; »Nun ist nicht nur die Form …«, Otto Dix, Gedanken zum Porträtmalen, März 1955, hier zit. nach: Schmidt 1981, 224; »Sie stand, …«, zit. nach: Lothar Fischer: Anita Berber. Göttin der Nacht, Berlin [2]2007, 153; »Ein Schlagwort hat …«, Otto Dix 1927, zit. nach: Schmidt 1981, 205 f.; »Was für eine …«, Hans-Georg Gadamer, Max Scheler – Der Verschwender. In: Max Scheler im Gegenwartsgeschehen der Philosophie, hrsg. von Paul Good, Bern/München 1975, 11–18, hier 12; »stärkste philosophische Kraft …«, Martin Heidegger, Andenken an Max

Scheler. In: ebd., 9; »Was wir zeigen …«, Ausst.-Kat. Neue Sachlichkeit. Deutsche Malerei seit dem Expressionismus, Städtische Kunsthalle Mannheim 1925, unpag.; »Ich sehe einen rechten, …«, Gustav Friedrich Hartlaub anlässlich der Umfrage *Ein neuer Naturalismus??*. In: *Das Kunstblatt*, Jg. 6, 1922, 389–393, hier 390; »Eindruck gewaltigster …«, Ausst.-Kat. Neue Sachlichkeit. Deutsche Malerei seit dem Expressionismus, Städtische Kunsthalle Mannheim 1925, unpag.; »versöhnliche Haltung …«, Franz Roh: Nach-Expressionismus. Magischer Realismus. Probleme der neuesten europäischen Malerei, Leipzig 1925, 75; »Mit Ihrem ›Compagnon‹ …«, Max Beckmann an Jsrael Ber Neumann, 25.1.1926, in: Max Beckmann, Briefe, 3 Bde., Bd. 2: 1925–1937, bearb. von Stephan von Wiese, München/Zürich 1994, 30; »weil Dix zuerst …«, Walter-Ris 2003, 156; »Luther holte ich …«, Harry Graf Kessler, Tagebücher 1918–1937, hrsg. von Wolfgang Pfeiffer-Belli, Frankfurt a. M. 1961, 467 f.

7 Blick auf Dix

»[…] es geht nicht gut …«, Otto Dix an Martha Dix, Dix-Archiv 1922–1–3; »Ich habe so gewaltige Lust …«, Otto Dix an Martha Dix, Dix-Archiv 1921–2; »In ewiger Unausgeglichenheit …«, Fischer 1922 zit. nach: Ausst.-Kat. Dix Düsseldorf 1991, 20 sowie 21; »Hier erwacht …«, ebd., 21; »Die Pole heutiger Kunst …«, Einstein 1923, 97; »Dix tritt dieser Zeit …«, ebd., 98; »Dix begann gefährlich …«, ebd., 101 f.; »Elementar ist dieser Realismus …« und folgende, Wolfradt 1924, 5 sowie 8, 12 und 14; »Er hat, fast beunruhigend …«, Escherich 1926, 106; »einer neuen Kunst …«, Glaser 1926, 134; »brutalnackte Tatsache(nschilderung) …«, Westheim 1926, 145 f.; »Vielleicht ist man …«, Einstein 1926, 157 sowie 156; »Oder aber er pflanzt …«, Wolfradt 1924, 6; »ein blendendes Material …«, August Sander: Antlitz der Zeit. Sechzig Aufnahmen deutscher Menschen des 20. Jahrhunderts, mit einer Einleitung von Alfred Döblin, München 1990 (EA 1929), 14.

8 Tradition und Krise

»Zweifellos zeigt sich darin …«, Carl Einstein, Rudolf Schlichter. In: *Das Kunstblatt*, Jg. IV, 1920, 105 f., wiederabgedruckt in: Carl Einstein, Werke, Bd. 2: 1919–1928, hrsg. von Marion Schmid, Berlin 1981, 59–61, hier 61; »Es ist ein zerfetztes …«, Werner Busch, Goya und die Ursprünge der Moderne um 1800. In: Monika Wagner (Hrsg.): Moderne Kunst. Das Funkkolleg zum Verständnis der Gegenwartskunst, 2 Bde., Reinbek bei Hamburg 1991, Bd. 1, 32–49, hier 35; »abstoßenden Klumpen …«, Fred Licht: Goya. Beginn der modernen Malerei, Düsseldorf 1985, 128 f.; »Ja, Dix kam eines Morgens …«, George Grosz an Otto Schmalhausen, 23. 8. 1931. In: George Grosz: Briefe 1913–1959, hrsg. von Herbert Knust, Reinbek bei Hamburg 1979, 127; »Neue Aufgaben hast Du …«, George Grosz an Herbert und Amrei Fiedler, 12. 10. 1934, ebd., 202 f.; »mit dem Bild …«, so in den Tagebüchern der Brüder Goncourt, hier zit. nach: dem Nachwort Karl-Heinz Otts in: Guy de Maupassant: Es geht schnell, das Leben! Erzählungen, Hamburg 2012, 136; »1928 fühlte ich mich reif ….«, Otto Dix

1964 im Gespräch mit Karl-Heinz Hagen im *Neuen Deutschland*, zit. nach Schmidt 1981, 262f., hier 262; »Diese unverantwortliche Rasse …«, Friedrich Nietzsche an den Freund Franz Overbeck, 18.10.1888. In: Friedrich Nietzsche: Freundesbrief, ausgewählt von Richard Dehler, Leipzig [o. J.], 90f.; »Alles geht, Alles kommt zurück …«, Friedrich Nietzsche, Also sprach Zarathustra, KSA 4, 272f.

9 Dix im »Dritten Reich«

»Die Gesellschaft …«, zit. nach: Hildegard Brenner: Die Kunstpolitik des Nationalsozialismus, Reinbek bei Hamburg 1963, 8; »aber das Gegenstück …«, *Berliner Tageblatt*, 30.11.1930; »Lebt denn …«, handschriftlicher Vermerk auf der Personalakte von Otto Dix, zit. nach: Ausst.-Kat. Dix Singen 2003, 8; »Entwürdigungen« und folgende, Richard Müller, Spiegelbilder des Verfalls in der Kunst. In: *Dresdner Anzeiger*, 23.9.1933; »zuständig für …«, Verordnung des Reichskanzlers über die Aufgaben des Reichsministers für Volksaufklärung und Propaganda, 30.6.1933, RGBl. 1933, Teil I, 449; »Nicht einengen wollen wir …«, alle Zitate nach: Joseph Goebbels, Die deutsche Kultur vor neuen Aufgaben. Rede am 15.11.1933 zur Eröffnung der Reichskulturkammer. In: Goebbels Reden 1932–1945, hrsg. von Helmut Heiber, Bindlach 1991, 131–141; »Zwei deutsche Maler …«, Ausst.-Kat. Franz Lenk 1898–1968. Retrospektive und Dokumentation, Köln (Galerie von Abercron) 1976, 15; »Seit 1933, dem Umschwung …«, Arbeitsbuch Franz Lenk, zit. nach ebd., 24; »In Wahrheit sind …«, Wolfgang Willrich: Säuberung des Kunsttempels, München 1937, 117f.; »Lange über die bildende Kunst …« und folgende aus: Die Tagebücher von Joseph Goebbels. Sämtliche Fragmente, hrsg. von Elke Frühlich, Teil I: Aufzeichnungen 1924–1941, Bd. 3, München [u. a.] 1987, S. 198 sowie insgesamt die Einträge vom 5.6.1937 bis zum 4.8.1937, 165–225; »zum Höchstpreis …« Otto Dix an Otto Köhler, 1939, NL Dix-Archiv 1939–1.

10 »Innere Emigration« und Zusammenbruch

»Man könnte …«, *Dresdner Anzeiger*, Nr. 305, 2.7.1930; »Den Danziger Herren …«, Wolfradt 1929, 139f.; »Die Wüste wächst: …«, Friedrich Nietzsche, Dionysos-Dithyramben, KSA 6, 387; »ob der Mensch …«, Karl Löwith: Nietzsches Philosophie der ewigen Wiederkehr des Gleichen, Hamburg [4]1986 (EA 1935), 104; »Wenn man jetzt arbeitet …«, Otto Dix zit. nach: Schmidt 1981, 207; »Bei Nierendorf sah ich …«, Hans Weidemann an Otto Dix, 14.7.1933, GNM, DKA, NL Dix, Otto, I. C 467; »Die Landschaftsmalerei …«, Otto Dix im Gespräch mit Fritz Löffler 1957, zit. nach: Schmidt 1981, 225; »Kulturbolschewisten …«, *Das Scharze Korps*, 26.6.1935; »Ja, ein Gewitter, …«, Friedo Lampe: Septembergewitter, Göttingen 2001 (EA 1937), 40f.; »[A]ber in dieser Belastungsprobe …«, Franz Lenk, 25.9.1942, zit. nach: Ausst.-Kat. Franz Lenk 1898–1968. Retrospektive und Dokumentation, Köln (Galerie von Abercron) 1976, 23; »Du ziehst gegen …«, Ez 38, 14–16 und Ez 39, 2–6; »Die Blindesten aber …«, zit. nach: Thomas Bauer-Friedrich, »Ein Rätsel ist Reinentsprungenes«. Otto Dix' Chemnitzer Wandgemälde *Orpheus und die Tiere*. In: Ausst.-Kat. Dix

Chemnitz 2011/12, 119–142, hier 131; »Wer immer …«, Theodor Haecker: Der Geist des Menschen und die Wahrheit, Leipzig 1937, 47.

11 Zwischen den Welten

»Der Anblick, …« und folgende, Hannah Arend: Besuch in Deutschland, Berlin 1993 (EA 1950), 24 f.; »Das ist keine Kunst …«, zit. nach: Ausst.-Kat. Stationen der Moderne. Die bedeutenden Kunstausstellungen des 20. Jahrhunderts in Deutschland, Berlinische Galerie 1988/89, 358; »Das Wiedersehen …«, Otto Dix in *Tägliche Rundschau*, 16. 11. 1947, zit. nach: Schmidt 1981, 219; »Angesichts des Todes …«, Otto Dix an Karl Kröner, Anfang 1955, zit. nach: Schmidt 1981, 223 f.; »Ich schrieb Ihnen …«, Otto Dix an das Kulturamt der Stadt Gera, 1947, zit. nach: Schubert 1980 (^{4}1994), 123 f.; »Von dem jungen Dix …«, Kurt Querner, Tagebuch vom 19. 5. 1947, zit. nach: Tanja Frank, Otto Dix und die DDR oder ein deutscher Künstler beharrlich zwischen den Stühlen sitzend. In: Ausst.-Kat. Dix Stuttgart 1991, 295–299, hier 295; »demokratische Öffentlichkeit«, zit. nach: Ursula Zeller, Otto Dix und die Öffentlichkeit. »… denn erst in 50 Jahren sieht man, ob an dem Kerl was dran war …«. In: Ausst.-Kat. Dix Stuttgart 1991, 317–323, hier 321; »Die Nachkriegszeit …«, Hans Sedlmayr: Verlust der Mitte. Die bildende Kunst des 19. und 20. Jahrhunderts als Symptom und Symbol der Zeit, Salzburg 1948, 133 und 134; »eine Kreuzung …«, *Wiesbadener Tageblatt*, 31. 3. 1954; »Dieser ›frohe Botschafter‹ …« Friedrich Nietzsche, Der Antichrist, KSA 6, 207 f.; »Selber erleben …«, Otto Dix im Gespräch mit Freunden, Dezember 1963, zit. nach: Schmidt 1981, 255–260, hier 256.

12 Erneute Anerkennung

»Als seine Bilder …«, Conzelmann 1959, 55; »giftigsten Form(en) …«, Werner Haftmann: Malerei im 20. Jahrhundert, 2 Bde., Bd. 1: Eine Entwicklungsgeschichte, München ^{6}1979 (EA 1954), 269; »pessimistische Starre …«, Franz Roh: Deutsche Malerei von 1900 bis heute, München 1962 (Sonderausgabe), 78 f.; »Studieren Sie so viele …« und folgende, Otto Dix, Malerei und Komposition, Lektionen 19 und 20, Washington School of Art, 1958, zit. nach: Schmidt 1981, 229–250, 236 und 250; »Hinter schroffem Wesen …«, Anna Klapheck, Zum Tode von Otto Dix. Erinnerungen an seine rheinischen Jahre. In: dies.: Vom Notbehelf zur Wohlstandskunst. Kunst im Rheinland der Nachkriegszeit, Köln 1979, 176 f., hier 177; »Selber erleben …«, Otto Dix im Gespräch mit Freunden, Dezember 1963, zit. nach: Schmidt 1981, 256.

Abbildungsnachweise

Der Verlag Philipp Reclam jun. dankt den Rechteinhabern für die Reproduktionsgenehmigung. In einigen Fällen konnten die Rechteinhaber nicht ermittelt werden. Hier ist der Verlag bereit, nach Anforderung rechtmäßige Ansprüche abzugelten.

Personenregister